Serge Berland-Delépine

Agrégé de l'Université

CW01558402

la
grammaire
anglaise

au lycée

de la 2e au baccalauréat

avec la collaboration de

R. Butler

B. A. (Cantab), M. A. (Manchester), Ph. D.

PHRYS

DU MÊME AUTEUR

Collection « **Enjoy your grammar** »

La grammaire anglaise au collège
(de la 5ᵉ à la 3ᵉ, avec exercices + corrigés).

Grammaire pratique de l'anglais
(classes préparatoires, facultés, grand public ; avec exercices + corrigés).

La grammaire anglaise de l'étudiant
(facultés, licence d'anglais, CAPES, agrégation ; avec exercices + corrigés).

La grammaire anglaise au lycée
(de la seconde à la terminale ; préparation au baccalauréat).

200 exercices de grammaire anglaise, avec corrigés (complément de la grammaire anglaise au lycée).

© Editions Ophrys, Paris, 2006, pour cette édition
© Editions Ophrys, Paris, 1985, pour l'édition originale

ISBN 10 : 2-7080-1148-0 • ISBN 13 : 978-2-7080-1148-9

Editions Ophrys, 27 rue Ginoux, 75015 Paris, France
www.ophrys.fr

Cette grammaire s'adresse aux élèves des lycées, de leur entrée en 2ᵉ au baccalauréat. Elle doit être considérée comme un instrument de travail régulier autant que comme un ouvrage de référence. L'épreuve écrite du baccalauréat, depuis 1984, comprend notamment une série d'exercices qui demandent une connaissance précise de la grammaire. On ne peut s'y préparer efficacement qu'en faisant, pendant les trois années du second cycle, de nombreux exercices permettant d'acquérir de véritables réflexes linguistiques. C'est pourquoi les leçons sont toutes suivies d'exercices divers (principalement de transformation et de thème, en tout 225 exercices), qu'il est conseillé de répéter périodiquement, par écrit ou oralement, jusqu'à ce qu'on puisse les faire non seulement sans faute mais sans effort.

A l'intention des plus faibles, ceux qui sont invités sur les bulletins trimestriels à « *faire des révisions sérieuses* », l'ouvrage est précédé d'une introduction (« Révision des Règles fondamentales »), dans laquelle on a résumé en 30 règles le bagage *minimum* que doit posséder un élève sortant du collège s'il veut tirer profit de son entrée au lycée. Il y est proposé un plan de travail méthodique qu'il est possible de suivre seul, ou sous la direction du professeur.

Quelques autres caractéristiques de cet ouvrage :

1 ● on a indiqué, toutes les fois que cela a paru nécessaire, les « niveaux de langue » (langue familière, style écrit, langue très soignée, etc.) ;

2 ● l'accent de la phrase est indiqué toutes les fois que l'accentuation est liée à la construction grammaticale ;

3 ● les verbes irréguliers sont présentés en trois listes alphabétiques de niveaux différents, de façon à ce que l'élève n'apprenne pas, par exemple, *to seek* et *to strive* tant qu'il ne saura pas parfaitement les 80 verbes d'emploi très courant de la 1ʳᵉ liste (*to abide, to beget,* etc., sont évidemment relégués dans la 3ᵉ liste) ;

4 ● dix leçons sont consacrées à l'« expression de certaines notions », dans un domaine où la frontière entre la grammaire et le vocabulaire est extrêmement vague ; elles sont principalement destinées aux élèves des classes terminales ;

5 ● des exercices de récapitulation (transformation, QCM et thème, suivis de leurs corrigés) sont proposés aux élèves de 1ʳᵉ et de terminale pour leur permettre de faire le point de leurs connaissances et de voir quelles questions doivent être révisées, ou étudiées, par priorité ;

6 ● enfin on trouvera sur le marque-pages un tableau des signes phonétiques, avec des listes de mots souvent mal prononcés par les francophones.

L'auteur remercie de sa collaboration M. Ronnie Butler, qui a relu tout l'ouvrage et dont les avis ont été particulièrement précieux en ce qui concerne les niveaux de langue.

Comme pour les ouvrages précédents de la même collection, les observations et suggestions seront accueillies par l'auteur avec reconnaissance.

●

Sauf indication différente, les numéros, précédés ou non du signe §, renvoient aux paragraphes et non aux pages.

R.F. = Règles fondamentales (étudiées dans l'introduction).

► Introduction ◄
Révision des règles fondamentales

Cette introduction est surtout destinée à ceux qui ont besoin de réviser les bases avant d'entreprendre avec profit l'étude d'une grammaire de ce niveau. Il leur est proposé ci-après un plan de révisions en dix semaines qui doit les aider à combler leurs lacunes les plus graves. Mais il est toujours possible d'adopter un rythme de travail plus rapide selon le temps dont on dispose.

Il est conseillé à tous de s'assurer que ces Règles fondamentales sont connues et assimilées avant d'aborder les leçons de la grammaire. Chacun peut aisément vérifier son niveau grâce aux corrigés des exercices qui accompagnent ce travail préliminaire.

Lorsque des notions mal assimilées paraissent trop confuses pour qu'il soit possible d'y mettre de l'ordre, le plus sage est sans doute de faire table rase de ce que l'on a mal appris pour repartir de zéro. Ce travail est d'autant plus réalisable en anglais que les bases grammaticales de cette langue se réduisent à une trentaine de règles (ou groupes de règles) faciles à appliquer.

─────────── **Plan de travail hebdomadaire** ───────────

1 ● Apprendre les trois règles de la semaine comme si elles étaient vues pour la première fois. Ne pas se laisser déconcerter par les exceptions (apparentes ou réelles) que l'on a pu rencontrer. Elles seront examinées plus tard. Au début il est préférable d'appliquer les règles comme des formules de mathématiques afin de bien s'en pénétrer.

2 ● Faire tous les exercices, dont le corrigé est fourni page 24, et refaire ensuite plusieurs fois, à intervalles de quelques jours, ceux qui comportaient des fautes.

3 ● Apprendre par cœur 10 verbes irréguliers de la liste n° 1 (► page 369) et 10 mots invariables de la liste de base (► page 29). Les deux dernières semaines, remplacer ces révisions par celles des nombres cardinaux (► §§ 567 et 568) et ordinaux (► §§ 573 et 574).

4 ● A partir de la 3ᵉ semaine, revoir tout ce qui a été fait deux semaines auparavant (Règles fondamentales, verbes irréguliers, mots invariables).

Il est conseillé de faire ce travail hebdomadaire en plusieurs séances réparties dans la semaine.

───────────

Semaine 1

 RÈGLE FONDAMENTALE 1

La 3ᵉ personne du singulier du présent prend un *s*, que l'on prononce toujours (seules exceptions : les auxiliaires de modalité, ► R.F. 3).

> **to play ▸▸ he plays** (prononcé [z])
> **to stop ▸▸ he stops** prononcé [s]   [z] ou [s] on choisit le plus facile.

L'oubli de cet *s*, oralement comme par écrit, est une très grosse faute.

● Troisièmes personnes irrégulières : **he has** (to have), **he is** (to be), **he does** [dʌz] (to do), **he goes** [gouz] (to go), **he says** [sez] (to say [sei]).

● On ajoute *-es* (prononcé [iz]) quand c'est nécessaire pour faire entendre distinctement le radical et la terminaison : **he crosses** (to cross), **he relaxes** (to relax), **he washes** (to wash), **he reaches** (to reach).

On prononce également [iz] la terminaison des verbes dont le radical se termine par le son [dʒ] : to change ▸▸ **he changes** ; to judge ▸▸ **he judges**.

● Les verbes terminés par un *y* ont leur 3ᵉ personne du singulier en *-ies* quand l'*y* est précédé d'une consonne (to carry ▸▸ **he carries** ; to fly ▸▸ **he flies**), en *-ys* quand l'*y* est précédé d'une voyelle (to play ▸▸ **he plays** ; to buy ▸▸ **he buys** ; to destroy ▸▸ **he destroys**).

Ces deux dernières règles (b et c) s'appliquent également au pluriel des noms.

RÈGLE FONDAMENTALE 2

Formes interrogative et négative : il faut choisir avec soin la façon de conjuguer le verbe selon la catégorie à laquelle il appartient :

● *Type A*. Se construisent ainsi les phrases comportant *un auxiliaire* : **to be** (suivi d'un complément ou conjuguant un verbe à la forme progressive, ▶ R.F. 7), **to have** (exprimant la possession ou conjuguant un verbe au present perfect, ▶ R.F. 16), *les auxiliaires de modalité* (can, may, must, shall, will, ▶ R.F. 3 et 9).

The boys are in the garden	**Are the boys** in the garden? **The boys aren't (= are not)** in the garden.
John is working	**Is John** working? **John isn't (= is not)** working.
Betty has (got) a car	**Has Betty** (got) a car? **Betty hasn't got (= has not)** a car.
Have they seen the film?	**They have seen the film** **They haven't (= have not)** seen the film.
Your sister can swim	**Can your sister** swim? **Your sister can't (= cannot) swim.**
Father will be happy	**Will Father** be happy? **Father won't (= will not)** be happy.

On voit qu'à la forme interrogative *l'auxiliaire est placé avant le sujet ;* à la forme négative, *not* est placé après l'auxiliaire.

● *Type B*. Se construisent ainsi les phrases qui à la forme affirmative ne comportent *pas d'auxiliaire*, donc celles qui sont au *présent simple* ou au *preterite simple* : toute phrase interrogative ou négative devant comporter un auxiliaire, on se sert alors de l'auxiliaire *do* (à la 3ᵉ personne du singulier du présent : *does* ; au preterite : *did*), le verbe restant à *l'infinitif sans to*.

The boys learn English	**Do the boys learn English?** **The boys don't (do not) learn English.**
Betty makes good cakes	**Does Betty make good cakes?** **Betty doesn't (= does not) make good cakes.**
Jim bought the Times	**Did Jim buy the Times?** **Jim didn't (= did not) buy the Times.**

On voit que pour l'interrogation *do/does/did se place avant le sujet*, et que pour la négation *not* se place après l'auxiliaire.

 **REMARQUES**

- Le sujet n'est jamais répété à la forme interrogative.
Martin est-il à Londres ? ▶▷ **Is Martin in London?**

- Employer *les contractions* (isn't, doesn't, won't...) dans la langue parlée, mais ne pas en abuser dans la langue écrite. Bien placer l'apostrophe avant le *t*.

- Il ne peut y avoir qu'*une négation*, si bien que lorsque la phrase comporte un mot comme *never, nobody, nowhere*, etc., le verbe se met à la forme affirmative. Comparer :

> **They *did not work* yesterday.** ▶▷ *Ils n'ont pas travaillé hier.*
> **Nobody *worked* yesterday.** ▶▷ *Personne n'a travaillé hier.*

 ## RÈGLE FONDAMENTALE 3

Les auxiliaires de modalité, ou *verbes défectifs*, n'existent qu'au présent et au preterite (**I can**, preterite : **I could** ; **I may**, preterite : **I might**), ou simplement au présent (**I must** n'a pas de preterite). Ils n'ont pas d'infinitif. Leurs principales particularités :

- Ils ne prennent pas d'*s* à la 3ᵉ personne du singulier du présent (He can, she must...).

- Ils servent à conjuguer d'autres verbes, qui sont à l'infinitif sans *to*.

- Ils se conjuguent aux formes interrogative et négative sans do (▶ R.F. 2, phrases de type A). *Cannot*, par exception, s'écrit en un seul mot.

Leurs sens principaux :
Can you lift this trunk? ▶▷ *Peux-tu soulever cette malle ?* (capacité, faculté).
Can you swim? ▶▷ *Savez-vous nager?* (réflexes acquis par la pratique).

You may smoke if you like. ▶▷ *Vous pouvez fumer si vous voulez* (permission).
They may come tonight. ▶▷ *Il se peut qu'ils viennent ce soir* (incertitude).

We must leave at once. ▶▷ *Il faut que nous partions immédiatement* (nécessité).
They must be hungry. ▶▷ *Ils doivent avoir faim* (quasi-certitude).

Bien remarquer que les phrases françaises commençant par les expressions impersonnelles « *il se peut que* » et « *il faut que* » correspondent à des phrases anglaises dont le sujet est personnel.

 ## Exercices de la semaine 1

A Mettre à la 3ᵉ personne du singulier du présent :

• to worry • to obey • to cry • to lay • to annoy • to hurry • to tidy • to copy • to convey • to bully.

Mettre au pluriel :

• the toy • the baby • the party • the donkey • the play • the butterfly • the story • the key • the ash-tray • the factory.

B Répondre affirmativement puis négativement aux questions suivantes (former des phrases complètes) :

1. Is Mr Jones at home?
2. Can she cook?
3. Does he smoke cigars?
4. Shall we invite them?
5. Do these men learn English?

6. Did he break this vase?
7. Have the neighbours a car?
8. Will they buy a car?
9. Does he fly to New York?
10. Does he obey the law?

C Traduire :

1. Il ne rit jamais.
2. Les enfants sont-ils fatigués ?
3. Pouvez-vous ouvrir cette boite ?
4. Ta femme sait-elle conduire ?
5. Il faut que j'écrive à mes amis.
6. Il se peut que nos voisins soient au bord de la mer.

7. Puis-je ouvrir la fenêtre ?
8. Ils doivent être fatigués.
9. Il ne joue pas au football ; il ne joue jamais au football.
10. Il ne faut pas qu'elle vienne.

Semaine 2

RÈGLE FONDAMENTALE 4

L'article indéfini est *an* devant une voyelle, *a* devant une consonne.

> **A garden, a house, a year** (*y* au début d'un mot est une consonne).
> **An umbrella, an ice-cream, an hour** (l'*h* de **hour** ne se prononce pas, ce qui est exceptionnel).

L'article indéfini n'existe pas au pluriel. Le pluriel de « **an ice-cream** » est « **ice-creams** » *(des glaces)*. L'article indéfini s'emploie devant un nom attribut singulier.
His father is a doctor. ▶▷ *Son père est docteur.*

RÈGLE FONDAMENTALE 5

L'article défini, mot invariable, se prononce [ði] devant une voyelle, [ðə] devant une consonne (comparer avec les emplois de *an* et *a*, ▶ R.F. 4) :

> [ðə] : **the garden, the house, the year**
> [ði] : **the umbrella, the ice-cream, the hour.**

Bien prononcer **the hair** [ðə], **the eyes** [ði] et **the ears** [ði].

L'article défini a la même forme au pluriel qu'au singulier. Le pluriel de « **the ice-cream**» est « **the ice-creams** » *(les glaces).*

L'article défini ne s'emploie pas devant les noms de *matériaux* (wood, glass, *le bois, le verre*), *d'aliments* (bread, tea, *le pain, le thé*), *de repas* (breakfast, *le petit-déjeuner*), *de couleurs* (blue, yellow, *le bleu, le jaune*), *de langues* (English, *l'anglais*), *d'activités humaines* (business, football, music, *les affaires, le football, la musique*), *de pays*, quand ils sont singuliers (France, England, mais : the United States), et *les noms abstraits* (freedom, love, *la liberté, l'amour*).

Toutefois il faut l'article devant ces noms quand ils sont *déterminés par un complément*.
The bread they eat in England. ▶▷ *Le pain que l'on mange en Angleterre.*
The freedom of the press. ▶▷ *La liberté de la presse.*

RÈGLE FONDAMENTALE 6

L'adjectif qualificatif épithète se place *avant le nom*.
A large, comfortable house. ▶▷ *Une maison grande et confortable* (remarquer la virgule qui s'emploie plus couramment que *and* pour séparer deux adjectifs).

L'adjectif est *invariable*. **Large, comfortable houses.** ▶▷ *Des maisons grandes et confortables.*

Il reste invariable lorsque, précédé de l'article *the*, il prend le sens d'un nom collectif et est suivi d'un verbe pluriel : **the rich, the young,** *les riches, les jeunes.*
The English are fond of tea. ▶▷ *Les Anglais aiment beaucoup le thé.*

Ne pas confondre « **the English** » *(les Anglais)* et « **English** » *(l'anglais,* ▶ R.F. 5).

L'adjectif indéfini *other* est, lui aussi, invariable. Mais lorsque *other* est employé seul, c'est un pronom qui peut se mettre au pluriel.

Comparer :

> **The other guests are waiting** (other, *adjectif,* est invariable), *les autres invités attendent.*
> et : **The others are waiting** (others, *pronom*, remplace un nom pluriel).

 Exercices de la semaine 2

A Faire précéder (1) de l'article indéfini, (2) de l'article défini que l'on notera à l'aide de l'alphabet phonétique :

• Friend • enemy • horse • animal • English book • yellow book • eye • high mountain • hero • error.

B Traduire :

1. J'aime beaucoup la musique ; je n'aime pas la musique de ce film.
2. Le bois de cette table est très dur.
3. Le vin est cher en Angleterre, mais le thé est bon marché.
4. Il aime beaucoup la France et les Français, mais il ne parle pas le français.
5. Harry est un garçon grand et mince.

6. Le thé qu'ils boivent est très fort.
7. John est ingénieur, sa femme est actrice.
8. De gros nuages noirs ; une grande cour carrée.
9. Le gris est une couleur terne. Le gris de cette robe est trop foncé.
10. Où sont les autres ? Où sont les autres verres ?

Semaine 3

 RÈGLE FONDAMENTALE 7

L'opposition entre *le présent simple* (**I work, he sings, we run**) et *le présent progressif* (**I am working, he is singing, we are running**) est très importante. On ne peut pas employer indifféremment les deux formes.

● *Le présent progressif* s'emploie pour les actions actuellement en progrès, qui se font en ce moment. **What is he doing? He is playing tennis with his brother.** ▶▷ *Que fait-il ? – Il joue au tennis avec son frère.*

● *Le présent simple* s'emploie pour l'énoncé de vérités permanentes...
He plays tennis very well. ▶▷ *Il joue très bien au tennis* (je ne dis pas qu'il y joue en ce moment).

et les actions répétées (c'est *le présent d'habitude*).
He plays tennis on Sundays. ▶▷ *Il joue au tennis le dimanche.*

REMARQUES

Au participe présent on redouble la consonne finale avant le suffixe *-ing* quand le verbe se termine par une seule consonne précédée d'une seule voyelle et que la syllabe finale est accentuée.

To run ▶▶ **running** ; to admit (2ᵉ syllabe accentuée) ▶▶ **admitting**.

Mais :
to rain ▶▶ **raining** (deux voyelles)
to hunt ▶▶ **hunting** (deux consonnes)
to open ▶▶ **opening** (la syllabe finale n'est pas accentuée)
to hope ▶▶ **hoping** (le verbe se termine par un *e*).

RÈGLE FONDAMENTALE 8

Le preterite des verbes réguliers (semblable à toutes les personnes), comme leur *participe passé*, se termine par le suffixe *-ed*.

> to play ▸▸ **he played** (prononcé [d])
> to stop ▸▸ **he stopped** (prononcé [t]) **[d] ou [t] selon que c'est le plus facile.**

La voyelle du suffixe *-ed* ne se prononce que lorsque c'est nécessaire pour faire entendre distinctement le radical et la terminaison, c'est-à-dire après un *t* ou un *d* : **he waited** [tid] ; **he decided** [did].

Comparer ces règles avec celles qui concernent la terminaison *-s* (▶ R.F. 1).

La consonne finale est redoublée devant *-ed* dans les mêmes cas que devant *-ing* (**stopped, admitted**, mais : **rained, opened, hoped**).

Le preterite et le participe passé des verbes irréguliers doivent être appris par cœur. Dans les réponses aux questions posées au preterite, bien employer les formes irrégulières.

> Did you **see**...? – I **saw**...
> Did you **catch**...? – I **caught**...

Le preterite est le temps de la *narration*, celui que l'on doit employer pour raconter des actions passées.
I saw a good film yesterday. ▸▷ *J'ai vu un bon film hier.*
We met John at the station. ▸▷ *Nous avons rencontré John à la gare.*

La forme progressive du preterite s'emploie pour les actions que l'on était en train de faire au moment du passé que l'on considère. Il s'emploie souvent par contraste avec le preterite simple.

> **I was reading when someone knocked at the door.** ▸▷ *Je lisais quand quelqu'un a frappé à la porte* (remarquer l'emploi des deux temps différents en français).

Ne pas oublier que *to be*, exceptionnellement, a un preterite pluriel différent du singulier (**we were reading, you were sleeping...**).

RÈGLE FONDAMENTALE 9

Le futur, temps composé, se conjugue à la 1ʳᵉ personne (singulier et pluriel) avec les auxiliaires de modalité *shall* et *will*, aux autres personnes avec *will*. On conjugue les formes interrogative et négative comme avec *can* (▶ R.F. 2).

1ʳᵉ pers.	**I shall** (ou **will**) **do my work tomorrow.** ▸▷ *Je ferai mon travail demain.* **We shall** (ou **will**) **not wait.** ▸▷ *Nous n'attendrons pas.* **When shall we go?** (*Will* est plus rare à la forme interrogative). ▸▷ *Quand partirons-nous?*
2ᵉ et 3ᵉ pers.	**She will be 18 in February.** ▸▷ *Elle aura 18 ans en février.* **They will not like it.** ▸▷ *Ils n'aimeront pas cela.* **When will you know the results?** ▸▷ *Quand connaîtras-tu les résultats ?*

Ces exemples montrent que le verbe conjugué avec *shall* ou *will* est à l'infinitif sans *to*, et que *to be* se conjugue au futur comme les autres verbes.

Dans la langue parlée, *'ll* remplace souvent *shall* ou *will* à la forme affirmative (**I'll do, she'll be**), et on emploie à la forme négative les contractions : *we shan't* (= we shall not), they *won't* (= they will not).

N.B. *Shall* s'emploie peu en Amérique, où *will* est l'auxiliaire unique à toutes les personnes.

A Mettre le verbe au présent simple ou au présent progressif selon le sens de la phrase :

1. Look! The sun (to rise). It (to rise) very early in June.

2. Mr Morgan (to cut) the grass every Saturday. He (to cut) it now.

3. A French tobacconist (to sell) stamps.

4. Grandmother (to stay) with us this week.

5. He (to go) to the City every morning.

Même exercice, en mettant les verbes à la forme négative :

6. He (to play) the piano very well.

7. John (to work), listen to his guitar.

8. We (to work) on Saturday afternoons.

9. They (to drink) much wine in England.

10. These students (to make) progress because they are too lazy.

B Traduire :

1. Quand avez-vous acheté votre voiture ? – Je l'ai achetée l'année dernière.

2. Avez-vous travaillé hier ? – J'ai travaillé le matin et je suis allé au cinéma l'après-midi.

3. Quand je me suis levé ce matin, il pleuvait.

4. Que faisiez-vous quand ils sont arrivés ?

5. Nous resterons à la maison jusqu'à 4 heures.

6. Vous serez fatigués. Nous ne serons pas fatigués.

7. Viendront-ils si nous les invitons ?

C Mettre au participe présent et au preterite :

• to wipe • to tip • to wait • to fit • to clean • to widen • to sin • to prohibit • to drop • to bore • to appear • to prefer.

(définir la raison pour laquelle la consonne est, ou n'est pas, redoublée. *Prohibit*, *appear* et *prefer* sont accentués sur la 2ᵉ syllabe).

Semaine 4

RÈGLE FONDAMENTALE 10

Réviser la liste des *pronoms personnels sujets et compléments* (▶ § 476 ; première et dernière colonnes).

• le *pronom complément* est toujours placé *après le verbe*.
Le connaissez-vous ? ▶▷ **Do you know *him*?**
Je les attends. ▶▷ **I am waiting for *them*.**
Il nous a vus hier. ▶▷ **He saw *us* yesterday.**

• Le pronom sujet n'est pas répété, il n'est pas remplacé par un pronom complément.
Mon frère et moi nous aimons beaucoup la musique. ▶▷ **My brother and *I* are very fond of music.**
Moi, je le connais. ▶▷ **I know him** (on accentue ici le pronom personnel sujet pour le mettre en relief).

RÈGLE FONDAMENTALE 11

La liste des *adjectifs et pronoms possessifs* (▶ § 514).

• A la *3ᵉ personne du singulier* l'accord se fait uniquement avec le « possesseur ».
John and *his* sister. ▶▷ *John et sa sœur.*
Jennie and *her* car. ▶▷ *Jennie et sa voiture.*
Jennie and *her* brothers. ▶▷ *Jennie et ses frères.*
I like this house, but *its* garden is too small. ▶▷ *J'aime cette maison, mais son jardin est trop petit.*

● Les pronoms ne sont pas précédés d'un article.

This umbrella is mine. Where is yours? ▶▷ *Ce parapluie est le mien* (ou : *est à moi*). *Où est le tien ?*

● Ces adjectifs et pronoms sont des mots *invariables*. L' *s* des pronoms n'est pas une marque de pluriel.

> **Mine** = *le mien, la mienne, les miens, les miennes, à moi.*
> **Ours** = *le nôtre, la nôtre, les nôtres, à nous.*

Ne pas confondre **us** (pronom complément), **our** (adjectif possessif) et **ours** (pronom possessif).

RÈGLE FONDAMENTALE 12

L'*s* du *pluriel des noms* se prononce toujours (comme celui de la 3e personne du singulier des verbes, ▶ R.F. 1).

The wall, the roof ▶▶ **the walls** [z], **the roofs** [s].

The box, the dress, the watch ▶▶ **the boxes, the dresses, the watches** [iz].

On ne prononce l'*e* de la terminaison *-es* que lorsque c'est indispensable pour faire entendre le radical et l'*s*.

The bridge, the judge ▶▶ **the bridges, the judges** [iz].

Mais, sans prononcer l'*e* : **the stones** (pluriel de : the stone), **the clothes** (pas de singulier).

Pour le pluriel des noms terminés par un *y*, ▶ R.F. 1.

The cherry ▶▶ **the cherries**
The fly ▶▶ **the flies**   (y après consonne)

The tray ▶▶ **The trays**   (y après voyelle)

Principaux pluriels irréguliers :

● Le pluriel est en *-ves* pour les noms dont le singulier se termine par *-ife* (knife, wife, life...), par *-lf* (shelf, wolf, calf...), ainsi que *leaf* et *thief*.

● Ajoutent *-es* plusieurs noms terminés par un *o*, notamment : **potato, tomato, hero, negro**.

● *oo* ▶▶ *ee* : tooth ▶▶ **teeth**, foot ▶▶ **feet**, goose ▶▶ **geese**.

● Quelques cas isolés :

– Man ▶▶ **men** ; woman [wumən] ▶▶ **women** [wimin] ; child [tʃaild] ▶▶ **children** ['tʃildrən] ; ox ▶▶ **oxen** ; mouse ▶▶ **mice**.

– *People (les gens)* est un pluriel (au singulier : a person ; a man...).

They are honest people. ▶▷ *Ce sont d'honnêtes gens.*

– *Hair (les cheveux), luggage* ou (américain) : *baggage (les bagages)* et *furniture (les meubles)* sont des singuliers.

My luggage is very heavy. ▶▷ *Mes bagages sont très lourds.*

A Traduire :

1. Les avez-vous vus ?

2. L'avez-vous rencontrée ?

3. Il ne nous aime pas beaucoup.

4. Elle et moi, nous sommes nés dans le même village.

5. Moi, je suis votre ami.

6. La maison est à nous.

7. Henry, sa femme et ses enfants.

8. Nellie et son mari sont en train d'écrire à leurs amis.

9. Leurs livres sont sur le bureau, les miens sont sur les étagères.

10. Ce fauteuil est très confortable, mais je n'aime pas sa couleur.

B Mettre au pluriel :

• a brush • a play • an Englishman • a thief • a roof • a sandwich • a buoy • a horse and an ox • a boot and a foot • a lady.

C Traduire :

1. Ces bagages sont à nous.

2. Mes cheveux sont trop longs, coupez-les très courts.

3. Où sont vos bagages ?

4. Les gens sont très gentils dans ce pays.

5. Les meubles de notre salle de séjour sont très modernes.

Semaine 5

 RÈGLE FONDAMENTALE 13

Mots et expressions qui ne peuvent être accompagnés que :

	D'UN *SINGULIER*		D'UN *PLURIEL*
there is	*il y a*	there are	*il y a*
there was	*il y avait*	there were	*il y avait*
much	*beaucoup de*	many	*beaucoup de*
how much…?	*combien de… ?*	how many…?	*combien de… ?*
little	*peu de*	few	*peu de*
a little	*un peu de*	a few	*quelques, plusieurs*
this *[ðis]*	*ce… -ci*	these *[ði:z]*	*ces… -ci*
that	*ce…-là*	those	*ces … -là*

Little money (work, luggage). ▶▷ *Peu d'argent (de travail, de bagages).*

Few friends (books, people). ▶▷ *Peu d'amis (de livres, de gens).*

How much money have you? ▶▷ *Combien d'argent avez-vous ?*

How many friends did you invite? ▶▷ *Combien d'amis avez-vous invités ?*

There was a little mist. ▶▷ *Il y avait un peu de brouillard.*

There were a few people waiting for me. ▶▷ *Il y avait quelques personnes qui m'attendaient.*

Every est suivi d'un singulier (il ne peut donc jamais être suivi de ***people***. *Tout le monde =* **everybody**). **I see him every day.** ▶▷ *Je le vois tous les jours.*

RÈGLE FONDAMENTALE 14

Some s'emploie :

● avec un singulier, comme synonyme de *a little (un peu de)* ; il a souvent le sens d'un simple article partitif *(du, de la)*.

Give me some bread. ▶▷ *Donnez-moi du pain.*

● avec un pluriel, comme synonyme de *a few (quelques)* ; il sert alors de pluriel à l'article indéfini quand on veut insister sur l'idée de petit nombre.

There are some fine trees in his garden. ▶▷ *Il y a de* (ou : *quelques*) *beaux arbres dans son jardin.*

a ● *Any* remplace *some* dans une phrase interrogative exprimant un doute ou négative.

Is there any tea in the pot? ▶▷ *Y a-t-il du thé dans la théière ?*

There isn't any wind today. ▶▷ *Il n'y a pas de vent aujourd'hui.*

Some s'emploie dans les phrases interrogatives quand on veut montrer qu'on espère une réponse affirmative.

Will you have some tea? *Voulez-vous du thé ?*

b ● *Not any* peut se remplacer par *no* (le verbe se met alors à la forme affirmative puisqu'on ne peut avoir deux négations).

Comparer :

> **We did not hear any noise.** ▶▷ *Nous n'entendions pas de bruit.*
> et : **We heard no noise.**

c ● Les mêmes règles s'appliquent aux composés de *some* :

> **Someone (= somebody),** *quelqu'un.*
> **Something,** *quelque chose.*
> **Somewhere,** *quelque part.*

We didn't meet anybody (= we met nobody). ▶▷ *Nous n'avons rencontré personne.*

He didn't tell them anything about it (= he told them nothing about it). ▶▷ *Il ne leur en a rien dit.*

RÈGLE FONDAMENTALE 15

Le cas possessif doit s'employer pour les rapports de possession ou de parenté. Attention :

● à l'ordre des termes *(le possesseur d'abord)* ;

● à l'*apostrophe*, que l'on place avant l'*s* quand le possesseur est un singulier ; après l'*s* d'un possesseur pluriel.

● à l'article, qui ne peut dépendre que du possesseur (si ce dernier n'est pas accompagné d'un article, il n'y en a donc aucun).

The tourist's camera (possesseur singulier).

The tourists' cameras (possesseur pluriel).

Leslie's camera (possesseur sans article).

a ● Si le possesseur est un pluriel irrégulier non terminé par un s, on le construit comme un singulier.

The women's bicycles, the children's toys.

b ● L's du cas possessif devant toujours s'entendre, bien prononcer :

Charles's [ziz] **sister.**

The princess's [siz] **husband.**

c ● Le second terme peut être sous-entendu pour éviter une répétition (« celui de », « celle de »...).

This isn't my camera, it's John's. ▶▷ *Cet appareil photo n'est pas à moi, c'est celui de John.*

Comparer :

> **A blue car and a black one.** ▶▷ *Une voiture bleue et une noire.*
>
> et : **My car is behind John's.** ▶▷ *Ma voiture est derrière celle de John.*

d • Employer la tournure avec *of* (**the roof of the house, the end of the war**) s'il n'y a pas d'idée de possession ou de parenté, c'est-à-dire pour les rapports entre des noms d'objets ou des noms abstraits.

 Exercices de la semaine 5

A Traduire :

1. Il n'y avait pas beaucoup de vent.
2. Y avait-il beaucoup de gens ?
3. Il y a peu d'hôtels dans cette île.
4. Nous allons dans ce pays-là tous les ans.
5. Je n'aime pas ces gens-là.
6. Il y avait plusieurs livres sur l'étagère.
7. Nous ne l'avons vu nulle part.
8. Y a-t-il des cinémas dans la ville ?
9. Nous n'avons écrit à personne pendant les vacances.
10. Avez-vous compris quelque chose ?

B Traduire :

1. La maison de nos voisins.
2. La voiture de Mr Jones.
3. Le frère de Doris.
4. La couleur du mur.
5. Les amis de nos enfants.
6. Le commencement de l'année.
7. Une voix de femme (litt. : la voix d'une femme).
8. Le train électrique du petit garçon.
9. Est-ce ton parapluie ou celui de George ?
10. Ce sont des métiers d'hommes.

Semaine 6

 RÈGLE FONDAMENTALE 16

Le « *present perfect* », qui se conjugue comme notre passé composé (mais avec l'auxiliaire *to have* pour tous les verbes), en est très différent par ses emplois. Il exprime des actions qui appartiennent à la fois au passé et au présent. Ne l'employer que quand on a une raison précise de le faire. Provisoirement, on se limitera aux cas suivants :

• On constate le *résultat encore visible* d'une action passée, que l'on ne raconte pas (on n'en précise pas les circonstances, la date…).
Oh look! Somebody's (= has) broken the vase. ▶▷ *Oh, regarde ! Quelqu'un a cassé le vase.*

• L'action commencée dans le passé *n'est pas terminée* et j'en précise la durée (à l'aide de la préposition **for**). Dans ce cas le « present perfect » est généralement à la forme progressive.
We have been living in this town for ten years. ▶▷ *Nous habitons cette ville depuis dix ans.* (Remarquer que le verbe français est au présent).

• L'action est *récente*, située entre le passé et le présent (« venir de »). Dans ce cas le « present perfect » est accompagné de l'adverbe *just*. C'est ce qu'on appelle *le passé récent*.
They've (= they have) **just gone out.** ▶▷ *Ils viennent de sortir.*

A notre passé composé correspond beaucoup plus souvent un preterite, notamment pour faire un récit d'actions passées (surtout si le verbe est accompagné d'un complément de temps qui situe l'action dans le passé, mais cette précision peut être sous-entendue).

He broke the vase while trying to catch the cat. ▶▷ *Il a cassé le vase en essayant d'attraper le chat.*

We lived in this town before the war. ▶▷ *Nous avons habité cette ville avant la guerre.*

They went out just after lunch. ▶▷ *Ils sont sortis juste après le déjeuner.*

 RÈGLE FONDAMENTALE 17

Le futur (suite de la R.F. 9).

● Le futur est *remplacé par un présent* dans une subordonnée après la *conjonction when* (quand = au moment où, à l'époque où).

It will be dark when we get home. ▶▷ *Il fera nuit quand nous arriverons à la maison.*

Come when you like. ▶▷ *Venez quand vous voudrez.*

Mais après l'*adverbe interrogatif when* (quand = à quel moment, quel jour...), on peut employer n'importe quel temps, y compris le futur.

When will they arrive? ▶▷ *Quand arriveront-ils ?*

I don't know when they will arrive. ▶▷ *Je ne sais pas quand ils arriveront.* (Il s'agit ici d'une interrogation indirecte).

● Pour exprimer un *futur proche*, ou une simple *intention*, on se sert de l'expression *to be going to*, qui peut s'employer au présent (« je vais... ») ou au preterite (« j'allais... »).

I'm going to sell my car. ▷ *Je vais vendre ma voiture.*

I was going to ring him up when I got his letter. ▶▷ *J'allais lui téléphoner quand j'ai reçu sa lettre.*

 RÈGLE FONDAMENTALE 18

Le conditionnel (comparer avec le futur, R. F. 9) se conjugue à l'aide de deux auxiliaires *should* (ou *would*) à la 1ʳᵉ personne, *would* aux deux autres.

We should like to meet them. ▶▷ *Nous aimerions les rencontrer (ou : faire leur connaissance).*

What would you do? ▶▷ *Que feriez-vous ?*

Il est souvent accompagné d'une subordonnée au preterite commençant par *if*.

If he had a car, he would drive you to the station. ▷ *S'il avait une voiture, il vous conduirait à la gare.*

Le preterite des auxiliaires de modalité (▶ R.F. 3) peut s'employer avec le sens d'un conditionnel présent (politesse, incertitude).

Could you come tonight? ▶▷ *Pourriez-vous venir ce soir ?*

It might rain this afternoon. ▶▷ *Il se pourrait qu'il pleuve cet après-midi.*

 Exercices de la semaine 6

 Traduire :

1. Ils sont arrivés à 6 heures.
2. Ils viennent d'arriver.
3. Ils travaillent depuis une demi-heure.
4. Ils n'ont pas travaillé hier après-midi.
5. Regarde ! J'ai lavé la voiture.
6. Il pleut depuis une semaine.
7. Il a plu hier matin.
8. Tiens ! Il a acheté une nouvelle voiture.
9. Je viens de rencontrer Barbara.
10. Je l'ai rencontrée ce matin à la poste.

B Traduire :

1. Je viens de recevoir leur lettre.

2. Je vais leur écrire.

3. Qu'alliez-vous dire ?

4. Quand partirons-nous ?

5. Ecrivez-nous toutes les semaines quand vous serez en Angleterre.

6. Je ne sais pas quand il recevra ma lettre.

7. Vous comprendrez quand vous lirez la fin de l'histoire.

8. Nous serions très heureux si vous pouviez venir avec nous.

9. Ce pays serait très agréable s'il ne pleuvait pas si souvent.

10. John pourrait-il venir nous aider ?

Semaine 7

RÈGLE FONDAMENTALE 19

Noms et adjectifs composés. C'est le dernier élément qui est le plus important, le premier sert à en préciser le sens.

A horse-race. ▶▷ *Une course de chevaux.*

A race-horse. ▶▷ *Un cheval de course.*

A lemon-yellow dress. ▶▷ *Une robe jaune citron.*

Le premier élément d'un nom composé est considéré comme un adjectif et ne prend pas la marque du pluriel.

A cigarette-case. ▶▷ *Un étui à cigarettes.*

A tooth-brush. ▶▷ *Une brosse à dents* (pluriel : **tooth-brushes**).

Le second élément d'un adjectif composé peut avoir une terminaison verbale :

– de *participe présent* à sens actif (**A hard-working man.** ▶▷ *Un homme travailleur*) ;

– de *participe passé* à un sens passif (**Snow-covered mountains.** ▶▷ *Des montagnes couvertes de neige*).

On peut aussi former des adjectifs composés dont le second élément (désignant une partie du corps, un vêtement ou une qualité abstraite) est terminé par le suffixe *-ed*.

A fair-haired [hɜəd] **girl.** ▶▷ *Une jeune fille blonde.*

A black-hatted [-tid] **man.** ▶▷ *Un homme à chapeau noir.*

A narrow-minded [-did] **person.** ▶▷ *Une personne étroite d'esprit.*

RÈGLE FONDAMENTALE 20

Le comparatif de supériorité se forme à l'aide du suffixe *-er* pour les adjectifs (et adverbes) *courts* (c'est-à-dire ceux d'une syllabe et un certain nombre de ceux de deux syllabes, notamment les adjectifs terminés par un *y*). Old ▶▶ **older** ; big ▶▶ **bigger** ; late ▶▶ **later** ; happy ▶▶ **happier**.

La consonne finale est redoublée avant le suffixe dans les mêmes conditions que pour le participe présent des verbes (▶ R.F. 7).

L'*y* final est changé en **i** devant *-er* dans les mêmes conditions que pour la 3ᵉ personne du singulier des verbes (▶ R.F. 1).

Les adjectifs longs forment leur comparatif de supériorité à l'aide de l'adverbe **more**.

More comfortable ; more expensive.

Le complément de ces comparatifs est introduit par **than**. Si c'est un pronom personnel, il est géné-ralement suivi d'un rappel du verbe sous forme d'un auxiliaire.

My brother is younger than I am. ▶▷ *Mon frère est plus jeune que moi.*

I run faster than he does. ▶▷ *Je cours plus vite que lui.*

Le superlatif de supériorité se forme à l'aide du suffixe **-est** (adjectifs courts) ou de l'adverbe **most** (adjectifs longs). Son complément est introduit par **in** s'il désigne un lieu. Remarquer l'ordre des mots.

He is the richest man in the town. ▶▷ *C'est l'homme le plus riche de la ville.*

He is the most intelligent man I know. ▶▷ *C'est l'homme le plus intelligent que je connaisse.*

Principales formes irrégulières :

Good Well	better	the best
Bad	worse	the worst
Far	farther	the farthest
	further	the furthest

RÈGLE FONDAMENTALE 21

Le comparatif d'égalité se forme en faisant précéder l'adjectif de **as**. Le complément est lui aussi introduit par **as**.

She is as tall as he is. ▶▷ *Elle est aussi grande que lui.*

Our flat is as comfortable as yours. ▶▷ *Notre appartement est aussi confortable que le vôtre.*

A la forme négative on peut dire :

She is *not so* tall as he is. She is *not as* tall as he is.

La forme négative s'emploie très couramment pour remplacer *le comparatif d'infériorité*, construit avec *less.., than*. **(She is less tall than he is).**

Ne pas oublier que le complément des comparatifs de supériorité et d'infériorité est introduit par *than* alors que celui du comparatif d'égalité est introduit par *as*.

Comparer :

> **He is *stronger than* I am.**
> et : **I am not *as strong as* he is.**

Exercices de la semaine 7

A Traduire :

1. Une robe rouge brique.
2. Un fauteuil bleu ciel.
3. Un oiseau à longues pattes.
4. Un enfant aux yeux bleus.
5. Une boite d'allumettes.
6. Une femme rousse.
7. Des hommes à chemises noires.
8. Une « station-service ».
9. Une vitrine de magasin.
10. Une cité-jardin.

B Traduire :

1. Elle est plus jolie que sa sœur.
2. Il conduit mieux qu'elle.
3. Il n'était pas aussi heureux que nous.
4. Nous étions plus heureux que lui.
5. C'était la meilleure pianiste de la ville.
6. C'est le garçon le plus paresseux que je connaisse.
7. Ils vont toujours dans les hôtels les plus chers.
8. Ils sont plus étroits d'esprit que nous.
9. Nous sommes allés plus loin qu'eux.
10. Ils se lèvent plus tôt que moi.

RÈGLE FONDAMENTALE 22

Le verbe **to want**, qu'il ne faut pas prendre pour un auxiliaire de modalité, est suivi d'un *infinitif complet*.

Do you want to come with us? ▶▷ *Voulez-vous venir avec nous ?*

Si le second verbe a un sujet différent du premier, on construit une **proposition infinitive** (en français : « *vouloir que...* »)

Do you want him to come with us? ▶▷ *Voulez-vous qu'il vienne avec nous ?* (**him**, qui a la forme d'un complément, est sujet de **to come**).

What do you want me to do? ▶▷ *Que voulez-vous que je fasse ?*

On ne peut jamais faire suivre **to want** d'une proposition subordonnée introduite par **that**.

 RÈGLE FONDAMENTALE 23

Pronoms relatifs

● *Si l'antécédent est une personne*, le pronom sujet est **who**, le pronom complément est **whom**.

The woman who teaches us English is an Australian. ▶▷ *La femme qui nous enseigne l'anglais est australienne.*

Mr Fitzgerald, whom you met yesterday, is an Irishman. ▶▷ *Mr Fitzgerald, dont vous avez fait la connaissance hier, est irlandais* (**whom** s'emploie très peu dans la langue parlée, où l'on évite les phrases de ce type).

● *Si l'antécédent est neutre* le pronom (sujet ou complément) est **which**.

This house, which has only two bedrooms, is too small for our family. ▶▷ *Cette maison, qui n'a que deux chambres, est trop petite pour notre famille.*

« Wuthering Heights », which I read last month, is a very good novel. ▶▷ *« Les Hauts de Hurlevent », que j'ai lu le mois dernier, est un très bon roman.*

● Le pronom relatif complément est fréquemment remplacé par **that** ou **sous-entendu** quand il n'est pas précédé d'une virgule ; mais s'il est accompagné d'une préposition, on doit alors la rejeter après le verbe et son complément.

Sans préposition :

I don't like the tunes (that) he plays. ▶▷ *Je n'aime pas les airs qu'il joue.*

The people he met did not recognize him. ▶▷ *Les gens qu'il rencontrait ne le reconnaissaient pas.*

Avec préposition :

The house they live in (= the house in which they live) is very comfortable. ▶▷ *La maison qu'ils habitent est très confortable.*

The man I shook hands with (= the man with whom I shook hands) is a foreigner. ▶▷ *L'homme à qui j'ai donné une poignée de mains est un étranger.*

 **REMARQUES**

On fait également le rejet de la préposition avec les pronoms interrogatifs.

What will you put your books in? (= In what...?). ▶▷ *Dans quoi mettrez-vous vos livres ?*

 RÈGLE FONDAMENTALE 24

L'impératif de la 2ᵉ personne est semblable à l'infinitif sans **to**.

Come with us. ▶▷ *Venez avec nous.*

Be a good boy. ▶▷ *Sois gentil.*

Aux autres personnes (notamment à la 1ʳᵉ du pluriel) on se sert de l'auxiliaire *let* suivi d'un complément et de l'infinitif sans *to*.

Let them wait. ▶▷ *Qu'ils attendent.*

Let us (couramment : **Let's**) **wait for them.** ▶▷ *Attendons-les.*

L'impératif négatif se forme en commençant la phrase par *don't*.

Don't be afraid. ▶▷ *N'ayez pas peur.*

 Exercices de la semaine 8

A Traduire :

1. Ils ne veulent pas faire leur travail.

2. Ils veulent que nous allions en Angleterre avec eux.

3. Sa femme ne veut pas qu'il achète une moto.

4. Elle voulait être infirmière.

5. Voulez-vous que j'achète un journal ?

6. Voulez-vous lire mon journal ?

B Compléter les phrases avec des pronoms relatifs :

1. Mr Brown, … I have known for many years, is a bank manager.

2. I know a man … can speak five languages.

3. The chair on … you are sitting is broken.

4. The friends with … play bridge live in your street.

5. They gave me some Christmas pudding, … I liked very much.

6. The man with … he quarelled is his brother-in-law.

Récrire les phrases 3, 4 et 6 en sous-entendant le pronom relatif et en rejetant la préposition.

C Traduire :

1. Ne les cassez pas.

2. Allons au cinéma.

3. Sois un homme.

4. Ne soyez pas en retard.

5. Achetons le Times.

6. Qu'il vienne me voir immédiatement.

7. Que John se repose quelques minutes s'il est fatigué.

8. Ne vous asseyez pas sur l'herbe.

Semaine 9

 RÈGLE FONDAMENTALE 25

Principales constructions des verbes *to say* et *to tell* :

● *to say*.

"You are wrong", he said. ▶▷ *« Vous avez tort », dit-il.*

He said "good night" to us. ▶▷ *Il nous a dit « bonne nuit ».*

● *to tell*.

They told him to wait. ▶▷ *Ils lui dirent d'attendre.*

He told us that he was tired. ▶▷ *Il nous a dit qu'il était fatigué.*

On voit que *to tell* est suivi d'un complément direct de personne (exceptions : expressions comme **to tell the truth**, *dire la vérité* ; **to tell lies**, *dire des mensonges* ; **to tell a story**, *raconter une histoire*).

RÈGLE FONDAMENTALE 26

Le passif se construit comme en français (auxiliaire *to be* + participe passé).

Actif : **Jim broke this window-pane. They will help her.**

Passif : **This window-pane was broken by Jim. She will be helped by them.**

Le complément d'agent, introduit par *by*, est souvent sous-entendu. On peut alors traduire la phrase par « *on* + phrase active ».

He was taken to hospital. ▶▷ *On le transporta à l'hôpital.*
I have been deceived. ▶▷ *On m'a trompé.*

To give se construit au passif de deux façons différentes.

Actif : **Somebody gave him a chair.**

Passif : **A chair was given to him. He was given a chair.** ▶▷ *On lui donna une chaise.*

C'est cette dernière construction qui est la plus courante.

RÈGLE FONDAMENTALE 27

Phrases exclamatives

● Exclamation portant sur un *adjectif* ou un *adverbe*.

> **How sad they look!** ▶▷ *Comme ils ont l'air triste !*
> **How rough the sea was!** ▶▷ *Comme la mer était agitée !*
> **How fast he drives!** ▶▷ *Comme il conduit vite !*

(L'adjectif ou adverbe *suit immédiatement how*).

● Exclamation portant sur *un nom*, qu'il soit seul ou accompagné d'un adjectif.
What a liar that boy is! ▶▷ *Quel menteur que ce garçon !*
What a lovely house their neighbours have! ▶▷ *Quelle belle maison ont leurs voisins !*
(Remarquer l'emploi de l'article indéfini et la place du verbe).

● La phrase exclamative est parfois *elliptique*.
How funny! ▶▷ *Comme c'est drôle !*
What a pity! ▶▷ *Quel dommage !*

Exercices de la semaine 9

A Traduire :
1. Il ne dit jamais merci.
2. Elle lui dit qu'il était idiot.
3. « Quel idiot vous êtes ! » dit-elle.
4. Que vous a-t-il dit ?
5. Il m'a dit de venir de bonne heure.
6. Dites-nous ce qui s'est passé.

B Mettre au passif (sous-entendre le complément d'agent, puis traduire) :
1. People do not play cricket in France.
2. They eat marmalade at breakfast.
3. They released the prisoners.
4. They gave us the best seats.
5. People will help us.
6. Someone gave me a watch for my birthday.

C Traduire :

1. Quelle jolie fille !
2. Comme elle est jolie !
3. Comme il a l'air heureux !

4. Comme il chante bien !
5. Quelle belle voix a ce chanteur !
6. Quelle agréable rivière que la Tamise !

Semaine 10

RÈGLE FONDAMENTALE 28

Lorsqu'un verbe est précédé d'une **préposition**, il se met au **gérondif** (semblable au participe présent).

She went out without taking her umbrella. ▶▷ *Elle sortit sans prendre son parapluie.*
He is fond of playing tricks on his sister. ▶▷ *Il aime beaucoup jouer des tours à sa sœur.*
After having their lunch, they went for a walk. ▶▷ *Après avoir pris leur déjeuner, ils allèrent se promener.*

RÈGLE FONDAMENTALE 29

Equivalents des auxiliaires de modalité.

Revoir ce qui a été dit de leur présent et de leur preterite (▶ R.F. 3), de leur conditionnel (▶ R.F. 18). Pour les autres temps (notamment le futur et le present perfect) on a recours à des expressions équivalentes :

> **Can** (capacité, faculté) : *to be able to.*
> **May** (permission) : *to be allowed to* (qui est un passif être autorisé à).
> **Must** (nécessité) : *to have to.*

I shan't be able to do it. ▶▷ *Je ne pourrai pas le faire.*
I haven't been able to solve the problem. ▶▷ *Je n'ai pas pu résoudre le problème.*
Will you be allowed to come with us? ▶▷ *Pourrez-vous (= vous permettra-t-on de) venir avec nous ?*
We had to get up very early. ▶▷ *Nous avons dû nous lever très tôt.*
We'll have to wait. ▶▷ *Nous devrons attendre.*

RÈGLE FONDAMENTALE 30

Pronoms réfléchis et réciproques.

● Apprendre la liste des *pronoms réfléchis* (▶ § 476) et les comparer avec les pronoms compléments. Attention à **himself, ourselves** et **themselves**.
He is proud of himself. ▶▷ *Il est fier de lui.*
I've cut myself. ▶▷ *Je me suis coupé.*

● Ne pas confondre les pronoms réfléchis (identité du sujet et du complément) avec les **pronoms réciproques** (échange d'actions entre plusieurs sujets).
They love each other. ▶▷ *Ils s'aiment.*

> **The children threw snowballs at one another.** *Les enfants se lancèrent des boules de neige* (comparer « *at* one another » et « les uns *aux* autres »).

On peut employer indifféremment les pronoms réciproques **each other** et **one another**.

● Mais de nombreux verbes non accompagnés de pronoms ont un sens réfléchi ou réciproque.
To dress, to shave. ▶▷ *S'habiller, se raser.*
To meet, to fight. ▶▷ *Se rencontrer, se battre.*

A Traduire :

1. Nous sommes fatigués d'écouter ses plaintes.

2. Vous ne pouvez pas faire une omelette sans casser des œufs.

3. N'oublie pas de prendre ton médicament avant d'aller te coucher.

4. Ii a amélioré sa prononciation en écoutant la B.B.C. tous les soirs (employer la préposition *by* pour exprimer le moyen).

5. Avez-vous envie d'aller au cinéma ? (to feel like).

B Mettre au futur :

1. We must run.

2. You may have a rest.

3. It's too cold, they cannot bathe.

4. Can you get there before lunch?

5. Must you work during the holidays?

6. May I drive their car?

C Traduire :

1. Ils ont peur les uns des autres.

2. Je ne me pardonnerai jamais cette erreur.

3. Nous nous regardions sans nous parler.

4. Il se fit une tasse de thé.

5. Vous vous flattez !

6. Nous nous imaginions déjà en train de jouer au volley-ball sur la plage.

Bien retenir :

1 • que *to have* ne peut pas être suivi d'un *participe présent* ;

2 • que *to be* peut être suivi du *participe présent* (c'est la forme progressive) ou du *participe passé* (c'est la voix passive) ;

3 • que *can* (could), *may* (might), *must*, ainsi que *shall* (should) et *will* (would) ne peuvent être suivis que d'un *infinitif sans to* ;

4 • que les formes « he ask », « he catch », etc., sont impossibles. Au présent, il faut « he ask**s** », « he catch**es** » ; au preterite, « he ask**ed** », « he *caught* ».

CORRIGÉS DES EXERCICES DES LEÇONS DE RÉVISION

 Semaine 1

A

• He worries • he obeys • he cries • he lays • he annoys • he hurries • he tidies • he copies • he conveys • he bullies.

• The toys • the babies • the parties • the donkeys • the plays • the butterflies • the stories • the keys • the ash-trays • the factories.

B

1. Mr Jones is at home (No, Mr Jones isn't at home).

2. Yes, she can cook (No, she can't cook).

3. Yes, he smokes cigars (No, he doesn't smoke cigars).

4. Yes, we shall invite them (No, we shan't invite them).

5. Yes, these men learn English (No, these men don't learn English).

6. Yes, he broke it (No, he didn't break it).

7. Yes, they have a car (No, they haven't a car).

8. Yes, they will buy a car (No, they won't buy a car).

9. Yes, he flies to New-York (No, he doesn't fly to New-York).

10. Yes, he obeys the law (No, he doesn't obey the law).

C

1. He never laughs.

2. Are the children tired?

3. Can you open this box?

4. Can your wife drive?

5. I must write to my friends.

6. Our neighbours may be at the seaside.

7. May I open the window?

8. They must be tired.

9. He doesn't play football. He never plays football.

10. She mustn't come.

 Semaine 2

A

(1) A friend • an enemy • a horse • an animal • an English book • a yellow book • an eye • a high mountain • a hero • an error.

(2) The [ðə] friend • the [ði] enemy • the [ðə] horse • the [ði] animal • the [ði] English book • the [ðə] yellow book • the [ði] eye • the [ðə] high mountain • the [ðə] hero • the [ði) error.

B

1. I am very fond of music; I don't like the music of this film.

2. The wood of this table is very hard.

3. Wine is expensive in England, but tea is cheap.

4. He is very fond of France and the French, but he doesn't speak French.

5. Harry is a tall, thin boy.

6. The tea they drink is very strong.

7. John is an engineer, his wife is an actress.

8. Big, black clouds; a large, square yard.

9. Grey is a dull colour. The grey of this dress is too dark.

10. Where are the others? Where are the other glasses?

A

1. The sun is rising. It rises...	6. He doesn't play...
2. Mr Morgan cuts... He is cutting...	7. John isn't working...
3. sells.	8. We don't work...
4. is staying.	9. They don't drink...
5. He goes...	10. aren't making progress...

B

1. When did you buy your car? – I bought it last year.

2. Did you work yesterday? – I worked in the moming and I went to the pictures in the afternoon.

3. When I got up this morning it was raining.

4. What were you doing when they arrived?

5. We shall stay at home until 4 o'clock.

6. You will be tired. We shan't be tired.

7. Will they come if we invite them?

C

wiping • wiped ; tipping • tipped ; waiting • waited ; fitting • fitted ; cleaning • cleaned ; widening • widened ; sinning • sinned ; prohibiting • prohibited ; dropping • dropped ; boring • bored ; appearing • appeared ; preferring • preferred.

A

1. Did you see them?

2. Did you meet her?

3. He doesn't like us very much.

4. She and I were born in the same village.

5. I am your friend.

6. The house is ours.

7. Henry, his wife and (his) children.

8. Nellie and her husband are writing to their friends.

9. Their books are on the desk, mine are on the shelves.

10. This armchair is very comfortable, but I don't like its colour.

B

• Brushes • plays • Englishmen • thieves • roofs • sandwiches • buoys • horses and oxen • boots and feet • ladies.

C

1. This luggage is ours.

2. My hair is too long, cut it very short.

3. Where is your luggage?

4. People are very nice in this country.

5. The furniture of our living-room is very modern.

Semaine 5

A

1. There wasn't much wind.
2. Were there many people?
3. There are few hotels in this island.
4. We go to that country every year.
5. I don't like those people.
6. There were a few books on the shelf.

7. We didn't see him anywhere (= we saw him nowhere).
8. Are there any cinemas in the town?
9. We didn't write to anybody (= we wrote to nobody) during the holidays.
10. Did you understand anything?

B

1. Our neighbours' house.
2. Mr Jones's [-ziz] car.
3. Doris's [siz] brother.
4. The colour of the wall.
5. Our children's friends.

6. The beginning of the year.
7. A woman's voice.
8. The little boy's electric train.
9. Is this your umbrella or George's?
10. These are men's jobs.

Semaine 6

A

1. They arrived at 6 (o'clock).
2. They have just arrived.
3. They have been working for half an hour.
4. They did not work yesterday afternoon.
5. Look! I've washed the car.
6. It has been raining for a week.

7. It rained yesterday morning.
8. Hullo! He's bought a new car.
9. I've just met Barbara.
10. I met her at the post-office this morning.

B

1. I've just received their letter.
2. I'm going to write to them.
3. What were you going to say?
4. When shall we go?
5. Write to us every week when you are in England.
6. I don't know when he will receive my letter.

7. You'll understand when you read the end of the story.
8. We should be very happy if you could come with us.
9. This country would be very pleasant if it didn't rain so often.
10. Could John come and help us?

Semaine 7

A

1. A brick-red dress.
2. A sky-blue armchair.
3. A long-legged bird.
4. A blue-eyed child.
5. A match-box.

6. A red-haired woman.
7. Black-shirted men.
8. A service-station.
9. A shop-window.
10. A garden-city.

B

1. She is prettier than her sister.
2. He drives better than she does.
3. He was not as (ou : not so) happy as we were.
4. We were happier than he was.
5. She was the best pianist in the town.
6. He is the laziest boy I know.

7. They always go to the most expensive hotels.
8. They are more narrow-minded than we are.
9. We went farther than they did.
10. They get up earlier than I do.

 Semaine 8

A

1. They don't want to do their work.
2. They want us to go to England with them.
3. His wife doesn't want him to buy a motor-bike.

4. She wanted to be a nurse.
5. Do you want me to buy a paper?
6. Do you want to read my paper?

B

1. whom.	4. whom.
2. who.	5. which.
3. which.	6. whom.

3. The chair you are sitting on is broken.
4. The friends I play bridge with live in your street.
6. The man he quarrelled with is his brother-in-law.

C

1. Don't break them.
2. Let's go to the pictures.
3. Be a man.
4. Don't be late.
5. Let's buy the Times.

6. Let him come and see me at once.
7. Let John rest for a few minutes if he is tired.
8. Don't sit on the grass.

 Semaine 9

A

1. He never says thank you.
2. She told him he was a fool.
3. «What a fool you are!», she said.

4. What did he tell you?
5. He told me to come early.
6. Tell us what happened.

B

1. Cricket is not played in France.
2. Marmalade is eaten at breakfast.
3. The prisoners were released.
4. We were given the best seats (mieux que : The best seats were given to us).

5. We shall be helped.
6. I was given a watch for my birthday (mieux que : A watch was given to me...).

C

1. What a pretty girl!
2. How pretty she is!
3. How happy he looks!

4. How well he sings!
5. What a lovely voice this singer has!
6. What a pleasant river the Thames is!

 Semaine 10

A

1. We are tired of listening to his complaints.
2. You can't make an omelet without breaking eggs.
3. Don't forget to take your medicine before going to bed.

4. He improved his pronunciation by listening to the B.B.C. every evening.
5. Do you feel like going to the pictures?

B

1. We shall have to run.
2. You will be allowed to have a rest.
3. It will be too cold, they won't be able to bathe.
4. Will you be able to get there before lunch?

5. Will you have to work during the holidays?
6. Shall I be allowed to drive their car?

C

1. They are afraid of one another.
2. I'll never forgive myself for this mistake.
3. We were looking at each other without speaking (to each other).

4. He made himself a cup of tea.
5. You are flattering yourself!
6. We could already imagine ourselves playing volley-ball on the beach.

PREMIÈRE LISTE DE MOTS INVARIABLES

(80 adverbes, prépositions et conjonctions)

A LIEU

1	To go **from** Paris **to** London.	Aller *de* Paris *à* Londres.
2		(*from* : origine ; *to* : direction).
3	To be **in** England, in London, in the tube.	Etre *en* Angleterre, *à* Londres, *dans* le métro (pas de déplacement vers ce lieu).
4	To be **at** the station, at the window.	Etre *à* la gare, *à* la fenêtre (lieu précis, pas de déplacement).
5	To go **into** the house.	Entrer *dans* la maison (déplacement).
6	To go **out of** the house.	Sortir *de* la maison.
7	The book is **on** the desk.	Le livre est *sur* le bureau.
8	Their flat is just **above** ours.	Leur appartement est juste *au-dessus* du nôtre (différence de niveau).
9	To spread the cloth **over** the table.	Etaler la nappe *sur* la table (pour la recouvrir).
10	**Under** the trees.	*Sous* les arbres.
11	**In front of** the house.	*Devant* la maison.
12	**Behind** the house.	*Derrière* la maison.
13	**Near** our house.	*Près de* chez nous.
14	**Far from** our house.	*Loin de* chez nous.
15	Stay **here**.	Restez *ici*.
16	He lives **there**.	Il habite *là* (ou : là-bas), il y habite.
17	To go **through** the wood.	*Traverser* la forêt (idée de se frayer un chemin).
18	To walk **across** the street.	*Traverser* la rue (idée de passer d'un trottoir à l'autre).
19	To walk **along** the lane.	*Suivre* le sentier.
20	To be leaning **against** the wall.	Etre appuyé *contre* le mur.
21	**Among** the crowd.	*Parmi* la foule.
22	**Between** the two windows.	*Entre* les deux fenêtres.
23	To go **towards** the station.	Se diriger *vers* la gare.
24	Come **back**!	*Revenez* ! (retour au point de depart).

B TEMPS

1-2	**Before** lunch, **after** lunch.	*Avant* le déjeuner, *après* le déjeuner.
3	They were **already** in bed	Ils étaient *déjà* couchés
4	(# they were **not yet** in bed).	(# ils n'étaient *pas encore* couchés).
5	He is **still**	Il est *encore*
6	(# **no longer**) in England.	(# il *n*'est *plus*) en Angleterre.
7	**During** the holidays, during the war.	*Pendant* les vacances, *pendant* la guerre.
8	**While** we were out.	*Pendant que* nous étions sortis.
9	**As soon as** they were back.	*Dès qu*'ils furent de retour.
10	Do it **at once**.	Faites-le *immédiatement*.
11	They will **soon** be ready.	Ils seront *bientôt* prêts.
12	I'll read it **again**.	Je le relirai (*répétition*).
13	He is **often** bad-tempered.	Il est *souvent* de mauvaise humeur.
14	He **seldom** smiles.	Il sourit *rarement*.

15	I **always** have a cup of coffee after lunch.	Je prends *toujours* une tasse de café après le déjeuner.
16	He **never** smokes.	Il ne fume *jamais*.
17	We **sometimes** go to the pictures on Saturdays.	Nous allons *parfois* au cinéma le samedi.
18	We go to the opera **now and then** (= **now and again**).	Nous allons à l'opéra *de temps en temps*.
19	He is **now** an old man.	C'est *maintenant* un vieillard.
20	And **then** we went to the pictures.	Et *ensuite* (= et après) nous sommes allés au cinéma.
21-22	To get up **early** (# **late**).	Se lever *tôt* (# *tard*).
23	He has been living here **since** September 1st (= the first).	Il habite ici *depuis* le 1er septembre (*moment* où l'action a commencé).
24	We shall stay in London **till** (# **until**) the end of the holidays.	Nous resterons à Londres *jusqu'à* la fin des vacances.
25	He has been living here **for** a month.	Il habite ici *depuis* un mois (*durée* de l'action).
26	I bought my car three years **ago**.	J'ai acheté ma voiture *il y a* trois ans (période qui sépare l'action du moment présent).

C   DIVERS

1	A film **about** Ireland. **About** 6 o'clock.	Un film *sur* l'Irlande. *Vers* 6 heures.
2	**though** (= **although**) he is not English.	*Bien qu'*il ne soit pas Anglais.
3	He died **for** his country.	Il est mort *pour* sa patrie.
4	The war **against** Germany.	La guerre *contre* l'Allemagne.
5 6	**Why** are you laughing? **because** it's funny.	Pourquoi riez-vous ? *Parce que* c'est drôle.
7 8	**With** a dictionary (# **without** a dictionary).	*Avec un* (# *sans*) dictionnaire.
9	He is **only** five.	Il a *seulement* (ou : il n'a que) cinq ans.
10	**Perhaps** you are right.	*Peut-être* avez-vous raison.
11	They are not **quite** ready.	Ils ne sont pas *tout à fait* prêts.
12	That was **rather** expensive.	C'était *plutôt* (ou : assez) cher.
13	Are you tall **enough**?	Es-tu *assez* grand ?
14	I am **too** short.	Je suis *trop* petit.
15 16	You are **almost** (= **nearly**) as tall as he is.	Vous êtes *presque* aussi grand que lui.
17	She **even** drank a glass of champagne.	Elle a *même* bu une coupe de champagne.
18	I **hardly** know them.	Je les connais *à peine*.
19	He is intelligent **but** very lazy.	Il est intelligent *mais* très paresseux.
20 21 22	He works hard, and **yet** (= **however, still**) he always fails.	Il travaille beaucoup, et *pourtant* (ou : *cependant*) il échoue toujours.
23	New-Zealand was discovered **by** Captain Cook.	La Nouvelle-Zélande a été découverte *par* le capitaine Cook.

24	We have come **to** (= **in order to**) help you.	Nous sommes venus *pour (afin de)* vous aider.
25 26	He speaks English and **also** German (= and German, **too**).	Il parle l'anglais et *aussi* l'allemand (aussi = *également*).
27	We were late, **so** we had to run.	Nous étions en retard, *aussi* avons-nous dû courir (aussi = *en conséquence*).
28	He swims **like** a fish.	Il nage *comme* un poisson (comme + nom).
29	He died **as** he had lived.	Il est mort *comme* il avait vécu (comme + proposition).
30	**If** I had a holiday in winter, I'd go to the Riviera.	*Si* j'avais des vacances en hiver, j'irais sur la Côte d'Azur (condition, supposition).
31	Do you know **wether** (ou : if) they are in London now?	Savez-vous s'ils sont à Londres en ce moment ? (*doute*).
32	They often travel **together**.	Ils voyagent souvent *ensemble*.

Le verbe et la construction de la phrase

▶ 1 • Conjugaisons des verbes. Négation et interrogation

1. Classification des verbes

§1 Comparé à un verbe français, un verbe anglais n'a qu'un très petit nombre de formes différentes (pour le verbe **to play : play, plays, played, playing**), d'où l'importance très grande des *auxiliaires* qui permettent d'exprimer toutes sortes de temps, modes, aspects et nuances diverses.

On peut classer les verbes en deux catégories :

A *Les auxiliaires :*

- *be* et *have* (▶ leçon 2)
- *do*, quand il est auxiliaire (▶ R.F. 2, §§ 14, 18, 57, 74, 75, 231, 233, 236)
- les *auxiliaires de modalité : can (could), may (might), must, shall (should), will (would), ought*, et dans certains de leurs emplois *dare* et *need* (▶ leçon 3) ; on peut ajouter à cette liste *used* (▶ leçon 12).

Ces trois sous-catégories ont en commun le fait que leurs conjugaisons négative et interrogative se forment *sans l'auxiliaire do*. A la forme négative le présent et le passé de ces auxiliaires peuvent se contracter avec *not* (haven't, doesn't, wasn't, shouldn't…). Ce sont les seules formes verbales pouvant se contracter avec *not*.

B *Les verbes « ordinaires »,* dont les conjugaisons négative et interrogative se forment au présent et au preterite (temps simple du passé) avec l'auxiliaire *do, does, did.*

Plusieurs verbes (*have, need, dare, do*) sont tantôt des auxiliaires, tantôt des verbes ordinaires, selon leurs emplois. D'autres jouent parfois le rôle d'auxiliaires tout en se conjuguant comme des verbes ordinaires, par exemple :

> *make* (you make me laugh), *get* (you'll get punished),
> *let* (let us go), *keep* (they kept complaining).

§2 - La plupart des verbes ordinaires forment leur preterite (temps simple du passé) et leur participe passé avec le suffixe *-ed* (he played, he worked) ou *-d* (they lived), prononcé [d], [t] ou [id] (▶ R.F. 8, § 9). Ce sont les *verbes réguliers.*

- Mais certains verbes (en tout environ 170, dont 140 d'emploi courant) ont des formes spéciales pour ces deux temps, ou seulement l'un d'eux. Ce sont les *verbes irréguliers*, qui ne se distinguent des autres qu'à ces deux temps. Exemples :

	PRETERITE	PARTICIPE PASSÉ
to see	*saw*	*seen*
to sleep	*slept*	*slept*
to come [ʌ]	*came* [ei]	*come* [ʌ]

Un grand nombre de verbes très employés (to go, to give, to take, to put, to eat…) sont irréguliers. Voir (et apprendre…) les listes ▶ p. 369.

§3  **REMARQUES**

- Un grand nombre de verbes peuvent être accompagnés de *postpositions*. Ce sont les *« verbes composés »*, ou *« phrasal verbs »* (▶ leçon 6).

• L'anglais n'a qu'un petit nombre de *verbes pronominaux* proprement dits, c'est-à-dire accompagnés d'un pronom terminé par *-self* sans que le sens soit réfléchi (**to enjoy oneself**, *bien s'amuser* ; **to avail oneself of**, *profiter de*).

Lorsque le sens le permet, les verbes peuvent être suivis de *pronoms réfléchis*, à sens vraiment réfléchi cette fois (**He cut himself**, *il s'est coupé*. **If only you could see yourself!** *Si seulement vous pouviez vous voir !*) ou de *pronoms réciproques* (**They hate each other**, *ils se haïssent*). ▶ §§ 490 à 497.

Aux verbes pronominaux français comme *se lever, se demander, se rappeler, se réjouir, s'apercevoir* correspondent des verbes conjugués sans pronoms : **to get up, to wonder, to remember, to rejoice, to notice.**

Dans certains cas le pronom français est traduit indirectement par un adjectif possessif (*Je me lave les mains*, **I wash my hands**).

Certains verbes pronominaux français se traduisent par des passifs (*Le thé ne se boit pas dans un verre*. **Tea is not drunk out of a glass**). ▶ § 240.

2. Conjugaison d'un verbe ordinaire : *to play*

§4) **A** *Les temps simples.* Il n'y en a que deux :

• *Le présent simple* est semblable à l'infinitif sans *to* (radical du verbe) ; le seul suffixe est l'*s* (toujours prononcé) de la 3ᵉ personne du singulier (▶ R.F. 1 et leçon 8).

> **I play, we play, you play, they play ;** mais **he plays.**

• *Le preterite* (temps simple du passé) est terminé par le suffixe *-ed* (ou simplement *-d* si le radical du verbe se termine par un *e*) à toutes les personnes, sauf pour les verbes irréguliers qu'il faut savoir par cœur (▶ leçon 9 et listes p. 369).

> **I played, he played, we played, you played, they played.**

§5) **B** *Les autres temps et modes personnels* se forment à l'aide d'auxiliaires.

• *Futur : will* (1ʳᵉ pers. : *will* ou *shall*) .

• *Conditionnel : would* (1ʳᵉ pers. : *would* ou *should*)

| + infinitif sans *to*

> **They will play, we shall (ou : will) play...**
>
> (mais d'autres tournures expriment également une idée de futur). ▶ leçon 10.
>
> **They would play, we should (ou : would) play...**
>
> ▶ leçon 11.

• *Formes composées avec have + participe passé* (les « *perfects* », ▶ leçon 9) :

> **I have played, we had played...**

• *Impératif :* semblable à l'infinitif sans *to* à la 2ᵉ personne (**Play!**) ; conjugué avec l'auxiliaire *let* aux autres personnes

> **Let us play! Let her play! Let them play! etc.** ▶ leçon 16.

• *Subjonctif*, dont il ne reste que des traces, ▶ leçon 13.

§6 **C** *Modes impersonnels :*

• *L'infinitif* a deux formes, avec ou sans la particule *to*. Leurs emplois sont nettement délimités (comparer : **I wanted** *to play*, et : **They made** *me play*). ▶ leçon 14.

• *Le participe présent* et le *gérondif* sont semblables, terminés par *-ing* (**playing**). ▶ leçon 15.

• *Le participe passé* des verbes réguliers est semblable au preterite, terminé par *-ed* (**played**). Il faut apprendre par cœur celui des verbes irréguliers.

§7 **D** Aux temps et modes se superposent *les aspects* (▶ § 115) : *l'aspect perfectif* (les « perfects », conjugués avec l'auxiliaire *have + participe passé*, ▶ leçon 9) et *l'aspect imperfectif*, ou *progressif* (la forme progressive, conjuguée avec l'auxiliaire *be + participe présent*, ▶ leçon 8). Il y a donc parallèlement au verbe *to play* les verbes *to have played* et *to be playing*, qui se conjuguent eux aussi à tous les temps et avec les différents auxiliaires de modalité.

§8 **E** *La 2e personne du singulier* ne s'emploie plus dans la langue courante (écrite ou parlée) depuis plusieurs siècles. Elle est remplacée par la 2e personne du pluriel. On ne tutoie donc personne. L'emploi fréquent des prénoms correspond un peu à notre tutoiement.

La 2e personne du singulier ne subsiste qu'en poésie et dans les textes religieux, pour la plupart composés à l'époque de la Réforme, où Dieu est tutoyé.

Principales formes :	
thou art, thou wast	**thou hast, thou hadst**
thou dost, thou didst	**thou shalt, thou wilt**

Pour les verbes ordinaires, le suffixe est *-st* ou *-est* (**thou playest**)

Pronoms : sujet **thou** [ðau], complément **thee** [ðiː], réfléchi **thyself** [ðaɪˈself].

Possessifs : adjectif **thy** [ðai}, pronom **thine** [ðain].

3. Orthographe et prononciation des terminaisons verbales

§9 **A** Bien prononcer les terminaisons *-s* et *-ed*. ▶ R.F. 1 et § 8.

Dans la terminaison *-red*, l'*r* ne se prononce pas : **ordered** [ˈɔːdəd], **offered** [ˈɔfəd]. Bien distinguer les deux prononciations :

[id], comme dans **wanted, needed, decided**
[əd], comme dans **suffered, considered**

On prononce [id] la terminaison des adjectifs : **wicked** *(méchant)*, **wretched** *(misérable)*, **naked** *(nu)*, **ragged** *(en haillons)*, **rugged** *(rugueux)*, **aged** *(très âgé)*, **learned** *(érudit)*. Ne pas confondre ce dernier, prononcé [ˈləːnid], avec le participe passé, prononcé [ləːnd].

§10 **B** Pour le *redoublement de la consonne* qui précède *-ed* et *-ing*, ▶ R.F. 7 et § 8.

Exceptions : les Anglais écrivent **travelling, travelled** bien que *to travel* soit accentué sur la 1re syllabe (en Amérique : **traveling, traveled**). De même, en Angleterre : **kidnapping, worshipping** (en Amérique : **kidnaping, worshiping**).

§ 11 **C** Les verbes en *y* ont les terminaisons *-ies, -ied* si l'*y* est placé après une consonne (to carry ▶▶ **carries, carried** ; to supply ▶▶ **supplies, supplied**). Mais quand l'*y* est placé après une voyelle l'orthographe est régulière (to play ▶▶ **plays, played** ; to obey ▶▶ **obeys, obeyed**).

D Inversement, les verbes *to die* et *to lie* font au participe présent : **dying, lying**. Les participes présents sont réguliers pour les verbes terminés par un *e* qui se prononce (to be ▶▶ **being** ; to see ▶▶ **seeing**).

E *To say* présente une irrégularité phonétique que l'orthographe n'indique pas à la 3e personne du singulier : to say [sei] ▶▶ **he says** [sez].

4. La négation

Pour la forme négative des verbes, ▶ R.F. 2.

§ 12 **A** Une proposition négative ne comporte qu'*une seule négation* dans la langue correcte. Comparer :

He *has not come*. Il n'est pas venu.	**Nobody** *has come*. Personne n'est venu.
He *does not smoke*. Il ne fume pas.	He *never smokes*. Il ne fume jamais.

C'est pourquoi dans une phrase comportant déjà une négation on emploie : *any* et non *no* • *ever* et non *never* • *either* et non *neither*.

> **We haven't seen him anywhere.** *Nous ne l'avons vu nulle part.*
> **Nobody has ever seen him laugh.** *Jamais personne ne l'a vu rire.*
> **They don't play bridge, we don't either (= neither do we).**
> *Ils ne jouent pas au bridge, nous non plus.*

On suit la même règle avec les adverbes *hardly, scarcely, barely (ne… guère, presque pas),* qui sont considérés comme des termes négatifs.

> **There was hardly anybody (= anyone) on the beach.**
> *Il n'y avait presque personne sur la plage*
> (on ne dit pas « nearly nobody », « almost nobody »).

De même :

presque rien = **hardly anything** ; *presque pas de* = **hardly any** ; *presque jamais* = **hardly ever**

§ 13 **B** Dans la langue parlée (et aussi dans le courrier amical, mais pas normalement dans la prose soignée), on emploie les *contractions* des différents auxiliaires *avec not*. Bien prononcer ces contractions. Certaines sont irrégulières. Retenir notamment :

aren't [ɑ:nt] = are not (se prononce comme **aunt**)
weren't [wə:nt] = were not (rime avec **burnt**)
can't [kɑ:nt] = cannot
won't [wount] = will not
shan't [ʃɑ:nt] = shall not
don't [dount] = do not
mustn't [mʌsnt] = must not (le *t* de must reste muet dans la contraction).

§14 **C** Le verbe **to do** *(faire)* se conjugue aux temps simples, comme les autres verbes, avec l'auxiliaire **do/does/did**.

> **I didn't do my work yesterday.** *Je n'ai pas fait mon travail hier.*
>
> **He doesn't do his best.** *Il ne fait pas de son mieux.*

5. L'interrogation

Pour la forme interrogative des verbes, ▶ R.F. 2.

§15 **A** L'inversion se fait avec **le premier auxiliaire** s'il y en a plusieurs.

> **How long have the Robinsons been living here?**
> *Depuis combien de temps les Robinson habitent-ils ici ?*

B *Le sujet n'est jamais répété.*

> *Vos parents sont-ils chez eux ?* **Are your parents at home?**
>
> *Ton frère joue-t-il aux échecs ?* **Does your brother play chess?**

C Pour la construction des phrases interrogatives et leur intonation, ▶ leçon 18.

> Comparer :
> **Who waited for you?** *Qui vous a attendu ?*
> (**Who** est sujet : le verbe n'est pas à la forme interrogative).
> **Who did you wait for?** *Qui avez-vous attendu ?*
> (**Who** est complément, plus courant aujourd'hui que **whom** :
> le verbe est à la forme interrogative).

§16 **D** Dans la conversation le sujet **you** et **l'auxiliaire** sont parfois **sous-entendus**.

> **Had a good day?** (= Have you had…?) *Tu as passé une bonne journée ?*
>
> **See what I mean?** (= Do you see…?) *Tu vois ce que je veux dire ?*

Parfois on ne sous-entend que l'auxiliaire, ce qui revient à employer une forme affirmative avec intonation ascendante (**You see what I mean?**)

Mais cela se fait plus rarement qu'en français, et il est sage de prendre l'habitude de bien construire les phrases interrogatives.

> *Vous vous êtes bien amusés ?* **Did you have a nice time?**
>
> *C'est bon ?* **Is it good?**
>
> *Ils t'ont attendu ?* **Did they wait for you?**

§17 **E** En répondant à des **questions au preterite**, il faut s'habituer à passer d'une forme à l'autre quand le verbe est irrégulier.

> **Where did you go? – We *went* to Oxford.**
> *Où êtes-vous allés ? – Nous sommes allés à Oxford.*
>
> **What did you buy? – I *bought* a record.**
> *Qu'as-tu acheté ? – J'ai acheté un disque.*

§18 **F** Comme à la forme négative (▶ § 14), le verbe *to do* se conjugue avec l'auxiliaire *do/does/did*.

> **Did you do it on purpose?** *L'as-tu fait exprès ?*
> **How do you do?** *Enchanté (de faire votre connaissance).*
> Ne pas confondre avec « *How are you?*» (▶ § 26).

6. La forme interro-négative

§19 Elle est plus employée qu'en français. Dans la langue parlée, nous exprimons couramment la même idée par une forme négative suivie d'un point d'interrogation, et parfois par une forme affirmative. Quand une question est posée à la forme interro-négative, c'est que l'on s'attend à une réponse affirmative.

A On emploie *les contractions en -n't* dans le *style familier* (dans la conversation, le courrier amical, et dans de nombreux romans).

> **Didn't they come to see you yesterday?**
> *Ils ne sont pas venus vous voir hier ?*
> **Don't you think she looks tired?**
> *Vous ne trouvez pas qu'elle a l'air fatiguée ?*
> **Won't you have a cup of tea?**
> *Vous prendrez bien une tasse de thé ?*

B *Quand on ne fait pas la contraction* (style plus relevé), l'ordre des mots varie selon que le sujet est un *pronom (not après le sujet)…*

> **Are they not our friends?**
> *Ne sont-ils pas nos amis ?*

…ou un *nom* (*not* généralement *après l'auxiliaire*).

> **Did not this man betray his country?**
> *Cet homme n'a-t-il pas trahi son pays ?*

C Une construction semblable à la forme interro-négative peut avoir un sens *exclamatif* (▶ § 261).

> **Didn't they laugh!** *Ils ont bien ri !*
> **Isn't it ridiculous!** *Comme c'est ridicule !*

D Pour les *réponses affirmatives* aux questions interro-négatives (en français : *si !* et non : *oui !*), ▶ § 58.

EXERCICES

A Mettre à la 3ᵉ personne du singulier du présent simple, puis au preterite les verbes suivants (tous réguliers). Noter la prononciation des terminaisons et les classer en trois catégories :

– à la 3ᵉ personne du singulier du présent : [z], [s], [iz].

– au preterite : [d], [t], [id].

__Les lire avec soin.__

• to ask • to carry • to fetch • to prefer • to interest • to crash • to invade • to fish • to supply • to insist • to injure • to box • to fancy • to grasp • to waste • to expect • to annoy • to watch • to tire • to bury • to change • to delay • to dry • to dress • to excite • to stay • to bore • to need • to mix • to answer.

B Mettre au participe présent, par écrit et oralement :

1. to hope, to hop, to stop, to grope, to develop, to drop, to cope, to pop.

2. to hit, to admit, to invite, to profit, to excite, to submit, to fit.

3. to rain, to run, to open, to win, to happen, to dine, to ban, to shine

4. to stare, to order, to occur, to injure, to tire, to insure, to star, to appear, to offer, to prefer, to consider, to stir, to suffer.

5. to agree, to sigh, to defy, to die, to see, to be, to lie.

C Mettre à la forme interrogative, puis à la forme négative (avec les contractions) :

1. He works on Saturdays.
2. His wife can drive.
3. The neighbours went to Italy.
4. Your friends are at home.
5. Mr. Smith has got an American car.
6. Betty's brother is good at languages.
7. Ken and Barbara speak French.
8. The cat caught the mouse.
9. The children have been working all day.
10. Fred and his wife have been to Australia.
11. Her mother is a good cook.
12. Her friends were pleased to see her.
13. His parents have got a dog.
14. Jennifer's boy-friend had been invited.
15. Their children can speak German.
16. The guests would have been too tired to go to the theatre.
17. She does the shopping every day.
18. Peter smokes too much.
19. Mr and Mrs Brown are ready.
20. Your wife has told you about it.

D Mettre à la forme interro-négative (avec les contractions) :

1. Everybody rests on Sundays.
2. They will help you.
3. Your parents have received my letter.
4. You are hungry.
5. Fred did everything he could.
6. It will be too late.
7. We should apologize to her.
8. Nelly has been working all day.
9. You have met my brother.
10. The exam would have been too difficult for them.
11. Bobby can read and write.
12. Mr Morgan goes to his office by bus.
13. You spoke to the manager.
14. Judith would be glad to have a tape-recorder.
15. People know who he is.

E Répondre aux questions suivant le modèle :

Did they go to Ireland? (Scotland) ▶▶ **No, they didn't (go to Ireland), they went to Scotland** (tous les verbes sont des verbes irréguliers de la liste n° 1, ▶ page 369).

1. Did she take her raincoat? (her umbrella).

2. Did they wake up early? (very late).

3. Did she teach mathematics? (physics).

4. Did he speak slowly? (very fast).

5. Did they leave before lunch? (after lunch).

6. Did you feel happy? (disappointed).

7. Did you give him a book? (a tie).

8. Did they buy a French car? (a Japanese car).

9. Did she fly to Chicago on Sunday? (on Monday).

10. Did they drink whisky? (orange juice).

11. Did he drive carefully? (recklessly).

12. Did you write to her in French? (in English).

13. Did you see the ghost? (nothing).

14. Did the police catch the two thieves? (only one).

15. Did they wear top hats? (bowler hats).

16. Did he break a vase? (the teapot).

17. Did you draw a map of England? (a map of Australia).

18. Did they steal the money? (the jewels).

19. Did they hide the treasure in the garden? (in the attic).

20. Did you eat a sandwich? (a piece of cake).

F Traduire :

1. Son mari comprend-il l'anglais ?

2. Le chien est-il dans le jardin ?

3. Vos amis vous ont-ils téléphoné hier soir ?

4. Les livres sont-ils chers en Angleterre ?

5. Les Anglais boivent-ils beaucoup de café ?

6. Les enfants ne sont-ils pas fatigués ?

7. Pourquoi ton frère ne t'a-t-il pas aidé ?

8. Vous n'avez pas aimé le film ?

9. Ta sœur ne peut pas venir avec nous ?

10. Ce roman n'est-il pas un chef-d'œuvre ?

11. Quand le diner sera-t-il prêt ?

12. Que fait-il le dimanche ?

13. Que font vos amis le dimanche ?

14. Il ne boit pas de café.

15. Il ne boit jamais de café.

16. Il ne boit presque jamais de café.

17. Il n'y avait presque rien à manger.

18. Vous n'avez pas soif ?

19. Qui fait la vaisselle le dimanche ?

20. Presque personne ne travaille le samedi.

▶ 2•To be, there is, to have

1. Formes pleines et formes faibles

§20 Les auxiliaires, ainsi que d'autres mots grammaticaux (pronoms personnels, adjectifs possessifs, articles, prépositions etc.) existent sous deux formes (ce que l'orthographe n'indique pas toujours) : *une forme pleine*, quand ils sont accentués (ce qui est exceptionnel), et *une forme faible*, quand ils sont inaccentués (ce qui est le cas général). ▶ p. 351 (Phonétique et grammaire).

A *To be* est le seul verbe qui ait trois formes au présent *(I am, he is, we are, you are, they are)* et deux au preterite *(was* au singulier, *were* au pluriel). Le participe passé est *been*.

Le *preterite subjonctif* (ou : *preterite modal*) est *were* à toutes les personnes dans une langue soignée. ▶ §§ 191 à 195.

> **I wish I were in England**
> (langue moins soignée, mais non vulgaire : **I wish I was in England**).
> *Je voudrais être en Angleterre.*

Les autres temps se forment régulièrement : futur *(He will be, he is going to be),* conditionnel *(he would be),* « perfects » *(he has been, he had been),* participe présent *(being),* infinitif (**"To be or not to be"**), impératif (**Be quiet! Let's be quiet. Don't be late!** On voit que l'impératif négatif se construit avec *don't*). ▶ § 128 (forme progressive, d'emploi exceptionnel : **You are being silly**).

§21 **B** *To have* est moins irrégulier que *to be*. le présent est *have* à toutes les personnes *(I have, we have, you have, they have)* sauf la 3ᵉ personne du singulier *(he has),* le preterite est *had* à toutes les personnes, le participe passé *had*. Les autres temps se forment régulièrement *(he will have, he would have ; he has had, he had had).* On voit qu'aux « perfects » *to have* est conjugué avec l'auxiliaire *have* ; dans ce cas le participe passé *had* est accentué, l'auxiliaire *(have, has, had)* ne l'est pas.

§22 **C** *Les formes faibles* s'emploient dans la langue orale, sauf en fin de phrase. Comparer :

I'm very tired	et : How tired *I am!*
She's in the garden	I don't know where she *is.*
You're a liar	What a liar *you are!*
I think *they've* seen the film	Yes, *they have.*

Les formes faibles des auxiliaires se rencontrent plus couramment après un pronom (**they're ready**) qu'après un nom (**the children are ready**). On ne les emploie pas normalement dans la prose soignée (récit, description, analyse).

Attention à la forme *'s*, qui représente tantôt *is*, tantôt *has*. Comparer :

> **What's happening?** ('s = **is**). *Que se passe-t-il ?*
> **What's happened?** ('s = **has**). *Que s'est-il passé ?*

De même, *'d* représente tantôt *had*, tantôt *would*.

> **She'd never said that** ('d = **had**). *Elle n'avait jamais dit cela.*
> **She'd never say that** ('d = **would**). *Elle ne dirait jamais cela.*

§23　**D** *Les contractions avec not (isn't, aren't, wasn't, weren't, haven't, hasn't, hadn't)* sont courantes dans la langue parlée. *Am* ne se contracte pas avec *not* (on dit *"I'm not"*) ; toutefois, dans la langue familière, la forme interro-négative est *"aren't I?"*. Quant à la forme *"ain't"* [eint], qui peut remplacer *am not, is not, are not, have not* ou *has not*, elle appartient à la langue vulgaire.

I'm strong, aren't I? ▶▷ *N'est-ce pas que je suis fort ?*
"She ain't ready yet". ▶▷ *« Elle est* (sic) *pas encore prête »* (ici ain't = isn't)
"I ain't got a lighter". ▶▷ *« J'ai pas* (sic) *de briquet »* (ici ain't = haven't).

2. Emplois de to be

§24　**A** Il n'a que rarement son sens plein *(être, exister)*.
"I think, therefore I am". ▶▷ *Je pense, donc je suis.*

B En tant qu'*auxiliaire*, il peut être suivi :

● d'un *participe présent* (c'est la **forme progressive**)
They are working. ▶▷ *Ils travaillent.*

● d'un *participe passé* (c'est *le passif*).
They are often punished. ▶▷ *Ils sont souvent punis.*

● d'un *infinitif complet* (▶ §§ 162 à 164).
They are to have dinner together. ▶▷ *Ils doivent (= ils ont projeté de) dîner ensemble.*

On trouve parfois **to be** au lieu de **to have** pour la conjugaison des « **perfects** ». Cet emploi de **to be** reste exceptionnel. Il exprime l'*état résultant d'une action* (principalement d'un déplacement), et non l'action elle-même.

> **The door was locked, there *were* gone.**
> *La porte était fermée à clef, ils étaient partis.*
> **(ici, *gone* a la valeur d'un adjectif, par exemple « absent »).**
> Mais on dit : **They *had* just gone.**
> *Ils venaient de partir*
> (c'est l'action elle-même qui est alors exprimée).

§25　**C** Il introduit des *attributs* et des *compléments* divers (lieu…).

His father is a doctor. ▶▷ *Son père est docteur* (remarquer l'article, ▶ § 407).
We wondered where Betty was. ▶▷ *Nous nous demandions où était Betty* (remarquer l'ordre des mots, ▶ § 275).

Il s'emploie dans les expressions suivantes (en français : *avoir* + nom) :

I am cold, *j'ai froid*	**I am sleepy,** *j'ai sommeil*
I am hungry, *j'ai faim*	**I am right,** *j'ai raison*
I am thirsty, *j'ai soif*	**I am wrong,** *j'ai tort*
I am afraid, *j'ai peur*	**I am lucky,** *j'ai de la chance*
I was sick, *j'ai eu mal au cœur,* ou : *j'ai vomi.*	

§26　**D** Dans des constructions idiomatiques il exprime :

● *la dimension*
How deep is this well? It's 20 feet deep. ▶▷ *Quelle est la profondeur de ce puits ? Il est profond de 20 pieds* (▶ § 257, n° 3).

- *l'âge*

How old is she? She is 17 (= she is 17 years old). She will be 18 in April. ▶▷ *Quel âge a-t-elle ? Elle a 17 ans. Elle aura 18 ans en avril.*

- *la température*

What's the weather like? It's cold. ▶▷ *Quel temps fait-il ? Il fait froid.*

- *la santé*

How are you? I'm better. ▶▷ *Comment allez-vous ? Je vais mieux.* (▶ § 256).

§27 **E** Le verbe *to be* et son sujet peuvent être *sous-entendus* après *if, when, while, until, as, though*, lorsque cela ne nuit pas à la clarté de la phrase.

When in Rome, do as the Romans do (prov.). ▶▷ *A Rome, faites comme les Romains.*
He decided to relate what he had seen if told to do so. ▶▷ *Il décida de raconter ce qu'il avait vu si on le lui demandait.*
As a boy I used to be fond of honey. ▶▷ *Quand j'étais enfant j'aimais beaucoup le miel.*
Though a British citizen, he could not speak English. ▶▷ *Bien qu'il fût citoyen britannique, il ne parlait pas l'anglais.*

3. There is

§28 **A** Aux temps simples, *there is, there was* sont suivis de singuliers, *there are, there were* de pluriels. Cette expression est normalement inaccentuée.

There's ([ðəz] plus couramment que [ðɛəz]) **a little garden in front of the house.** ▶▷ *Il y a un petit jardin devant la maison.*
There was a crowd on the pavement. ▶▷ *Il y avait un attroupement sur le trottoir.*
There are 29 days in February this year, aren't there? (▶ § 66). ▶▷ *Il y a 29 jours en février cette année, n'est-ce pas ?*
How many people were there? ▶▷ *Combien de gens y avait-il ?*
(*How many* est souvent associé aux formes interrogatives *are there, were there...*).

§29 **B** *There is* peut se combiner avec tous les *auxiliaires* et avec différentes expressions.

There's (= has) been a lot of fog this year. ▶▷ *Il y a eu beaucoup de brouillard cette année.*
There will be no time to waste. ▶▷ *Il n'y aura pas de temps à perdre.*
There's going to be a general election. ▶▷ *Il va y avoir une élection générale.*
There used to be a mill here. ▶▷ *Autrefois il y avait ici un moulin.*
There might be a gale. ▶▷ *Il pourrait y avoir une tempête.*
There ought to be two lifts. ▶▷ *Il devrait y avoir deux ascenseurs.*
There seems to be a mistake. ▶▷ *Il semble qu'il y ait une erreur.*
There's bound to be a war (▶ § 630). ▶▷ *Il y aura inévitablement une guerre.*

§30 **C** D'autres verbes que *to be* s'emploient parfois avec *there*, dans une langue très soignée.

There remains only this possibility. ▶▷ *Il ne reste que cette possibilité.*
There came a time when we had to sell the house. ▶▷ *Il arriva un moment où il nous fallut vendre la maison.*

§31 **D** Ne pas confondre *there is* (= il y a) avec *there is* (= voilà ; dans ce cas *there* est *accentué*).
There's [ðɛəz] **Mrs Jones. Let's invite her to join us.** ▶▷ *Voilà Mme Jones. Invitons-la à se joindre à nous.*

There they are. ▶▷ *Les voilà* (sujet avant le verbe quand c'est un pronom).

Comparer cette expression avec : **here is/here are** *(voici)*.
Here are the two tickets. ▶▷ *Voici les deux billets.*
Where's the dictionary? – Here it is. ▶▷ *Où est le dictionnaire ? – Le voici.*
Familièrement : **"Here you are"** ▶▷ *Tenez* (en remettant un objet à quelqu'un).

§32 **(E)** *Il y a* ne se traduit pas par **there is** dans les cas suivants :

- **distance : It's 3 miles from here to the station.** ▶▷ *Il y a 3 miles d'ici à la gare* (▶ § 257, n° 6).

- **durée** (▶ § 700). **They left five minutes ago.** ▶▷ *Ils sont partis il y a cinq minutes.*

- l'expression « *qu'y a-t-il ?* » (= que se passe-t-il ?) ▶▷ **What's the matter?**

4. Emplois de to have

§33 **To have** est tantôt un auxiliaire, tantôt un verbe ordinaire. Quand il est **auxiliaire** il est généralement inaccentué, réduit à ses formes faibles (**'ve, 's, 'd**). Quand c'est un **verbe ordinaire**, il est
généralement accentué, se conjugue avec **do** (**Do you have…? You don't have…**) et possède une
forme progressive lorsque le sens le demande (**He is having…**). On distinguera six emplois de ce
verbe.

(A) *You've seen this film, haven't you?*

Suivi du participe passé, l'auxiliaire **have** sert à conjuguer les « **perfects** » (▶ leçon 9).

- **Present perfect : You've seen this film, haven't you?** ▶▷ *Vous avez vu ce film, n'est-ce pas ?*

- **Past perfect** (plus-que-parfait) **: I had** (ou : **I'd**) **met him before.** ▶▷ *Je l'avais déjà rencontré.*

- **Future perfect** (futur antérieur) **: They will** (ou : **they'll**) **have received our letter.** ▶▷ *Ils auront reçu
notre lettre.*

- **Conditional perfect** (conditionnel passé) **: He would** (ou : **he'd**) **have helped you.** ▶▷ *Il t'aurait
aidé.*

Aux formes interrogative et négative l'emploi de **do** est impossible. Dans les réponses elliptiques on
n'emploie pas les formes faibles.

> **I haven't seen this film.** *Je n'ai pas vu ce film.*
> **Who has seen this film? – I have** (et non : **I've**).
> *Qui a vu ce film ? – Moi.*

§34 **(B)** *We'd better wait for them.*

L'expression « **had better + infinitif sans to** » est un preterite à sens de présent. A la forme négative
(sans **do**), **not** se place après **better** ; on ne peut donc pas faire de contraction. ▶ § 676.

> **We'd better wait for them.** *Nous ferions mieux de les attendre.*
> **You'd better not listen to him.** *Tu ferais mieux de ne pas l'écouter.*

Pour l'expression « **would rather** (plus couramment aujourd'hui que **had rather**) + infinitif sans to »,
▶ § 172.

§35 **(C)** *Have you got a car? Do you have a car?*

Exprimant la **possession** (ou un lien de parenté, etc.), **to have** est souvent suivi de **got** dans la langue familière (**got** est à l'origine le participe passé de **to get** = obtenir, recevoir). Il n'y a pas de forme
progressive.

> **He's got (= he has) plenty of money.** *Il a beaucoup d'argent.*
> **They have three children.** *Ils ont trois enfants.*

Dans une langue relâchée, *got* s'emploie souvent seul, sans le verbe *to have*.

> **"I got (= I've got) a new car".** *J'ai une nouvelle voiture.*

Aux formes interrogative et négative du présent :

- *langue soignée :* **Have you a car? I haven't a car.**

- *langue familière, surtout en Grande-Bretagne :* **Have you got a car? I haven't got a car.**

- *langue familière, surtout en Amérique :* **Do you have a car? I don't have a car** (dans ce cas on n'ajoute jamais *got*).

Le preterite se conjugue presque toujours avec *did*, en Grande-Bretagne comme en Amérique.

> **Did you have enough money?** *Aviez-vous assez d'argent ?*

§36 **D** *Did you have to wait long?*

- Suivi d'un infinitif complet, *to have* exprime la *nécessité* (▶ §§ 49, 56, 666).
We shall have to wait. ▶▷ *Nous devrons attendre.*

- Au présent cette expression peut être accompagnée de *got*, qui est fortement accentué (style emphatique familier).
You've got to see this film. ▶▷ *Il faut absolument que tu voies ce film.*

- Aux formes interrogative et négative on conjugue presque toujours avec *do*.
Did you have to wait long? ▶▷ *Avez-vous dû attendre longtemps ?*
They didn't have to help me. ▶▷ *Ils n'ont pas eu à m'aider.*

§37 **E** *I must have my car washed.*

Cette construction (dite « *causative* ») de *to have* (traduite par « faire + infinitif ») sera étudié à la leçon 25. Les formes interrogative et négative se construisent avec *do*. Il y a une forme progressive.
I must have my car washed. ▶▷ *Il faut que je fasse laver ma voiture.*
When did you have your hair cut? ▶▷ *Quand t'es-tu fait couper les cheveux ?*
We are having our living-room repainted. ▶▷ *Nous faisons repeindre notre salle de séjour.*

§38 **F** *They are having lunch.*

Dans un grand nombre d'expressions idiomatiques *to have* a un sens précis (to take, to eat, to experience…) :

> **to have a bath** *(prendre un bain)*, **to have a look** *(jeter un coup d'oeil)*,
> **to have a rest** *(se reposer un instant)*, **to have dinner** *(dîner)*,
> **to have a sandwich** *(manger un sandwich)*, etc.

On conjugue alors avec *do*, on n'ajoute jamais *got* ; on peut mettre l'expression à la forme progressive et la conjuguer à l'impératif.
They are having lunch. ▶▷ *Ils sont en train de déjeuner.*
Did you have a nice time? ▶▷ *Vous êtes-vous bien amusés ?*
I didn't have breakfast this morning. ▶▷ *Je n'ai pas pris de petit déjeuner ce matin.*
Have a cigar (emphatique : **Do have a cigar**). ▶▷ *Prenez un cigare.*
Let's have a cup of tea. ▶▷ *Prenons une tasse de thé.*

EXERCICES

A Traduire :

1. Quel âge aviez-vous à la fin de la guerre ?
– J'avais 15 ans.
2. Je n'avais pas faim mais j'avais sommeil.
3. Quel temps faisait-il quand vous êtes arrivés ? – Il faisait froid et il y avait du vent.
4. Mon fils aura quatre ans la semaine prochaine.
5. Comme vous avez de la chance !

6. Quelle est la hauteur de cette tour ?
– Elle a 200 mètres de haut.
7. J'espère que vous irez mieux demain.
8. N'aie pas peur. Sois un homme.
9. Comme vous avez raison !
10. Quelle est la largeur de ce couloir ?
– Il fait 5 pieds de large.

B Remplacer la parenthèse par le verbe *to be* au temps demandé et traduire :

1. There (preterite) several people waiting for me.
2. There (futur) two bathrooms in the new house.
3. There (preterite) a post-office near the hotel.
4. There (present perfect) two world wars.
5. There (conditionnel) too many people.

6. There (présent) too much luggage.
7. There (present perfect) an accident
8. There (futur négatif) enough tea for everybody.
9. There (Present) a lot of people in the street
10. I'm afraid there (futur « going to ») a war.

C Traduire :

1. Il y aura un match samedi.
2. Il y avait eu un concert la veille.
3. Il y avait quatre chambres au premier étage.
4. Combien y a-t-il de cinémas dans la ville ? – Il n'y en a qu'un.
5. Il y a eu un orage hier soir.
6. Il y a 3 miles d'ici à la mer.
7. Il devrait avoir deux hôpitaux dans cette ville.
8. Il va y avoir un discours.
9. Il n'y a pas eu de courrier aujourd'hui. Il n'y a pas eu de lettres pour moi.

10. Combien de personnes y aura-t-il à la réunion ?
11. Qu'y avait-il dans sa valise ?
12. Qu'y aura-t-il pour le déjeuner le jour de Noël ?
13. Il y avait trop de voitures sur la route.
14. Il pourrait y avoir une autre solution. -
15. Il y aura un nouveau Président le 20 janvier.

▶ leçon 3, exercice G.

D Mettre à la forme interrogative :

1. You had to walk in the rain.
2. The neighbours have got a new car.
3. He had a busy time.
4. She has been to England.
5. He has lunch at home.
6. The children had to make their own beds.
7. She has to get up at 6 every morning.
8. The Webbs have been living here since 1972.
9. John had the car repaired yesterday.
10. They have a tape recorder.
11. He had a good dictionary.
12. Nellie has always disliked the French.
13. She had a word with the boss.
14. They had a pleasant time.
15. Mrs Jones has got a dishwasher.

E Compléter les phrases avec le verbe **to have** au présent simple ou au présent progressif :

1. Grandfather is in his room, he ... a rest.
2. Betty is playing tennis, she ... a new racket.
3. It's half past 7, the Robinsons ... dinner.
4. They ... dinner in town on Sundays.
5. The children are at the circus, they ... a nice time.
6. When I am not very hungry I just ... a sandwich.
7. The neighbours are not at home today, they ... a picnic in the forest.
8. John ... two sisters.
9. They ... very few friends.
10. Where's Fred? – He ... a bath.

▶ 3 • Les auxiliaires de modalité

1. Généralités

§39 **A** Les auxiliaires de modalités (*can, may, must, shall, will, ought*, ainsi que *dare* et *need* dans certains de leurs emplois) ont une conjugaison incomplète, défective (on les appelle aussi *verbes défectifs*) : quatre d'entre eux n'ont que deux formes, un présent et un preterite :

> **can (could), may (might), shall (should), will (would)**

…alors que les autres ont une forme unique.

Ils ne prennent pas d'*s* à la 3ᵉ personne du singulier du présent.

Etant des auxiliaires, ils se conjuguent sans *do* aux formes interrogative et négative et forment avec *-n't* des contractions courantes (toutefois *mayn't* s'emploie peu). *Cannot* s'écrit en un mot (parfois deux en Amérique).

She can drive	• inter. : **Can she drive?** • nég. : **She cannot drive (She can't drive)** • interro-nég. : **Can't she drive?**

B Ils servent à conjuguer des verbes qui sont *à l'infinitif sans to* (à l'infinitif *complet* après *ought*, seule exception). Ils ne peuvent pas être suivis d'un complément d'objet.

> *Il peut tout.* **He can *do* everything**
> (il faut **un verbe** après *can*).

§40 **C** Les preterites *could, might, should* et *would* ont tantôt la valeur d'un *passé*, tantôt la valeur d'un *mode* (ce sont alors des *preterites modaux*). Comparer :

I tried to start the car but I couldn't. *J'ai essayé de mettre la voiture en marche mais je n'y suis pas arrivé.* (*could* a la valeur d'un *passé*).	**If he came this afternoon we could play tennis.** *S'il venait cet après-midi nous pourrions jouer au tennis* (*could* a la valeur d'un *conditionnel présent*).	**I wish I could speak Italian.** *J'aimerais savoir parler l'italien* (*could* a la valeur d'un *subjonctif*, c'est un « irréel du présent » ▶ § 193)

§41 **D** Le rôle principal de ces auxiliaires est d'exprimer diverses nuances de *modalité*, c'est-à-dire une attitude d'esprit, *un point de vue personnel*, Par exemple en conjuguant un verbe avec *may*, je peux préciser que l'action exprimée par ce verbe me paraît incertaine ; avec *must* qu'elle me paraît très probable ; avec *should* qu'elle me paraît souhaitable ; avec *needn't* qu'elle me paraît superflue, etc. (▶ §§ 46, 50, 51, 52, et leçon 42).

Mais la nuance de modalité est parfois très estompée ; il n'en reste qu'une vague coloration qui s'ajoute au sens principal de l'auxiliaire, quand *shall* et *will* sont des auxiliaires du futur (▶ leçon 10), *should* et *would* des auxiliaires du conditionnel (▶ leçon 11), quand *will* et *would* ont une valeur fréquentative (▶ leçon 12), quand *may/might* et *should* ont une valeur de subjonctif (▶ leçon 13), et quand *can* sert à conjuguer les verbes de perception (▶ §§ 45, 353).

E Les expressions *had better* et *would rather* (ou *would sooner*), qui ne se conjuguent pas à d'autres temps, sont suivies d'infinitifs sans *to* et servent à donner des points de vue personnels, sont à rapprocher des auxiliaires de modalité. Elles sont étudiées aux ▶ §§ 34 (*had better*) et 172 (*would rather*).

2. Can, could

§42 Les formes accentuées se prononcent [kæn], [kud] ; les formes inaccentuées [kən] ou [kn], [kəd].

> **I can see them** [aikn'si:ðm]. *Je les vois.*

A *Capacité physique, faculté intellectuelle, pouvoir d'action* (être assez fort pour, assez intelligent pour, être à même de, avoir le temps de...).

Can you lift this trunk? ▷▷ *Peux-tu soulever cette malle ?*

You can't [kɑ:nt] **understand because you are a foreigner.** ▷▷ *Vous ne pouvez pas comprendre parce que vous êtes étranger.*

Can you lend me ten pounds? ▷▷ *Pouvez-vous me prêter dix livres ?* (***Can you... ?*** s'emploie souvent pour demander un service).

Can s'emploie aussi pour exprimer que des ***réflexes*** ont été acquis.

He can swim, drive, speak German. ▷▷ *Il sait nager, conduire, parler l'allemand.*

Le preterite ***could*** a souvent la valeur d'un ***conditionnel présent*** (▶ § 173). Pour éviter toute ambiguité le passé peut s'exprimer à l'aide de la périphrase ***was/were able to*** ou du preterite du verbe ***to manage***. Comparer :

> **Could you post this letter?**
> *Pourriez-vous mettre cette lettre à la poste ?*
> (***Could you...?*** s'emploie souvent pour formuler une demande polie).
> **Were you able to** (ou : **Did you manage to) post the letter?**
> *Avez-vous pu mettre la lettre à la poste ?*

Aux temps composés et aux modes impersonnels on se sert de l'équivalent ***to be able to***.

I haven't been able to solve the problem. ▷▷ *Je n'ai pas pu résoudre le problem.*

He apologized for not being able to come ▷▷ *il s'excusa de ne pas pouvoir venir.*

He will soon be able to swim. ▷▷ *Il saura bientôt nager.*

Cette construction étant assez gauche, on emploie souvent ***can*** pour exprimer un futur quand le sens de la phrase est clair.

Can you (plutôt que (« **will you be able to** ») **come tomorrow?** ▷▷ *Pourrez-vous venir demain ?*

§43 **B** *Possibilité, vraisemblance.*

That can't be true. ▷▷ *Il est impossible que ce soit vrai.*

It can be dangerous. ▷▷ *Cela peut (fort bien) être dangereux* (alors que **"it may be dangerous"** exprime une incertitude : *peut-être est-ce dangereux*).

§44 **C** *Permission* (style plus familier qu'avec ***may***).

Can I use your pen? ▷▷ *Je peux me servir de ton stylo ?* (**Could I...?** est plus poli ; **May I...?** est encore plus poli : *Puis-je... ?*)

You can't behave like that here. ▷▷ *Il n'est pas permis de se conduire comme cela ici* (ici, **can't** est synonyme de **mustn't**, ▶ § 49).

§45 **D** *Auxiliaire* pour conjuguer les ***verbes de perception involontaire*** (▶ § 353).

Can you hear the bells? (plus courant que : **Do you hear...?**) ▷▷ *Entendez-vous les cloches ?*

I can't see anything (plus courant que : **I don't see...**). ▷▷ *Je ne vois rien.*

3. May, might

§46 **A** *Incertitude, éventualité* (*May* est alors accentué).

He may not know our address. ▶▷ *Il se peut qu'il ne sache pas notre adresse* (même sens que : *perhaps he doesn't know…*).
Don't disturb her, she may be working. ▶▷ *Ne la dérange pas, il se peut qu'elle travaille* (même sens que : *perhaps she is working*).

Comme il s'agit d'une simple éventualité, on peut envisager aussi le contraire.
You may be right and you may be wrong. ▶▷ *Il se peut que tu aies raison et il se peut que tu aies tort.*

L'action incertaine peut être située dans l'avenir.
They may come tomorrow. ▶▷ *Il se peut qu'ils viennent demain.*

● *May* est souvent remplacé par son preterite *might*, qui exprime une plus grande part de doute ou un **risque** (dans le présent ou dans l'avenir).
It might rain tomorrow. ▶▷ *Il se pourrait qu'il pleuve demain.*
Be careful, you might skid. ▶▷ *Soyez prudent, vous pourriez déraper.*

● *Might* peut aussi exprimer une **suggestion**, parfois un reproche.
We might ask a policeman. ▶▷ *Nous pourrions demander à un agent.*
You might at least help us. ▶▷ *Vous pourriez au moins nous aider.*

§47 **B** *Permission* (*May* n'est généralement pas accentué).

May s'emploie comme *can* (mais dans une langue plus soignée) pour demander une permission (**May I…?**) ou l'accorder (**You may…**). Dans les autres cas (par exemple à la 3ᵉ personne) la permission s'exprime plutôt avec l'expression *to be allowed to* (*être autorisé à*). A la forme négative on dit **"you mustn't"** (ou (**"you can't"**) plutôt que **"you may not"**.
May I use your telephone? ▶▷ Puis-je utiliser votre téléphone ?
You may smoke if you like. ▶▷ *Vous pouvez fumer si vous voulez.*
They are not allowed to smoke in the corridors. ▶▷ *Ils ne peuvent pas (on ne leur permet pas de) fumer dans les couloirs.*
I wasn't allowed to smoke until I was 16. ▶▷ *On ne m'a pas permis de fumer avant l'âge de 16 ans.*

§48 **C** *Souhait*, dans un style littéraire.

May the Lord have mercy on your soul! ▶▷ *Que Dieu ait pitié de votre âme !* (formule qui termine une sentence capitale).
May it never happen! ▶▷ *Pourvu que cela ne se produise jamais !*

D *May/might* forme des périphrases à valeur de *subjonctif* dans des subordonnées (▶ §§ 196, 197).

4. Must

§49 Il se prononce [mʌst] quand il est accentué, [məst] ou [məs] quand il est inaccentué.

La forme unique, *must*, est un présent, qui peut toutefois s'employer comme preterite dans des phrases de style indirect.

He said it must be true. *Il a dit que ce devait être vrai.*

A *Nécessité, obligation.*

I must finish this work today. ▶▷ *Il faut que je finisse ce travail aujourd'hui.*

You must read this book, it's very good. ▶▷ *Il faut que tu lises ce livre, il est très bon* (en disant cela, je donne mon opinion).

Mais pour parler d'une nécessité qui ne dépend pas de soi, on se sert de l'expression *to have to* (il n'y a alors pas de modalité).

> **You have to read this book, it's on the syllabus.** ▶▷ *Il faut que tu lises ce livre,*
> *il est au programme* (d'un examen).
> Forme interrogative : ***Do you have to read…?.***

"Have got to" s'emploie dans un style familier emphatique.

You've got to be back by ten. ▶▷ *Il faut absolument que tu sois de retour pour dix heures.*

A la forme négative, bien distinguer entre *l'interdiction* (must not) et *l'absence de nécessité* (need not, don't have to). Comparer :

> **You mustn't [mʌsnt] come.** *Il ne faut pas que vous veniez*
> (contraire de : **You may come**).
> **You needn't come** (▶ § 52)**.** *Il n'est pas nécessaire que vous veniez*
> (contraire de : **You must come**).

Aux autres temps que le présent, la nécessité s'exprime avec *to have to*.

We had to queue for twenty minutes. ▶▷ *Nous avons dû faire la queue vingt minutes.*

How long did you have to wait? ▶▷ *Combien de temps avez-vous dû attendre ?*

You'll have to learn to drive. ▶▷ *Il faudra que vous appreniez à conduire.*

§50 **B** *Forte probabilité, quasi-certitude* (comparer avec le 1er sens de *may*, ▶ §46).

He hasn't come, he must be ill. ▶▷ *Il n'est pas venu, il doit être malade* (conclusion logique ; même sens que : **I'm sure he is ill**).

You must be hungry. ▶▷ *Vous devez avoir faim* (même sens que : **I'm sure your are hungry**).

That must be true. ▶▷ *Cela doit être vrai* (Le contraire est : « **That can't be true** », ▶ §43).

Avec une forme progressive

She must be wondering where we are. ▶▷ *Elle doit se demander où nous sommes.*

Comparer :

> **He must work** (obligation)
> et : **He must be working** (probabilité).

Contrairement à *may* exprimant une incertitude (▶ § 46), *must* exprimant une quasi-certitude ne s'emploie pas avec un sens de futur (▶ § 629, *to be sure to*).

5. Ought to

§51 C'est le seul auxiliaire de modalité qui soit suivi d'un *infinitif complet*.

A *Conseils moraux ou amicaux.*

You ought to work harder. ▶▷ *Tu devrais travailler plus.*

She ought to spend a year in England. ▶▷ *Elle devrait passer un an en Angleterre.*

I ought to read this book. ▶▷ *Je devrais lire ce livre.*

Should (preterite de *shall*) s'emploie dans les mêmes cas (*Ought to* insiste un peu plus sur la contrainte morale) : **You should work harder. She should spend a year in England. I should read this book** (▶ § 167).

A la forme négative *shouldn't* est plus courant que *oughtn't to*.
He shouldn't be so selfish. ▶▷ *Il ne devrait pas être si égoïste.*

B *Probabilité, pronostic. Should* s'emploie dans le même sens.
Manchester United ought to (= should) win. ▶▷ *Manchester United devrait (= va probablement)*
gagner.
The date ought to (= should) suit him. ▶▷ *La date devrait lui convenir.*

6. Need et dare

§52 Ces deux verbes se conjuguent tantôt comme des verbes ordinaires, tantôt comme des auxiliaires de modalité. Ils se conjuguent comme des auxiliaires uniquement aux *formes interrogative et négative*. On peut alors faire les contractions *needn't* et *daren't*.

A *Need*.

Il se conjugue comme un verbe ordinaire *(to need),* c'est-à-dire avec *do* aux formes négative et interrogative, quand il est suivi d'un nom complément d'objet ou d'un infinitif complet.
Do you need your dictionary? ▶▷ *As-tu besoin de ton dictionnaire ?*
He needed to think it over before making a decision. ▶▷ *Il avait besoin d'y réfléchir avant de prendre une décision* (au présent : **he needs to…**). ▶ § 295 (*to need* + gérondif à sens passif).

Mais *need* est aussi un auxiliaire de modalité (donc sans *s* à la 3e personne du singulier, et sans *do* aux formes interrogative et négative), principalement à la forme négative pour exprimer qu'**une action semble superflue**, injustifiée.
You needn't come if you don't want to. ▶▷ *Il n'est pas nécessaire que vous veniez si vous n'en avez pas envie.*
She needn't worry. ▶▷ *Elle n'a pas besoin de s'inquiéter.*

La forme interrogative *(Need I…?)* à un sens voisin de *must*. Toutefois on l'emploie surtout pour marquer l'espoir d'une réponse négative.

> **Need I attend the lecture?** ▶▷ *Faut-il (vraiment) que j'assiste à la conférence ?*
> (Réponse négative : **No, you needn't.** Réponse affirmative : **Yes, you must).**

Need, comme *must*, peut s'employer comme preterite au style indirect.
He said that you needn't do it. ▶▷ *Il a dit qu'il n'était pas nécessaire que vous le fassiez.*

Au passé, comparer :

> **They didn't need to do it.** ▶▷ *Ils n'ont pas eu à le faire* (donc ils ne l'ont pas fait).
> **They needn't have done it.** ▶▷ *Ils n'avaient pas besoin de le faire*
> (mais ils l'ont fait quand même). ▶ § 55, dernier alinéa.

§53 **B** *Dare* (preterite : *dared*, parfois *dare* ; *durst* est archaïque).
How dare you say such a thing? ▶▷ *Comment oses-tu dire une chose pareille ?*
He daren't speak to me. ▶▷ *Il n'ose pas m'adresser la parole* (mais on peut dire aussi, dans un style plus soigné, en conjuguant **to dare** comme un verbe ordinaire : **He doesn't dare to speak to me**).

A la forme affirmative et aux temps composés on conjugue *to dare* comme un verbe ordinaire.
I wouldn't dare (to) disturb him (**to** est parfois omis). ▶▷ *Je n'oserais pas le déranger.*
▶ § 98 (*to dare* = mettre au défi).

7. Shall (should) et will (would)

§54

Ce sont tantôt des auxiliaires de modalité à sens plein (*shall* exprime la **nécessité**, la **contrainte** ; *will* la **volonté**, le **consentement**), tantôt des auxiliaires qui forment des périphrases exprimant le **futur** (*shall, will*) et le **conditionnel** (*should, would*). ▶ leçons 10 et 11.

8. You must have been afraid. You should have told me

§55

Cette construction, dans laquelle l'auxiliaire de modalité est suivi d'un *infinitif passé* (sans *to*, sauf après *ought*), permet d'exprimer des *opinions sur des actions passées* (incertaines, souhaitables, superflues, dues au hasard…). Comparer les deux phrases (le temps composé est en caractères gras) : Nous *aurions dû* écrire. ▶▷ We should *have written*.

Dans cette construction, *have* est toujours inaccentué, prononcé [əv] ou [əf]

Cette tournure n'existe que pour certains sens des auxiliaires de modalité, qu'il faut examiner séparément. Suivis d'un infinitif passé :

• *Can* (surtout à la forme négative) exprime *la vraisemblance* d'un fait considéré rétrospectivement.

He can't have told them about it because he didn't know it. ▶▷ *Il est impossible qu'il leur en ait parlé parce qu'il ne le savait pas.*

• *Must* exprime une *quasi-certitude* concernant un fait passé.
You must have been afraid. ▶▷ *Vous avez dû avoir peur.*
(**"She must have received our letter"** est le contraire de **"She can't have received our letter"**).

• *May* exprime une *incertitude* concernant un fait passé.
He may have come while we were out. ▶▷ *Il se peut qu'il soit venu pendant que nous étions sortis.*
She may not have received our letter. ▶▷ *Il se peut qu'elle n'ait pas reçu notre lettre* (remarquer la place de **not**).

• *Might* exprime un *hasard* concernant un fait passé, un *risque* qui a été couru, parfois un *reproche indirect* (nuance d'irritation), dans un style soigné.
They might have been killed. ▶▷ *Ils auraient pu se tuer.*
She might never have known the truth. ▶▷ *Elle aurait pu ne jamais savoir la vérité.*
He might have waited for us. *Il aurait pu nous attendre.*

• *Could* exprime une *possibilité* qui ne s'est pas réalisée (il s'emploie parfois au lieu de *might* pour exprimer un risque, dans une langue un peu moins soignée).
They could have come by bus. ▶▷ *Ils auraient pu venir par l'autobus* (par exemple, au lieu de prendre un taxi).

• *Ought to* (= *should*) exprime un *regret*, un *reproche* concernant le passé.
We ought to = should) have invited her. ▶▷ *Nous aurions dû l'inviter.*

• *Needn't* exprime le *caractère superflu* d'une action passée.
You needn't have waited for them. ▶▷ *Il n'était pas nécessaire que vous les attendiez* (vous les avez attendus inutilement).

9. Traductions de « devoir »

§56

A Distinguer les cas où il y a modalité, c'est-à-dire expression d'une opinion (*must*, ou *"have got to"* emphatique) des cas où il y a simple rappel d'une nécessité indépendante de celui qui en parle (*to have to*).

Vous devez me dire la vérité. ▶▷ **You must tell me the truth.**

Vous devez faire votre déclaration d'impôts avant le 28 février. ▶▷ **You have to fill in your tax return by February 28th.**

B Ne pas confondre les deux sens du conditionnel « *devrait* » dans :

S'il voulait arriver avant le déjeuner il devrait (= il lui faudrait) partir très tôt. ▶▷ **If he wanted to arrive before lunch he would have to start very early.**

Il devrait se lever plus tôt (conseil). ▶▷ **He should (= ought to) get up earlier.**

C Ne pas confondre *must, should* et *had to* dans les phrases :

Ils doivent nous attendre (probabilité). ▶▷ **They must be waiting for us.**

Il faut qu'ils nous attendent (obligation). ▶▷ **They must wait for us.**

Ils devraient nous attendre (conseil). ▶▷ **They should (= ought to) wait for us.**

Ils ont dû appeler un docteur (nécessité : il leur a fallu…). ▶▷ **They had to call a doctor.**

Ils ont dû voir ce film (c'est probable). ▶▷ **They must have seen this film.**

Ils auraient dû voir ce film (ils ne l'ont pas vu et c'est regrettable). ▶▷ **They should have seen this film.**

D *Devoir* exprimant une action prévue, convenue = *be + infinitif complet*.

Nous devons déjeuner ensemble. ▶▷ **We are to have lunch together** (▶ § 162).

La même construction s'emploie aussi pour exprimer un *ordre sévère* sur un ton solennel.

Tu dois obéir immédiatement. ▶▷ **You are to obey at once** (▶ § 163).

E Pour demander *un conseil* : *shall* (▶ § 151).

Que dois-je faire ? ▶▷ **What shall I do?** (ou dans une langue très soignée : **What am I to do?**).

F Idée de *fatalité* : *to be bound to*, le preterite de *to be + infinitif complet*.

Cela devait arriver. ▶▷ **That was bound to happen** (▶ § 630).

Il devait mourir à l'âge de 30 ans. ▶▷ **He was to die at the age of 30** (▶ § 162).

G *Devoir* + complément d'objet (argent, reconnaissance) = *to owe*.

Il me doit 50 dollars. ▶▷ **He owes me $ 50.**

EXERCICES

A Transformer les phrases suivant les modèles :

Perhaps he will invite them ▶▶ **He may invite them** (incertitude dans le présent ou l'avenir).
I'm sure she is angry ▶▶ **She must be angry** (quasi-certitude dans le présent).

1. Perhaps she will come tomorrow.
2. I'm sure she is waiting for us.
3. I'm sure the Morgans are in their garden.
4. Perhaps it isn't true.
5. Perhaps he won't like the film.
6. I'm sure she is very old.
7. Perhaps there is a telephone box in the village.
8. I'm sure she feels disappointed.
9. Perhaps we will go to Ireland next summer.
10. I'm sure it is a mistake.

B Transformer les phrases suivant les modèles :

Perhaps he didn't hear you ▶▶ **He may not have heard you** (incertitude dans le passé).
I'm sure he liked the film ▶▶ **He must have liked the film** (quasi-certitude dans le passé).

1. I'm sure it was very expensive.
2. Perhaps it was a mistake.
3. Perhaps it was too difficult for them.
4. I'm sure you felt lonely.
5. Perhaps she didn't see us.
6. I'm sure there was an accident.
7. I'm sure they've taken the wrong bus.
8. Perhaps she has lost our address.
9. Perhaps she knew the truth.
10. I'm sure it cost them a lot of money.

▶ Leçon 42, exercice A.

C Choisir la seconde phrase qui convient, puis traduire :

1. The weather was very fine this afternoon. We could have tea in the garden/We were able to have tea in the garden.
2. I don't think it's going to rain. We could have tea in the garden / We were able to have tea in the garden.
3. I asked you to post a letter yesterday. Could you post it? / Were you able to post it?
4. I hadn't taken my umbrella. Fortunately I could borrow one / Fortunately I was able to borrow one.
5. This problem is too difficult for me. Could you help me to solve it? / Were you able to help me to solve it?
6. When I came last week you were trying to phone the Joneses. Could you phone them? / Were you able to phone them?

D Traduire :

1. Il est tard, ils doivent être couchés.
2. Peut-être sont-ils en train de regarder la télévision.
3. Pourriez-vous me traduire cette lettre ?
4. Avez-vous pu traduire la lettre de Jennifer ?
5. Puis-je dire quelque chose ?
6. Je ne peux pas vous aider. Je ne pourrai pas vous aider.
7. Il se pourrait qu'il neige demain.
8. Il faut que vous les aidiez. Il faudra que vous les aidiez.
9. Votre femme sait-elle conduire ?
10. Vous devriez passer une semaine à Bath.
11. Il n'est pas nécessaire que vous répondiez à sa lettre.
12. Il faudra que vous soyez très prudent.
13. Nous devrions lui présenter des excuses.
14. Savez-vous jouer du piano ?
15. Puis-je emprunter votre journal ?
16. Faut-il vraiment que je lise tous ces livres ? – Non, ce n'est pas nécessaire.
17. Ils ne devraient pas boire tant de whisky.

18. Il se peut que les enfants aient faim.
19. Avez-vous pu lui parler hier ?
20. Pourriez-vous lui parler de notre projet quand vous le verrez ?
21. Vous pouvez aller jouer jusqu'à l'heure du thé.
22. Il faut que je leur écrive.
23. Il se peut qu'il ne soit pas l'assassin.
24. Il n'est pas possible qu'il soit l'assassin.
25. Je ne peux pas vous accompagner, je suis trop occupé.

26. Nous pourrions aller en Suisse, pour changer.
27. Il a pu réparer le moteur de sa voiture hier matin.
28. Ils le virent se noyer sans pouvoir le secourir.
29. Ils s'excusèrent de devoir partir.
30. Ils pourront aller à Malte en avion mais ils devront réserver leurs places.

► Leçon 46, exercice A.

E Traduire :

1. He must have told you about it.
2. He should have told you about it.
3. She might have lost her way.
4. She may have lost her way.
5. They may not have heard what I said.
6. They can't have heard what I said.
7. You should have bought a smaller car.
8. You needn't have borrowed the money from a bank, I could have lent it to you.
9. The policeman might have seen you.
10. The policeman may have seen you.

11. The policeman must have seen you.
12. She should have read this book.
13. She must have read this book.
14. He may have been killed.
15. He must have been killed.
16. There might have been an accident.
17. There may have been an accident.
18. There must have been an accident.
19. She may not have written to him.
20. She should not have written to him.

F Traduire :

1. Il a dû faire très froid cette nuit.
2. Tu aurais dû apporter ton magnétophone.
3. Il se peut qu'elle ait oublié notre invitation.
4. Il a eu de la chance, il aurait pu se noyer.
5. Nous aurions dû nous lever plus tôt.
6. Ils ont dû être très heureux de vous revoir.
7. Le chien aurait pu te mordre.
8. Vous devriez les appeler de nouveau, il se peut qu'ils ne vous aient pas entendu.
9. Je ne retrouve pas mon parapluie, j'ai dû le laisser au bureau de poste.
10. Ce n'était pas très loin, nous aurions pu y aller à pied.
11. Il se peut qu'ils se soient trompés d'autobus.

12. Tu aurais dû me dire la vérité.
13. Où sont les billets ? Il est impossible que les aie perdus.
14. Vous n'aviez pas besoin de l'aider, il aurait pu le faire seul.
15. Elle n'aurait pas dû se mettre en colère.
16. Ils n'avaient pas besoin d'aller au Hilton, cela a dû leur coûter une fortune.
17. Il se peut qu'elle n'ait pas lu l'article.
18. Il aurait pu nous prévenir.
19. Tu aurais dû prendre un imperméable, il aurait pu pleuvoir.
20. Il n'était pas nécessaire que vous achetiez tous ces livres, vous auriez pu les emprunter à la bilbiothèque municipale.

G Traduire (*il y a* + modalité) :

1. Il devrait y avoir un agent à ce carrefour.
2. Sois prudent, il se peut qu'il y ait un peu de brouillard.
3. Il doit y avoir une erreur.
4. Il ne peut y avoir qu'une explication.
5. Il se peut qu'il n'y ait pas de place à l'hôtel.
6. Il doit y avoir une cabine téléphonique dans le village.
7. Il pourrait y avoir un orage ce soir.
8. Il n'est pas nécessaire qu'il y ait un discours.
9. Deux ambulances viennent de passer, il a dû y avoir un accident.
10. Ils ont eu de la chance, il aurait pu y avoir un accident.
11. Il aurait dû y avoir plus de monde au concert.
12. Il est impossible qu'il y ait eu une erreur.
13. Le stade était plein à craquer, il devait y avoir au moins vingt mille personnes.
14. Il se peut qu'il y ait eu un peu de brouillard sur la route ce matin.
15. Il a dû y avoir un malentendu

H Traduire (devoir, falloir) :

1. Ils étaient en retard, nous avons dû les attendre une demi-heure.
2. Vous avez dû être furieux.
3. Nous devons aller en Irlande l'été prochain.
4. Vous devriez venir nous voir plus souvent.
5. Faut-il que tu te lèves à 6 heures tous les matins ?
6. Il faut que tu ailles voir cette pièce.
7. Il faut que tu me dises combien je te dois.
8. Vous ne devriez pas lui mentir.
9. Vous n'auriez pas dû lui mentir.
10. Faut-il que je vous aide ?
11. Vous devez vous sentir soulagé.
12. Les chauffeurs de taxi étaient en grève, nous avons dû aller à pied.
13. Vous avez dû être fatigués.
14. Tu devrais acheter un dictionnaire.
15. Tu aurais dû en acheter un quand tu étais à Londres.
16. Combien de temps avez-vous dû rester à l'hôpital ?
17. Je ne sais pas où nous sommes. Nous avons dû nous tromper de chemin.
18. Comme elle doit être heureuse !
19. Tu ne devrais pas tant fumer.
20. Elle devait avoir au moins 35 ans quand elle l'a épousé.

I Traduire (pouvoir) :

1. Puis-je vous poser une question ?
2. Je ne peux pas atteindre l'étagère du haut, je ne suis pas assez grand.
3. Pourrais-tu me prêter 50 dollars ?
4. Nous pourrions nous arrêter dans ce village pour prendre le thé.
5. J'ai reçu une lettre en portugais, mon voisin a pu me la traduire.
6. Il se peut que je sois en retard, ne m'attendez pas.
7. Il se pourrait que Cambridge gagne la course cette année.
8. Nous ne pourrons pas rester ici très longtemps.
9. Je n'ai pas encore pu lui parler.
10. Il se peut qu'il réussisse et il se peut qu'il échoue.
11. Il n'est pas possible qu'il ait dépensé tout cet argent en une semaine.
12. Pourquoi es-tu allé au restaurant ? Tu aurais pu déjeuner à la cantine.
13. Il aurait pu au moins nous envoyer une carte postale.
14. Nous ne pourrons jamais découvrir la vérité.
15. Si nous entrons maintenant nous ne pourrons pas fumer.

J Bâtir des phrases suivant le modèle :

He / to drive slowly / to skid on the ice ▶▶ **He should have driven slowly, he might have skidded on the ice** (la 1re phrase exprime ce qu'il aurait fallu faire mais n'a pas été fait, la 2e ce qui aurait pu se produire mais ne s'est pas produit). Traduire ces phrases.

1. You / to buy a lottery ticket / to win an American car.

2. We / to leave earlier / to miss the train.

3. He / not to bang the doors / to wake up everybody in the house.

4. I / to try again / to succeed at last.

5. He / not to insult the policeman / to be arrested.

6. You / to put on an overcoat / to catch cold.

7. They / not to speak so loudly / to be overheard.

8. The child / not to climb on to the roof / to fall and break his neck.

9. You / not to be so touchy / to spoil the party.

10. She / not to park her car on the bridge / to get into trouble with the police.

►4• Emplois idiomatiques des auxiliaires. « Tags » et phrases elliptiques

§57) Le présent et le preterite des auxiliaires *be, have, do* et des *auxiliaires de modalité* s'emploient couramment dans les phrases elliptiques, et notamment dans des expressions idiomatiques qui se conjuguent (alors que les expressions françaises correspondantes sont invariables). Le verbe déjà exprimé au début de la phrase ou dans la phrase précédente est rappelé sous une forme minimale : s'il s'agit d'un verbe ordinaire au présent ou au preterite on le rappelle sous la forme de l'auxiliaire *do* (ou *does*, ou *did*, selon le temps et la personne) ; s'il s'agit d'un verbe conjugué avec un auxiliaire, c'est ce dernier que l'on emploie (le premier auxiliaire seulement s'il y en a plusieurs).

> They are working ▶▶ *are.* We have been playing ▶▶ *have.*
> She would have come ▶▶ *would.* He went ▶▶ *did.* She takes ▶▶ *does.*

Il convient de faire accorder l'auxiliaire avec le second sujet s'il est différent du premier (ex. : *We were tired, so was he*).

Les « *tags* » étudiés ci-après sont des expressions idiomatiques elliptiques permettant soit d'exprimer une réaction à ce qu'on vient d'entendre (approbation, surprise…), soit d'ajouter rapidement une idée à ce qu'on vient de dire soi-même (pour marquer une opposition, prendre à témoin l'interlocuteur…).

On veillera à bien placer *l'accent tonique* (tantôt sur l'auxiliaire, tantôt sur le sujet). L'auxiliaire ne peut pas être réduit à sa forme faible ('s, 've, 'd, 'll…), mais *les contractions avec not* (isn't, don't, won't…), sont d'emploi très courant.

1. « Tags » exprimant des réactions à ce qu'on vient d'entendre

§58) **A** *Après yes et no* (également après *indeed, perhaps, of course, I'm afraid…*) pour éviter une réponse trop sèche. *L'auxiliaire est accentué.*

Have you been working all day? – Yes, I have.
Can John drive? – No, he can't (parfois sans virgule après *yes* ou *no*).
Is she angry with me? – Of course she is *(Bien sûr que oui).*

C'est ainsi qu'on traduit notre « *si* » (Ou « *mais si !* ») en réponse à une question interro-négative.

Aren't they happy? – Yes, they are.
Don't you like tea? – Yes, I do.

§59) **B** *Pour remplacer yes ou no*. La réponse est alors plus catégorique, synonyme de *yes indeed, not at all*. *L'auxiliaire est accentué.*

Do you intend to answer his letter? – I don't *(Certainement pas).*
Will you have this woman to be your lawful wedded wife…? – I will (formule rituelle de la cérémonie de mariage).

§60) **C** *Pour constater un fait* *(Oui c'est bien vrai)*, souvent avec une nuance de surprise *(Tiens ! c'est vrai). L'auxiliaire est accentué.*

It's stopped raining. – So it has.
You are late. – So I am (ni virgule ni inversion après *so*).

§61) **D** *Pour exprimer l'étonnement* (*Vraiment ?*). *L'auxiliaire est accentué.*

She's now living in Australia. – Is she? (Oh, is she? ou : Is she really?).
He never drinks wine. – Oh, doesn't he?

2. « Tags » exprimant des idées ajoutées à ce qu'on vient de dire

§62) **A** « *moi aussi* », « *moi non plus* » (le second sujet se comporte comme le premier). C'est le *sujet*, et non l'auxiliaire, qui est *accentué.*

- « *moi aussi* » : *so* + inversion (l'auxiliaire avant le sujet)
The Browns came by train, *so did* (ou : and so did) *the Robinsons.*
We must hurry, *so must you.*
We'll go to London by plane, *so will Betty.*
John is fond of detective stories, *so am I* (familièrement : « **me too** », quand c'est la première personne du singulier).

> Ne pas confondre les deux constructions :
> *Il aime la musique, sa femme aussi.* ▶▷ **He likes music, so does his wife.**
> *Il aime la musique, et aussi la poésie.* ▶▷ **He likes music, and poetry too.**

- « *moi non plus* » : *neither* + inversion (l'auxiliaire avant le sujet)
They aren't tired, *neither am I* (ou : **and neither am I**).
He can't speak German, *neither can his wife.*
We don't eat much bread, *neither do our children* (on peut dire aussi *nor do our children*, ou : *our children don't either*).

> Ne pas confondre les deux constructions :
> *Il n'aime pas la musique, sa femme non plus.* ▶▷ **He doesn't like music, neither does his wife.**
> *Il n'aime pas la musique, ni la poésie non plus.* ▶▷ **He doesn't like music, or poetry either.**

§63) **B** « *moi si* », « *moi non* » (le second sujet ne se comporte pas comme le premier). Le sujet et l'auxiliaire sont *tous deux accentués.*

- « *moi si* » : sujet + auxiliaire
He doesn't like music, *(but) his wife does.*
They didn't go to the cinema, *we did.*
If you are not hungry, *I am.*

- « *moi non* » : sujet + auxiliaire + négation (contractée, sauf après *I am*).
He likes music, *(but) his wife doesn't.*
They went to the cinema, *we didn't.*
My children are fond of jazz, *I'm not.*
We must hurry, *you needn't* (*needn't*, exprimant l'absence d'obligation, est le contraire de *must*, ▶ § 52).

§64) **C** « *et vous ?* », « *pas vous ?* ». Le sens demande que *le sujet* soit mis en relief ; c'est donc lui, et non l'auxiliaire, qui *est accentué.*
I like Dickens. *Do you (Et vous ?),* ou : *Don't you ? (Pas vous ?).* Dans le second cas, on s'attend à une réponse affirmative.
We don't work on Saturdays. *Does he? (Et lui ?).*
We were all pleased. *Weren't you? (Pas vous ?).*

§65 **D** « *n'est-ce pas ?* » (le « *question tag* » ou « *tag question* »). Ce « tag », qui permet discrètement de prendre à témoin un interlocuteur, pour terminer une phrase moins brutalement, est plus courant que notre « n'est-ce pas ? », car il prend des formes très variées et passe inaperçu, alors que la formule française, toujours la même, devient souvent une sorte de tic.

Quand on ne s'attend pas à une réponse, ce qui est le cas le plus fréquent, ce « tag » **n'est pas accentué** et son intonation est **descendante**. Mais il est parfois accentué, avec intonation ascendante, quand il appelle une réponse, une confirmation.

Si la phrase à laquelle il s'ajoute est affirmative il comporte une négation (forme interro-négative) ; si elle est négative il n'en comporte pas.

PHRASES AFFIRMATIVES	PHRASES NÉGATIVES
John *is* fond of cats, *isn't he?*	John *isn't* fond of cats, *is he?*
It *was* very cold, *wasn't it?*	It *wasn't* very cold, *was it?*
You *went* to London, *didn't you?*	You *didn't* go to London, *did you?*
He *plays* cricket, *doesn't he?*	He *doesn't* play cricket, *does he?*
They*'ll buy* the house, *won't* they?	They *won't* buy the house, *will they?*
We *can* do it ourselves, *can't we?*	We *can't* do it ourselves, *can we?*
You*'ve been* drinking, *haven't you?*	You *haven't* been drinking, *have you?*
You *have* lunch at home, *don't you?*	You *don't* have lunch at home, *do you?*

(▶ § 38).

§66  **REMARQUES**

• Si la phrase comporte l'expression *there is*, c'est *there* que l'on répète comme si c'était le sujet.
There was a lot of trouble, *wasn't there?*

• Les démonstratifs *this* et *that* sont rappelés sous la forme du pronom *it*.
That was very nice, *wasn't it?*

• *Everybody* (= *everyone*), quoique singulier, est rappelé sous la forme du pronom pluriel *they*.
Everybody was tired, *weren't they?*

• Les phrases comportant des termes négatifs comme *never, nobody, hardly* (presque pas, ne… guère) sont considérées comme **négatives,** et le « tag » ne comporte pas de négation.
He never smokes, does he? We can hardly complain, can we?

• Le « question tag » peut s'employer **après une phrase elliptique.**
Funny, isn't it? Tired, aren't you?

§67 **E** « **alors vraiment ?** » (surprise ironique). Ce « tag » ne comporte pas de négation après une phrase affirmative (comparer avec le « question tag » ci-dessus).
So you want to be an explorer, do you? ▶▷ *Alors, comme ça, tu veux être explorateur ?*
So you've come after all, have you? ▶▷ *Tiens, tu es quand même venu ?*

3. Phrases elliptiques construites avec des auxiliaires

§68 **A** Outre les « tags » qui viennent d'être examinés, un grand nombre de phrases elliptiques peuvent se construire à l'aide des auxiliaires pour éviter de répéter un verbe ou tout un membre de phrase.
We all play tennis here. Why don't you? *(Pourquoi pas vous)*
Who's going to help me? – I am *(Moi. Le sujet est accentué).*

Who speaks German? – I do.

I'd love to see a ballet, I never have (ici, le verbe sous-entendu ne serait pas au même temps que le verbe exprimé : I have never **seen** one). ▶ § 324 subordonnées elliptiques

§69 **B** Une proposition elliptique insiste souvent sur la réalité de ce qu'on affirme (« en effet », « effectivement ») pour marquer une **opposition** ou pour **confirmer** ce qui était incertain. L'auxiliaire seul est accentué.

He said he couldn't accept the money, but he did.

He pretended to be a doctor, but he wasn't.

I thought it was raining, but it isn't.

I told them I wasn't disappointed. Nor was I really (et vraiment je ne l'étais pas). En tête de phrase, **nor = and…, not** (▶ § 101).

He said he would write every week, and he did. On peut ajouter une nuance de surprise en disant : **and so he did** (et ma foi, il l'a fait).

> Ne pas confondre les trois tournures (et comparer l'ordre des mots) :
> **John was right. - So he was /** (Tiens, oui ! ▶ § 60).
> **We were pleased, so was he** (lui aussi. ▶ § 62).
> **He said he was a duke, and so he was** (et ma foi, c'était vrai).

§70 **C** Une proposition elliptique s'emploie couramment après **as** (« comme moi », « comme lui »…) et après **than** et **as** introduisant un complément de comparatif. C'est le sujet qui est accentué.

> **Why don't you get up early, as I do?**
> (on peut dire aussi « **like me** », mais non « like I do »,
> construction considérée comme incorrecte quoique souvent entendue ; ▶ § 728).
> **He drives faster than she does** (plus courant que : « than she » ; ▶ § 446).
> **We arrived earlier than they did. They were as pleased as I was.**

D Des phrases elliptiques se construisent sans auxiliaire, avec **so** et **not** (▶ §§ 325, 326).

EXERCICES

A Faire suivre les phrases suivantes de réponses elliptiques exprimant (a) l'approbation Oui, c'est *bien vrai*, § 60), (b) l'étonnement *Vraiment ?*, § 61 :

1. Her parents are very rich.
2. He drove very fast.
3. You are late.
4. I'm taller than Dad now.
5. It was a joke.
6. Men drive better than women.
7. It's been a mistake.
8. Jennie plays very well.
9. They have repaired the lift.
10. They believe in ghosts.

B Faire suivre les phrases suivantes de propositions elliptiques signifiant (a) *et moi aussi* (b) et *John aussi* (c) et les *enfants aussi* :

1. Margaret likes music.
2. She has seen the film.
3. Peter knows them very well.
4. You are tired.
5. My wife enjoyed the film.
6. She has lunch at the canteen.
7. You've heard the news.
8. Betty can speak Spanish.
9. You would have been happy.
10. Fred plays chess.

C Mettre à la forme négative les phrases de l'exercice ci-dessus et les faire suivre de propositions elliptiques signifiant (a) *ni moi non plus*, (b) *ni John non plus, (c) ni les enfants non plus.*

D Faire suivre du « **question tag** » « n'est-ce pas ? ») les phrases suivantes :

1. Barbara plays the piano.
2. His sister is very pretty.
3. You've been to Boston.
4. Your friends came by train.
5. It's been raining for a week.
6. You don't believe in ghosts.
7. He can't help being a fool.
8. The children had a very big lunch.
9. People didn't understand what he said.
10. He shouldn't have sold his car.
11. They will have to wait.
12. It hasn't rained for a month.
13. I play better than Peter.
14. Your children are working hard.
15. They've got a new car.
16. They haven't got a car.
17. You have dinner at 8.
18. She went to town yesterday.
19. They'd bring their tape recorder.
20. They'd brought their tape recorder.
21. There's been an accident.
22. There are two hospitals in this town.
23. There isn't enough tea.
24. That would be rude.
25. We hardly know her.
26. You had to wait.
27. He's drunk again.
28. He's drunk too much.
29. You never write to us.
30. Everybody likes her.
31. You met nobody.
32. There will be a speech.
33. I don't look too old.
34. There isn't going to be a war.
35. This is a good book.
36. We haven't seen her for a long time.
37. Everyone was pleased.
38. She never goes to London.
39. You've never been to Canada.
40. There would have been a lot of trouble.

E Mettre le verbe au temps et à la forme qui conviennent :

1. You … (to be) late, were you?
2. They … (to come) with you, won't they?
3. You (to fly) to Ireland, didn't you?
4. She … (to stay) in Norwich, isn't she?
5. You … (to forget) the appointment, have you?
6. She … (to do) the shopping every day, does she?
7. You … (to think) it was a joke, didn't you?
8. There … (to be) nothing left for us, is there?
9. You … (to meet) my sister, haven't you?
10. Ronnie … (to be) angry with me, will he?
11. Everybody … (to be) pleased, weren't they?
12. You … (to have) to wait long, did you?
13. Tony … (to write) to his grandmother, hasn't he?
14. They (to have) tea, aren't they?
15. You … (to smoke), do you ?

F Traduire :

1. Tu n'aimes pas les films policiers ? Moi si.
2. Ils ont acheté une nouvelle voiture.
– Tiens, c'est vrai !
3. Elle s'est trompée, et vous aussi.
4. Pourquoi n'est-il pas venu par le train, comme nous ?
5. Si tu n'es pas fatigué, moi si.
6. Vous n'êtes pas d'accord avec moi ? – Si.
7. Avez-vous aimé la pièce ? Pas nous.
8. Ils travaillent le samedi. Pas moi.
9. Nous avons regardé le film hier à la télévision. – Nous aussi.
10. Tes enfants aiment-ils le chocolat ?
– Bien sûr que oui.
11. Judith vient-elle avec nous ? – J'espère que oui.
12. Vous n'êtes pas heureux d'être en Angleterre ? – Bien sûr que si
13. Je lis l'Observer tous les dimanches. Pas vous ?
14. Il n'aime pas les voyages, et elle non plus.
15. Nous aimerions aller au théâtre ce soir. Pas vous ?

▶ 5•Phrases emphatiques

§71) Le style emphatique permet d'*insister sur la réalité* de ce qu'on affirme, souvent par **contraste** avec ce qui vient d'être dit, ce qu'on pourrait imaginer, etc. Il s'emploie très couramment, en particulier dans la conversation et le courrier amical.

Une phrase emphatique se construit différemment selon qu'elle comporte ou non un auxiliaire. Pour les formes interrogatives emphatiques, ▶ § 258.

1. Phrases negatives

§72) **A** On peut accentuer l'auxiliaire contracté avec **-n't,** ou bien séparer l'auxiliaire de **not** pour accentuer ce dernier mot. Le mot qui porte un accent exceptionnel dans la phrase est imprimé en *italiques* ; dans un texte manuscrit il est **souligné.**
No, he isn't our friend. ▷▷ *Non, il est pas du tout notre ami.*
We're [wiə] **not going to apologize to him.** ▷▷ *Nous n'allons certainement pas lui présenter nos excuses.*

B *Not at all* peut renforcer une négation (*at all* peut être séparé de **not**).
I didn't like it at all. ▷▷ *Cela ne m'a pas du tout plu.*
He wasn't at all (= he wasn't in the least) impressed. ▷▷ *Il n'a pas du tout été impressionné.*

C *Never* s'emploie parfois pour des négations emphatiques.
We never expected him to visit us. ▷▷ *Nous ne nous attendions aucunement à sa visite (**never** perd alors son sens habituel).*

D *No,* devant un nom attribut, a souvent un sens emphatique (= not at all a, by no means a).
He is no fool. ▷▷ *Il est loin d'être sot.*
He is no friend of ours. ▷▷ *Il n'est pas du tout de nos amis (▶ § 527).*

2. Phrases affirmatives comportant un auxiliaire

§73) *On accentue l'auxiliaire* (qui est imprimé en italiques ou souligné).
But it is true. ▷▷ *Mais si c'est vrai.*
He is a fool. ▷▷ *C'est vraiment un imbécile.*
You must (ou : **You simply must**) **read this book.** ▷▷ *Il faut absolument que tu lises ce livre.*
You've got to meet her (**got** est fortement accentué, ▶ § 36). ▷▷ *Il faut absolument que tu fasses sa connaissance.*
We must admit that he has improved. ▷▷ *Nous devons reconnaître qu'il a effectivement fait des progrès.*
He wouldn't listen to me (▶ § 169). ▷▷ *Il ne voulait pas m'écouter.*
I won't obey this order (▶ § 150). ▷▷ *Je refuse d'obéir à cet ordre.*

3. Phrases affirmatives sans auxiliaire

§74) On conjugue le verbe au présent simple ou au preterite avec **do, does, did,** que l'on accentue fortement. C'est ce qu'on appelle la *forme emphatique,* ou *forme d'insistance.*
I do like this cake. ▷▷ *J'aime beaucoup ce gâteau.*

I do know what I'm talking about. *Je vous assure que je sais de quoi je parle.*

She does look like the Queen. ▷▷ *Elle ressemble vraiment à la reine.*

I did try several times. ▷▷ *Je vous jure que j'ai essayé plusieurs fois.*

We did have a lot of work to do yesterday (ici **to have** est un verbe ordinaire, ▶ § 38). ▷▷ *Croyez-moi nous avons eu beaucoup de travail à faire hier.*

§75 REMARQUES

- Comparer cette forme emphatique avec la forme négative.

  forme négative : **We didn't go there.**   **We went there**
  forme emphatique: **We did go there.**

- Comparer (progression de sens) :

I nearly fell down. ▷▷ *J'ai failli tomber.*

I fell down. ▷▷ *Je suis tombé.*

I actually fell down. ▷▷ *Je suis effectivement tombé.*

I did fall down. ▷▷ *Mais si, je vous assure que je suis tombé.*

- *To do* se conjugue à la forme emphatique comme les autres verbes.

She does do her work well. ▷▷ *Il faut reconnaître qu'elle fait bien son travail.*

I did do it by myself. ▷▷ *Je vous assure que je l'ai fait seul.*

Dans ces deux phrases, c'est l'auxiliaire (does, did) qui est accentué.

- Une phrase peut également prendre un ton emphatique grâce à une construction **exclamative** (leçon 19) ou parfois *interro-négative* (▶ § 261).

- Pour la forme emphatique de **l'impératif** (▶ §§ 235 à 238).

4. Accent exceptionnel mis sur un autre mot que le verbe

§76 L'accent d'intensité peut être mis sur *n'importe quel mot de la phrase* pour en modifier le sens. Le mot accentué est en italiques (ou souligné).

He saw it first. ▷▷ *C'est lui qui l'a vu le premier.*

What are you going to do? ▷▷ *Et vous, qu'allez-vous faire?*

John helped me. ▷▷ *C'est John qui m'a aidé.*

You must listen to her, not to him. ▷▷ *C'est elle que vous devez écouter, et non lui.*

He is the [ðiː] **dentist in this town.** ▷▷ *C'est lui le grand dentiste de la ville.*

This is my suitcase, not yours. ▷▷ *C'est ma valise (à moi), et non la vôtre.*

« **Britain IN** » (titre de journal) ▷▷ *La Grande-Bretagne entre dans le Marché Commun.*

On peut accentuer de 5 façons différentes la phrase :

John lent me five dollars (*John m'a prêté cinq* dollars).

1 • Si j'accentue *John,* j'insiste sur le fait que c'est lui et non une autre personne qui m'a prêté la somme.

2 • Si j'accentue le verbe *lent,* j'insiste sur le fait qu'il m'a prêté, et non donné, les 5 dollars.

3 • Si j'accentue le complément *me,* j'insiste sur le fait que c'est à moi, et non pas à une autre personne, que John a prêté la somme.

4 • Si j'accentue *five,* j'insiste sur le nombre de dollars prêtés (par exemple pour corriger une erreur à ce sujet).

5 • Si j'accentue *dollars,* j'insiste sur le fait que ce sont des dollars (et non par exemple des livres sterling) qui m'ont été prêtés.

EXERCICES

A Transposer les phrases suivantes pour donner au verbe un sens emphatique
(il conviendra, le cas échéant, de souligner les mots portant un accent exceptionnel dans la phrase).

1. She makes good cakes.
2. It looks strange.
3. She isn't going to invite them again.
4. You've grown.
5. He snores.
6. He's improved his pronunciation.
7. I'll drive you to the station.
8. He's a snob.
9. We had a nice time in spite of the weather.
10. She didn't apologize.
11. I told you about it.
12. He looks ridiculous.
13. We missed our English tea.
14. He's a bit old-fashioned.
15. She hates them.
16. They've changed.
17. I'll tell you the truth.
18. You didn't do your best.
19. She laughed.
20. We wrote to her during the holidays.

▶ Leçon 19, exercice B.

► 6 • Postpositions. "Phrasal verbs"

1. Généralités

§77
A Les postpositions (*"adverbial particles"*) sont des adverbes étroitement liés par le sens aux verbes qui les précèdent. Le verbe et la postposition forment un groupe phonétiquement inséparable : le verbe composé (*"phrasal verb"*).

Dans **"to drive in England"** (conduire *en Angleterre) in* est une *préposition* qui introduit un complément ; il peut y avoir un silence après le verbe. Mais dans **"to drive in a nail"** (enfoncer *un clou) in* est une *postposition* liée au verbe, et l'expression doit se lire : **to-drive-in a-nail**.

La postposition est toujours *accentuée,* alors que la préposition ne l'est que dans des cas exceptionnels, quand il y a une raison spéciale de la mettre en relief.

> **Did you get through?** (*through* **postposition** accentuée).
> *Avez-vous été reçu à votre examen ?*
> **We went through the wood** (*through* **préposition** inaccentuée).
> *Nous avons traversé le bois* (mais on peut exceptionnellement accentuer
> *through* pour marquer un contraste : **"through, not round, the wood"**).

§78
B *Place de la postposition.*

● Après le complément d'objet direct si c'est un pronom personnel ou démonstratif.
Show them in. ▶▷ *Faites-les entrer.*
Throw that away. ▶▷ *Jette cela.*

● Avant ou (surtout dans la langue parlée) après le complément d'objet direct si c'est un nom.
He took off his hat = He took his hat off. ▶▷ *Il enleva son chapeau.*
Make up your mind = Make your mind up. ▶▷ *Décidez-vous.*

Quand la postposition exprime une idée abstraite on la place plus rarement après le nom (**He gave up the struggle.** ▶▷ *Il abandonna la lutte*).

A l'impératif, la postposition en fin de phrase donne plus de vigueur à un ordre.
Take your caps off. ▶▷ *Enlevez vos casquettes.*

Si le complément est long la postposition se place avant.
He gave away all the money he had won. Il *distribua tout l'argent qu'il avait gagné.*

● Exceptionnellement en tête de phrase pour donner plus de vivacité au récit (seulement pour l'expression d'un déplacement). Le sujet se place alors généralement après le verbe si c'est un nom, avant si c'est un pronom (ce n'est pas une règle absolue).
Off we go. ▶▷ *Nous voilà partis.*
Off went the rocket. ▶▷ *Voilà la fusée partie.*
Out they came. ▶▷ *Les voilà qui sortent* (contexte passé).

§79
C *Emplois des postpositions.*

● Elles peuvent accompagner un *verbe de sens vague* pour former un "phrasal verb" de sens précis.
To get up. ▶▷ *Se lever.*
To get away. ▶▷ *S'enfuir.*
To get together. ▶▷ *Se réunir.*

§80
• Elles peuvent accompagner un verbe exprimant *une façon de faire* (par exemple une façon de se déplacer) ; la postposition exprime alors *le résultat de l'action,* la direction du déplacement (▶ leçon 26, *Structures résultatives*).
He rushed out. ▶▷ *Il sortit précipitamment.*
I swam across. ▶▷ *J'ai fait la traversée à la nage.*

• Certaines postpositions *(over, round, along, up, down)* s'ajoutent parfois aux verbes de déplacement lorsqu'il s'agit d'une courte distance ; elles n'expriment alors rien de précis mais donnent à la phrase un *tour familier.*
Take this letter over to the post office. ▶▷ *Portez cette lettre à la poste.*
Come round and see me this evening. ▶▷ *Venez me voir ce soir.*

§81
• Elles peuvent *modifier légèrement le sens* d'un verbe.
Drink your beer. ▶▷ *Buvez votre bière.*
Drink up your beer (= Drink your beer up). ▶▷ *Videz votre verre de bière.*

> L'emploi de la postposition est parfois un pléonasme, par exemple dans :
> **to lift up** *(soulever),* **to fall down** *(tomber),* **to pour out the tea** *(verser le thé).*

• Elles peuvent *modifier complètement le sens d'un verbe.*
To put off (= to postpone). ▶▷*Remettre à plus tard.*
To bring about (= to cause). ▶▷*Provoquer.*
To make out (= to understand). ▶▷*Comprendre.*
To keep on (= to continue). ▶▷*Continuer.*
To put up with (= to tolerate). ▶▷*Tolérer, supporter.*
To make up for (= to compensate). ▶▷*Compenser, rattraper* (un retard).

Ces expressions idiomatiques sont plus courantes encore dans la langue parlée que dans la prose soignée. L'anglais préfère instinctivement les expressions composées de monosyllabes aux mots plus longs, souvent d'origine latine, dont l'accumulation donne un style un peu guindé.

§82
• Elles s'emploient après *to be* dans des sens précis.
I must be off. ▶▷*Il faut que je parte.*
School is over. ▶▷*Les classes sont finies.*
He is up but he isn't down yet. ▶▷*Il est levé mais il n'est pas encore descendu* (les chambres étant presque toujours au premier étage).
To be down and out. ▶▷*Etre sur la paille (à bout de ressources).*

§83
• Elles s'emploient pour *transformer un verbe d'attitude en verbe de mouvement.*
To lie (= to be lying). ▶▷ *Etre allongé* ▶▶ **To lie down.** ▶▷*S'allonger.*
To stand (= to be standing). ▶▷ *Etre debout* ▶▶ **To stand up.** ▶▷*Se lever* (d'un siège).

Mais il arrive qu'à la forme progressive la postposition n'exprime pas de déplacement.
He was lying down in the grass. ▶▷ *Il était allongé dans l'herbe.*

• Elles peuvent s'employer seules, sans verbe, ou suivies de **with.**
Out! ▶▷ *Sortez !*
Hands up! ▶▷ *Haut les mains !*
Down with the traitors! ▶▷ *A bas les traîtres !*

2. Sens des principales postpositions

Cette liste, qui est loin d'être complète, est destinée à attirer l'attention sur certains sens des postpositions les plus employées. Elle ne peut rendre compte du sens des "phrasal verbs" comme **to put off, to put up with,** etc., qu'il faut apprendre par cœur. C'est une question de vocabulaire importante.

§84 ABOUT

A En tous sens (déplacement) :
He gets about a good deal. ▶▷ *Il voyage (ou : circule) beaucoup.*
B Çà et là (sans déplacement)
There were books lying about on the carpet. ▶▷ *Il y avait des livres éparpillés sur le tapis.*

§85 AWAY

A Eloignement :
Take these papers away. ▶▷ *Emportez ces papiers.*
B Disparition :
The snow has melted away. ▶▷ *La neige a entièrement fondu.*
C Entrain :
She laughed away to her heart's content. ▶▷ *Elle riait tout son soûl.*
D Action faite sans délai ni restriction :
Fire away! ▶▷ *Allez-y, parlez donc !*

§86 BACK

A Mouvement vers l'arrière :
He sat back in his chair. ▶▷ *Il se renversa dans son fauteuil.*
B Retour au point de départ :
Call him back. ▶▷ *Rappelez-le.*
C Revanche, réplique :
Don't answer back. ▶▷ *Ne réplique pas.*
D Attitude réservée :
She kept back her tears. ▶▷ *Elle refoula ses larmes.*

§87 DOWN

A Mouvement vers le bas :
It's easier to climb up than down. ▶▷ *L'ascension est plus facile que la descente.*
B Mouvement pour se mettre à écrire :
Take this down. ▶▷ *Notez ceci.*
C Eloignement du point central (la capitale, l'université) :
We went down to Norfolk for a few days. ▶▷ *Nous sommes allés passer quelques jours dans le Norfolk* (c'est un Londonien qui parle). Comparer avec *up*, ▶ § 95.
D Diminution :
The fire is dying down. ▶▷ *Le feu baisse.*
He quickly calmed down. ▶▷ *Il se calma rapidement.*

§88 IN

A Mouvement vers l'intérieur :
Get in. ▶▷ *Montez* (en voiture).

B A l'intérieur (sans mouvement) :

The train is in. ▶▷ *Le train est en gare.*

C Visite :

She dropped in last night. ▶▷ *Elle est entrée nous dire bonjour hier soir.*

D Pénétration :

Don't rub it in. ▶▷ *N'insistez pas lourdement (ou : ne retournez pas l'arme dans la plaie).*

§89 **OFF** (s'oppose à *on* comme *out* s'oppose à *in*).

A Eloignement :

They kept him off. ▶▷ *Ils l'empêchèrent d'approcher.*

B Séparation nette, départ :

Off we go! ▶▷ *Nous voilà partis !*

Take your coat off. ▶▷ *Enlevez votre manteau* (take off ≠ put on).

He had his beard shaved off. ▶▷ *Il s'est fait couper la barbe.*

C Interruption :

Switch off the light. ▶▷ *Eteignez la lumière* (électrique).

It's time to break off. ▶▷ *C'est l'heure de cesser le travail.*

D Achèvement total :

They paid off their debts. ▶▷ *Ils se sont acquittés de leurs dettes.*

I'll finish off this work over the weekend. ▶▷ *Je terminerai* (complètement) *ce travail pendant le weekend.*

§90 **ON**

A Contact :

He has put on weight. ▶▷ *Il a engraissé.*

She tried on a dozen hats. ▶▷ *Elle essaya une douzaine de chapeaux.*

B Mouvement :

Come on! ▶▷ *Allez, avancez !* (ne flânez pas).

Move on! ▶▷ *Circulez !*

C Continuation, progression :

Go on! (= **Carry on!**). ▶▷ *Continuez !*

They worked on until it was dark. ▶▷ *Ils continuèrent à travailler jusqu'à la tombée de la nuit.*

What's going on? ▶▷ *Que se passe-t-il ?*

D Mise en marche :

Switch on the light. ▶▷ *Allumez la lumière* (électrique).

§91 **OUT**

A Mouvement vers l'extérieur :

Corne out for a stroll. ▶▷ *Venez* faire *une petite promenade.*

B A l'extérieur (sans mouvement) :

We are dining out tonight. ▶▷ *Nous dînons en ville ce soir.*

C Extension :

The map lay spread out on the table. ▶▷ *La carte était étalée sur la table.*

D Distribution :

The money was dealt out to the large families of the village. ▶▷ *L'argent fut distribué aux familles nombreuses du village.*

E Eclaircissement, extériorisation :

We've found out the truth about him. ▶▷ *Nous avons découvert la vérité à son sujet.*

He turned out to be a very decent chap. ▶▷ *Il se révéla être un très chic type.*

F Disparition :

The firemen couldn't put out the fire. ▶▷ *Les pompiers ne purent pas éteindre l'incendie.*

Cheap shoes soon wear out. ▶▷ *Des chaussures bon marché s'usent vite.*

G Soudaineté :

The fire broke out in a baker's shop. ▶▷ *Le feu se déclara dans une boulangerie.*

§92 OVER

A Passage d'un pays à un autre, d'une personne à une autre :

He's gone over to the enemy. ▷ *Il est passé à l'ennemi.*

Hand that gun over to me. ▶▷ *Remettez-moi ce révolver.*

B Mouvement pour faire basculer ou retourner :

Please turn over (P.T.O.). ▶▷ *Tournez (la page), s.v.p.*

Don't knock the bottle over. ▶▷ *Ne renversez pas la bouteille.*

C Répétition :

I'll read the letter over (= again = over again) when I get home. ▶▷ *Je relirai la lettre quand j'arriverai chez moi.*

I told him over and over again. ▷ *Je le lui ai dit je ne sais combien de fois.*

D Action faite avec soin :

Think it over. ▶▷ *Réfléchissez-y bien.*

E Court déplacement (sens vague) :

Ask him over (= round). ▶▷ *Invitez-le (à venir chez nous).*

§93 ROUND (▶ § 608, *round* et *around*)

A Demi-tour, mouvement circulaire :

Don't look round. ▶▷ *Ne te retourne pas.*

B Retour cyclique :

We shall be glad when spring comes round. ▶▷ *Nous serons heureux quand le printemps reviendra.*

C Tout autour :

They gathered round. ▶▷ *Ils firent cercle.*

D Passage par une succession d'endroits :

Please hand these pictures round. ▶▷ *Veuillez faire circuler ces images*

E Court déplacement (sens vague, ▶ § 92, *over*) :

They've asked us to go round after dinner. ▶▷ *Ils nous ont invités à aller les voir après dîner.*

§94 THROUGH

A Entièrement :

Read this letter through carefully. ▶▷ *Lisez cette lettre d'un bout à l'autre attentivement.*

B Epreuve subie jusqu'au bout :

I saw it through. ▶▷ *J'ai tenu bon, je suis allé jusqu'au bout.*

I saw her safely through. ▶▷ *Je l'ai assistée jusqu'au bout.*

I'm through (américain). ▶▷ *Je suis fichu.*

I'm through with it (américain). ▶▷ *J'ai terminé.*

I'm through with you (américain). ▶▷ *C'est fini entre nous.*

C Liaison assurée :

I'll put you through to the manager. ▶▷ *Je vous passe le gérant* (au téléphone).

This train goes through to Paris. ▶▷ *Ce train va jusqu'à Paris* (il n'y a pas à changer).

§95) ## UP

A Mouvement vers le haut :

He jumped up. ▶▷ *Il se leva d'un bond.*

B Rapprochement du point central (▶ **down, § 87**) :

He is going up to Oxford next term. ▶▷ *Il va entrer à Oxford le trimestre prochain.*

NB. : Parfois déplacement vers le nord :

We'll go up to the Lake District for Easter. ▶▷ *Nous irons dans le Pays des Lacs* (au nord-ouest de l'Angleterre) *à Pâques.*

C Intensité accrue :

Speak up! ▶▷ Parlez plus fort !

D Achèvement total :

Drink up your tea. ▶▷ *Videz votre tasse.*

E Poursuite du chemin (sens vague) :

Go further up. ▶▷ *Continuez un peu plus loin* (ici, **up** = **along** ; on dit aussi, dans le même sens, sans qu'il y ait montée ni descente : **Go further down**).

EXERCICES

A <u>Compléter avec des postpositions, et traduire</u> :

1. She washed ... and her husband put the cups and saucers ... in the cupboard.

2. The war broke ... and we had to put ... going to Vienna.

3. What brought ... the decline and fall of the Roman Empire?

4. Drink ... your tea and put your coat ..., it's time we were

5. Cheer ... The sun's coming ...

6. (on the phone) Will you put me ... to the fire brigade. It's urgent.

7. Do we have to put ... with that noise?

8. She never stopped talking, I couldn't put ... a word.

9. He tried ... several raincoats but couldn't make ... his mind which one to buy.

10. She went to the fancy dress ball dressed ... as a witch.

11. (on the phone) I'd better ring ... now and do my work.

12. (on the phone) Could you hold ... a minute? Someone's knocking at the door.

13. She needs a good rest after all she's gone ...

14. Pull yourself ..., you should laugh the matter ...

15. We couldn't make what he was trying to explain.

16. The hotel was full up, so we put them ... for the night.

17. The doctor advised him to give ... smoking.

18. You ought to throw ... all those useless newspapers.

19. He put the brakes ... suddenly and the car skidded.

20. While the teacher was telling him ..., he kept his head ..., not daring to look ...

21. They did not stop, they walked ..., ignoring the cold wind.

22. We are looking ... to seeing our friends again.

23. He dictated the letter, which I took ... in shorthand.

24. (headlines)"Thick fog over the Channel. Continent cut ..."

25. The prisoners broke ... from their guards.

26. He is better, his temperature has gone ..., the doctor thinks he'll pull ...

27. When can you pay ... the money you borrowed from us?

28. They spent the afternoon sweeping the dead leaves in the garden.

29. Old St Paul's was burnt ... in 1666.

30. You are spending too much, you ought to cut ... your expenses.

31. Trying to find ... the truth is a hopeless task, we'd better give it ...

32. I'm afraid all these difficulties will put him ...

33. She did not get ... well with her daughter-in-law.

34. He's fainted, pour some cold water on his face, he'll soon come ...

35. Take ... your coat, it's very warm in here.

36. There's a lot to see in London, if you come during the holidays I'll show you ...

37. Call him ..., he's left his gloves behind.

38. It was quite an ordeal, but we saw it ...

39. He looked ..., feeling that he was being followed.

40. London is very hot in July, we all go ... to the country every weekend.

41. Ask the conductor to tell you where to get ... (the bus).

42. He gazed at a black speck on the horizon, trying to make ... what it was. Finally it turned ... to be a raft.

43. She blew ... the candle and went to sleep.

44. The cat tried to catch the bird, but it flew ...

45. I'd like more time to think things ... before I take a decision.

46. The taxi pulled ... at the traffic lights.

47. I can't drive this car too fast, I'm still running it ...

48. We were all taken ... by that liar.

49. Does this train go ... to Cambridge or do we have to change?

50. The neighbours dropped ... after lunch yesterday.

B Transformer les phrases suivant le modèle :

She tried on the yellow hat ▶▶ **She tried it on.**

1. Take off your gloves.
2. They switched off the lights.
3. I'm going to sweep up the dead leaves.
4. I've just kicked out that swine.
5. I did my best to cheer up the poor girl.
6. Can you sum up the main arguments for me?
7. They had to put off the ceremony.
8. Throw away those old magazines.
9. We will put up her father for the night.
10. I advise you to give up the attempt.

▶ 7•Place des mots accompagnant le verbe

Les règles énoncées dans cette leçon ne sont pas toutes absolues. On pourra trouver des exemples qui les contredisent. Il sera sage toutefois de ne pas s'en écarter si l'on veut s'exprimer dans une langue à la fois correcte et idiomatique.

1. Le sujet

§96 **A** La place normale du sujet est *avant le verbe. L'inversion est rare* à la forme affirmative. *On ne la fait pas normalement,* contrairement au français, dans *les* cas suivants :

● dans les *phrases exclamatives* et *interrogatives indirectes :*
What a pretty garden Mrs Jones has! ▶▷ *Quel joli jardin a Madame Jones !*
I wonder where the children are. ▶▷ *Je me demande où sont les enfants.*

● dans les *subordonnées relatives.*
The cakes that Mrs Robinson makes are always delicious. ▶▷ *Les gâteaux que fait Madame Robinson sont toujours délicieux.*

§97 ● après *perhaps, maybe, so* (= consequently), *what (ce que), as.*
Perhaps (= maybe) you are right. ▶▷ *Peut-être avez-vous raison.*
We had a lot of luggage, so we took a taxi. ▶▷ *Nous avions beaucoup de bagages, aussi avons-nous pris un taxi.*
What your wife says is true. ▶▷ *Ce que dit ta femme est vrai.*
As Bernard Shaw says,… ▶▷ *Comme dit Bernard Shaw,…*

§98 ● dans une *proposition incidente* (dit-elle, demandèrent-ils …).
"No, they answered, we can't accept that". ▶▷ *« Non, répondirent-ils, nous ne pouvons pas accepter cela ».*
"We'll see about that", he said sneering. ▶▷ *« C'est ce que nous allons voir », dit-il en ricanant.*

L'inversion peut se faire avec *to say* si le sujet est un nom.
"We're wasting our time", William said (ou : **said William**). ▶▷ *« Nous perdons notre temps », dit William.*

● Après *to make* (construction causative, ▶ § 328), *to see* et *to hear* (▶ §§ 355, 356).
He made everybody laugh. ▶▷ *Il a fait rire tout le monde.*
I can hear the children coming. ▶▷ *J'entends venir les enfants.*

§99 **B** *L'inversion se fait* dans les cas suivants :

● dans l'expression *there is (Il y a),* dont le sujet suit le verbe *to be* (▶ § 28). Après les expressions *here is (voici)* et *there is (voilà)* l'ordre des mots varie suivant que le sujet est un *pronom* (**Here she is. There they are**) ou un nom (**Here's my sister. There's Mr Jones**). ▶ § 31.

● dans les *"tags" "so am I"* et *"neither am I"* (▶ § 62).

§100 ● pour exprimer une *supposition,* dans un style soigné (▶ § 650).
Had I known (= If I had known) the whole truth… ▶▷ *Si j'avais su toute la vérité…*
Were I (= If I were) to tell you what they did… ▶▷ *Si je vous disais ce qu'ils ont fait…* (▶ § 192).

§101 • Lorsqu'un *terme négatif (never, nowhere, not only, no sooner, nor)* ou *restrictif (hardly, only, seldom, little)* ou *intensif (often, well)* est mis en relief *exceptionnellement en tête de phrase,* dans un style soigné, voire littéraire.

Never shall we forget how much we are indebted to you. ▶▷ *Jamais nous n'oublierons tout ce que nous vous devons.*

Not only could he speak four languages, but he was also a first-rate pianist. ▶▷ *Non seulement il parlait quatre langues, mais il était aussi excellent pianiste.*

No sooner had they sat down on the lawn to have tea than it started raining (= Hardly had they sat down on the lawn to have tea when it started raining). ▶▷ *Ils ne furent pas plus tôt assis sur la pelouse pour prendre le thé qu'il se mit à pleuvoir* (remarquer : **"no sooner... than"**, mais **"hardly... when"**).

He hadn't breathed a word to any of his friends, nor had he (= and he had not) even told his wife. ▶▷ *Il n'en avait soufflé mot à aucun de ses amis, et n'en avait même pas parlé à sa femme.*

Only thus can you hope to succeed. ▶▷ *C'est seulement ainsi que vous pouvez espérer réussir.*

Little does he know what's in store for him. ▶▷ *Il ne se doute guère de ce qui l'attend.*

D'autres adverbes *(then, sometimes... ; fortunately, really...)* peuvent se placer eux aussi en tête de phrase, mais sans inversion.

2. Les compléments

§102 **A** L'anglais *ne place pas le complément d'objet avant le verbe.*
Je la vois. ▶▷ **I can see her.**
J'ai tout vu. ▶▷ **I've seen everything.**

B En principe *le complément d'objet direct ne doit pas être séparé du verbe.*
Il parle bien l'anglais. ▶▷ **He speaks English well.**
J'aime beaucoup le thé. ▶▷ **I like tea very much.**

Pour la construction "give me my hat", "they offered John a good job", ▶ § 313.

§103 **C** Les *autres compléments* se placent normalement après le complément direct.
They borrowed the money from him. ▶▷ *Ils lui empruntèrent l'argent.*
Explain this poem to me ("Explain me" est impossible). ▶▷ *Expliquez-moi ce poème.*

Toutefois, quand le complément direct est long et que les autres termes de la phrase (compléments indirects, adverbes) sont courts, il arrive que l'on inverse l'ordre normal pour éviter une ambiguïté ou une construction gauche.

We borrowed from him all the money we needed to buy the house. ▶▷ *Nous lui avons emprunté tout l'argent dont nous avions besoin pour acheter la maison.*

Can you explain to them what happened? (pour éviter "what happened to them"). ▶▷ *Pouvez-vous leur expliquer ce qui s'est passé ?*

D Les *compléments de circonstance (lieu,* temps, cause...) se placent souvent en fin de phrase, les compléments de temps après les compléments de lieu (mais ce n'est pas une règle absolue).
I met him outside the station last night (mais on peut dire aussi : **"last night outside the station"**).
▶▷ *Je l'ai rencontré hier soir devant la gare.*

3. L'adverbe

§104 Le principe essentiel à retenir est que *l'adverbe ne sépare pas normalement le verbe de son complément direct* (▶ § 102). Mais dans la langue écrite la place de l'adverbe est souvent fonction du style choisi par l'auteur.

§105 **(A)** *Adverbes de fréquence (always, often, sometimes, seldom, rarely, hardly ever, never) et de temps imprécis (soon. already, no longer, still, ever, usually).* Ils se placent juste *avant le verbe* (avant le verbe principal s'il est accompagné d'un auxiliaire).

He never smokes. ▶▷ *Il ne fume jamais.*
They often make mistakes. ▶▷ *Ils font souvent des erreurs.*
We soon realized why he hadn't come. ▶▷ *Nous avons vite compris pourquoi il n'était pas venu.*
We shall always remember that evening. ▶▷ *Nous nous souviendrons toujours de ce soir-là.*

S'il y a plusieurs auxiliaires ces adverbes se placent après le premier.
He would never have passed that exam without your encouragement. ▶▷ *Il n'aurait jamais passé cet examen sans vos encouragements.*

§106 *Exceptions :*

● Ces adverbes se placent après le verbe *to be* à un temps simple, sauf à l'impératif ou si le verbe est le dernier mot de la phrase.
He is often late. – Yes, he often is. ▶▷ *Il est souvent en retard. – Oui, il l'est souvent.*
Never be late. ▶▷ *Ne soyez jamais en retard.*

● *Never* et *always* se placent parfois avant les auxiliaires pour donner plus de vigueur à la phrase (style emphatique).
"Britons never shall be slaves". ▶▷ *Jamais les Anglais ne seront esclaves.*

● Nous avons vu que *never, seldom, often* peuvent se placer en tête de phrase, suivis d'une inversion (style soigné). ▶ § 101.

§107 **(B)** *Adverbes de temps précis (yesterday, today, tomorrow, early, late) et de lieu (outside, downstairs…) :* généralement en fin de phrase.
There's a lady waiting for you downstairs. ▶▷ *Il y a en bas une dame qui vous attend.*

§108 **(C)** *Autres adverbes* (notamment de *manière*) on peut les placer à divers endroits de la phrase, mais pas entre le verbe et son complément direct.
He readily helped all those who needed his help. ▶▷ *Il aidait volontiers tous ceux qui avaient besoin de son aide.*
I'll help your friends willingly. ▶▷ *J'aiderai volontiers vos amis.*
He ate greedily and laughed noisily. ▶▷ *Il mangeait voracement et riait bruyamment* (verbes intransitifs : suivis de l'adverbe de manière).

§109 **(D)** *Cas particuliers :*
● *Enough* et *too much* modifiant un verbe se placent après ce verbe.
You've drunk enough (drunk too much). ▶▷ *Tu as assez bu (trop bu).*

§110 ● *Very much* et *(very) well* se placent normalement en fin de proposition.
We enjoyed meeting your friends very much. ▶▷ *Nous avons été très heureux de faire la connaissance de vos amis.*

Mais, pour la clarté de la phrase, le complément étant très long :
We very much enjoyed seeing our friends who had been in America for two years. ▶▷ *Nous avons été très heureux de voir nos amis qui étaient en Amérique depuis deux ans.*

§111) • **Also** se place avant le verbe, **too** après le terme qu'il modifie.
He can drive a car and also fly a plane (= He can drive a car, and fly a plane, too). ▶▷ *Il sait conduire une voiture et aussi piloter un avion* (remarquer la virgule, facultative, avant **too**).

§112) • **Even, hardly, only, rather, quite, half, almost, nearly** se placent en general devant le mot (souvent un verbe) dont ils modifient le sens.
I rather like this picture. ▶▷ *J'aime assez ce tableau.*
I half guess what you mean. ▶▷ *Je devine à demi ce que vous voulez dire.*
I quite agree with them. ▶▷ *Je suis tout à fait d'accord avec eux.*

> Comparer :
> **Even he apologized (he** est accentué**).** *Même lui s'est excusé.*
> **He even apologized (even** est accentué**).** *Il est allé jusqu'à s'excuser.*

On a toutefois tendance à placer **only** vers le début de la phrase, même quand ce n'est pas logique.
He only died a week ago. ▶▷ *Il y a seulement une semaine qu'il est mort* (la place logique de **only** serait devant *a week*).

§113) **E** *Split infinitive.*

En Amérique plus qu'en Angleterre, principalement dans le style écrit, on place parfois l'adverbe, surtout s'il est court **(just, always, never, fully, better)**, entre la particule **to** et l'infinitif. Cette construction (« **split infinitive** ») est critiquée par certains puristes. Il vaut mieux ne pas en abuser.
I told him to just wait. ▶▷ *Je lui ai dit qu'il n'avait qu'à attendre.*
Is it wise to always humour a child? ▶▷ *Est-il sage de toujours céder aux caprices d'un enfant ?*

4. La préposition

§114) Quand la proposition est introduite par un pronom relatif **(who, whom, which)** ou interrogatif **(what, who, which…)** la préposition peut être **rejetée** après le verbe et ses compléments. Ce rejet est encore plus courant dans la langue parlée que dans la langue écrite. Il permet de ne pas exprimer le pronom relatif (▶ § 534, 536).
The man I play tennis with (plus courant que : The man with whom I play tennis) **is a doctor.** ▶▷ *L'homme avec qui je joue au tennis est médecin.*
Who did you play with? (**Who** plutôt que **whom**, ▶ § 255, n° 6). ▶▷ *Avec qui avez-vous joué ?*
Who are you writing to? ▶▷ *A qui écrivez-vous ?*
What are they complaining about? ▶▷ *De quoi se plaignent-ils ?*

Le rejet peut se faire aussi quand le verbe est *à l'infinitif.*
He has no friends to play with (plus courant que : no friends with whom to play). ▶▷ *Il n'a pas d'amis avec qui jouer.*

EXERCICES

A Modifier les phrases en les commençant par une inversion (phrases 1 a 5 pour mettre en relief un terme négatif ou restrictif ; phrases 6 à 10 pour exprimer une supposition) :

1. I had never heard anything so funny.
2. You are not only my cousin, but you are also my friend.
3. He had hardly finished drinking his coffee when his friends arrived.
4. They did not stop once for a rest.
5. We had no sooner opened the door than they all rushed out.
6. If I were to leave my country, I would go and live in Canada.
7. If I had been there, I would have told you what to do.
8. If we had known where they were, we would not have worried.
9. If it were not for his stammer he would be very good company.
10. If they had been on time everything would have been all right

B Placer l'adverbe dans la phrase :

1. (hardly) He knew what he was saying.
2. (enough) They have eaten.
3. (very well) She plays tennis.
4. (often) They are ill. – (often) Yes, they are.
5. (even) A child could understand that
6. (never) He loses his temper.
7. (only) We know the truth, let's keep it a secret.
8. (usually) He walks to his office.
9. (very much) We liked the film
10. (half) We expected them to refuse.

C Traduire avec une inversion toutes les fois que c'est possible :

1. Je voudrais bien savoir qui sont ces gens-là.
2. Savez-vous ce que signifie NAACP ?
3. Jamais il ne saura ce qui s'est passé.
4. Peut-être trouvez-vous que je suis trop bruyant.
5. Pas une seule fois ils ne nous ont parlé.
6. Pourriez-vous me dire où est le bureau de poste le plus proche ?
7. Je me demande ce que font les enfants.
8. Je vis venir vers moi un vieillard et un petit enfant.
9. Non seulement il a refusé leur offre, mais il les a aussi insultés
10. Jamais je n'ai vu un garçon aussi timide.
11. Peut-être suis-je dans l'erreur
12. Pouvez-vous me dire ce qu'en pensent vos amis ?
13. Il ne se doute guère que ce qu'il dit est vrai.
14. Je ne sais pas où est la prise de courant. – La voici.
15. Je ne comprenais pas ce que disaient les gens.
16. Ils vont souvent à York, où habitent leurs enfants.
17. Peut-être viendront-ils par le train.
18. Le temps, c'est de l'argent, comme disent les Anglais.
19. Vous ne savez pas encore ce qu'est la nourriture anglaise.
20. Nous avons visité le village où ont vécu les sœurs Brontê et leur frère Branwell.

D Rejeter la préposition pour obtenir des phrases plus élégantes et plus idiomatiques :

1 With whom did she travel?

2. About what is he talking?

3 From whom did they borrow the money?

4. On which mattress shall I sleep?

5. For whom did you buy this book?

6. From what country do you come?

7. In which car shall we go?

8. Of what crime did they accuse her?

9. To whom shall we send Christmas cards?

10. With whom is he in love now?

▶ 8 • Présent progressif et présent simple

1. Notion d'aspect. La forme progressive

§115 Ⓐ Alors que le **temps** indique dans quelle période se situe l'action exprimée par le verbe (passé, présent, futur), **l'aspect** envisage l'action sous l'angle de son déroulement (durée, achèvement, répétition, etc.). Le français, riche en temps, ne marque pas toujours nettement l'aspect ; toutefois, dans un contexte passé, l'imparfait s'emploie par contraste avec le passé simple (ou le passé composé) pour exprimer une répétition *(le samedi matin ils jouaient au tennis) ou le* caractère inachevé de l'action à un moment donné du passé *(ils jouaient au tennis quand il s'est mis à pleuvoir).* Ce qui distingue « *ils jouaient au tennis* », dans ces deux phrases, de « ils *ont joué au tennis (hier matin)* » n'est pas une différence de temps (il s'agit du passé dans les trois cas) mais d'aspect. L'anglais marque nettement cette différence :

> **They played tennis yesterday morning**
> (**aspect ponctuel** : l'action est envisagée
> comme un point que l'on regarde rétrospectivement).
> **They were playing tennis**
> (**aspect progressif**, ou imperfectif : l'action est présentée
> comme inachevée, en plein déroulement)
> **when it started raining.**
> **On Saturday mornings they would play tennis**
> (**aspect fréquentatif** : le verbe exprime une action répétée).

§116 Ⓑ Au présent le français n'a qu'une forme *(ils jouent),* alors qu'en anglais il y a une opposition fondamentale entre le *présent simple* (**they play**) et le *present progressif* (**they are playing**) :

> **They play tennis very well**
> (**aspect atemporel** : l'action n'est pas située dans le temps).
> **They play tennis on Saturday mornings**
> (**aspect fréquentatif**).
> **What are they doing? – They are playing tennis**
> (**aspect progressif**).

L'aspect progressif (ou « *forme progressive* ») s'emploie pour exprimer une action qui est en cours, « en progrès », qui est inachevée. Ce que l'on décrit se situe entre le commencement de l'action et son achèvement. Le présent progressif est donc le présent par excellence.

Aux autres temps que le présent, l'opposition fondamentale entre les deux formes (simple et progressive) obéit aux mêmes principes et sert à marquer des différences d'aspect.

§117 Ⓒ Il existe une autre opposition fondamentale, entre les actions inachevées (*aspect progressif*, ou *imperfectif* : **I'm doing my work**) et les actions achevées (*aspect perfectif* : **I've done my work.**
▶ « present perfect », leçon 9). On a donc pour chaque verbe trois séries de formes, par exemple :

> le verbe *to write* (**He writes a new book every year** : action répétée) ;
> le verbe *to be writing* (**He is writing a new book** : action inachevée) ;
> le verbe *to have written* (**He has written a new book** : action achevée).
> Il s'agit de trois aspects du même verbe.

2. Le présent progressif

§118 **A** Le participe présent du verbe (▶ R.F. 7, modifications orthographiques) est précédé du présent de l'auxiliaire *to be* que l'on conjugue. Le présent progressif est *le vrai présent anglais,* celui que l'on emploie pour les actions qui sont « *en progrès* », que l'on fait en ce moment, qui sont *commencées mais pas encore terminées* (aspect imperfectif). Il insiste sur le fait que ce que l'on dit s'applique uniquement au moment présent.

Look! He is sleeping. ▶▷ *Regardez ! Il dort (= il est en train de dormir).*
Look out! The train is coming. ▶▷ *Attention ! Le train arrive.*
What are you waiting for? ▶▷ *Qu'attendez-vous ?*
Who's speaking? ▶▷ *Qui est à l'appareil ?* (au téléphone).
What is John doing ? – He isn't working, he's listening to a record. ▶▷ *Que fait John ? – Il ne travaille pas, il écoute un disque.*
He's writing a new novel. ▶▷ *Il écrit un nouveau roman* (pas nécessairement au moment où je le dis ; mais il ne l'a pas encore achevé).

Dans la conversation, le présent progressif est parfois *elliptique*.
Coming? (= Are you coming?). ▶▷ *Vous venez ?*
Coming! (= I'm coming). ▶▷ *J'arrive.*

§119 **B** La forme progressive s'emploie dans les *descriptions* pour tout ce qui s'applique au moment présent (position, attitude, vêtements portés, etc.).
She's wearing a new hat. ▶▷ *Elle porte un nouveau chapeau.*
The children are sitting on the grass. ▶▷ *Les enfants sont assis sur l'herbe.*

Aux expressions françaises *être assis, être couché, être penché, être appuyé, être agenouillé (être + participe passé)* correspondent généralement des formes progressives *(to be + participe présent)* :
to be sitting, lying, bending, leaning, kneeling.

§120 **C** Le présent progressif donne parfois à la phrase un *ton plus familier* que le présent simple dans les cas (assez rares) où les deux sont possibles.
We are looking forward to your visit (plus familier que : we look forward to…). ▶▷ *Nous nous réjouissons d'avance de votre visite.*
How are you feeling? (plus familier que : How do you feel?). ▶▷ *Comment vous sentez-vous ?*

§121 **D** La périphrase « *to be + participe présent* » s'emploie aussi pour exprimer un futur, une *action projetée,* dans un style familier. ▶ § 161.
We are leaving tomorrow. ▶▷ *Nous partons demain.*

Elle peut exprimer aussi une *répétition obstinée* quand elle est accompagnée d'un adverbe de fréquence *(always, for ever, perpetually).* ▶ § 186.
He is always asking me to lend him some money. ▶▷ *Il me demande constamment de lui prêter de l'argent.*

3. Le présent simple

§122 **A** Il est semblable à l'infinitif sans *to* (le radical du verbe), sans terminaison sauf à la 3e personne du singulier terminée par un *s* (▶ R.F. 1 et § 11).

Ce n'est pas à proprement parler un présent, puisque les actions qu'il exprime peuvent souvent se situer dans le passé ou l'avenir aussi bien que dans le moment présent.

Il s'emploie pour énoncer des *vérités permanentes,* toujours valables.

The English drink tea. ▶▷ *Les Anglais boivent du thé.*

Spring begins on March 21ˢᵗ. ▶▷ *Le printemps commence le 21 mars.*

What does he do (for a living)? ▶▷ *Que fait-il ? (= quel est son métier ?)*

De nombreux *proverbes* sont au présent simple (aucun au présent progressif).

Birds of a feather flock together. ▶▷ *Qui se ressemble s'assemble.*

Charity begins at home. ▶▷ *Charité bien ordonnée commence par soi-même.*

§123 **B** Le présent simple a souvent une *valeur fréquentative* (c'est le *présent d'habitude*).

We have tea at 4. ▶▷ *Nous prenons le thé à 4 heures.*

She goes to London every month. ▶▷ *Elle va à Londres tous les mois.*

We play tennis on Saturdays. ▶▷ *Nous jouons au tennis le samedi.*

What do they do on Sundays? ▶▷ *Que font-ils le dimanche ?*

What time do you get up? ▶▷ *A quelle heure vous levez-vous ?*

Comparer les phrases suivantes, où sont employés les deux présents :

> **The actors are rehearsing. They rehearse every morning.**
> *Les acteurs sont en train de répéter. Ils répètent tous les matins.*
> **Look, it's raining. Does it often rain in your country?**
> *Regardez, il pleut. Est-ce qu'il pleut souvent dans votre pays ?*

§124 **C** On emploie le présent simple dans les *titres de journaux* (l'événement est annoncé dans un style dramatique, comme s'il était déjà figé dans l'histoire), et aussi avec le *sens d'un futur* (style officiel, précis, un peu sec).

57 die in air crash. ▶▷ *57 personnes meurent dans une catastrophe aérienne.*

Britain declares war on Germany. ▶▷ *La Grande-Bretagne déclare la guerre à l'Allemagne.*

The ship leaves tomorrow at 7 am. ▶▷ *Le navire part demain 7 heures du matin* (▶ § 161).

§125 **D** Dans un texte narratif au passé, le français emploie parfois le présent pour donner plus de vivacité au récit. Ce « *présent de narration* » est beaucoup plus *rare en anglais.* On emploie normalement le preterite.

> *Elle met son manteau et son chapeau, se regarde dans la glace,*
> *prend son sac à main et dit : « Je suis prête ».*
> **She put on her coat and hat, looked at herself in the mirror,**
> **took her hand-bag, and said, "I'm ready"**
> (plus couramment que : She puts… looks… takes… says…).

4. Les verbes sans forme progressive

§126 **A** Les *verbes de perception involontaire (to see, to hear)* ne s'emploient pas normalement à la forme progressive, alors que les verbes de sens voisin exprimant des actions volontaires *(to look, to listen…)* ont une forme progressive très courante (▶ § 354).

Can you see that bird in the tree? – Yes, I'm looking at it. ▶▷ *Voyez-vous cet oiseau dans l'arbre ? – Oui je suis en train de le regarder.*

Dans **"I'll be seeing you tomorrow"**, le verbe *to see* n'est pas un verbe de perception mais un synonyme de *to meet,* d'où la forme progressive (▶ § 147).

§127 **B** Certains verbes expriment des notions n'admettant pas *de développement dans le temps* (croyances, sentiments, apparences, opérations intellectuelles involontaires, etc.). On ne saurait les faire suivre de compléments indiquant que l'on considère seulement le moment présent. Il est donc logique que ces verbes ne s'emploient pas normalement à la forme progressive.

Ce sont principalement : **to believe, to like, to dislike, to love, to hate, to prefer, to mind, to look like, to know, to remember, to understand, to agree, to want, to belong to.**

They believe in ghosts. ▶▷ *Ils croient aux fantômes.*

We like tea. ▶▷ *Nous aimons le thé.*

They love (≠ hate) each other. ▶▷ *Ils s'aiment (≠ se haïssent).*

I know them well, I've known them for years. ▶▷ *Je les connais bien, je les connais depuis des années.*

We don't agree with him. ▶▷ *Nous ne sommes pas d'accord avec lui.*

He wants to be an engineer. ▶▷ *Il veut être ingénieur.*

The house belongs to us. ▶▷ *La maison nous appartient.*

Le verbe *to think* admet les deux constructions, selon le sens de la phrase.

What are you thinking of? ▶▷ *A quoi pensez-vous ?* (**to think** = *réfléchir*).

What do you think of it? ▶▷ *Qu'en pensez-vous ?* (**to think** = *avoir une opinion*).

I think he is wrong. ▶▷ *Je pense qu'il a tort* (dans cette phrase on peut remplacer **think** par **believe**).

§128 **C** Pour les cas *où to have* peut s'employer à la forme progressive (▶ §§ 37 et 38).

> Comparer :
> **They are having lunch.** *Ils sont en train de déjeuner.*
> **They have (et non "are having") two children.** *Ils ont deux enfants.*)

D *To be* ne peut se mettre à la forme progressive que :

● quand il est auxiliaire du *passif* (▶ § 249). **My car is being repaired.** ▶▷ *On est en train de réparer ma voiture.*

● suivi d'un *attribut,* exceptionnellement, pour insister sur le fait que ce que l'on dit d'une personne s'applique uniquement au moment présent.

You may be very intelligent, but now you are being a fool. ▶▷ *Vous êtes peut-être très intelligent, mais en ce moment vous vous conduisez comme un imbécile.*

A Transformer les phrases suivant le modèle :

(Look,) he is working in the garden (+ every evening) ▶▶ **He works in the garden every evening**
(dans la 1ʳᵉ phrase je décris une action présente, dans la 2ᵉ j'ajoute un complément de fréquence, il faut donc employer le présent d'habitude et supprimer « look » ou « listen »).

1. Look, Mr Morgan is mowing the lawn (+ every Saturday).
2. Look, Jennie is going to London (+ twice a week).
3. Look, the children are helping their parents (+ often).
4. Listen, Bill is playing the clarinet (+ every evening).
5. Look, the cat is sitting on the piano (+ often).
6. The Webbs aren't watching television (+ every evening).
7. Bob isn't going to his office (+ on Saturdays).
8. My neighbour is washing his car (+ on Saturday mornings).
9. I am writing to my English friends (+ every month)
10. Grandfather is having a rest (+ after lunch every day).

B Transformer les phrases suivant le modèle (contraire de l'exercice A) :

They play football on Saturdays ▶▶ **(Look,) they are playing football.**

1. She does the shopping every morning.
2. Father reads the Observer every Sunday.
3. John doesn't work on Saturdays.
4. I often wait for them.
5. That bird sings every morning.
6. The cat often tries to catch a bird.
7. Dad smokes a cigar after lunch.
8. Judith walks to school every morning.
9. I often look for my glasses.
10. The pupils don't always listen to their teacher.

C Mettre les verbes au présent progressif ou au présent simple :

1 Hurry up! We ... (to wait) for you.
2. Listen, my sister ... (to play) the flute – I ... (to think) she ... (to play) very well
3. Mother is in the garden, she ... (to have) a rest.
4. I ... (to know) where he ... (to spend) his Sunday afternoons.
5. Look, the cat ... (to lie) on your bed
6. Betty is in the kitchen, she ... (to eat) a big piece of cake, she ... (to like) this cake.
7. Mr Smith ... (to drive + often) very fast, but today he ... (to drive) very slowly because of the fog.
8. He ... (to eat) an apple and ... (to drink) a glass of milk every day.
9. I ... (to prefer) tea to coffee.
10. Be quiet, they ... (to listen) to a concert on the radio
11. She always ... (to wear) bright-coloured hats. Today she ... (to wear) a yellow and green one.
12. They ... (to want) to sell their house – I ... (to think) they ... (to make) a big mistake.
13. We ... (to have) dinner at 8 on weekdays. We ... (to have) it earlier today because we ... (to go) to the theatre.
14. I ... (to wait) for Peter. He ... (to know) I ... (to hate) waiting.
15. I ... (to understand) why you ... (to agree + never) with me
16. She ... (to look) like a gypsy. - I ... (to believe) she is one.
17. We ... (to go) to the pictures tonight. We ... (to go) to the pictures every Saturday evening.

18 John ... (to drive + always) to his office, but today he ... (to walk) because his car ... (to be) repaired.

19. She ... (to want) to marry that boy, she ... (to love) him.

20. Ken is in his room, he ... (to learn) his lessons, his sister ... (to know) her lessons.

D Traduire :

1. Que lis-tu ? – Je lis Oliver Twist, j'aime beaucoup ce roman.

2. Que fait Tom ? – Il joue de la clarinette. Ne l'entendez-vous pas ?

3. Elle vieillit. – Je crois qu'elle a 65 ans.

4. Où allez-vous ? – Je vais chez les Robinson, ils veulent me voir.

5. Qui attends-tu – J'attends Betty, je l'attends souvent.

6. Regarde, il pleut. Il pleut toujours le dimanche.

7 Que manges-tu ? – Je mange un sandwich au jambon.

8. Je ne bois jamais de thé le soir.

9. Pourquoi riez-vous ? – Regardez cet homme, il ressemble à Charlie Chaplin.

10. Je connais bien Mr Smith. Je lui écris souvent.

11. Ecoutez-les. Quelle langue parlent-ils ? Je ne comprends pas ce qu'ils disent.

12. Peter parle très bien l'allemand et l'espagnol.

13. Que font tes parents le dimanche ? – Il regardent la télévision.

14. Où es-tu, John ? Que fais-tu ? – Je suis dans ma chambre, j'apprends mes leçons.

15. Que pensez-vous des nationalisations ? – Je préfère ne pas donner mon opinion. Vous savez que nous ne sommes jamais d'accord.

▶ 9 • Preterite, present perfect, past perfect

§129 Le seul vrai temps du passé est le *preterite* (ou : *past tense*), qui correspond selon les cas à notre passé simple, à notre passé composé ou à notre imparfait.

Le *present perfect*, on le verra, n'est pas à proprement parler un temps du passé ; il se traduit d'ailleurs en français tantôt par un présent, tantôt par un passé composé. Quant au *past perfect* (plus-que-parfait), il correspond tantôt à notre plus-que-parfait, tantôt à notre imparfait.

1. Le preterite

§130 Rappelons que c'est un *temps simple* qui a la même forme à toutes les personnes. Les verbes réguliers ont leur preterite terminé par le suffixe *-ed* (▶ R.F. 8 et § 9, prononciation de *-ed*). Pour les verbes irréguliers, ▶ p. 369 (listes à apprendre par cœur).

> **To play** (rég.) : **I played, he played, we played, you played, they played.**
> **To see** (irrég.) : **I saw, he saw, we saw, you saw, they saw.**

Seul le verbe *to be* a deux formes différentes : *was* au singulier (**I was, he was**), *were* au pluriel (**we were, you were, they were**).

Pour les formes interrogative et négative, ▶ R.F. 2 et § 17.

Bien distinguer, grâce au contexte, à quel temps sont **we cut, they set, you shut.** Pour ces verbes, dont le preterite est semblable au présent, seule la 3e personne du singulier est différente (**he cut** est un preterite, **he cuts** un présent).

§131 **Ⓐ** Le preterite est *le temps de la narration* : on l'emploie pour *relater une action passée terminée, précise,* ou une série d'actions passées. Il sous-entend une *coupure* entre l'action qu'il exprime et le moment présent.

I saw her on Tuesday. ▶▷ *Je l'ai vue mardi.*
We got up at 6 this morning. ▶▷ *Nous nous sommes levés à 6 heures ce matin.*
Queen Victoria died in 1901. ▶▷ *La reine Victoria est morte en 1901.*
They learnt Spanish at school. ▶▷ *Ils ont appris l'espagnol au collège.*
I bought this book at Smith's. ▶▷ *J'ai acheté ce livre chez Smith.*
She went to London by bus, did some shopping in Oxford Street, had lunch in a restaurant and came back home about 3. ▶▷ *Elle alla à Londres par l'autobus, fit des achats dans Oxford Street, déjeuna dans un restaurant et rentra chez elle vers 3 heures.*
She waited for them for ten minutes. ▶▷ *Elle les a attendus pendant dix minutes* (▶ § 710, § 139).

Remarquez que la plupart de ces phrases sont traduites en français au passé composé. Certaines de ces actions sont datées ; dans les autres cas il est évident qu'il s'agit de l'évocation d'actions nettement séparées du présent.

Les verbes au preterite sont souvent accompagnés d'un complément construit avec *ago* (▶ § 710).
I met him ten minutes ago. ▶▷ *Je l'ai rencontré il y a dix minutes.*
We bought our house three years ago. ▶▷ *Nous avons acheté notre maison il y a trois ans.*

§132 **Ⓑ** On l'emploie évidemment pour poser toute *question relative à une action bien précise*, demandant une réponse au preterite.
When did you see her? ▶▷ *Quand l'avez-vous vue ?*

When did Queen Victoria die? ▷▷ *Quand la reine Victoria est-elle morte ?*

Where did you buy this book? ▷▷ *Où as-tu acheté ce livre ?*

Did you like the film? – Yes, I did. ▷▷ *Le film vous a plu ? – Oui.*

Why didn't you wait for me? (question à la forme interro-négative). ▷▷ *Pourquoi ne m'as-tu pas attendu ?*

§ 133 **C** On l'emploie pour marquer une *opposition avec le présent*. La phrase **"he lived in this town for ten years"** sous-entend qu'il habite maintenant ailleurs (ou bien qu'il est mort).

For a long time he wanted to be an actor. ▷▷ *Pendant longtemps il a voulu être acteur (mais il a changé d'avis).*

I was fond of cricket when I was a boy. ▷▷ *J'aimais beaucoup le cricket quand j'étais enfant.*

On peut insister plus nettement sur l'opposition avec le présent en disant "**I used to be fond of cricket**" (▶ § 178).

§ 134 **D** *Le preterite progressif* (**I was reading, she was working, we were playing…**) exprime des actions qui étaient *inachevées à un moment donné du passé*. Il s'emploie souvent par contraste avec le preterite simple (en français, c'est le contraste entre l'imparfait et le passé composé).

I was listening to a concert on the radio when someone knocked at my door. ▷▷ *J'écoutais un concert à la radio quand on a frappé à ma porte.*

When I got up this morning it was raining. ▷▷ *Quand je me suis levé ce matin il pleuvait.*

Dans ces phrases les actions exprimées au preterite progressif (was listening, was raining) étaient « en progrès » quand les actions exprimées au preterite simple (knocked, got up) se sont produites.

What was she doing when you met her? ▷▷ *Que faisait-elle quand vous l'avez rencontrée ?*

They were waiting for the bus. ▷▷ *Ils attendaient l'autobus.*

Comme au présent, la forme progressive s'emploie pour les *descriptions*.

He was wearing a grey suit. ▷▷ *Il portait un complet gris.*

E Voir *Preterite modal* (If I were you, I wish I were in England…), §§ 191 à 195.

2. Le present perfect

§ 135 Rappelons qu'il se conjugue avec le présent de *have* suivi d'un *participe passé* (terminé par *-ed* sauf pour les verbes irréguliers). Dans la langue parlée l'auxiliaire est normalement inaccentué (**I've seen, they've bought, she's told me…**).

Comparer la conjugaison de notre passé composé (auxiliaire *avoir* ou *être* : *je suis venu, je me suis demandé…*) avec celle du present perfect (**I have come, I have wondered** : l'auxiliaire est **have** pour tous les verbes ; ▶ § 24).

Has been/have been sert souvent de present perfect au verbe *to go*.

> Comparer :
> **He has been to America.** *Il est allé en Amérique (et en est revenu).*
> **He has gone to America.** *Il est parti en Amérique (et y est encore).*

Plutôt qu'un temps du passé, il convient de considérer le present perfect comme *un aspect* (▶ §§ 115 à 117) du *présent* : *l'aspect perfectif,* qui exprime que l'action a été accomplie antérieurement au moment présent mais ne la décrit pas. En fait il renseigne plus sur le présent que sur le passé. Il s'oppose souvent à la forme progressive du présent.

Notre passé composé n'exprime cette notion que dans certains cas (par exemple, dans un bureau de vote, la formule « a voté » signifie que « *c'est chose faite* » mais ne décrit pas l'action pour elle-même), alors que généralement il est le temps de la narration dans la langue parlée (ex. : « *aux dernières élections, il a voté pour le candidat libéral* » ; ici l'action est décrite, on donne des précisions à son sujet qui montrent qu'on se reporte mentalement à un moment précis du passé, cas où l'anglais emploie le preterite, jamais le present perfect).

On distinguera 5 emplois du present perfect. On remarquera dans chacun de ces cas un *lien entre l'action et le moment présent*.

§136 **A** L'action est terminée, mais *je ne la raconte pas,* je ne m'y intéresse pas pour elle-même, mais seulement pour ce qui en reste dans le présent, pour *son résultat.* C'est une *constatation.*
Look! The neighbours have bought a new car. ▶▷ *Regarde ! Les voisins ont acheté une nouvelle voiture.*

Dans cette phrase, je ne décris pas l'action, l'achat de la voiture, mais j'en constate le résultat : *maintenant* ils ont une nouvelle voiture. Si je précisais une circonstance de l'action (date, lieu, prix de la voiture), la phrase serait au preterite, temps de la narration (ex. : **They bought it last week).**
Oh, damn, I've forgotten my key. ▶▷ *Zut, j'ai oublié ma clef.*

§137 **B** Je m'intéresse au fait qu'une action a été effectivement accomplie et j'insiste sur ce seul fait sans en préciser les circonstances. Il ne s'agit pas d'un récit mais de *la possibilité actuelle d'affirmer que l'action a été accomplie.*
I have seen this man somewhere. ▶▷ *J'ai vu cet homme quelque part.*
Have you seen this film? – Yes, I've seen it (ou simplement : **Yes, I have).** ▶▷ *As-tu vu ce film ? – Oui (je l'ai vu).*

Dans la question, on ne demande pas de raconter l'action, de dire quand, où, etc., le film a pu être vu. On veut seulement savoir si, *oui ou non,* le film a été vu. La réponse affirmative peut être complétée : **I've already seen it** *(je l'ai déjà vu),* la réponse négative peut être : **I have not yet seen it = I haven't seen it yet** *(je ne l'ai pas encore vu).* Il est sous-entendu qu'il est encore possible de le voir). Mais si dans la réponse affirmative je donne une précision sur les circonstances de l'action, il faut le preterite (ex. : **I saw it in London, I saw it last year).**
Has anyone read this book? – I have (le sujet est fortement accentué). ▶▷ *Quelqu'un a-t-il lu ce livre ? – Oui moi.*

§138 **C** L'action est située par un complément de temps dans une *période qui n'est pas entièrement écoulée* **(this year, today…)** ou bien un complément de temps (ou un adverbe) précise que ce que je dis s'applique à une période qui va jusqu'au présent (*so far, jusqu'ici* ; **all my life…).** Il s'agit donc d'un *bilan provisoire.*
We have seen them twice this year. ▶▷ *Nous les avons vus deux fois cette année* (mais : **We saw them twice last year).**

Everything has been all right so far. ▶▷ *Tout a bien marché jusqu'ici.*
He hasn't finished his work yet. ▶▷ *Il n'a pas encore fini son travail.*
Have you (ever) been to England? ▶▷ *Êtes-vous (déjà) allé en Angleterre ?*
(ici, **have been** sert de present perfect à **to go**. ▶ §§ 351 et 135).

Quand on dit "**What did you do today?**", "**I saw John twice this week**", c'est que la journée (la semaine, etc.) est considérée comme terminée, qu'il est trop tard pour faire encore quelque chose, pour voir John encore une fois.

Dans la conversation on emploie souvent le preterite avec **never** et **ever** lorsque le sens semblerait demander un present perfect ("**I never saw such a fool**", comme pour exprimer une conclusion définitive ; mais "**I've never seen…**" est tout aussi possible).

§139 **D** *L'action n'est pas terminée,* et je fais le bilan de ce qui a été réalisé jusqu'au moment présent en indiquant la *durée de cette action* (avec **for** + complément de durée) ou en précisant à quel moment elle a commencé (avec **since** + complément de date ou d'heure). Le français emploie alors le présent.
He has been ill for a week. ▶▷ *Il est malade depuis une semaine.*
He has been ill since Tuesday. ▶▷ *Il est malade depuis mardi.*
How long has he been ill? ▶▷ *Depuis combien de temps est-il malade ?*

(Les emplois de **for, since** et **how long** seront étudiés aux §§ **706 et 707**) (▶ §§ **710 à 716**).

> **I've had this car for two years.** *J'ai cette voiture depuis deux ans*
> (**I've had,** et non « I've got », qui est un présent, ▶ § 35).

Le present perfect est alors souvent à la *forme progressive* (si le verbe le permet, ▶ §§ 126 à 128), l'action étant faite encore en ce moment.

> **We have been learning English for six years.**
> *Nous apprenons l'anglais depuis six ans.*
> **How long have you been learning English?**
> *Depuis combien de temps apprenez-vous l'anglais ?*
> **He has been working in this bank for five years.**
> *Il travaille dans cette banque depuis cinq ans*
> (comparer avec : **He worked in this bank for five years.**
> *Il a travaillé dans cette banque pendant cinq ans,* action terminée).

Quand une action est en progrès mais qu'on ne précise pas depuis combien de temps (ou depuis quel moment), il faut le *présent progressif.*

> Comparer :
> **They are playing tennis.** *Ils jouent au tennis.*
> **They have been playing tennis for half an hour (since tea-time).**
> *Ils jouent au tennis depuis une demi-heure (depuis l'heure du thé).*

Remarquer que le français emploie le même temps (le présent) dans ces deux phrases.

§140 **E** *L'action est récente,* située entre le passé et le présent, et j'insiste sur ce fait en employant l'adverbe **just**. Cette tournure (« *le passé récent* ») se traduit par l'expression « *venir de* ».
I've just written a few letters. ▶▷ *Je viens d'écrire quelques lettres.*
She's (= she has) just arrived. ▶▷ *Elle vient d'arriver.*

Mais un complément avec **ago** ne peut accompagner qu'un preterite, même si l'action est récente.

Dans la conversation la même idée est parfois rendue par l'emploi de la *forme* **progressive du present perfect** (seulement lorsque l'action a une durée).
We've been drinking coffee. ▶▷ *Nous venons de boire du café.*
What have you been doing? ▶▷ *Que faisais-tu ? (à l'instant).*

3. Le past perfect

§141 **(A)** Il se conjugue comme notre plus-que-parfait *(had + participe passé)* et se traduit généralement par ce temps français quand il exprime une *action antérieure* à une autre action passée (laquelle est au preterite).
When they got home they found that someone had opened their garden gate. ▶▷ *Quand ils arrivèrent chez eux ils s'aperçurent que quelqu'un avait ouvert la porte de leur jardin.*
When (= after) he had finished his work he went for a walk. ▶▷ *Quand il eut fini son travail il alla se promener* (ici le français emploie un passé antérieur).

§142 **(B)** Il s'emploie, généralement à la forme progressive, pour une action qui était *encore « en progrès » au moment du passé que l'on considère* (comparer avec l'emploi du present perfect, 139). Le français emploie alors *l'imparfait.*
I had been waiting for them for an hour when the phone rang. ▶▷ *Je les attendais depuis une heure quand le téléphone sonna* (▶ § 717).
How long had you been waiting? ▶▷ *Depuis combien de temps attendiez vous ?*

§143 **(C)** Accompagné de *just*, le past perfect exprime une *action récente par rapport à un moment donné du passé* (▶ § 140).
The clock had just struck twelve. ▶▷ *L'horloge venait de sonner minuit.*
They had just gone out. ▶▷ *Ils venaient de sortir.*

(D) Pour les emplois du *past perfect modal* (If I had known.. I wish I had known…), ▶ §§ 191 à 194.

(E) L'emploi du *past perfect* est souvent commandé, comme celui de notre plus-que-parfait, par les règles de la *concordance des temps* (▶ leçon 20).
He said he had lost his passport (= He said, "I've lost my passport"). ▶▷ *Il dit qu'il avait perdu son passeport.*

NB. Les traductions des phrases construites avec *depuis, il y a, il y avait* (+ complément de temps) seront étudiées à la leçon 49 (▶ §§ 709 à 717).

EXERCICES

A Répondre affirmativement aux questions suivantes par des phrases complètes
(▶ liste 2 des verbes irréguliers, p. 371) :

1. Did it freeze very hard last night?
2. Did the balloon rise very high?
3. Did the two ships sink?
4. Did it cost them a lot of money?
5. Did they spoil their son?

6. Did they spell your name correctly?
7. Did he dig a hole near the tree?
8. Did they forbid him to come back?
9. Did they swear they did not know him?
10. Did the dog bite the child?

B Mettre à la forme interrogative :

1 They sang "God save the Queen.
2. They sought a quarrel.
3. The children had a nice time.
4. She thought he was a fool.
5. You were late this morning.
6 They did their work on Saturday.
7. He ran and caught the bus.
8. She knelt on the floor.

9. They told him the story.
10. She spoke to him.
11. Martin was at home yesterday.
12. Nigel brought his camera.
13. She made a mistake.
14. He trod on your toes.
15. You had lunch at the canteen.

C Répondre aux questions négativement suivant le modèle :

Did you buy the Times? (the Guardian) ▶▶ **No, I didn't. I bought the Guardian.**
(▶ leçon 1, exercice E).

1. Did they go by train? (by bus).
2. Did they begin at 8? (at 9).
3. Did he find the treasure in the garden? (in the attic).
4. Did you know the reason for their strange behaviour? (nothing).
5. Did you meet her at the station? (at the bus stop).
6. Did you think it was a mistake? (a joke).
7. Did he spend all his money? (only £ 25)
8. Did she ride a donkey? (a mule).

9. Did you feel sorry? (disappointed).
10. Did he teach Italian? (Latin).
11. Did they fly to Capetown last week? (in September).
12. Did they have lunch at the canteen? (in a restaurant).
13. Did he tell you the truth? (a lie).
14. Did they do the shopping on Saturday afternoon? (on Saturday morning).
15. Did they spend their holidays in Italy? (in Spain)

D Bâtir des phrases suivant le modèle :

They (to listen) to the news when somebody (to knock) at the door ▶▶ **They were listening to the news when somebody knocked at the door.**

1. We (to play) tennis when it (to start) raining.
2. I (to write) to her when she (to phone) me.
3. I (to think) of her when I (to receive) her letter.
4. He (to look) Out of the window when an accident (to happen).
5. We (to have) tea when our friends (to arrive).
6. I (to read) my paper when the telephone (to ring).

7. They (to watch) a play on television when they (to hear) a strange noise in the garden.
8. We (to stay) in England when the King (to die).
9. I (to wait) for the bus when Peter (to offer) me a lift.
10. The boys (to fight) in the classroom when the teacher (to come) in.

E Répondre aux questions suivant le modèle :

Have you taken your medicine? (before breakfast) ▶▶ **Yes. I have, I took it before breakfast.**

1. Have you seen this film? (last week).
2. Have you received my letter? (on Monday).
3. Have you written to Jennifer? (yesterday).
4. Have you been to Ireland? (three years ago).
5. Have you had your breakfast? (an hour ago).
6. Have you done the shopping? (this morning).

7. Have I told you about my plans? (yesterday).
8. Has she shown you John's letter? (last night).
9. Has John been to Malta? (last summer).
10. Have you spoken to the boss? (on Friday).

F Transformer les phrases suivant le modèle :

They are working (+ two hours) ▶▶ **They have been working for two hours** (la première phrase décrit uniquement le présent, la seconde à la fois le passé et le présent).

1. It is raining (+ an hour).
2. They are learning Latin (+ two years).
3. Betty is ill (+ three weeks).
4. I am waiting for Barbara (+ half an hour).
5. I know Mrs Jones (+ many years).
6. She has a washing-machine (+ six months).

7. Grandfather is sleeping in the garden (+ an hour).
8. They are in the garden (+ three hours).
9. Betty is playing the piano (+ two hours).
10. He is a member of the club (+ a long time)

G Mettre le verbe au preterite ou au present perfect :

1. We ... to York last week (to go).
2 Look! Someone ... a window (to break).
3. My glass is empty, someone ... my beer (to drink)
4. I .. an American car (to drive + not yet).
5. She ... her new dress on Sunday (to wear).
6. They ... to the United States five years ago (to go).
7. They ... to the United States three times so far (to go).
8. Look! Daisie ... a new hat (to buy).
9. I ... my camera in Hong-Kong last summer (to buy).
10. Barbara ... her exercises (to do + already).

H Transformer les phrases suivant le modèle :

They are going to leave (action prochaine) ▶▶ **They have just left** (action récente).

1. I'm going to speak to him.
2. He's going to sell his car.
3. We're going to win.
4. I'm going to write to them.
5. I'm going to drive the new car.
6. They're going to buy a house.
7. He's going to be punished.
8. They're going to build a new bridge.
9. We're going to have a cup of tea.
10. He's going to tell them the whole story.

I Traduire :

1. Quelqu'un a-t-il vu mon parapluie ?
– Oui, moi.
2. Etes-vous allé au théâtre samedi ? – Non, nous avons déjà vu la pièce.
3. Je ne l'ai pas encore vu cette semaine, je l'ai vu deux fois la semaine dernière.
4. Il vient de gagner 500 livres aux courses.
5. J'ai souvent pensé à vous pendant votre absence. Quand êtes-vous rentré ?
6. Je viens d'acheter un magnétophone.
– Où l'as-tu acheté ? Combien l'as-tu payé ?
7. Personne ne s'est plaint jusqu'à présent.
8. J'ai toujours beaucoup aimé les pièces policières.
9. Nous nous étions levés de bonne heure, nous étions fatigués, nous nous sommes couchés de bonne heure.
10. Ils venaient de se coucher quand le téléphone a sonné.
11. Elle vient de rentrer des Etats-Unis.
12. Avez-vous pris votre petit déjeuner ?
– Oui, je l'ai pris dans le train.
13. Regardez J'ai acheté un nouveau parapluie. – Où l'as-tu acheté ?
14. Nous avons pris le thé dans le jardin hier.
15. Nous prenions le thé dans le jardin quand il s'est mis à pleuvoir.
16. Regardez ! Il neige. Il neige depuis un quart d'heure.
17. Je les connais bien. Je les connais depuis des années
18. Ils viennent d'avoir un accident. Ils ont eu un accident hier.
19. Je viens d'écouter les informations. J'ai écouté les informations à 20 heures.
20. Il venait de rentrer chez lui quand ses amis sont venus le voir.

N.B. ▶exercices de la leçon 49.

▶ 10 • Shall, will. Expression du futur

§144 Le français exprime les actions futures de différentes façons *(Nous partons demain : présent. Il va pleuvoir :* aller + infinitif ; *Nous arriverons jeudi : futur,* etc.). De même l'anglais exprime l'avenir à l'aide de tournures variées. Ce que l'on appelle traditionnellement le futur (temps composé conjugué avec **shall** et **will**) n'est que l'une des plus courantes.

1. Shall et will auxiliaires du futur

§145 ▶ Revoir R.F. 9 et 17.

Shall et **will**, à l'origine auxiliaires de modalité à sens précis (comme **can** ou **must**), ne perdent jamais tout à fait leurs premiers sens (**I shall** = *je dois* ; **I will** = *je veux*). On sera amené à distinguer les cas où **shall** et **will** sont devenus de simples auxiliaires du futur, de ceux où ils gardent leurs valeurs précises d'auxiliaires de modalité (volonté, refus, nécessité…). Mais même dans les phrases au *"plain future"* (futur sans nuances spéciales), il est souvent souhaitable de choisir l'auxiliaire en fonction des nuances que l'on pourrait éventuellement ajouter à la simple notion de futur.

Il faut aussi distinguer l'usage américain de l'usage britannique.

§146 **Ⓐ** *"Plain future"* à la **1ʳᵉ personne** (singulier et pluriel) : En Amérique on emploie **will** dans presque tous les cas. En Angleterre, surtout dans une langue soignée, il est préférable d'employer **shall** dans les cas suivants

- A la *forme interrogative*.
How long shall we wait? ▶▷ *Combien de* temps *attendrons-nous ?*

- Quand il n'y a *aucune idée de choix, de volonté,* notamment :
  – avec *to have to* (nécessité) et *to be able to* (possibilité).
    We shall have to walk. ▶▷ *Nous devrons aller à pied.*
  – pour les actions *inexorables*.
    I shall be 18 next week. ▶▷ *J'aurai 18 ans la semaine prochaine.*
  – pour les *sensations* et les *sentiments* (on ne les choisit pas) :
    to be cold, to be tired, to be sad, etc. ; **to like, to enjoy, to hate,** etc.
    We shall be glad to meet (= we shall enjoy meeting) your friend. ▶▷ Nous serons heureux de faire la connaissance de votre ami.
  – pour les *opérations intellectuelles involontaires*.
    If you don't do it, I shall know that you are a coward. ▶▷ *Si tu ne le fais pas, je saurai que tu es un lâche.*

Mais dans une langue moins soignée, en Angleterre, on entend de plus en plus **I will have to…, I will be glad…,** etc. (influence américaine).

Dans les autres cas, on peut n'employer que **will** (comme en Amérique) ou bien distinguer entre :

> **I shall do it, I shan't (= shall not) do it** (simples faits).
> **I will do it, I won't (= will not) do it** (idée de choix ou de refus, ▶ voir § 149)

Cette distinction se fait surtout à la forme négative, les deux formes affirmatives étant souvent contractées dans la langue parlée sous la forme *"I'll* [ail] *do it"*.

B *"Plain future" aux 2e et 3e personnes* : l'auxiliaire est **will**

> **She will be** (ou, dans la langue parlée : **she'll be**) **glad to see you.**
> *Elle sera heureuse de vous voir.*

Il est parfois souhaitable d'éviter que l'on interprète **will** dans son sens fort (surtout à la forme négative : *he will not, he won't = il refuse de*). On se sert alors de la forme progressive, qui n'exprime dans ce cas aucune notion de durée.

> **She won't be singing in the choir, she has a sore throat.**
> *Elle ne chantera pas dans la chorale, elle a mal à la gorge.*
> (**"She won't sing"** pourrait signifier : *Elle ne veut pas chanter*)
> **Will you be coming?** *Viendrez-vous ?*
> (à bien distinguer de : **Will you come?** *Voulez-vous venir ?* C'est une invitation).

Ne pas confondre cet emploi du *futur progressif* avec les cas où il exprime une action en progrès. Il peut aussi donner à une phrase un ton familier.

> **It will be raining when we get to Dover.** ▶▷ *Il pleuvra quand nous arriverons à Douvres.*
> (Cf. au preterite : **It was raining when we got…**).
> **I'll be seeing you.** *A bientôt.*

2. Shall et will auxiliaires de modalité à sens plein

§ 148 Il s'agit ici des emplois de *shall* et *will* quand ils gardent leurs sens précis d'auxiliaires de modalité. Il s'y ajoute souvent une idée plus ou moins nette de futur, d'où le nom de *futur nuancé (ou futur d'insistance, futur emphatique)*.
L'auxiliaire est alors *accentué*.

§ 149 **A** *Will*, le plus employé des deux auxiliaires, garde son premier sens (**volonté, choix, consentement, intention**) dans deux cas

• dans les *questions à la 2e personne et les affirmations à la 1re personne*. A l'idée d'intention s'ajoute parfois une idée de futur proche.

> **Will you help me? – Yes, I will.**
> *Voulez-vous m'aider ? – Oui, bien sûr.*
> La réponse **"I shall"** serait fort peu polie
> (= *oui, puisque je ne peux pas faire autrement*, ou : *quand cela ne me dérangera pas*).
> **Will you have a glass of beer?** (offre, invitation) – **Thanks, I will.**
> *Voulez-vous un verre de bière ? – Oui, volontiers.*
> **We will do our best to make her happy.**
> *Nous ferons tout notre possible pour la rendre heureuse*
> (c'est une promesse).
> **I will tell you a story.** *Je vais vous raconter une histoire.*

§ 150 • *à la forme négative à toutes les personnes*. **Won't** (ou **will not**) est fortement *accentué* et exprime un *refus*, ou une *promesse négative*.
He won't listen to me. ▶▷ *Il ne veut pas m'écouter.*
I won't obey this order. ▶▷ *Je refuse d'obéir à cet ordre.*
I won't do it again. ▶▷ *Je promets de ne pas recommencer.*

• autres sens de **will** : voir ▶ §§ 184 et 629.

§151 **B** *Shall*, auxiliaire de modalité, exprime une idée de *nécessité,* de *contrainte,* d'action non choisie par le sujet (il s'oppose donc à *will*).

• *Shall I…? Shall we…?* s'emploient pour demander un avis sur ce qu'il convient de faire (▶ leçon 47, exercice B).
Shall I make the tea? ▶▷ *Faut-il que* (ou : *Voulez-vous que) je fasse le thé ?*
Shall I help you? ▶▷ *Voulez-vous que je vous aide ?*
Shall we go to the pictures? *Si nous allions au cinéma ?*

Le « tag » *"shall we?"* s'emploie parfois après un impératif de la 1ʳᵉ personne du pluriel (ton convaincant).
Let's have a cup of tea, shall we? ▶▷ *Que diriez-vous d'une tasse de thé ?* (ou : *Et si nous prenions une tasse de thé ?*).

§152 • A la 2ᵉ et à la 3ᵉ personnes *shall* peut s'employer dans un style solennel pour les *promesses formelles*, les *ordres autoritaires*, les menaces (*you shall do it* = *want you to do it*).
Your orders shall be obeyed. ▶▷ *On obéira à vos ordres* (j'y veillerai).
You shall leave the room at once. ▶▷ *Je vous ordonne de quitter cette pièce immédiatement.*

Shall s'emploie normalement pour les *prophéties*.
And the dead shall rise. ▶▷ *Et les morts ressusciteront.*

§153 • A la forme négative, *shall not* s'emploie aux 2ᵉ et 3ᵉ personnes pour les *interdictions* (style solennel). **You shan't open that door.** ▶▷ *Je vous interdis d'ouvrir cette porte* (sous-entendu : *je saurai vous en empêcher s'il le faut*).

> Comparer :
> **She shan't go to Scotland with them** *(c'est moi qui m'y oppose).*
> **She won't go to Scotland with them**
> *(c'est elle qui refuse, won't est fortement accentué ; ▶ § 150).*
> **She won't be going to Scotland with them** *(le motif n'est pas indiqué ; ▶ § 147).*

---

3. Concordance des temps au futur

§154 **A** Dans une subordonnée commençant par une *conjonction de temps (when, whenever, while, once, as soon as, as long as…)* l'idée de futur est exprimée par un *présent*. La principale est au futur ou à l'impératif.
We'll play tennis when it stops raining. ▶▷ *Nous jouerons au tennis quand la pluie s'arrêtera* (remarquer que le français applique une règle semblable après *si* : *nous jouerons au tennis si la pluie s'arrête*).
I'll remember it as long as I live. ▶▷ *Je m'en souviendrai tant que je vivrai.*
Come as soon as you are ready. ▶▷ *Venez dès que vous serez prêt.*

N.B. C'est *le futur* qui n'est pas possible après une conjonction de temps, mais le preterite s'emploie quand le sens de la phrase le demande.

§155 **B** Cette règle ne s'applique pas (et on peut donc employer le futur) dans les phrases interrogatives et les interrogations indirectes, après *when* qui est alors un adverbe (= à *quel moment*). ▶ § 614 (*The day when…*).
When will you be ready? ▶▷ *Quand serez-vous prêt ?*
I wonder when he will arrive (**when** est ici accentué). ▶▷ *Je me demande quand il arrivera.*

§156 **C** Pour l'expression du **futur dans le passé** *(il a dit qu'il **viendrait** plus tard ; il avait échoué, il **essaie-** **rait** de nouveau),* la concordance des temps demande que l'on emploie les **preterites** des auxiliaires **shall** et **will** : **should** et **would** (▶ leçon 11).

He had failed, he would try again. ▶▷ *Il avait échoué, il essaierait de nouveau.*

He said he would come later. ▶▷ *Il a dit qu'il viendrait plus tard.*

Après les conjonctions de temps, on emploie alors le **preterite** et non le conditionnel (comparer avec l'emploi du présent, au § 154).

He said he would come as soon as he was ready. ▶▷ *Il a dit qu'il viendrait dès qu'il serait prêt.*

---

4. We are going to buy a house. It's going to rain

§157 Cette tournure (présent progressif de **to go** + *infinitif*) s'emploie pour exprimer soit une **intention,** soit une **conviction,** notions auxquelles s'ajoute souvent une idée plus ou moins nette de **futur proche** quand il n'y a pas de complément de temps.

A *Intention.*

We are going to buy a house. ▶▷ *Nous allons acheter une maison.*

They are going to get married. ▶▷ *Ils vont se marier.*

What is John going to do after his exams? ▶▷ *Que va faire John après ses examens ?* (le complément « **after his exams** » précise ici qu'il ne s'agit pas d'un futur proche).

On n'emploie pas normalement cette tournure (et on préfère **shall/will**) avec les verbes exprimant des opérations intellectuelles peu conciliables avec une idée d'intention *(to know, to understand, to remember…)* et pour exprimer des actions spontanées.

> Comparer :
> **John is a big boy now, I'm going to buy him a moped.**
> *John est un grand garçon maintenant, je vais lui acheter un vélomoteur* (intention).
> **You look tired, sit down and I'll make you a cup of tea.**
> *Vous avez l'air fatigué, asseyez-vous, je vais vous faire une tasse de thé*
> (pas d'idée d'intention, de décision prise après réflexion).

§158 **B** *Conviction.*

It's going to rain. ▶▷ *Il va pleuvoir.*

There's going to be a gale. ▶▷ *Il va y avoir une tempête.*

I'm going to faint. ▶▷ *Je vais m'évanouir.*

L'action paraît à peu près inévitable, et il est sous-entendu qu'elle se produira sans tarder.

§159 **C** *Futur très proche.* Une action imminente peut s'exprimer avec la tournure "**to be** + **just going to**", ou avec "**to be** + **about to**".

Hurry up! The train's just going to leave (= **the train is about to leave**) ▶▷ *Dépêchez-vous ! Le train va partir* (= *est sur le point de partir*).

§160 **D** Dans des **contextes passés** on emploie **was/were going to, was/were about to.**

We were going to write to you. ▶▷ *Nous allions vous écrire.*

He was about to slip into the river when I caught hold of him. ▶▷ *Il était sur le point de glisser dans la rivière quand je l'ai empoigné.*

5. We are leaving tomorrow

§ 161

Cette tournure, semblable au *présent progressif,* s'emploie pour des actions *projetées,* attendues, qui doivent se produire *sauf imprévu* (en particulier pour des déplacements annoncés). La date de l'action est précisée. Cette construction est très courante dans la langue parlée.

We are leaving tomorrow. ▶▷ *Nous partons demain.*

I'm going to London for Christmas. ▶▷ *Je vais à Londres pour Noël.*

Is Fred coming tonight? ▶▷ *Fred vient-il ce soir ?*

Are you working on Saturday? ▶▷ *Travaillez-vous samedi ?*

NB. Le *présent simple* peut, lui aussi, s'employer pour l'expression d'un futur, mais beaucoup moins couramment, dans un style officiel.

The ship leaves at 6 tomorrow morning. ▶▷ *Le navire part à 6 heures demain matin.*

On a vu (▶ leçon 3) que les présents *can* et *may* (ainsi que les preterites *could* et *might*) s'emploient souvent pour exprimer des futurs (▶ §§ 42, 46).

6. We are to see them tomorrow

§ 162

Le présent de *to be* suivi d'un infinitif exprime diverses notions, dont la plupart comportent une idée de futur.

Ⓐ *Action convenue, projetée.*

> **We are to see them tomorrow.** *Nous devons les voir demain*
> (ne pas confondre **"we are to see"** : projet ; et **"we have to see"** : nécessité).
> **They are to spend their holidays in Scotland.**
> *Ils doivent passer leurs vacances en Ecosse.*

Au passé, deux constructions sont possibles :

> **When we met them they *were to go* to Germany.**
> *Quand nous les avons rencontrés ils devaient aller en Allemagne*
> (on dit quels étaient à cette date leurs projets, on ne précise pas s'ils ont été réalisés).
> **He *was to have written* to us, he must have forgotten.**
> *Il devait nous écrire, il a dû oublier*
> (on constate que ce qui avait été **convenu n'a** pas été fait).

La première de ces deux constructions peut aussi exprimer une *décision du destin*.

He was to die at the age of 30. ▶▷ *Il devait mourir à l'âge de 30 ans.*

§ 163

Ⓑ *Ordres sévères,* sur un ton très sec, surtout à la forme négative.

You are to obey at once. ▶▷ *Tu dois obéir immédiatement.*

You're not to read this letter. ▶▷ *Je vous interdis de lire cette lettre.*

Ⓒ *Nécessité* (forme interrogative : on consulte l'interlocuteur).

What am I to do ? (= What shall I do?*).* ▶▷ *Que faut-il que je fasse ?*

What is to be done? (= What must be done?)**.** ▶▷ *Que faut-il faire ?*

§ 164

Ⓓ *Après if, éventualité peu vraisemblable.*

If we are to believe him, he can speak Russian fluently. ▶▷ *A l'en croire (= s'il faut l'en croire), il parle couramment le russe.*

E *Idée de **possibilité**, avec des **passifs** comme **to be seen, to be found***
The letter was nowhere to be found. ▶▷ *On ne put pas retrouver la lettre.*

7. Le futur antérieur

§ 165 Le futur antérieur *(future perfect: We shall have seen, he will have done) s'emploie dans les mêmes* cas qu'en français.
He will have done it by Saturday. ▶▷ *Il l'aura fait d'ici samedi.*

Toutefois, après les **conjonctions de temps** (*when, as soon as...*) il faut un **present perfect** et non un future perfect (▶ comparer avec la règle du § 154).
Let us know when you have finished. ▶▷ *Prévenez-vous quand vous aurez fini.*

A Mettre le verbe après **when** au futur ou au présent :

1. We'll buy a house when we (to have) enough money.
2. We'll stop for a rest when you (to be) tired.
3. I don't know when they (to receive) our letter.
4. They will be glad when they (to receive) this letter.
5. I wonder when I (to have) enough money to buy a house.
6. Do you know when they (to get) married?
7. What will you do when you (to have) no money left?
8. We will take them to the theatre when they (to come) to see us.
9. Do you know when they (to come) to see us?
10. I will give you my typewriter when I (to buy) a new one

B Transformer les phrases suivant le modèle :

He intends to sell his car ▶▶ **He is going to sell his car** (style plus familier).

1. He intends to join the Army.
2. Do you intend to marry her?
3. We intend to have a garage built in our garden.
4. I don't intend to answer his letter.
5. Do you intend to tell her the truth?
6. She intends to invite you.
7. We don't intend to wait for him.
8. Do you intend to stay in London next summer?
9. I intend to have lunch in town.
10. Does he intend to rent a car

C Transformer les phrases suivant le modèle :

She refuses to go home ▶▶ **She won't go home** (plus courant dans la langue parlée).

1. Her husband refuses to give up smoking.
2. They refuse to speak to each other.
3. I refuse to apologize to him.
4. I refuse to keep my mouth shut.
5. They refuse to follow my advice.
6. I refuse to tell you where they are.
7. They refuse to work on Saturdays.
8. She refuses to go out with that boy again.
9. They refuse to come to our party.
10. I refuse to lend them my car.

D Transformer les phrases suivant le modèle :

They have planned to go to Italy ▶▶ **They are to go to Italy** (projet).

1. They have planned to spend Christmas in Venice.
2. We have planned to have lunch together.
3. He has planned to retire when he is 60.
4. She has planned to catch the 450 from Paddington.
5. We have planned to drive to Cambridge.
6. The Prime Minister has planned to speak on television tonight.
7. She and I have planned to camp in Corsica together.
8. The Ashleys have planned to adopt a child.
9. We have planned to invite our daughter's pen-friend.
10. They have planned to hitch-hike to Austria.

E Transformer les phrases suivant le modèle :

They will fly to Boston next week ▶▶ **They are flying to Boston next week** (style plus familier).

1. He will go to the pictures tonight
2. Our friends will come on Tuesday.
3. Will you get up early tomorrow?
4. They will take an exam next June.
5. What will you do tomorrow?
6. We will visit our friends at Christmas.

7. They will go back to London on Monday.
8. We shall work next Saturday.
9. I will begin my work tomorrow.
10. She will go to the dentist's next week.

F Traduire :

1. Ils ne seront pas chez eux demain
2. Quand aurez-vous 18 ans ?
3. Il ne viendra pas au concert, il est trop fatigué.
4. Il ne viendra pas au concert, il n'aime pas la musique.
5. Il faudra que nous attendions. – Moi, je n'attendrai pas plus de dix minutes, j'ai horreur d'attendre.
6. Quand partez-vous ? – Nous partons cet après-midi.
7. Que vont-ils faire de tout cet argent ? – Je crois qu'ils vont acheter une maison.
8. Que faites-vous ce soir ? – Nous allons au théâtre.
9. Il n'y aura pas de sous-titres, j'espère que vous allez comprendre.
10. Irez-vous en Irlande cet été ? – Oui, et nos amis gallois doivent venir avec nous
11. Voulez-vous un cigare ? – Oui, volontiers.
12. Elle ne veut pas se marier avec moi. Que faut-il que je fasse ?
13. Regardez cet avion, il va décoller.
14. Si tu ne me prêtes pas ta voiture, je saurai que tu n'es plus mon ami. – Mais bien sûr je te la prêterai.

15. Après une si longue marche nous serons fatigués.
16. Le ciel est blanc, il va neiger.
17. Ils doivent venir passer le jour de Noël avec nous.
18. Ils devaient venir hier soir, ils ont dû oublier.
19. Nous étions sur le point de partir quand ils sont arrivés.
20. Il doit y avoir un concert en plein air ce soir.
21. Il devait y avoir un concert en plein air hier soir, mais il a plu à verse toute la soirée.
22. Je vais les emmener au théâtre, j'espère qu'ils vont aimer la pièce.
23. Sa lettre est en allemand. Voulez-vous que je vous la traduise ?
24. Si mon fils ne réussit pas à son examen je serai furieux.
25. J'étais sur le point de faire une gaffe quand il m'a donné un coup de pied sous la table.

G Traduire :

1. Nous partirons quand vous serez prêt.
2. Quand vous aurez lu ce livre, prêtez-le moi.
3. Quand sera-t-elle de retour ? Téléphonez-nous dès qu'elle sera de retour.
4. Je vais écrire aux Brown pendant que tu feras le thé.
5. Que ferez-vous quand il sera mort ?

6. Savez-vous quand il prendra sa retraite ?
7. Il nous a dit que quand il serait en France il viendrait nous voir.
8. Le docteur a répondu qu'il viendrait dès qu'il serait prêt.
9. Ne manquez pas d'aller à Cambridge quand vous serez en Angleterre.
10. Il sera furieux quand il apprendra cela.

▶ 11 • Should et would. Le conditionnel

§ 166 Comme **shall** et **will** (leçon 10), leurs preterites **should** et **would** sont tantôt des auxiliaires de modalité à sens précis, tantôt de simples auxiliaires qui gardent un peu de leurs premiers sens. Dans le second cas ils servent notamment à former le conditionnel.

1. Should

§ 167 Dans la plupart de ses emplois, **should**, comme **shall**, implique que le sujet est soumis à une certaine **contrainte** extérieure, qu'il ne prend pas l'initiative de l'action. **Should** (contrainte) s'oppose à **would** (volonté) comme **shall** s'oppose à **will**.

A Il s'emploie pour donner des **conseils**, dans un contexte présent ou futur (synonyme de **ought to**, qui insiste parfois un peu plus sur la contrainte morale, ▶ § 51). **Should** est alors accentué.
You should sell your car. ▶▷ *Tu devrais vendre ta voiture.*
He shouldn't smoke so much. ▶▷ *Il ne devrait pas tant fumer.*
Shouldn't we invite them? ▶▷ *Ne devrions-nous pas les inviter ?*

Quand il s'agit d'une action passée, il est trop tard pour donner un conseil ; « **should have + participe passé** » exprime un **regret** ou un **reproche** (▶ § 55).
They should have waited for us. ▶▷ *Ils auraient dû nous attendre.*

§ 168 **B** Il peut exprimer une **probabilité**, ce qui doit normalement se produire.
The date should suit him. ▶▷ *La date devrait lui convenir* (▶ § 51).

C Il sert à former des périphrases à valeur de **subjonctif**, souvent avec une idée de contrainte, de nécessité (▶ §§ 198 à 202).
It's necessary that we should all agree. ▶▷ *Il est nécessaire que nous soyons tous d'accord.*

D Il sert à former des périphrases à valeur de conditionnel (▶ voir plus bas).

2. Would

§ 169 **A** Preterite de **will**, il exprime une **volonté** (il s'emploie surtout à la forme négative pour exprimer un **refus**) dans un contexte passé. **Would** est alors accentué.
I tried to speak to him, but he wouldn't listen to me. ▶▷ *J'ai essayé de lui parler, mais il n'a pas voulu m'écouter.*
The donkey wouldn't go any further. ▶▷ *L'âne refusa d'aller plus loin.*

Dans les questions commençant par **"would you...?"**, il a le sens d'un conditionnel de **politesse** de **will**. **Would you kindly help me?** ▶▷ *Auriez-vous l'obligeance de m'aider ?*

Après le verbe **to wish, would** (qui est alors un preterite modal, ▶ § 193) exprime une action dont la réalisation dépend d'un consentement.
I wish you would stop shouting. ▶▷ *J'aimerais que tu cesses de crier.*

§170 **B** Il exprime parfois un *événement attendu*, prévisible parce que *typique*. Le ton est souvent ironique. *Would* est fortement accentué.

He said he couldn't afford it. – He would! (= **he would say that**). ▶▷ *Il a dit que c'était trop cher pour lui. – C'était à prévoir ! (ou : C'est bien de lui !).*

§171 **C** Il exprime la *répétition fréquente* d'une action dans le passé *(forme fréquentative)*. ▶ § 182.

He would smoke a cigar after lunch. ▶▷ *Il fumait (habituellement) un cigare après le déjeuner.*

D Il sert à former des périphrases à valeur de *conditionnel* (voir plus bas).

§172 **E** L'expression *I would rather* (parfois : *I would sooner*) exprime la préférence.

L'auxiliaire *(would* à toutes les personnes) se réduit souvent à *'d* dans la langue parlée. La forme *"I had rather"* (même sens) est plus rare aujourd'hui. Cette expression s'emploie principalement dans deux constructions :

● suivie d'un *infinitif sans to* (comparer avec l'expression "I had better", ▶ §§ 34 et 676).
I'd rather stay where I am. ▶▷ *Je préfère rester où je suis.*
We'd rather go to Spain than stay in France. ▶▷ *Nous préférerions aller en Espagne plutôt que de rester en France* (remarquer la construction semblable à un comparatif de supériorité, avec *than*).
I'd rather not meet him. *Je préférerais ne pas le rencontrer.*

● suivie d'un *preterite modal* (▶ § 194), quand il y a deux sujets différents.
I'd rather you came tomorrow. ▶▷ *Je préférerais que vous veniez demain.*

---

3. Le conditionnel

§173 **A** *Conjugaison.* De même qu'en français le conditionnel (formé avec les terminaisons de l'imparfait) ressemble au futur (formé avec celles du présent du verbe avoir), les preterites *should* et *would* servent à former des périphrases à valeur de conditionnel parallèlement aux périphrases à valeur de futur formées avec les présents *shall* et *will*.

Should et *would* sont alors inaccentués, prononcés [ʃd], [wad], souvent réduits à *'d* dans la langue parlée.

● A la *1ʳᵉ personne* (singulier et pluriel) *would* est l'auxiliaire unique en Amérique. En Angleterre, dans une langue soignée, il est préférable d'employer *would* s'il y a une idée de consentement, *should* si la réalisation de l'action depend de conditions extérieures (donc sans nuance de consentement).

Of course I would help you if I could. ▶▷ *Bien sûr je vous aiderais si je le pouvais.*
I shouldn't wait any longer if I were you. ▶▷ *A votre place, je n'attendrais pas plus longtemps.*
We should be sorry if he failed. ▶▷ *Nous serions navrés s'il échouait.*

Mais dans une langue moins soignée on entend souvent « **we would be sorry** », « **I would like** », etc.

● A la *2ᵉ et à la 3ᵉ personnes*, l'auxiliaire est toujours *would*.

● On a vu (▶ §§ 42, 46) que les preterites *could* et *might* ont souvent le sens d'un conditionnel.

You could pass your exam if you worked harder. ▶▷ *Tu pourrais réussir à ton examen si tu travaillais plus* (plus courant que « **you would be able to pass...** »).

B Emplois.

§174
- dans une proposition principale dont la subordonnée au preterite, introduite par *if*, exprime une condition ou une supposition.

If they had enough money, they would buy a house. ▶▷ *S'ils avaient assez d'argent, ils achèteraient une maison.*

What would you do if it rained? *Que feriez-vous s'il pleuvait ?*

§175
- par *politesse*, pour adoucir une demande, faire une offre.

I'd like a drink. ▶▷ *Je voudrais boire quelque chose*
(c'est plus poli que « I want ». On ne dit pas "I'd want").

Would you like a cup of tea? ▶▷ *Voudriez-vous une tasse de thé ?*
(On ne dit pas "would you want").

§176
- pour exprimer le « **futur dans le passé** » (▶ § 156).
He knew it would be difficult. ▶▷ *Il savait que ce serait difficile.*
She said she would help me. ▶▷ *Elle a dit qu'elle m'aiderait.*

§177
- **Conditionnel passé** (**conditional perfect**: I should have thought, they would have been, etc.). Il s'emploie dans les mêmes cas qu'en français.

If he had met you, he would have invited you. ▶▷ *S'il vous avait rencontré, il vous aurait invité*
(▶ § 269).

What would you have said? ▶▷ *Qu'auriez-vous dit ?*

Toutefois, après les conjonctions de temps (**when, as soon as, …**) on emploie le past perfect (plus-que-parfait) et non le conditionnel passé (▶ § 156).

She promised to come as soon as she had finished her work. ▶▷ *Elle promit de venir dès qu'elle aurait fini son travail.*

A Traduire :

1. S'il mangeait moins il se porterait mieux.
2. S'il n'était pas si timide il aurait plus d'amis.
3. Je voudrais me reposer quelques instants.
4. A votre place je ne boirais pas cette eau.
5. Si vous aviez besoin d'une machine à écrire, je vous prêterais la mienne.
6. Que ferait-il si on venait l'arrêter ?
7. Quels conseils lui donneriez-vous ?
8. S'ils venaient tous les deux il y aurait un incident.

9 Elle a dit que nous étions trop jeunes.
– Il fallait s'y attendre
10. A ta place je m'excuserais.
11. Croyez-vous qu'ils quitteraient leur pays ?
12. Vous n'auriez pas dû nous mentir.
13 Je vous aurais pris en stop si vous me l'aviez demandé.
14. J'irais à cette conference si je n'étais pas si fatigué.
15. Elle aurait été heureuse de le revoir, n'est-ce pas ?

B Traduire en employant l'expression *"would rather"* (cf. leçon 45, exercice C) :

1. Nous préférerions passer nos vacances en Autriche.
2. Il préfère ne pas savoir la vérité.
3. Je préférerais boire un verre de jus de fruit.
4. Je préfère ne pas donner mon opinion.
5. Je préférerais mendier plutôt que de lui emprunter de l'argent.

6. Elle préférerait vivre en Californie.
7. Nous préférerions que vous nous attendiez à la gare.
8. Je préférerais que tu n'en parles pas à mes parents.
9. Je préférerais qu'on me laisse en paix.
10. Nous préférerions avoir un chien plutôt qu'un chat.

▶ 12•Used to. Forme fréquentative

1. Used to

§178   Cet auxiliaire n'existe qu'au passé. Il sert à marquer (A) le caractère révolu d'une action ; (B) la répétition d'une action dans le passé.

(A) **Passé révolu.** Il marque avec insistance une **opposition nette entre le passé et le présent** : ce qu'exprime le verbe n'appartient qu'au passé.

I used to trust him, I no longer do. ▶▷ *Autrefois je lui faisais confiance, plus maintenant.*

He used to be a conservative, didn't he? (plus courant que : **usedn't he?**). ▶▷ *Il était autrefois conservateur, n'est-ce pas ?*

There used to be a theatre in our little town. ▶▷ *Il y avait autrefois un théâtre dans notre petite ville.*

§179   **(B)** *Répétition fréquente dans le passé.* Il est sous-entendu que l'action n'appartient qu'au passé, comme dans les exemples ci-dessus.

He used to smoke a cigar after lunch. ▶▷ *Il fumait (habituellement) un cigare après le déjeuner.*

We used to spend our holidays in Italy. ▶▷ *Nous passions (habituellement) nos vacances en Italie.*

Il n'est pas toujours nécessaire d'employer un adverbe (comme « habituellement ») dans la traduction, notre *imparfait* ayant nettement une valeur fréquentative.

§180   **(C)** Ne pas confondre l'expression *"I used to"* (qui est toujours un passé) avec *"I am used to"*, qui se conjugue à tous les temps et introduit un nom ou un gérondif.

> **I am not used to this wet climate. – You'll get used to it.**
> *Je ne suis pas habitué à ce climat humide. – Vous vous y habituerez.*
> **I am not used to drinking so much tea.**
> *Je ne suis pas habitué à boire autant de thé*
> (l'accent n'est pas mis sur la répétition de l'action mais sur le fait que l'on est,
> ou n'est pas, accoutumé à cette chose).

NB. Le participe passé de *to use* (*utiliser, se servir de*) peut être suivi d'un infinitif

A wheelbarrow is used to carry (= **used for carrying**) **gardening-tools.** ▶▷ *Une brouette sert à transporter des outils de jardinage.*

2. La forme fréquentative au passé

§181   On exprime de différentes façons la répétition fréquente d'une action dans le passé (aspect fréquentatif). Il n'y a donc pas à proprement parler *une* forme fréquentative comme il y a une forme progressive.

(A) On a vu que *used to* (▶ § 179) exprime à la fois la répétition de l'action et son caractère révolu.

> **We used to go to the pictures on Saturday evenings.**
> *Nous allions au cinéma le samedi soir.*
> Cette phrase implique 1° que nous y allions fréquemment,
> 2° que nous n'y allons plus.

On n'emploie pas **used to,** mais un simple preterite, lorsqu'on précise la longueur de la période au cours de laquelle l'action s'est répétée, car dans ce cas l'accent n'est pas mis sur l'opposition avec le présent.

> Comparer :
>
> **We used to spend our holidays in Ireland.**
> *Nous passions* (autrefois) *nos vacances en Irlande.*
> **For ten years we spent** (et non « used to spend ») **all our holidays in Ireland.**
> *Pendant dix ans nous avons passé toutes nos vacances en Irlande.*

§182 **B** *Would*, à toutes les personnes, peut exprimer la répétition fréquente d'une action dans le passé, sans insister sur le caractère révolu de ce passé. *Would* est inaccentué.
We would go for a swim in the morning. ▶▷ *Nous allions nous baigner le matin.*

A l'idée de fréquence *would* ajoute parfois une idée *d'obstination*, de comportement typique. *Would* est alors accentué.
She would always forget to switch off the lights. ▶▷ *Il fallait toujours qu'elle oubliât d'éteindre les lumières.*

§183 **C** Le *preterite progressif* accompagné d'un adverbe comme *always* ou *for ever* peut prendre une valeur fréquentative. De même pour *kept + participe présent*. Ces tournures expriment parfois une idée *d'obstination.*
He was always asking (= he kept asking = he kept on asking) the same questions. ▶▷ *Il posait toujours les mêmes questions.*

D Un simple *preterite* peut être accompagné de *often, usually, generally, every week, twice a year,* etc. Il n'y a donc pas de règles précises pour l'emploi de la forme fréquentative comme pour celui de la forme progressive.

3. La forme fréquentative au présent

§184 **A** *Will* peut s'employer pour exprimer la répétition habituelle, le comportement typique, ou ce qui se produit inévitablement. Plusieurs *proverbes* sont construits ainsi :
When the cat is away the mice will play. ▶▷ *Quand le chat n'est pas là les souris dansent.*
Boys will be boys. ▶▷ *Il faut que jeunesse se passe.*
He will sit on this bench for hours, gaping. ▶▷ *Il lui arrive de rester assis sur ce banc pendant des heures, bouche bée.*

Quand il s'y ajoute une idée *d'obstination*, **will** est accentué.
He will come into my study without knocking. ▶▷ *Il faut toujours qu'il entre dans mon bureau sans frapper.*

§185 **B** L'emploi de *will* avec un sens fréquentatif reste *exceptionnel.* La répétition dans le présent est couramment exprimée par l'emploi d'un *présent simple (« présent d'habitude »)*, par opposition avec le présent progressif (▶ § 123).
I get up at 7. ▶▷ *Je me lève à 7 heures.*
She does her shopping on Saturdays. ▶▷ *Elle fait ses achats le samedi.*

Le présent de "**we used to read the Times**" est donc "**we read the Times**" ("we use to…" est une tournure impossible).

§186 **C** Comme au passé on peut aussi exprimer la répétition fréquente avec une *forme progressive* accompagnée de *always, for ever,* etc., ou avec *keep + participe présent.*
I'm always forgetting to lock the door. ▶▷ *J'oublie régulièrement de fermer la porte à clef.*
He keeps changing his mind. ▶▷ *Il passe son temps à changer d'avis.*

4. Traductions de notre imparfait

§187 **A** Un *preterite simple* lorsqu'il exprime des faits passés sans notion de durée.
Grandfather spoke Spanish very well. ▶▷ *Grand-père parlait très bien l'espagnol.*
Milton was blind. ▶▷ *Milton était aveugle.*

B L'opposition avec le présent peut s'exprimer plus nettement à l'aide de *used to* (▶ § 178).
You used to be his friend. – Yes, I used to. ▶▷ *Vous étiez son ami. – Oui, je l'étais (mais je ne le suis plus).*

C Après si exprimant une *condition, il* se traduit par un *preterite.*
If we knew where he lives, we would go and see him. ▶▷ *Si nous savions où il habite, nous irions le voir* (▶ § 191 : *if I were/if I was*).

D *Action en progrès* dans le passé : le *preterite progressif.*
When we arrived they were having tea. ▶▷ *Quand nous sommes arrivés ils prenaient le thé.*

E *Action habituelle :* la *forme fréquentative (ou* un simple preterite).
We used to go (ou : **we would go,** ou simplement: **we went) to the cinema on Saturdays.** ▶▷ *Nous allions au cinéma le samedi.*

F Il se traduit par un *past perfect* accompagné de *how long, for* ou **since** dans les cas étudiés aux §§ 142 et 717.
She had been waiting for him for half an hour. ▶▷ *Elle l'attendait depuis une demi-heure.*

EXERCICES

A Répondre aux questions suivant le modèle :

Does he smoke cigars ? ▶▶ **He used to smoke cigars, but he no longer does (= he doesn't any longer).**

1. Does Bobby collect stamps?
2. Do you believe in God?
3. Do you play the piano?
4. Does your father speak English fluently?
5. Do you drive to your office?

6. Does she get up early?
7. Does he read the Observer?
8. Do you know everyone in the village?
9. Do they have an English breakfast?
10. Do you like jazz?

B Transformer les phrases suivant le modèle :

They complain again and again ▶▶ **They keep complaining.**

1. He makes the same mistakes again and again.
2. I very often lose my umbrellas.
3. He asked her again and again to marry him .
4. He very often said that his brother-in-law was a fool.
5. They often quarrel about politics.

6. He often forgets his appointments.
7. They say again and again that they are not guilty.
8. She played the same piece again and again.
9. I tried again and again to phone him.
10. He was very often late.

C Transformer les phrases suivant le modèle :

She always changed her mind at the last minute ▶▶ **She would change her mind at the last minute.**

1. She often spent long hours talking to her cat.
2. He always took the wrong umbrella.
3. In summer we usually played in the garden until 10.
4. On Sundays they usually went for a picnic.
5. He usually took a walk before going to bed.

6. Each time that they visited Paris, they usually said that France was too expensive.
7. He was usually drunk on Saturday evenings.
8. When we arrived he was usually playing the piano.
9. Mummy usually made a cake on Sundays.
10. We usually played bridge after dinner.

D Traduire :

1. He came home very late last night, and of course he would bang the door and wake up the whole family.
2. Pussy would spend hours watching the birds in the trees of the orchard.
3. I hope they won't be coming, that would be most inconvenient.
4. This is the kind of joke that he would make.
5. I do wish they would stop quarrelling.

6. He said he would retire when he was sixty, but nobody believed that he would.
7. She made a fuss because we were five minutes late – She would.
8. If you had come yesterday you would have met my brother.
9. I gave her good advice but she wouldn't listen to me
10. Of course it would rain on the day we chose for a picnic.

E Traduire en utilisant *used to* (ou ***be used to, get used to)*** :

1. Je croyais autrefois qu'il était vaniteux.
2. Il n'était pas habitué à faire son lit.
3. Il y avait autrefois des tramways à Londres.
4. Il a fallu que je m'habitue à me lever très tôt.
5. Fumez-vous ? – Autrefois, mais j'ai arrêté.
6. Autrefois il était très timide, il a changé.
7. Vous prendrez vite l'habitude de parler en public.
8. Nous allions au restaurant le samedi soir.
9. Vous aviez un chien, n'est-ce pas ?
10. Il y avait autrefois des gangsters à Chicago.

F Traduire (constructions fréquentatives diverses) :

1. Elle ne vient pas nous voir aussi souvent qu'autrefois.
2. C'est ici que nous habitions quand nous étions enfants.
3. Ils allaient à la piscine tous les samedis.
4. Ils vont à la piscine tous les samedis.
5. Il s'endormait fréquemment en regardant la télévision.
6. Il répète continuellement que les jeunes sont paresseux.
7. Il fallait toujours qu'il arrivât avec dix minutes de retard.
8. Tous les ans nous écoutons le message de la reine le jour de Noël.
9. Nous buvions du thé au petit déjeuner, maintenant nous buvons du café.
10. Nous achetions l'Observer tous les dimanches
11. Pendant quinze ans nous avons acheté l'Observer tous les dimanches.
12. Maintenant qu'ils ont la télévision, ils ne vont pas au cinéma aussi souvent qu'autrefois
13. Autrefois ils me faisaient un cadeau pour mon anniversaire, maintenant ils se contentent de m'envoyer une carte.
14. Il faut toujours qu'il nous téléphone pendant que nous regardons un film à la télévision.

▶ Leçon 21, exercice C.

§188 Il ne reste que des traces de ce mode, beaucoup moins employé qu'en français. Les deux formes (présent et preterite) sont *indépendantes de la notion de temps* : elles n'expriment pas le présent et le passé, mais des notions telles que la nécessité, la supposition, le regret, etc. On verra que dans certains cas le subjonctif « preterite » s'emploie dans des contextes présents ou même futurs, et le subjonctif « présent » dans des contextes passés. Des tournures construites avec *may/might* et *should* expriment également la nécessité, le but, la crainte, etc., dans des subordonnées. Ce sont des périphrases à valeur de subjonctif.

1. Subjonctif présent

§189 Il *est semblable à l'infinitif sans to*, à toutes les personnes. Sauf pour *to be*, il ne diffère donc de l'indicatif qu'à la 3ᵉ personne du singulier, non terminée par un *s* (indicatif : **he comes, he has, he is** ; subjonctif : **he come, he have, he be).**

A Il s'emploie dans des *expressions traditionnelles*, pour exprimer un *souhait* ou une *supposition,* et dans la langue juridique.
God save the Queen! Long live the Queen! ▶▷ *Vive la Reine !*
God bless you! ▶▷ *Dieu vous bénisse !*
Hallowed be Thy name. ▶▷ *Que ton nom soit sanctifié* (▶ § 8).
If this be true… ▶▷ *Si cela est vrai…*

§190 **B** Il s'emploie dans une langue soignée, parallèlement à une construction avec *should* (▶ §§ 201, 202), pour exprimer un *ordre* ou une *suggestion* (après *to order, to insist, to suggest…*) ou une *nécessité* (après *it is necessary that…*). Cet emploi du subjonctif « présent » (quel que soit le temps de la principale) est plus *américain* que britannique, mais de plus en plus courant en Angleterre.
They suggested that she come with them. ▶▷ *Ils suggérèrent qu'elle vînt avec eux.*
It was necessary that he attend the meeting. ▶▷ *Il était nécessaire qu'il assistât à la réunion.*

2. Subjonctif preterite *modal*

§191 Le preterite du subjonctif ne se distingue de celui de l'indicatif que pour *to be: were* à toutes les personnes (cependant en anglais familier on emploie de plus en plus *was* au singulier, comme à l'indicatif). Ce preterite *n'exprime pas un passé* mais diverses notions telles que la *supposition, le souhait, le regret, la préférence*. On l'appelle souvent *preterite modal*.

Le *preterite modal* s'emploie pour *l'irréel du présent,* c'est-à-dire ce que l'on suppose ou ce que l'on souhaite mais qui n'est pas réalisé dans le présent.

De la même façon, le *past perfect modal* (semblable au past perfect de l'indicatif) s'emploie pour *l'irréel du passé* (ce qui n'a pas été réalisé dans le passé).

§192 **A** Après *if, as if* (= *as though*) et des expressions de même sens (*suppose* = if).
• *Irréel du présent :* le preterite modal.
If he knew their address he would write to them. ▶▷ *S'il savait leur adresse il leur écrirait.*
He behaves as if (= as though) he were the boss. ▶▷ *Il se conduit comme s'il était le patron.*

If I were you… ▷▷ *Si j'étais vous (= à votre place…).*

• *Irréel du passé :* le past perfect modal.

If he had been there, he would have told you what to do. ▷▷ *S'il avait été là, il t'aurait dit ce qu'il fallait faire* (▶ §§ 100 et 650).

• Après *if* l'idée de futur *(le potentiel)* peut s'exprimer à l'aide du présent (comme en français), parfois aussi avec les tournures *if I (he, you…) were to…, if I (he, you…) should…* (actions peu probables).

If he comes we'll play cards. ▷▷ *S'il vient nous jouerons aux cartes.*

If he were to come… (= if he should come…). ▷▷ *Si d'aventure il venait…*

§193   🅑 Après le verbe *to wish* pour exprimer un *regret*. Le deuxième sujet peut être différent du premier ou semblable au premier.

• *Irréel du présent :* le preterite modal.

I wish he were here with us. ▷▷ *Je souhaiterais qu'il fût ici (ou : je regrette qu'il ne soit pas ici) avec nous.*

I wish I weren't so shy. ▷▷ *Je voudrais être moins (ou : je regrette d'être si) timide.*

• *Irréel du passé :* le past perfect modal.

We wish you had brought your camera. ▷▷ *Nous regrettons que vous n'ayez pas apporté votre appareil photo.*

I wish I hadn't bought this dictionary. ▷▷ *Je regrette d'avoir acheté ce dictionnaire.*

• Les *souhaits encore réalisables (potentiel)* s'expriment de deux façons :

I wish he would (ou: **he'd**) **answer my letter at once.** ▷▷ *J'aimerais qu'il réponde à ma lettre immédiatement* (idée de consentement ; ▶ § 169)

I wish he could understand my reasons for refusing. ▷▷ *Je voudrais qu'il comprenne pourquoi je refuse* (idée de possibilité).

Il est plus facile de choisir le temps du second verbe et de décider s'il faut ou non une négation si on compare les deux séries synonymes :

If only you weren't so lazy!	**I wish you weren't so lazy.**
If only he had come earlier!	**I wish he had come earlier.**
If only he would help me!	**I wish he would help me.**

§194   🅒 Après *I would rather* (couramment : *I'd rather*) > je préférerais (▶ § 172).

> **I'd rather people didn't know about it.**
> *Je préférerais que les gens n'en sachent rien*
> (irréel du présent ou potentiel : preterite modal).
>
> **I'd rather he came tomorrow.**
> *Je préférerais qu'il vienne demain*
> (potentiel, donc idée de futur preterite modal).
>
> **I'd rather he hadn't come.**
> *J'aurais préféré qu'il ne vienne pas*
> (irréel du passé : past perfect modal).

§195   🅓 Après *it is time* le preterite modal exprime une action à réaliser dans un avenir proche.

It's (high) time we left. ▷▷ *Il est (grand) temps que nous partions.*

It's about time I bought myself an umbrella. ▷▷ *Il serait temps que je m'achète un parapluie.*

On construit aussi *it's time* avec un *infinitif* (**It's time to go to bed**). ▶ § 208.

🅔 Les preterites *could* et *might* quand ils expriment une possibilité (▶ § 42) ou une éventualité (▶ § 46) dans le présent ou l'avenir sont des preterites modaux.

It might rain tonight. ▶▷ *Il se pourrait qu'il pleuve ce soir.*

On a aussi un preterite modal dans l'expression *"as it were"* (pour *ainsi dire).*

3. Périphrases avec may/might à valeur de subjonctif

May au présent, *might* au passé, s'emploient comme auxiliaires de subjonctif, surtout dans la langue écrite, pour exprimer une idée d'éventualité ou de possibilité matérielle.

§196 **A** Pour exprimer une *concession* avec une *nuance d'éventualité,* de *doute,* après les composés de *-ever* ou après une inversion avec *as* (ou *though).*
Whatever you may think, it was a mistake to trust him. ▶▷ *Quoi que vous en pensiez, cela a été une erreur de lui faire confiance.*
Wherever you may go, you will have to work and fight. ▶▷ *Où que vous alliez, il vous faudra travailler et lutter.*
However learned he may be, he doesn't know everything. ▶▷ *Si érudit qu'il soit, il ne sait pas tout.*
Strange as it may seem… (= **However strange it may seem…**). ▶▷ *Si bizarre que cela paraisse…*
Rich as (plus littéraire : **rich though**) **he may be…** ▶▷ *Si riche qu'il soit…*

Dans la langue familière on emploie couramment l'indicatif (**Whatever you think …. Wherever you go …. However learned he is …. Rich as he is…**). Comparer cependant :

> **However rich he may be…** ▶▷ *Si riche qu'il soit…* (j'ignore à quel point).
> **However rich he is…** ▶▷ *Malgré sa richesse…* (je sais qu'il est très riche).

On peut aussi construire avec *may* (ou avec un indicatif) des phrases commençant par **"no matter"** (même sens qu'avec les composés de *-ever*) :

> **No matter what you (may) think…**
> **No matter where you (may) go…**
> **No matter how learned he may be (ou : he is)…**

§197 **B** Pour exprimer le *but* après *so that* ou *in order that* (*pour que, afin que),* quand il s'y ajoute une idée de *possibilité* (on veut *faciliter l'action*), surtout dans la langue écrite soignée.
I'll leave the book on the desk so that you may read it. ▶▷ *Je laisserai le livre sur le bureau pour que vous le lisiez* (on dit aussi, dans une langue plus courante : **so that you can read it,** ou : **for you to read it.** ▶ § 208).
The policeman stopped the traffic so that the dog might (dans une langue plus courante : **could**) **cross the street safely** (ou : **for the dog to cross…**). ▶▷ *L'agent arrêta la circulation pour que le chien traversât la rue sans danger.*

4. Périphrases avec should à valeur de subjonctif

§198 *Should* (au passé comme au présent) s'emploie comme auxiliaire de subjonctif pour exprimer principalement une idée de *contrainte,* ou tout au moins de *limitation de liberté d'action* du sujet : l'action lui est suggérée ou imposée, elle est empêchée, présentée comme peu vraisemblable, considérée d'un œil critique

A Pour exprimer le *but* après *so that* ou *in order that* (pour que, *afin* que), quand il y a une idée de contrainte (▶ comparer avec le § 197).
I muzzled the dog so that he shouldn't bite the visitors. ▶▷ *J'ai mis une muselière au chien pour qu'il ne morde pas les visiteurs.*

§ 199 **(B)** Pour exprimer une idée de *crainte* après **in case**, **for fear that** (moins courant dans la langue parlée), **lest** (langue littéraire).

I'll take my umbrella in case it should rain. ▶▷ *Je vais prendre mon parapluie pour le cas où il pleuvrait* (après **in case** on *emploie aussi* l'indicatif : **in case it rains**).

He ran away lest he should be seen. ▶▷ *Il s'enfuit de peur d'être vu.*

§ 200 **(C)** Pour exprimer une *hypothèse peu vraisemblable* après **if** (ou *suppose*) ou, dans un style très soigné, après une *inversion* (▶ § 100).

If anyone should call (ou : **Should anyone call**)**, please let me know.** ▶▷ *Si par hasard quelqu'un appelle (au téléphone), veuillez me prévenir.*

Should the occasion arise… ▶▷ *Le cas échéant…*

§ 201 **(D)** Après les verbes exprimant une *suggestion* ou un *ordre (to propose, to suggest, to order, to insist…)* et l'expression *I'm anxious that…*

Un subjonctif présent, sans auxiliaire (▶ § 190), s'emploie aussi, en Amérique plus qu'en Angleterre.

We had insisted that he should come (ou : **that he come**)**.** ▶▷ *Nous avions insisté pour qu'il vînt.*

I suggest we (should) leave. ▶▷ *Je propose que nous partions.*

§ 202 **(E)** Après un certain nombre de tournures pour la plupart *impersonnelles* exprimant la *nécessité* (*it is necessary, it is important*), *le regret* (*it is a pity*), *l'invraisemblance* (*it is extraordinary, it is unlikely, it is incredible*), *le refus d'accepter* (*I don't see why, there 's no reason why, I'm surprised that*), *ce qui est souhaitable, normal, anormal* (*it is advisable, it is right, it is natural, it is wrong*), etc.

It is incredible that he should be so narrow-minded. ▶▷ *Il est incroyable qu'il soit si étroit d'esprit.*

I don't see why we should trust him (= **Why should we trust him?**)**.** ▶▷ *Je ne vois pas pourquoi nous lui ferions confiance.*

It's natural that she should feel proud. ▶▷ *Il est naturel qu'elle éprouve de la fierté.*

It is imperative that he should give an answer. ▶▷ *Il est indispensable qu'il donne une réponse* (après les tournures exprimant la nécessité on emploie aussi un subjonctif « présent » : **that he give.** ▶ § 190).

Les expressions commençant par *it is* sont souvent suivies d'une *proposition infinitive* introduite par *for* (construction plus courante que le subjonctif dans la langue parlée) : **It's natural for her to feel proud. It is imperative for him to give an answer.** ▶ § 208.

- it is imperative that he should …
→ il est indispensable

uncredible = incroyable
it is uncredible that he ~~fould~~

a beard = une barbe

EXERCICES

A Transformer les phrases suivant le modèle, puis traduire (employer « *regretter* » sauf pour les phrases 4, 10 et 14) :

If only I had a tape recorder ▶▶ **I wish I had a tape recorder.**

1. If only I could play the piano!
2. If only I knew where they are!
3. If only I hadn't lost their address!
4. If only it would stop raining!
5. If only records weren't so expensive!
6. If only she could hear you!
7. If only I didn't have to get up so early!
8. If only you had come yesterday!
9. If only I hadn't made that blunder!
10. If only people would mind their own business!
11. If only my friends were here!
12. If only we had a larger house!
13. If only we had followed your advice!
14. If only they would help us!
15. If only I could play tennis better!

B Traduire en employant *to wish* suivi d'un subjonctif :

1. Je regrette que les vacances soient si courtes.
2. Nous regrettons d'avoir acheté cette voiture.
3. Je regrette de ne pas pouvoir vous faire confiance.
4. Elle aimerait qu'il lui achète un manteau de fourrure.
5. Elle regrette de l'avoir épousé.
6. Ils regrettent de ne pas avoir un fils.
7. J'aimerais que tu cesses de me traiter comme un enfant.
8. Nous regrettons de nous être levés si tôt.
9. Je regrette d'avoir tant de choses à faire aujourd'hui.
10. J'aimerais que vous me disiez la vérité.
11. Je regrette de n'avoir pas apporté mon magnétophone.
12. Nous regrettons que vous soyez si susceptible.
13. Je regrette de ne pas savoir jouer au bridge.
14. Nous regrettons de ne pas les avoir invités.
15. Je regrette d'avoir à partir si tôt.

▶ Voir aussi leçon 45, exercices A, B, D et E.

C Traduire en employant *would rather* + subjonctif (phrases 1 à 8) et *it's time* + subjonctif (phrases 9 à 15) :

1. Je préférerais qu'elle ne sache pas la vérité.
2. Elle préférerait que tu ne viennes pas.
3. Elle préférerait qu'il achète une voiture américaine.
4. Nous aurions préféré qu'il ne restât pas si longtemps.
5. Il préférerait que tu lui écrives en anglais.
6. Ils préféreraient que j'aille en Allemagne en juillet.
7. J'aurais préféré que le film soit moins long.
8. Je préférerais que tu fasses d'abord ton travail.
9. Il serait temps que tu ailles chez le dentiste.
10. Il est grand temps que les enfants aillent se coucher.
11. Il serait temps que tu te décides.
12. Il serait temps qu'elle apprenne à conduire.
13. Il serait temps que tu me dises la vérité.
14. Il serait temps que tu commences à te conduire comme un homme.
15. Il serait temps que tu t'achètes un bon dictionnaire.

▶ Voir aussi leçon 45, exercices C, D et E.

D Exprimer la même idée en employant l'expression ou le verbe donné entre parenthèses, construit avec **should** (ou avec un subjonctif « présent » quand c'est possible) :

1. They wanted her to stay with them (to insist).
2. He was bound to fail (It was inevitable…).
3. They locked him in to prevent him from running away (so that he…).
4. I advised him to try again (I suggested…).
5. I'm not going to apologize to them (I don't see why…)
6. She must read these instructions (It is important…).
7. They arranged for her to stay with them (It was agreed…).
8. He is incredibly self-centred (It is incredible…)
9. He lied to his parents to avoid being punished (so that he…).
10. He can't possibly believe that we have deceived him (It is incredible…).

E Traduire :

1. Quoi qu'il arrive, il n'admettra jamais qu'il s'est trompé.
2. Il n'y a aucune raison pour que tu ne sois pas aimable avec tout le monde.
3. Il portait une fausse barbe et des lunettes de soleil pour que personne ne le reconnût.
4. Il est indispensable que nous gardions ce secret.
5. Si par hasard vous le rencontrez, ne lui dites pas que vous m'avez vu
6. Il est incroyable qu'il ait été si lâche.
7. Si fort qu'il soit, nous n'avons pas peur de lui.
8. Il faut envoyer le colis aujourd'hui pour qu'ils le reçoivent avant Noël.
9. Quoi que vous disiez, elle ne changera pas d'avis.
10. Nous regrettons d'avoir à rester à Londres en juillet (employer **to wish**).
11. Je regrette d'avoir acheté ce disque (employer **to wish**).
12. J'aimerais qu'il cesse de fumer (employer **to wish**).
13. Il proposa que chacun de nous donnât dix dollars.
14. Parlez à voix basse, de peur que quelqu'un ne vous entende
15. Si heureux ou malheureux qu'il fût, il ne manifestait jamais ses sentiments.
16. Ne lui dites pas que je suis malade, de peur qu'elle ne s'inquiète.
17. Il insista pour que nous écoutions son discours.
18. Je suggérai qu'il fût informé immédiatement.
19. Nous devrions leur écrire, pour qu'ils ne pensent pas que nous les avons oubliés.
20. Si par hasard vous avez besoin d'aide, n'hésitez pas à aller le voir.

▶ Voir aussi leçon 44, exercice B (constructions avec **may**).

▶ 14 • Les infinitifs

L'infinitif existe pour tous les verbes sous deux formes : *l'infinitif complet* (to be, to go, to play), et *l'infinitif incomplet*, ou *infinitif sans to* (be, go, play). L'infinitif s'emploie avec ou sans la particule *to* dans des cas bien déterminés.

1. L'infinitif complet

§203 **A** La particule *to*, inaccentuée, se prononce [tu] devant une voyelle (to arrive, to open), [ta] devant une consonne (to come, to shut).

L'infinitif peut se mettre au *passif* (**to be rescued**, *être secouru ;* **to be taken ill,** *tomber malade ;* **to be born, naître),** à la *forme progressive* (**to be sitting,** *être assis ;* **to be sleeping, être** *en train de dormir),* au *passé,* qui est en réalité un *"perfect"* (**to have failed,** *avoir échoué ;* **to have come,** *être venu),* à la *forme négative* (**To be or not to be,** *être ou ne pas être ;* **he promised not to forget,** *il promit de ne pas oublier).*

L'infinitif est parfois séparé de sa particule par un adverbe (c'est le *"split infinitive"*, ▶ § 113).

§204 **B** L'infinitif complet s'emploie *après de nombreux verbes.*

> **I hope to see them tomorrow.**
> *J'espère les voir demain (*▶ *leçon 21).*
> **They want us to go with them.**
> *Ils veulent que nous allions avec eux* (proposition infinitive, ▶ *leçon 22).*
> **Do you know where to get off the bus?**
> *Savez-vous où il faut descendre de l'autobus ?* (interrogative **indirecte,** ▶ **§ 277).**

Il s'emploie aussi après de nombreux noms et adjectifs (▶ leçon 33).

§205 **C** *Il exprime le but* (*pour, afin de),* soit seul, soit dans les expressions *in order to* et *so as to* (négations : *in order not to, so as not to).* ▶ § 638.
We are getting up early tomorrow to go fishing. ▶▷ *Nous nous levons de bonne heure demain pour aller à la pêche.*
I'll hurry up so as not to keep you waiting. ▶▷ *Je vais me dépêcher pour ne pas (= afin de ne pas…) vous faire attendre.*

L'infinitif exprimant le but peut être précédé de *as if.*
He put his hand in his pocket as if to take out his handkerchief. ▶▷ *Il mit sa main dans sa poche comme pour sortir son mouchoir.*

§206 **D** Il peut exprimer *la destination d'un objet.*
Give me a chair to sit on (style écrit soigné : **a chair on which to sit).** ▶▷ *Donnez-moi une chaise pour m'asseoir.*

§207 **E** Il s'emploie après des adjectifs (ou adverbes) accompagnés de *too* ou de *enough :*

> **You are too young (# old enough) to understand.**
> *Tu es trop jeune (assez grand) pour comprendre.*
> ainsi que dans l'expression *to be so + adjectif + as to,*
> **Will you be so kind as to help me with my luggage?** (style très poli).
> *Auriez-vous l'amabilité de m'aider à porter mes bagages ?*

§208 **F** La préposition *for* peut introduire des ***propositions infinitives*** ne dépendant pas de verbes (celles qui dépendent de verbes seront étudiées à la leçon 22). Ces propositions s'emploient pour exprimer ***le but*** lorsque la phrase a deux sujets différents (« afin que… » et non « afin de »), pour introduire le complément d'un adjectif accompagné de ***too*** ou de ***enough*** (« trop… pour *que* », « *assez*… pour *que* ») *et* pour introduire le complément d'un adjectif précédé de ***it is***.

> **The policeman blew his whistle for the cars to stop.**
> *L'agent donna un coup de sifflet pour faire arrêter les voitures*
> (dans une langue plus recherchée on peut dire : **so that the cars should stop,** ▶ § 198).
>
> **I've brought this book for you to read** (ou : **to read it**).
> *J'ai apporté ce livre pour que vous le lisiez*
> (l'omission de **it** sous-entend : « *si vous en avez envie* » ;
> avec **it**, la phrase est presque un ordre).
>
> **This flat is too small** (= **not large enough**) **for us to live in comfortably.**
> *Cet appartement est trop petit pour que nous y vivions à l'aise.*
>
> **It's natural for her to feel depressed.**
> *Il est normal qu'elle se sente déprimée*
> (dans une langue plus recherchée : **it's natural that she should feel depressed,** ▶ § 202).

On emploie également des propositions infinitives après ***it's time*** et ***there's no need***.
It's time for them to go to bed. ▶▷ Il *est l'heure qu'ils aillent se coucher* (on dit aussi : **It's time they went to bed.** ▶ § 195).
There's no need for her to worry. ▶▷ *Il n'y a aucune raison pour qu'elle s'inquiète.*

§209 **G** L'infinitif peut être ***sujet d'une phrase.***
To wait would be a waste of time. ▶▷ *Attendre serait une perte de temps.*

Pour exprimer des généralités le gérondif s'emploie plus couramment que l'infinitif (▶ § 225), sauf dans les phrases commençant par ***it is***.
Having tea out on the lawn is quite a treat (= **It's quite a treat to have tea out on the lawn**).
▶▷ *C'est un plaisir rare de prendre le thé sur la pelouse.*

§210 **H** Pour éviter une répétition l'infinitif est parfois réduit à sa particule ***to*** (appelée alors « ***to anaphorique*** »), qui peut être précédée de ***not***.
Don't eat it if you don't want to. ▶▷ *Ne le mange pas si tu n'en veux pas.*
I wanted to smoke but he asked me not to. ▶▷ *Je voulais fumer mais il m'a demandé de ne pas le faire.*

On trouve de même les expressions elliptiques : ***I'm going to, you'll have to, I ought to, I used to, I decided not to, I prefer not to, I expected him to…***

2. L'infinitif sans to

§211 **A** C'est le radical du verbe, que l'on emploie ***après les auxiliaires de modalité (can, may, must, shall, will)***, après ***had better*** (▶ § 34) et ***would rather*** (▶ § 172), après les **verbes de perception (to see, to hear, to feel),** sauf au passif (▶ § 355).
They saw him steal the jewels. ▶▷ *Ils le virent voler les bijoux* (mais au passif : **He was seen to steal the jewels**).

§212 **B** L'infinitif sans *to* s'emploie dans les structures construites avec *to make* (sens causatif, ▶ §328) et *to let* (idée de permission, ▶ § 232).

You make me laugh. ▶▷ *Tu me fais rire.*

They made him hand the cheque over. ▶▷ *Ils l'obligèrent à remettre le chèque* (mais au passif il faut un infinitif complet : **He was made to hand the cheque over**).

They let me do (= **they allow me to do**) **what I like.** ▶▷ *Ils me laissent faire ce que je veux.*

Let us go. *Laissez-nous partir* (mais : **Let's go.** ▶▷ *Partons.* ▶ § 232).

Ne pas confondre *to let* et *to leave*. Ce dernier verbe traduit les idées de « laisser à tel endroit, ou dans tel état » (*Leave the book on my desk. Leave the door open*), ou de « laisser quelque chose à quelqu'un » (*Have they left me anything to eat? They've left nothing for us*).

On trouve aussi des infinitifs sans *to* dans quelques expressions figées : *to let go*, ou : *to let go of* (lâcher), *to let slip* (laisser échapper), *to make do with* (se contenter de).

Let go of that suitcase, will you. *Ne touchez pas à cette valise, je vous prie.*

§213 **C** L'infinitif sans *to* s'emploie dans des *questions sans sujet* commençant par *why*. La forme négative (*Why not...?*) exprime une suggestion.

Why waste all this time waiting for them? ▶▷ *Pourquoi perdre tout ce temps à les attendre ?*

Why not come with us? ▶▷ *Pourquoi ne pas venir avec nous ?*

§214 **D** *To help* se construit souvent avec un infinitif sans *to* (américanisme de plus en plus fréquent en Angleterre).

I helped him finish (ou : **to finish**) **the job.** ▶▷ *Je l'ai aidé à finir le travail.*

Go and help wash up. ▶▷ *Allez aider à faire la vaisselle.*

§215 **E** L'infinitif sans *to* s'emploie après *except* et *but* (dans le sens de « sauf »), seules prépositions qui ne soient pas suivies d'un gérondif (▶ § 228).

He did nothing except (= **but**) **disturb everyone.** ▶▷ *Il n'a rien fait d'autre que de déranger tout le monde.*

I've done nothing but worry. ▶▷ *J'ai passé tout le temps à m'inquiéter.*

§216 **F** Il s'emploie après *rather than* (mais quand *than* introduit le complément d'un comparatif il faut en même temps pour les deux éléments de comparaison).

He would die rather than give in. ▶▷ *Il mourrait plutôt que de céder.*

Driving one's own car is more pleasant than travelling in a crowded train. ▶▷ *Il est plus agréable d'être au volant de sa voiture que de voyager dans un train bondé.*

EXERCICES

A Mettre le verbe à l'infinitif sans *to* ou à l'infinitif complet :

1. I don't know how (get) to the National Theatre. – Why not (take) a taxi?
2. They made him (resign). – Yes, he was made (resign).
3. He won't let me (use) his camera.
4. They preferred (be) punished rather than (apologize)
5. He did nothing but (criticize) what the others were doing.
6. We ought (write) to her. – Why not (phone) her?
7. We saw him (break) into the house. He was seen (break) into the house.
8. We have never heard her (complain). She has never been heard (complain).
9. We preferred (walk) rather than (wait) for the bus
10. She lets them (go) to bed later on Saturday evenings.

B Raccourcir les phrases en remplaçant quand c'est possible l'infinitif complet par un « *to anaphorique* » :

1. I helped her, though I was not supposed to do so.
2. Don't read this book if you don't want to read it.
3. I don't want to get up early tomorrow morning. – You'll have to get up early.
4. I don't drink as much tea as I used to drink.
5. I'll tell them what I saw only if they ask me to tell them.
6. I was going to invite Barbara but they told me not to invite her.
7. I wanted to buy a Japanese car but my friends advised me not to buy one
8. They invited me to join them but I preferred not to do so.
9. I'll stay with you if you want me to stay.
10. You must tell us the whole story. You've got to tell us We expect you to tell us.

C Transformer les phrases pour utiliser des propositions infinitives introduites par *for* :

1. You shouldn't be afraid of them (There's no reason…).
2. This car is too expensive, I can't buy it
3. We must leave (It's time…).
4. He can't have forgotten the date (It's impossible…).
5. The text is too difficult, they can't translate it.
6. We can't forgive him for deceiving her (It's inexcusable…).
7. He is not rich enough, she won't marry him.
8. I've left a couple of sandwiches in the fridge, you can eat them if you are hungry.
9. He doesn't normally miss the meeting (It's unusual…).
10. He threw a bone into the lake so that his dog should dive and catch it.

D Traduire :

1. Ils portaient des gants pour ne pas laisser d'empreintes digitales.
2. Pourquoi ne pas emprunter le livre à la bibliothèque municipale ?
3. Je mourrais de faim plutôt que de leur demander de m'aider.
4. Pourquoi passer tant d'heures à apprendre le latin ?
5. Ils marchèrent sur la pointe des pieds pour ne pas le réveiller.

6. Le film est trop difficile pour qu'ils le comprennent sans sous-titres.
7. N'y allez que si vraiment vous le voulez.
8. Il mit la lettre dans sa poche afin de ne pas l'oublier.
9. Il est trop tard pour que nous allions au cinéma.
10. Pourquoi ne pas leur dire la vérité ?

► 15•Formes verbales en -ing

§217 Les formes verbales en **-ing,** qui jouent un rôle si important dans la phrase anglaise, peuvent remplir des fonctions très variées. Certains mots terminés par **-ing** ont perdu tout caractère verbal pour n'être que des **noms** (**a painting, a building**). D'autres sont employés comme **adjectifs** (**an amusing story, a tiring journey**). Mais dans les cas les plus nombreux les formes verbales sont des participes présents ou des gérondifs.

Le participe présent est un **verbe** (traduit souvent par un temps personnel).
There's someone waiting for you. ▶▷ *Il y a quelqu'un qui vous attend.*

Le gérondif est un *nom verbal* (traduit souvent par un nom ou un infinitif).
I am fond of swimming. ▶▷ *J'aime la natation.*
Waiting is very unpleasant. ▶▷ *Il est très désagréable d'attendre.*

ORTHOGRAPHE :
Un **e** final non prononcé (to *live,* to come…) disparaît dans les formes en **-ing** (**living, coming**). Mais l'orthographe est régulière pour les verbes terminés par un **e** qui se prononce (to be ▶▶ **being ;** to see ▶▶ **seeing**). Pour l'orthographe de **lying** et **dying,** ▶ § 11. Pour le redoublement de la consonne qui précède **-ing** (**running, stopping,** mais **raining, hoping**), ▶ R.F. 7.

1. Le participe présent

§218 **A** Son rôle principal est de conjuguer **la forme progressive** (▶ leçon 8).
What's Peter doing? – He's working in the garden. ▶▷ *Que fait Peter ? – Il travaille dans le jardin.*

B Il a la même valeur (**action en progrès**) après les verbes de position (**to stand,** **to sit**), les verbes de perception involontaire (**to see, to hear**) et les expressions **to spend** (+ durée de l'action) et **to be busy**.
He stood looking over my shoulder. ▶▷ *Il regardait par-dessus mon épaule.*
I can hear the children coming. ▶▷ *J'entends venir les enfants.*
I spent two hours reading last night. ▶▷ *J'ai passé deux heures à lire hier soir.*
She was busy packing for the journey. ▶▷ *Elle était occupée à faire ses valises pour le voyage.*

§219 **C** **Employé seul** (non précédé d'un verbe) il garde souvent son **sens progressif,** comme dans les exemples ci-dessus, mais il peut aussi exprimer **la cause,** comme notre participe présent (surtout dans la langue soignée).
Standing in a corner of the room was a shy-looking old lady whom few people had noticed.
▶▷ *Debout dans un angle de la salle il y avait une vieille dame à l'air timide que peu de gens avaient remarquée.*
Realizing his mistake, he apologized at once. ▶▷ *Se rendant compte de son erreur, il s'excusa immédiatement* (▶ § 641)**.**

Il peut s'employer quand il y a des **actions simultanées.**
She rushed out, shouting "help !" at the top of her voice. ▶▷ *Elle sortit précipitamment, en criant « au secours » de toute sa voix.*

Pour les autres traductions de l'expression française « *en* + participe présent », ▶ §§ 718, 719, 722, 636, 338.

§220 **D** Employé comme adjectif, le participe présent ne doit pas être confondu avec le participe passé (mêmes différences de sens qu'en français).
A tiring journey. ▶▷ *Un voyage fatigant.*
The tired passengers. ▶▷ *Les voyageurs fatigués.*

2. Le gérondif

§221 **A** *Le gérondif (*"gerund"*) est un **nom verbal**, mot hybride qui possède à la fois les caractéristiques d'un nom et celles d'un verbe. Cette **double nature** du gérondif explique la variété de ses traductions en français. **Reading**. Lire, le fait de lire, l'action de lire, la façon de lire, la lecture, etc.*

● ***En tant que verbe***, il peut être accompagné d'un sujet, de compléments, d'adverbes, d'une négation, et se conjuguer au passif.
He resents people meddling with his business. ▶▷ *Il n'aime pas que les gens se mêlent de ses affaires.*
Driving very fast on a wet road may be dangerous. ▷ *Conduire très vite sur une route mouillée peut être dangereux.*
Not being alone was a great help to her. ▶▷ *Le fait de ne pas être seule l'a beaucoup aidée.*
He likes being looked after. ▷ *Il aime qu'on s'occupe de lui.*

§222 ● ***En tant que nom***, il peut avoir un **sens général** ...
Travelling ▶▶ *les voyages ;* **teaching** ▶▶ *l'enseignement ;* **gossiping** ▶▶ *les commérages ;* **acting** ▶▶ *le métier d'acteur ;* **stamp-collecting** ▶▶ *la philatélie ;* **foxhunting** ▶▶ *la chasse au renard.*

... ou particulier. Il peut alors se mettre au pluriel, être accompagné d'un article, d'un nombre, d'un adjectif, de l'indéfini négatif *no*.
A first-rate recording of the Magic Flute. ▶▷ *Un enregistrement excellent de la Flûte enchantée.*
What's all this shouting about? ▶▷ *Pourquoi tous ces grands cris ?*
There were twenty hangings in the town during the Civil War. ▶▷ *Il y a eu vingt pendaisons dans la ville pendant la Guerre Civile.*
Nylon shirts need no ironing. ▶▷ *Les chemises en nylon n'ont pas besoin de repassage.*
No smoking (sous-entendu : is allowed). ▶▷ *Défense de fumer.*
To do the shopping, the cooking, the washing up. ▶▷ *Faire les emplettes, la cuisine, la vaisselle.*

§223 Le gérondif peut être accompagné d'un ***adjectif possessif*** ou d'un nom au cas possessif.
I like her singing. ▶▷ *J'aime sa façon de chanter.*
Ken's driving is a little erratic. ▶▷ *Ken conduit d'une façon un peu excentrique.*

Si le sens est « le fait de » (et non « la façon de » comme dans les exemples ci-dessus) on omet souvent la marque du cas possessif, sauf en tête de phrase. Dans les mêmes cas l'adjectif possessif est remplacé dans la conversation familière par un pronom complément.
I hope you don't mind Ken('s) coming with us. ▶▷ *J'espère que cela ne vous ennuie pas que Ken vienne avec nous.*
I hope you don't mind him (plus familier que : **his) coming with us.** ▶▷ *J'espère que cela ne vous ennuie pas qu'il vienne avec nous.*

§224 ● Exemples de ***gérondifs à doubles fonctions (à la fois verbes et noms)***.
She doesn't approve of our (fam. : of us) **smoking cigars in her house.** ▶▷ *Elle n'approuve pas que nous fumions des cigares dans sa maison.*
What's the use of my trying to help him if he refuses to be helped? ▶▷ *A quoi cela sert-il que j'essaie de l'aider s'il refuse qu'on l'aide ?*

John's speaking Russian was a surprise to everyone. ▶▷ *Que John parle le russe, voilà qui a surpris tout le monde.*

There was no question of his leaving his wife. ▶▷ *Il n'était pas question qu'il quittât sa femme.*

§225 **B** *Emplois du gérondif.*

● Comme *sujet* d'un verbe on peut souvent employer indifféremment le gérondif ou l'infinitif. Le gérondif est plus courant pour exprimer des généralités.

> **He loves the countryside, but coming with us**
> (ou : **but for him to come with us) would interrupt his work.**
> ▶▷ *Il adore la campagne, mais venir avec nous interromprait son travail.*
> **Working during the holidays is very unpleasant.**
> ▶▷ *Travailler pendant les vacances est très désagréable* (vérité générale ;
> on dit, dans une langue plus familière : **It's very unpleasant to work…**).

§226 ● Le gérondif s'emploie, *à l'exclusion de l'infinitif,* comme *complément de certains verbes (to enjoy, to mind, to avoid…)*, (▶ leçon 21).
Avoid mentioning it. ▶▷ *Evitez d'en parler.*
We enjoyed seeing them. ▶▷ *Cela nous a fait plaisir de les voir.*

§227 ● Il s'emploie après les expressions *there is no, its no use (= its no good)* et *to be worth.*

There's no knowing what he thinks. ▶▷ *Il n'y a pas moyen de savoir ce qu'il pense.*
It's no use trying to persuade her. ▶▷ *Il est inutile d'essayer de la persuader.*
This book is worth reading. ▶▷ *Ce livre vaut la peine d'être lu* (remarquer que le gérondif a ici un sens passif ; ▶ § 475).

§228 ● Il s'emploie, à l'exclusion de l'infinitif, *après toutes les prépositions* (sauf *except* et *but*, ▶ § 215).
They succeeded *in* reaching the top. ▶▷ *Ils réussirent à atteindre le sommet.*
She is fond *of* reading in bed. ▶▷ *Elle aime lire au lit.*
He insisted *on* paying the bill. ▶▷ *Il insista pour payer l'addition.*
He went out *without* locking the door. ▶▷ *Il sortit sans fermer la porte à clef.*
He went out *without* my (fam. : **me**) **knowing (without his father knowing) about it.** ▶▷ *Il est sorti sans que je (sans que son père) le sache.*
***After* thanking us he said "goodbye" and went out.** ▶▷ *Après nous avoir remerciés il dit « au revoir » et sortit* (remarquer que l'anglais emploie ici la forme simple **"thanking"** de préférence à **"having thanked"**).

§229 ● « *By* + *gérondif* » exprime un *moyen.*
She improved her English by listening to the BBC. ▶▷ *Elle fit des progrès en anglais en écoutant la BBC.*

● « *For* + *gérondif* » exprime un *motif.*
I shall never forgive him for breaking his promise. ▶▷ *Je ne lui pardonnerai jamais de ne pas avoir tenu sa promesse.*
Thank you for helping us. ▶▷ *Merci de nous avoir aidés.*
He was punished for lying to his parents. ▶▷ *Il fut puni pour avoir menti à ses parents*
(dans ces trois phrases, le français emploie un infinitif passé, l'anglais préfère la forme simple : ici *lying* plutôt que "having lied").

§230 • *Reste le cas de « to »* : devant un verbe c'est beaucoup plus souvent une particule marquant l'infinitif qu'une vraie préposition. Mais dans les cas où *to* est une **préposition** il faut le **gérondif et non l'infinitif**, notamment dans les expressions

He is not used to getting up early. ▶▷ *Il n'est pas habitué à se lever tôt* (▶ § 180).

We are looking forward to making their acquaintance. ▶▷ *Nous nous réjouissons d'avance de faire leur connaissance.*

You don't object to my (plus fam. : **to me**) **smoking, do you?** ▶▷ *Cela ne vous dérange pas que je fume, n'est-ce pas ?*

De même après : **to confess to** *(avouer),* **to take to** *(s'adonner* à), **to be given to** *(être enclin* à), **to be reduced to** *(être réduit* à), **to prefer... to** (▶ § 287), etc.

EXERCICES

A Transformer les phrases suivant le modèle :

He was punished because he had lied to his father ▶▶ **He was punished for lying** (plus courant que "for having lied") to his father (*for* + gérondif exprimant un motif).

1. She thanked the doctor because he had come so quickly.
2. The boy was caned because he had been rude.
3. I'll never forgive myself because I was such a fool.
4. I am grateful to you because you taught Johnnie to swim.
5. He was fined because he had parked his car on the bridge.
6. They envy you because you succeeded where they failed.
7. They all despise him because he is a coward.
8. We feel guilty because we didn't help him.
9. They envy us because we live in a free country.
10. He was sentenced to twenty years' imprisonment because he had poisoned his wife.

B Transformer les phrases suivant le modèle :

He read for three hours ▶▶**He spent three hours reading.**

1. They watch the television for three hours every evening.
2. He learnt Russian for three years.
3. They quarrel for hours and hours.
4. They worked in their garden the whole afternoon.
5. He collects stamps in his spare-time.
6. For the next two years they travelled round the world.
7. He sleeps too much.
8. All his life he fought for his opinions.
9. They rehearsed the new play for two months.
10. He tried to repair the alarm-clock for three hours.

C Mettre le verbe entre parenthèses au temps qui convient :

1. We are not used to (drink) so much tea.
2. We used to (drink) tea, now we drink coffee.
3. I shall be glad to (see) them again.
4. I am looking forward to (see) them again.
5. They broke into the house to (steal) the jewels.
6. They confessed to (steal) the jewels.
7. After his wife died he took to (drink).
8. He is rather given to (forget) his promises.
9. The poor fellow was reduced to (beg).
10. He doesn't want us to (call) him Bobby, he objects to (be) called Bobby.

D Traduire :

1. Il a peur d'être mordu par le chien.
2. Il passa à côté de moi en courant sans me voir.
3. Après avoir pris leur déjeuner, ils allèrent se promener.
4. Il gagnait sa vie en donnant des leçons de piano.
5. Il est inutile d'attendre ici.
6. Ce film vaut vraiment la peine d'être vu.
7. Je ne suis pas habitué à conduire une voiture aussi grosse.
8. Il n'y avait pas moyen de savoir ce qu'il avait fait de l'argent.
9. Cela ne sert à rien de leur donner de bons conseils.
10. Elle a peur de faire des erreurs.
11. Les conseils qu'il donne valent la peine d'être écoutés.
12. Ils ne sont pas habitués à faire leur lit eux-mêmes.
13. Il était occupé à ranger ses livres sur les rayons.
14. Après l'avoir attendue pendant vingt minutes il rentra chez lui.
15. Il est assez enclin à considérer ceux qui l'entourent comme ses domestiques.

E Traduire :

1. Que pensez-vous du fait qu'il fume deux paquets par jour ?
2. Le fait qu'elle ne sache pas taper à la machine est pour elle un handicap.
3. Le fait que tu sois pressé n'est pas une excuse pour filer à l'anglaise.
4. Leur façon de donner des poignées de main à tout le monde montrait qu'ils n'étaient pas anglais.
5. Le fait que je suis gaucher ne me gêne en rien.
6. Cela nous a étonnés qu'il sache piloter un avion.
7. Il voudrait emprunter de l'argent sans que ses parents le sachent.
8. Ils ne réussiront jamais à découvrir la vérité.
9. Le fait qu'ils soient si en retard commence à nous inquiéter.
10. Les Anglais ne comprennent pas que nous dépensions tant d'argent pour la nourriture.
11. Comment peut-on expliquer (to account for) qu'ils aient fait cette erreur ?
12. Elle n'approuve pas qu'il boive du whisky.
13. Cela vous dérange-t-il que nous écoutions les informations ?
14. Que penses-tu du fait qu'elle se couche à minuit tous les soirs ?
15. Je n'ai pas aimé la façon dont elle a insinué (to suggest) que je lui avais menti.

▶ 16•L'impératif

1. Forme affirmative

§231 **Ⓐ** *A la 2ᵉ personne*, l'impératif est semblable à *l'infinitif sans to.*
Give me a drink. ▶▷ *Donnez-moi à boire.*
Please help me. ▶▷ *Veuillez m'aider.*
Have another cup of tea. ▶▷ *Prenez une autre tasse de thé.*
Be a man. ▶▷ *Sois un homme.*

Dans une réponse, après **yes, please, by all means,** etc., l'impératif est parfois elliptique (*do*).
May I smoke? – By all means do. ▶▷ *Puis-je fumer ? – Oui, je vous en prie.*

§232 **Ⓑ** *Aux autres personnes* : « *let* + complément + infinitif sans *to* ».
Let's (= let us) go for a walk. ▶▷ *Allons nous promener.*
Let's have a cup of tea. ▶▷ *Prenons une tasse de thé.*
Let me see, what shall I do now? ▶▷ *Voyons, que vais-je faire maintenant ?*
Let them wait. ▶▷ *Qu'ils attendent.*
Let the children go to bed. ▶▷ *Que les enfants aillent se coucher.*

Ne pas confondre l'auxiliaire *let* et le verbe *to let* (*laisser, permettre*).

They let their children do what they like. ▶▷ *Ils laissent leurs enfants faire ce qu'ils veulent* (on voit que le second verbe, *do*, est à l'infinitif sans *to*).

Pour éviter toute ambiguïté, on peut exprimer la permission avec le verbe **to allow.**

> Comparer :
> **Let him come.** *Qu'il vienne.*
> **Allow him to come.** *Laissez-le venir* (▶ § 212).

2. Forme négative

§233 **Ⓐ** *A la 2ᵉ personne* on fait précéder l'impératif de *don't,* même avec *be.*
Don't wait for me. ▶▷ *Ne m'attendez pas.*
Don't be a fool. ▶▷ *Ne sois pas idiot.*
Do not lean outside (style officiel). ▶▷ *Ne pas se pencher au dehors.*

Don't, comme *do*, peut s'employer seul (impératif elliptique).
Shall I shut the door? – Don't, I've left the key inside. ▶▷ *Je ferme la porte ? – Oh non (n'en faites rien), j'ai laissé la clef à l'intérieur.*

§234 **Ⓑ** *Aux autres personnes* on peut faire précéder l'impératif de *don't* (style familier) ou construire la forme négative sans *do* (style soigné).
Don't let's stay here (ou : **Let's not stay here**). ▶▷ *Ne restons pas ici.*
Let us not waste our time in vain pursuits. ▶▷ *Ne gaspillons pas notre temps en activités futiles (not* se place *après un pronom*).
Let not our natural laziness prevent us from doing our duty. ▶▷ *Que notre paresse naturelle ne nous empêche pas de faire notre devoir (not* se place *avant un nom*).

3. Impératif emphatique

§235 **A** Dans la langue familière, à la 2ᵉ personne, construite normalement sans pronom, on peut employer *you* (accentué) pour insister sur un ordre.

You stay where you are! (sans virgule). ▶▷ *Vous, ne bougez pas de là !*

You dare! ▶▷ *Ose un peu, pour voir !*

§236 **B** A toutes les personnes, mais surtout à la 2ᵉ, on peut faire précéder l'impératif de *do*, pour insister ou persuader (même avec *be*).

Do sit down. ▶▷ *Asseyez-vous, je vous en prie.*

Do have some more cake. ▶▷ *Reprenez donc du gâteau.*

Do be careful. ▶▷ *Je t'en prie, fais attention.*

§237 **C** A la forme négative on peut renforcer une interdiction *en accentuant not.*

Do NOT smoke. ▶▷ *Défense absolue de fumer.*

§238 **D** On peut faire suivre une phrase à l'impératif d'un « *tag* » qui ajoute une nuance autoritaire (*will you*) ou persuasive (**will you? shall we?**)

Stop shouting, will you. ▶▷ *Cesse de hurler, je t'en prie.*

Go and help your mother, will you? ▶▷ *Va aider ta mère, veux-tu ?*

Let's start tomorrow, shall we? ▶▷ *Si nous partions demain ?* (▶ § 151).

EXERCICES

A Traduire :

1. Jetez un coup d'oeil à cette photo.
2. Allons au cinéma ce soir.
3. Arrête-toi de manger. Ne sois pas si gourmand.
4. Arrêtons-nous quelques minutes.
5. N'ayez pas peur, ne vous inquiétez pas.
6. Ne nous disputons pas.
7. Qu'il sache que je ne lui pardonnerai jamais.
8. Décidons-nous rapidement.
9. Aidons nos amis.
10. Ne faites pas trop de bruit.
11. Prenons nos appareils photo.
12. Ne partons pas encore. Attendons-les.
13. Qu'ils nous attendent.
14. Soyez prêts avant le petit déjeuner.
15. Qu'ils partent maintenant s'ils sont pressés.

16. Fais ton travail, ne sois pas paresseux.
17. Viens jouer avec moi. Jouons au tennis.
18. Je vous en prie, cessez de vous plaindre.
19. N'en parlons à personne.
20. Puis-je me servir de votre téléphone ? – Oui, je vous en prie.
21. Prenez donc un cigare.
22. Allons le voir quand il sera à Londres.
23. Soyez raisonnable, ne faites pas tant d'histoires.
24. Qu'ils achètent tous les livres dont ils ont besoin.
25. Que Bob s'excuse s'il veut que je l'invite de nouveau.

▶ 17 • Le passif

1. Généralités

§239 Le passif se construit comme en français : le **participe passé** du verbe (terminé par **-ed**, sauf pour les verbes irréguliers) est précédé de l'auxiliaire **to be** que l'on conjugue. Le passif existe à tous les temps. Comme en français, il s'emploie pour les **actions subies par le sujet**. Il peut être suivi d'un **complément d'agent**, introduit par **by**.

He was punished by his father. ▶▷ *Il a été puni par son père.*

The national anthem will be played by the school orchestra. ▶▷ *L'hymne national sera joué par l'orchestre de l'école.*

Dans le premier exemple l'auxiliaire **to be** est conjugué au preterite, dans le second au futur.

Il n'est pas indispensable d'employer un complément d'agent. En fait la plupart des phrases passives ne sont pas suivies d'un complément d'agent. Si l'anglais veut préciser qui fait l'action, il emploie de préférence une construction active.

§240 **EXEMPLES**

Ⓐ **This bridge was built in the 13th century.** ▶▷ *Ce pont a été construit au XIIIᵉ siècle.*
You'll be surprised when you hear the news. ▶▷ *Vous serez surpris quand vous apprendrez la nouvelle.*

Ⓑ **He hasn't been caught yet.** ▶▷ *On ne l'a pas encore attrapé.*
You are wanted on the phone. ▶▷ *On vous demande au téléphone.*

Ⓒ **Tea is drunk out of a cup.** ▶▷ *Le thé se boit dans une tasse.*
This is not done in England. ▶▷ *Cela ne se fait pas en Angleterre.*

Comme le montrent les exemples ci-dessus, le passif anglais peut se traduire en français Ⓐ par un **passif** Ⓑ, par une phrase active dont le sujet est « **on** », Ⓒ par un **verbe pronominal**.

§241 ☺ **REMARQUES** ─────────────────────

• Quelques expressions passives correspondent à des expressions françaises actives : **to be born** (naître, « être mis au monde »), **to be left** (rester, « être laissé »), etc.
Shakespeare was born in 1564. ▶▷ *Shakespeare est né (naquit) en 1564.*
Where were you born? ▶▷ *Où es-tu né ?*
Few people were left (= **there were few people left**) **in the town.** ▶▷ *Il restait peu de gens dans la ville.* (Comparer avec la construction : **I have $ 20 left.** ▶▷ *Il me reste 20 dollars*).
It's easier said than done. ▶▷ *C'est plus facile à dire qu'à faire.*
What is to be done? ▶▷ *Que faut-il faire ?* (▶ § 163).
A town to be seen in spring. ▶▷ *Une ville à voir au printemps.*

§242 • Certains verbes passifs peuvent être accompagnés d'un complément introduit par **with**.
The room was filled with smoke. ▶▷ *La pièce était remplie de fumée.*
The ground is covered with dead leaves. ▶▷ *Le sol est recouvert de feuilles mortes.*

§243 • Bien distinguer l'adjectif du participe passé dans les phrases
Les portes ne sont pas encore ouvertes (adjectif). ▶▷ **The gates aren't open yet.**

Les portes sont ouvertes (participe passé) *chaque matin à 8 heures.* ▶▷ **The gates are opened at 8 every morning** (phrase passive).

§244 • Un passif peut se réduire au participe passé (***passif elliptique***).
English spoken. ▶▷ *On parle anglais* (dans ce magasin).
Wanted (sur les affiches de la police). ▶▷ *On recherche…*
Wanted (dans les journaux). ▶▷ *Offres d'emplois.*

§245 • ***Passage de l'actif au passif*** : bien conjuguer l'auxiliaire ***to be*** au même temps ; ne pas faire de faute sur les participes passés irréguliers ; ne pas faire de faute sur les pronoms personnels (comme en français, le complément d'objet du verbe actif devient sujet du verbe passif, et le sujet devient complément d'agent).
They helped her ▶▶ **She was helped by them.**
We will buy this house ▶▶ **This house will be bought by us.**
He has looked after them ▶▶ **They have been looked after by him.**

2. Cas particuliers

§246 **Ⓐ** Verbes suivis d'une ***postposition*** (***phrasal verbs***) (▶ leçon 6) *ou* d'un ***complément indirect*** (▶ leçon 23) : au passif, ils gardent la postposition ou la préposition, après le participe passé.
The fire was put out in ten minutes. ▶▷ *Le feu* a été éteint en dix minutes.
The dog was run over by a bus. ▶▷ *Le chien a été écrasé par un autobus.*
That will have to be put off till next week. ▶▷ *Il faudra remettre cela à la semaine prochaine.*
A doctor was sent for. ▶▷ *On envoya chercher un docteur.*
Is this house still lived in? ▶▷ *Cette maison est-elle encore habitée ?*
He was laughed at and played tricks on by the village children. ▶▷ *Les enfants du village se moquaient de lui et lui jouaient des tours.*

§247 **Ⓑ** Verbes suivis de ***deux compléments directs,*** le premier d'attribution et le second d'objet *(**to give, to offer, to send, to tell, to show, to teach,** etc. ;* ▶ § 313) chacun des deux compléments peut servir de sujet à une phrase passive.

| They gave him a chair. | **A chair was given to him** (ou : given him).
He was given a chair. |

C'est la seconde construction passive, intraduisible mot à mot en français, qui est la plus courante.
She has been offered a good job. ▶▷ *On lui a offert un bon emploi.*
They are taught two languages. ▶▷ *On leur enseigne deux langues.*
We were told a funny story. ▶▷ *On nous a raconté une histoire drôle.*
She was awarded a scholarship. ▶▷ *On lui a attribué une bourse.*

§248 **Ⓒ** Un grand nombre de verbes construits avec une ***proposition infinitive*** (▶ leçon 22) peuvent s'employer au passif, contrairement au français.
They were advised to wait. ▶▷ *On leur conseilla d'attendre.*
She was asked to show her passport. ▶▷ *On lui demanda de montrer son passeport.*
We had been told to come early. ▶▷ *On nous avait dit de venir tôt.*
You are expected to apologize. ▶▷ *On s'attend à ce que tu t'excuses.*

§249 **Ⓓ** Quand le sens le demande, on peut mettre une phrase passive à la ***forme progressive***.
The house is being pulled down. ▶▷ *On est en train de démolir la maison.*
ꭓ **My car was being repaired.** ▶▷ *On était en train de réparer ma voiture.*

A new civilisation is being born. ▶▷ *Une nouvelle civilisation est en train de naître.*

§250 **E** Pour exprimer le passage d'un état à un autre on emploie souvent *to get* au lieu de *to be*.

Comparer :	**He was very excited** *(il était surexcité)*
et :	**He got excited** *(il s'est emporté).*
De même :	**to get broken** *(se casser),* **to get drunk** *(s'enivrer),*
	to get killed *(se tuer,* accidentellement), **to get married** *(se marier),*
	to get used to + nom ou gérondif *(s'habituer à).*

To get peut aussi impliquer une idée d'effort (souvent avec un pronom réfléchi) : **to get (oneself) invited** *(se faire inviter).*

He behaves as if he were trying to get (himself) arrested. ▶▷ *Il se conduit comme s'il cherchait à se faire arrêter.*

---

3. Traductions du pronom « on »

§251 **A** Le *passif*, traduction la plus courante (▶ §§ 240, 244, 246 à 249).

B Les pronoms *you, we. they,* selon le point de vue.

On boit beaucoup de thé en Angleterre. ▶▷ **They drink a lot of tea in England** (ce n'est pas un Anglais qui parle, sinon la phrase serait : **We drink…** ; et quand un étranger dit cela à un Anglais : **You drink…**).

C *People* quand *on* a le sens d'un pluriel, *somebody* (= *someone)* quand *on* a le sens d'un singulier.

On l'aime beaucoup. ▶▷ **People like him** (ou : **her**) **very much.**

On frappe à la porte. ▶▷ **Somebody is knocking at the door.**

D Le pronom *one* (ou parfois l'expression *a man*) pour des généralités, des expressions proverbiales.

On doit se détendre après le travail. ▶▷ **One** (ou : **a man**) **must relax after work.**

On ne sait jamais. ▶▷ **One never knows** (dans une langue plus familière : **You never know).**

E *There is* + nom à sens verbal.

On frappa (on sonna) à la porte. ▶▷ **There was a knock (a ring) at the door.**

EXERCICES

A Mettre au passif (exprimer le complément d'agent) :

1. A policeman will see you.
2. Gainsborough painted this portrait.
3. A girl runs the club.
4. She will invite you.
5. Jennies mother punished her.
6. In our school a Canadian teaches French.
7. John does the washing-up.
8. Will the cat catch the mouse?
9. Did Mrs Robinson invite them?
10. The children will do the shopping.

B Mettre au passif (sous-entendre le complément d'agent) :

1. They soon forgot the incident.
2. Do they speak English in Malta?
3. We shall miss her.
4. People need you.
5. They will have to find someone to replace him.
6. They took her to hospital.
7. They are building a modern hotel.
8. Nobody had expected such a bad result.
9. You should not take these books away.
10. They don't play cricket in America.
11. They are repairing my watch.
12. We made every effort to help them.
13. They regarded him as a member of the family.
14. They have not yet caught the murderer.
15. Go away! We don't want you here.

C Mettre au passif (sous-entendre le complément d'agent), puis traduire :

1. People stared at him.
2. People commented upon his speech.
3. You can't rely on that man
4. They look after the patients very well in that hospital.
5. They had to operate on him.
6. Nobody could account for the accident.
7. Have men always discriminated against women?
8. They had broken into the house.
9. People were laughing at us.
10. They had not yet paid for the house.

D Mettre au passif en prenant pour sujet le complément d'attribution de la phrase active (sous-entendre le complément d'agent), puis traduire :

1. They will give you good advice.
2. They haven't told me the truth.
3. They didn't teach us Latin.
4. They awarded her the first prize.
5. They will give him another chance.
6. Someone offered them £ 20,000 for their house.
7. We didn't refuse her anything.
8. Someone gave her a ticket.
9. People asked them many questions.
10. Someone has told me a lie.

E Mettre au passif (sous-entendre le complément d'agent), puis traduire :

1. They will expect you to make your own bed.
2. They asked us not to be too noisy.
3. Did they ask you to show your passport?
4. Nobody had asked us not to smoke.
5. They teach their children never to lie.
6. Do they expect me to make a speech?
7. They advised us not to drink the water.
8. Somebody told them not to sit on the grass.
9. People believed him to be a spy.
10. People say he is a good dentist.

F Traduire par des phrases au passif :

1. On leur conseilla d'emporter des vêtements chauds.
2. En Angleterre, le fromage se mange généralement après le dessert.
3. Quand nous dira-t-on la vérité ?
4. Enseigne-t-on la philosophie dans les établissements secondaires en Angleterre ?
5. Est-ce qu'on s'occupe de vous ? (employer to attend to).
6. Le thé ne se boit jamais dans un verre en Angleterre, cela ne se fait pas.
7. Il ne restait que deux places au premier rang.
8. Il ne reste rien pour nous.
9. Vous a-t-on donné une clef ?
10. On parla peu de ce qui s'était passé.
11. Ce nom ne peut pas s'utiliser au pluriel.
12. Combien de chaumières reste-t-il dans le village ? – Il n'en reste que deux.
13. Où tes parents sont-ils nés ?
14. Elle avait l'impression qu'on était en train de l'observer.
15. Des hommes aussi savants ne se rencontrent pas tous les jours.

G Traduire (diverses traductions de *on*) :

1. Parle-t-on encore le français en Louisiane ?
2. On ne lui avait jamais parlé de son père.
3. Que pense-t-on de la peine de mort dans votre pays ?
4. On le disait timide.
5. Qu'est-ce qu'on fait s'il pleut demain ?
6. On ne devrait jamais se mettre en colère.
7. Il faut que je parte, on m'attend.
8. Alors, on s'amuse bien, les enfants ?
9. Restez, on a besoin de vous.
10. Quand on est en vacances, on n'aime pas écrire de longues lettres.
11. Quand me dira-t-on la vérité ?
12. On ne sait pas qui il est, il est arrivé dans notre village hier.
13. Qu'est-ce qu'on boit dans votre pays ?
14. On lui donnera un peu d'argent de poche.
15. On déjeune à 3 heures de l'après-midi en Espagne.
16. On lui avait conseillé de passer quelques semaines en Angleterre.
17. On leur demanda d'apporter des sandwiches.
18. « On ne mange pas d'escargots en Angleterre », dit notre ami anglais.
19. On apprend aux enfants anglais à garder leur sang-froid.
20. Appelle ton père. On le demande au téléphone.

▶ Voir aussi leçon 22, exercice E ; leçon 23, exercice A ; leçon 27, exercice A.

▶ 18 • Phrases interrogatives. Questions et réponses

1. Who gave you this book?

§252 **A** Dans les questions commençant par un mot (ou groupe de mots) interrogatif qui est **sujet de la phrase**, le verbe est à la **forme affirmative**, comme en français.

Who gave you this book? ▶▷ *Qui t'a donné ce livre ? (**who** est sujet de **gave**).*

Who speaks German? – I do. ▶▷ *Qui parle l'allemand ? – Moi* (▶ § 68).

How many people came? ▶▷ *Combien de gens sont venus ? (**how many people** est sujet de **came**).*

Dans ces questions, **gave, speaks** et **came** ne sont pas à la forme interrogative. Dans tous les autres types de questions (paragraphes suivants) le verbe est à la forme interrogative.

B Ces questions ont une **intonation descendante** (la voix ne remonte pas sur la dernière syllabe).

2. Are your parents at home?

§253 **A** On appelle « **questions fermées** » *celles* auxquelles on ne peut répondre que par **"yes"** ou **"no"** *(ou* une expression de même sens : *"of course", "certainly not"*, etc.). Ces questions commencent par l'auxiliaire.

Did you have a nice time? – Yes, we did (▶ § 58). ▶▷ *Vous êtes-vous bien amusés ? – Oui.*

Are your parents at home? – No, they're not. ▶▷ *Tes parents sont-ils chez eux ? – Non.*

Isn't she ready? (question posée à la forme interro-négative, ▶ § 19) – **Of course she is.** ▶▷ *Elle n'est pas prête ? – Bien sûr que si.*

B Ces questions ont une **intonation ascendante :** la voix remonte sur la dernière syllabe.

3. Where did you buy your camera?

§254 **A** On appelle « **questions ouvertes** » celles auxquelles on ne peut pas répondre par **"yes"** ou **"no"**. La réponse doit comporter une précision (nom d'un objet ou d'une personne, complément de lieu, de temps, de cause, etc.).

Where did you buy your camera? – I bought it in Germany. ▶▷ *Où as-tu acheté ton appareil photo ? – Je l'ai acheté en Allemagne.*

Ces questions ont une **intonation descendante.**

Comme en français, dans la conversation, les réponses sont souvent elliptiques ("**In Germany**").

§255 **B** Principaux types de « questions ouvertes »

1 • *Where* **were you born? – I was born in Wales.** ▶▷ *Où êtes-vous né ? – Je suis né au Pays de Galles.*
Where do you have lunch? – I have lunch at the canteen. ▶▷ *Où déjeunez-vous ? – Je déjeune à la cantine.*

2 • *When* **did Queen Victoria die? - She died in 1901.** *Quand la reine Victoria est-elle morte ? – Elle est morte en 1901.*
When did they get married? – They got married two years ago. ▶▷ *Quand se sont-ils mariés ? – Ils se sont mariés il y a deux ans.*
***What* time** (plus courant que "At what time") **did they arrive? – They arrived at tea-time.** ▶▷ *A quelle heure sont-ils arrivés ? Ils sont arrivés à l'heure du thé.*

3 • *What is* **she doing? - She's writing to her aunt.** ▶▷ *Que fait-elle ? – Elle écrit à sa tante.*
What are you looking for? - I'm looking for my key. ▶▷ *Que cherches-tu ? – Je cherche ma clef.*

4 • *What* **book are you reading? – I'm reading "Lord of the Flies".** ▶▷ *Quel livre lisez-vous ? – Je lis «*
Sa majesté des mouches ».
What book are you looking for? ▶▷ *Quel livre cherchez-vous ?*

5 • *Which* **of these two books do you want me to lend you? – This one.** ▶▷ *Lequel de ces deux*
livres veux-tu que je te prête ? – Celui-ci (***which*** *s'emploie quand il y a un choix limité).*
Which of the three actresses did you like best? ▶▷ *Laquelle des trois actrices avez-vous préférée*
? (dans ce sens ***which*** *s'emploie pour les personnes comme pour les choses).*
Which hand do you normally use? ▶▷ *De quelle main vous servez-vous normalement ? (dans*
cette phrase ***which*** est adjectif).

6 • *Who* **are you waiting for? – I'm waiting for John.** ▶▷ *Qui attendez-vous ? – J'attends John.* (Si la
préposition n'est pas rejetée, il faut dire : ***For whom*** **are you waiting** ? Cette tournure est très
rare aujourd'hui).
Who did you have lunch with? ▶▷ *Avec qui avez-vous déjeuné ?*

7 • *Whose* **gloves are these?** (ou : **Whose are these gloves?** ▶ §§ 524, 525) – **They're mine.** ▶▷ *A*
qui sont ces gants ? – Ils sont à moi.
Whose racket did you borrow? – I borrowed Peter's. ▶▷ *La raquette de qui as-tu empruntée ?*
– J'ai emprunté celle de Peter.

8 • *Why* **did he lie to his father? – (Because) he was afraid of being punished.** ▶▷ *Pourquoi a-t-il*
menti à mon père ? – (Parce qu')il avait peur d'être puni (on demande la cause d'une action).
Why didn't John tell us the truth? ▶▷ *Pourquoi John ne nous a-t-il pas dit la vérité ?* (bien construire la forme interro-négative).

9 • *What* **did you buy this album** *for?* **– To stick my photos in it.** ▶▷ *Pourquoi as-tu acheté cet*
album ? – Pour y coller mes photos (on demande le but d'une action). Ne pas confondre les
questions commençant par ***why*** (réponse : ***because…***) et celles construites avec *"what… for?"*
(réponse avec un ***infinitif*** complet exprimant le but).

On peut aussi construire une question avec *"what… for?"* pour demander un motif. La réponse est
alors construite avec **for** suivi d'un nom ou d'un gérondif.

What did they blame him for? (on demande le motif des reproches) – **They blamed him for his**
cruelty (for being cruel). ▶▷ *Que lui ont-ils reproché ? – Ils lui ont reproché sa cruauté (d'être cruel).*

Voir ci-dessus (▶ § 3) : **What are you looking for?**

---

4. How wide is the Thames in London?

§256 **(A)** Les questions commençant par ***how*** concernent ***le moyen*** ou ***(si*** elles sont construites avec **to**
be) la santé. Ce sont, bien sûr, des « questions ouvertes », à intonation descendante.
How did you do it? ▶▷ *Comment l'avez-vous fait ?*
How did they come? – They came by bus. ▶▷ *Comment sont-ils venus ? – Ils sont venus par l'autobus.*
How are you? – Fine, thanks (plus familier que : **Very well, thank you**). ▶▷ *Comment allez-vous ?*
– Très bien, merci.

Ne pas confondre :
"How are you?" avec **"How do you do?"** (= *Enchanté de faire votre connaissance*),
formule à laquelle on répond
"How do you do?" (ce n'est pas vraiment une question).

§257 **B** Un grand nombre de « questions ouvertes » (donc à intonation descendante) commencent par
"How + adjectif ou adverbe" (long, old, far, much, many, etc.). Exemples :

1 • *How many* est suivi d'un pluriel, *how much* d'un singulier.
How many dictionaries have you (got)? ▶▷ *Combien as-tu de dictionnaires ?*
How many times have you been to the States? ▶▷ *Combien de fois êtes-vous allé aux Etats-Unis ?*
(▶ § 351).
How much money have you (got)? ▶▷ *Combien as-tu d'argent ?*

2 • *How much* s'emploie également, suivi d'un singulier ou d'un pluriel, pour demander un prix.
How much is this book? ▶▷ *Combien coûte ce livre ?*
How much are these chocolates? ▶▷ *Combien coûtent ces chocolats ?*
How much did you pay for this book? ▶▷ *Combien avez-vous payé ce livre ?*

3 • *How long, how wide, how high, how deep, how tall,* etc., s'emploient pour demander des dimen-
sions.
How long is your car? It's 11 feet long. ▶▷ *Quelle est la longueur de votre voiture ? Elle fait 11 pieds
de long.*
How wide is the Thames in London? ▶▷ *Quelle est la largeur de la Tamise à Londres ?*
How tall are you? – I'm 6 ft tall (dans ce cas, *ft* se lit *foot* ou *feet*). ▶▷ *Combien mesurez-vous ?
– Je mesure 6 pieds* (env. 1,80 m).

4 • *How long* s'emploie aussi pour demander une durée (▶ § 706).
How long did you stay in Rome? – We stayed there (for) a week. ▶▷ *Combien de temps
avez-vous séjourné à Rome ? - Nous y avons séjourné une semaine.*
How long has she been a widow? – For ten years. ▶▷ *Depuis combien de temps est-elle veuve ?
– Depuis dix ans.*
How long did it take you to learn English? – It took me five years. ▶▷ *Combien de temps
avez-vous mis pour apprendre l'anglais ? – J'ai mis cinq ans* (▶ § 708).

5 • *How often* s'emploie pour demander une fréquence.
How often do you go to the swimming-pool? – Twice a week. ▶▷ *Tous les combien vas-tu à la
piscine ? – Deux fois par semaine.*

6 • *How far* s'emploie pour demander une distance (▶ § 622, n° 2).
How far is it from Washington to New Orleans? – It's 1,000 miles. ▶▷ *Quelle distance y a-t-il de
Washington la Nouvelle Orléans ? – Il y a 1000 miles* (= 1 600 kilomètres).

7 • *How old* s'emploie pour demander l'âge.
How old are you? – I'm 16 (ou : **I'm 16 years old**). ▶▷ *Quel âge avez-vous ? – J'ai 16 ans.*
How old will she be at the end of the year? ▶▷ *Quel âge aura-t-elle a la fin de l'année ?*

5. What ever did you do that for?

§258 Les questions commençant par un terme interrogatif comme *what, who, where, why* (« questions
ouvertes ») peuvent être renforcées (style emphatique, consternation, exaspération) à l'aide de
"ever" (familièrement : **"on earth", "the devil",** ou dans une langue plus violente : **"the hell").**
What ever did you do that for? (*ever* est fortement accentué). ▶▷ *Pourquoi diable as-tu fait cela ?*
Why on earth didn't you tell me? ▶▷ *Pourquoi diable ne me l'as-tu pas dit ?*

EXERCICES

A Poser les questions se rapportant aux mots en italiques :

Exemple : I'm looking for *my key* ▶▶ **What are you looking for?**

1. Betty drank *four* cups of tea.
2. I'm writing to *the Morgans*.
3. He was waiting for *his girl-friend*.
4. She's looking for *her cat*.
5. He had to wait *for twenty minutes*.
6. I go to the dentist's *every six months*.
7. These gloves are *mine*.
8. *John* made these shelves.
9. I paid *£4* for this record.
10. They would have *phoned the police*.
11. I'd rather have *the blue* one.
12. She was *18* when she married him.
13. I bought it *at the HMV shop*.
14. He went to Vienna *to learn German*.
15. He's been in bed *for a week*.
16. Their *youngest* son is a sailor.
17. It took them *two hours* to reach the top.
18. We're going to play with *John and Jennie*.
19. We'd known them *for years*.
20. They're laughing at *you*.

B Même excercice :

1. The Robinsons have *two* daughters.
2. I've got *£20* left.
3. He thinks he is *the boss*.
4. *I* made the mistake.
5. This motor-bike is *my brother's*.
6. It took him *an hour* to repair the engine.
7. We'll *fly* to Malta.
8. There was *one* piano in the school.
9. She brought her camera *to take pictures of the children*.
10. They went *right to the top*.
11. *My father* gave me this watch.
12. We had to come *twice*.
13. I got up *at half past 6* this morning.
14. He married *the younger* of the two sisters.
15. This is *the Webbs'* house.
16. We borrowed the money from *our cousin*.
17. The Browns lived in Liverpool *for five years*.
18. My wife was born *in Dublin*.
19. She had to stay in hospital *for a week*.
20. *Ken's* going to make the tea.

C Même exercice :

1. I had lunch with *a colleague*.
2. Nellie didn't come *because she was ill*.
3. There will be *29* days in February next year.
4. We came on *our bikes*.
5. I used *John's* dictionary.
6. We shall get there on *Monday*.
7. You have to take these tablets *three times a day*.
8. I want *just a little* milk.
9. *Nobody* helped me.
10. The river is *ten feet* deep.
11. My car is *the blue* one.
12. The equipment cost them *$200*.
13. He was punished *for lying to his father*.
14. I'm thinking of *my exam*.
15. The nearest station is *five miles* from here.
16. They believe in *ghosts and witches*.
17. We should have *waited for her*.
18. The man they arrested is charged with *murder*.
19. My grandfather has been dead *for ten years*.
20. Dickens died *in 1870*.

D Même exercice :

1. She *was only 5 foot (= 5 feet)* tall.
2. He didn't have breakfast *because he got up very late.*
3. I *walked* to the station.
4. I'm listening to *a bird*.
5. She's *writing a letter*.
6. There will be a concert *next Sunday*.
7. Peter has lunch *at school.*
8. I prefer *this one*.
9. She's *much better*.
10. This ladder is *twenty feet* high.
11. I went to the cinema *twice* last week.
12. *Peter* told me to wait here.
13. The children are looking *at a frog*.
14. It's *only 20 miles* from Dover to Calais.
15. They are going to invite *the Joneses.*
16. It will take them *years* to rebuild the country.
17. I'll be 18 *next July.*
18. *Four* people died in the crash.
19. These eggs are *90 p a dozen.*
20. He is in love with *Barbara*.

E Traduire :

1. Pourquoi Bob ne nous a-t-il pas écrit pendant les vacances ?
2. Qui vous a prêté l'argent ?
3. A qui avez-vous emprunté l'argent ?
4. Pourquoi diable ne l'avez-vous pas attendue ?
5. Avec qui es-tu allé au cinéma ?
6. Qu'a fait ton frère hier soir ?
7. Quelle distance y a-t-il de Londres à Douvres ?
8. Où tes parents sont-ils nés ?
9. Quand aurez-vous 60 ans ?
10. Que cherche ton père ?
11. Combien avez-vous payé votre machine à laver ?
12. Pourquoi les enfants se sont-ils levés si tard ?
13. Qui est allé à Londres pendant les vacances ? – Moi.
14. Pourquoi a-t-il acheté ces jumelles ? – Pour observer les oiseaux.
15. Qui connaît le Premier Ministre ? – Moi.
16. Pourquoi Jennifer n'est-elle pas ici ?
17. Où avez-vous pris le thé ?
18. Que regardes-tu ? A quoi penses-tu ?
19. A quelle heure le Président parlera-t-il à la télévision ?
20. Pourquoi Bill ne déjeune-t-il pas à la cantine ?

▶ 19•Phrases exclamatives

1. How selfish he is! He is so selfish!

§259 Les exclamations portant sur un *adjectif* ou un *adverbe* se construisent avec *how* ou avec *so*.

A *Construction avec how* : l'adjectif (ou adverbe) est placé immédiatement après *how*.

How selfish he is! ▶▷ *Comme il est égoïste !*
How fast they run! ▶▷ *Comme ils courent vite !*
How well she played! ▶▷ *Comme elle a bien joué !*

> Ne pas confondre :
> **How old he is!** *(Comme il est vieux !)*
> et **How old is he?** *(Quel âge a-t-il ?)*.

Le verbe *to be* et son sujet peuvent être *sous-entendus* (▶ § 469).

How nice! ▶▷ *Comme c'est gentil !*
How nice of you! ▶▷ *Comme c'est gentil de votre part !*
How disappointing! ▶▷ *Comme c'est décevant !*

§260 **B** *Construction avec so* : c'est la forme elliptique d'une phrase dont la subordonnée sous-entendue exprimerait une conséquence.

She is so pretty! (so pretty that all the boys fall in love with her).
He looks so old! (so old that nobody would believe he is under fifty).
He is so selfish! ▶▷ *Comme il est égoïste ! (Quel égoïste !)*
I'm so glad! ▶▷ *Comme je suis content !*

On peut renforcer l'exclamation en disant : **She is ever so pretty!**

Ces phrases signifient "She is very pretty", "he looks very old", "I'm very glad", mais le ton est moins sec, moins impersonnel. Il s'y ajoute une nuance affective (attendrissement, regret, surprise, etc.).

§261 **C** Une construction semblable à la *forme interro-négative* (mais avec une intonation descendante) s'emploie pour des exclamations familières.

Isn't she pretty! ▶▷ *Elle est rudement jolie !* (Le sens est très voisin de : **She's very pretty, isn't she?**)
Wasn't she mad! ▶▷ *Elle était joliment furieuse !*
Doesn't he look cross! ▶▷ *Il a l'air drôlement en colère !*

En Amérique on omet parfois la négation. **Was I scared!** ▶▷ *J'ai eu une de ces peurs !*

2. How they laughed!

§262 Les exclamations portant sur un *verbe* se construisent avec *how*, parfois avec *so much*. On comparera les exemples donnés avec les trois constructions étudiées ci-dessus.

1 • **How they laughed when I told them the story!** ▶▷ *Comme ils ont ri quand je leur ai raconté l'histoire !*
How he snores! ▶▷ *Comme il ronfle !*

2 • **They laughed so much!** (so much that people stared at them).

2 • **Didn't they laugh!** ▶▷ *Ils ont bien ri !*

Didn't he scream when the dentist asked him to open his mouth! ▶▷ *Il a poussé de ces cris quand le dentiste lui a demandé d'ouvrir la bouche !*

4 • Une construction emphatique (▶ § 74) a souvent un sens très voisin d'une construction exclamative : **He does snore!** (= How he snores!). ▶▷ *Comme il ronfle !*

3. What a liar he is! He is such a liar!

§263 Les exclamations portant sur un *nom* (seul ou accompagné d'un adjectif) se construisent avec *what* ou avec *such*.

A *Construction avec what* : les noms dénombrables singuliers (▶ §§ 376, 409) sont précédés de l'article indéfini. Il n'y a pas d'inversion (comparer l'ordre des mots en anglais et en français dans le premier exemple).

What a pretty garden your neighbour has! ▶▷ *Quel joli jardin a votre voisin !*

What a liar he is! ▶▷ *Quel menteur !*

What holidays we had together! ▶▷ *Quelles vacances nous avons passées ensemble !*

What contempt he showed! (▶ nom indénombrable, § 377 : pas d'article). ▶▷ *Quel mépris il a manifesté !*

L'exclamation est parfois *elliptique*. **What a treat!** ▶▷ *Quel régal !*

> *Exceptions :*
> l'article s'emploie, bien que les noms soient indénombrables ▶ § 378,
> dans **What a pity! What a shame!** *(Quel dommage !)*
> **What a relief!** *(Quel soulagement !)* **What a mess!** *(Quel gâchis !)*
> **What a waste!** *(Quel gaspillage !)* **What a fuss!** *(Que d'histoires !)*
> **What a nuisance!** *(Comme c'est agaçant !).*

§264 **B** *Construction avec such* : le ton de ces exclamations est le même que pour celles qui sont construites avec *so* (▶ § 260). L'article indéfini s'emploie dans les mêmes cas qu'après *what* (ci-dessus).

He is such a liar! ▶▷ *Mon Dieu, quel menteur !*

You gave me such a fright! *Vous m'avez fait une de ces peurs !* (ici *fright* est dénombrable : non pas la peur en général mais la frayeur ressentie à un moment précis).

He made such a fuss! ▶▷ *Il en a fait des histoires !*

§265 **C** Le nom précédé de *l'article défini*, avec intonation descendante (article prononcé sur une note élevée) peut être une exclamation exprimant familièrement l'indignation.

The swine! ▶▷ *Quel cochon ! Quelle canaille !*

The cheek! (= The cheek of it!). ▶▷ *Quel toupet !*

4. Exclamation indirecte

§266 Une exclamation indirecte peut suivre un verbe tel que *to tell, to know, to remember, to imagine,* etc.

Nobody knows what a liar he is. ▶▷ *Personne ne sait combien il est menteur.*

You can't imagine how well she plays. ▶▷ *Vous ne pouvez pas imaginer comme elle joue bien.*

EXERCICES

A Transformer les phrases suivant le modèle :

She is very nice ▶▶ (a) **She is so nice!** (avec *so* ou *such* suivant le cas),

(b) **How nice she is!** (avec *how* ou *what* suivant le cas),

(c) **You can't imagine how nice she is!** (exclamation indirecte).

1. She was very pleased.
2. We had a terrible storm.
3. He is a hypocrite.
4. He looked very ridiculous.
5. The village is very quiet.
6. We had a very pleasant holiday.
7. She looked very tired.
8. He is a fool.
9. He made a terrible blunder.
10. I was very lucky.

B Transformer les phrases suivant le modèle : She is pretty ▶▶ **Isn't she pretty!**

1. He looks silly.
2. They have changed.
3. She hates them.
4. I was tired.
5. She looked disappointed.
6. I wish I had bought it.
7. They pulled his leg.
8. We missed our English tea.
9. She was furious.
10 She looks like her mother.

Transformer les mêmes phrases en les mettant à la forme emphatique (phrase 1 : **He does look silly!**)

C Traduire :

1. Comme nous étions fatigués !
2. Comme la conférence a été intéressante !
3. Quel bon film nous avons vu hier !
4. Comme tes parents avaient l'air heureux !
5. Comme nous nous sommes ennuyés !
6. Quels beaux enfants ont vos amis !
7. Comme il était en colère ! Comme il jurait !
8. Vous ne pouvez pas imaginer combien elle était contente.
9. Comme vous conduisez vite !
10. Quelle bonne pièce !
11. Comme c'est intéressant !
12. Comme les livres sont chers !
13. Quel petit gourmand !
14. Comme les hommes sont égoïstes !
15. Comme vos enfants ont l'air intelligents !
16. Quel beau pays que l'Irlande !
17. Quel beau chien a votre soeur !
18. Tu as trop mangé. Comme tu vas être malade demain !
19. Comme il nous a trompés ! Quel hypocrite !
20. Quel soulagement ! Comme nous étions inquiets !

▶20 • Concordance des temps. Style indirect

1. Concordance des temps

§267 **A** La concordance des temps se fait comme en français dans des subordonnées dépendant de *I think/I thought, he says/he said, they tell me/they told me,* etc.

Comparer :

> **I think it is going to rain.** *Je crois qu'il va pleuvoir.*
> **I thought it was going to rain.** *Je croyais qu'il allait pleuvoir.*
>
> **She tells me she has seen a ghost.** *Elle me dit qu'elle a vu un fantôme.*
> **She told me she had seen a ghost.** *Elle m'a dit qu'elle avait vu un fantôme*
> (le second verbe est au plus-que-parfait, comme en français).
>
> **He says it will be easy.** *Il dit que ce sera facile.*
> **He said it would be easy.** *Il a dit que ce serait facile*
> (le second verbe est au conditionnel, comme en français).

§268 **B** On a vu (▶ §§ 154, 156) que les subordonnées de temps introduites par les conjonctions *when, while, once, as soon as,* etc., sont au présent quand elles dépendent de principales au futur ou à l'impératif, au preterite quand elles dépendent de principales au conditionnel.
Come as soon as you are ready. ▶▷ *Venez dès que vous serez prêt.*
He will come as soon as he is ready. ▶▷ *Il viendra dès qu'il sera prêt.*
He said he would come as soon as he was ready. ▶▷ *Il a dit qu'il viendrait dès qu'il serait prêt.*

§269 **C** Dans les phrases dont la subordonnée (commençant par *if*) exprime une condition, la concordance des temps se fait comme en français (▶ § 192).
If he comes tomorrow we'll play tennis (potentiel). ▶▷ *S'il vient demain nous jouerons au tennis.*
If he were (familier : **If he was**) **here today we'd** (= **would** ou **should**) **play tennis** (irréel du présent).
▶▷ *S'il était ici aujourd'hui nous jouerions au tennis.*
If he'd (= **had**) **come yesterday we'd** (= **would** ou **should**) **have played tennis** (irréel du passé).
▶▷ *S'il était venu hier nous aurions joué au tennis.*

§270 **D** L'expression française « c'est que », « c'est qui » reste généralement au présent quel que soit le temps de la 2ᵉ proposition. L'anglais respecte la concordance des temps.
It was I who did it. ▶▷ *C'est moi qui l'ai fait* (la même idée est souvent exprimée à l'aide d'une construction emphatique : *"I did it"*, phrase dans laquelle le sujet **I** est fortement accentué. ▶ § 76).
It was thanks to him that I wasn't drowned. ▶▷ *C'est grâce lui que je ne me suis pas noyé.*

2. Style indirect

§271 Quand on passe du style direct (*« Où est mon frère ? »*, demanda-t-il) au style indirect (il *demanda où était son frère),* on observe les mêmes règles de concordance des temps qu'en français, et les mêmes changements de pronoms personnels et d'adjectifs possessifs.

A *Si la principale est au présent,* la subordonnée rapporte les paroles (ou les pensées) sans en changer le temps.

He says he is going to sell his car (He says: "I'm going to sell my car"). ▶▷ *Il dit qu'il va vendre sa voiture.*

§272 **B** *Si la principale est au preterite,*

- les paroles prononcées au *futur* sont rapportées au *conditionnel ;*

- les paroles prononcées au *présent* sont rapportées au *preterite ;*

- les paroles prononcées au *preterite* ou au *present perfect* sont rapportées au *past perfect* (plus-que-parfait).

He said he would stay here till Tuesday (He said : "I'll stay…"). ▶▷ *Il a dit qu'il resterait ici jusqu'à mardi.*

He said he was tired (He said : "I'm tired"). ▶▷ *Il a dit qu'il était fatigué.*

He said he had lost our address (He said: "I've lost your address"). ▶▷ *Il a dit qu'il avait perdu notre adresse.*

Must et *need s'emploient* comme preterites au style indirect (▶ §§ 49, 52).

He said (that) I must wait but I needn't worry (He said : "You must wait but you needn't worry"). ▶▷ *Il a dit que je devais attendre mais que je n'avais pas à m'inquiéter.*

§273 **C** Quand les paroles prononcées sont *des ordres,* on peut les rapporter à l'aide des verbes *to ask, to order, to say, to tell,* etc. Ces deux derniers verbes ne se construisent pas de la même façon (▶ §§ 343 à 345).

She asked me to shut the door (She said: "Will you shut the door"). ▶▷ *Elle me demanda de fermer la porte.*

He told me not to be late (= **He said that I shouldn't be late**). ▶▷ *Il m'a dit de ne pas être en retard.*

D Quand les paroles prononcées sont *des questions,* on les rapporte dans des interrogatives indirectes (▶ ci-dessous).

§274 **E** *L'anglais mélange souvent très librement les styles direct et indirect,* surtout dans la langue écrite pour donner plus de vivacité à un récit.

> **I asked him where he was going to spend the summer.**
> **He said, well, he didn't know yet, but would I lend him my guide-books to Italy**
> (Au style direct : He said, "Well, I don't know yet, but will you lend me
> your guide-books to Italy?").
> *Je lui ai demandé où il allait passer l'été. Il m'a dit que, ma foi, il ne savait pas encore,*
> *mais il m'a demandé de lui prêter mes guides de l'Italie.*

3. Interrogatives indirectes

§275 Elles permettent de rapporter, après un verbe comme *to ask, to wonder, to know,* etc., des questions posées par une autre personne ou que l'on se pose à soi-même. La seconde proposition est introduite par un terme interrogatif *(what, which, who, when, where, how, whether…).* On ne fait *pas d'inversion* dans les interrogatives indirectes.

He asked me where the children were. ▶▷ *Il m'a demandé où étaient les enfants.*

Une interrogative indirecte peut être à un temps personnel ou à l'infinitif.

§276 **A** *Avec un temps personnel :*

I wonder where the dog is. ▶▷ *Je me demande où est le chien.*

Ask a policeman where the station is. *Demande à un agent où se trouve la gare.*

We are discussing whether we ought to invite them. ▶▷ *Nous discutons pour savoir si nous devons les inviter (Whether exprime un doute).*

B *Avec un infinitif :*

Do you know where to get off the bus? ▶▷ *Savez-vous où il faut descendre de l'autobus ?*

He couldn't make up his mind which one to buy. ▶▷ *Il n'arrivait pas à choisir lequel il achèterait.*

He doesn't know whether to go on or give it up. ▶▷ *Il ne sait pas s'il doit continuer ou abandonner.*

EXERCICES

A Transformer les phrases suivant le modèle :

He says he is tired ▶▶ **He said he was tired** (mettre le premier verbe au preterite et appliquer la concordance des temps).

1. They think they are very clever.
2. She says she doesn't mind.
3 He thinks he knows everything
4. I tell you it's a mistake.
5. He says it will be ridiculous.
6 He tells us he has done his best.
7. I know what's going to happen.
8. We can't guess what they will do.
9. She often tells him he is a fool.
10. He says he hasn't received our letter.

11. He is sorry for what he did.
12. She says she will visit us when she comes to France.
13. They say that when they are rich they will go and live on the Riviera.
14. Bob often says that when he is a man he will be an explorer.
15. He thinks that when he is retired he will be happier.

B Transformer les phrases suivant le modèle :

If I knew her address I would write to her ▶▶ **If I had known her address I would have written to her** (irréel du présent ▶▶ irréel du passé).

1. If he worked harder he would pass his exam.
2. If it rained we would stay at home.
3. If she came to see us we would be very happy.
4. If Peter weren't so careless he wouldn't make so many mistakes.
5. If he spoke English better he would find a job.

6. If I didn't help him he wouldn't understand.
7. I would help them if I knew what to do.
8. There would be a quarrel if they both came to the party.
9. If there were traffic lights at the crossroads there would not be so many accidents.
10. If he didn't like it he wouldn't eat it.

C Bâtir des phrases suivant le modèle :

Where is the library? (Show me…) ▶▶ **Show me where the library is.**

1. Where are the children? (I wonder…).
2. What is the weather like in London? (I wish I knew…).
3. Whose house is that? (Can you tell me…?)
4. Can she drive? (I don't know…).
5. Who is that man? (I think I know…).
6. Are they married? (Nobody seems to know…).

7. Where is the nearest tube station? (Please tell me…).
8. Do you know the new librarian? (She asked me…).
9. Whose car is this? (The policeman asked me.)
10. What is the time? (I wondered…).

D Bâtir des phrases suivant le modèle :

Must I phone or write to him? (I don't know…) ▶▶ I **don't know whether to phone or write to him** (employer des infinitifs)

1. When should I stop? (Please tell me…).
2. Where can I leave my luggage? (Show me).
3. Must I sell my car or keep it? (I wonder…)
4. Where will they spend their holidays? (They don't know…).
5. Must we wait here or look for them? (We wonder…).
6. Which of these books should I buy? (Please advise me…).

7. Where can I contact him? (I wish I knew…).
8. How can I persuade them to come? (I don't know…).
9. Should they camp or go to a hotel? (They are still considering…).
10. When shall we invite them? (We are wondering…).

E Mettre au style indirect :

1. "How long have you been living in London?", I asked him. "Were you born there?"
2. "I'm glad I've sold my car", he said.
3. "I'll give you an answer as soon as I can", she said.
4. "I'm afraid I've lost the tickets", he said.
5. "Can I use your telephone?", she asked him.
6. "Did you enjoy reading this book?", he asked us.
7. "I've been waiting for you for an hour", she said.
8. "When did you arrive?", I asked them. "Did you have a nice time?".

9. "Are you going to marry her?", I asked him.
10. "Tell me the truth", I said to him.
11. "Where will you stay when you go to London?", I asked them.
12. "How is your father?", I asked her. "Is he still in hospital? ".
13. "How much did you pay for your camera?", I asked him. "Where did you buy it?"
14. "Did you take a taxi he asked me.
15. "Will you come as soon as you are ready" she asked me.

F Traduire :

1. Il disait que quand il aurait 18 ans il irait vivre en Australie.
2. Je me demande quel âge a sa femme.
3. C'est en 1876 que la reine Victoria devint impératrice des Indes.
4. C'est John qui a le mieux joué.
5. Savez-vous où sont les îles Malouines ?
6. S'il fait beau nous irons nous promener.

7. S'il avait fait beau nous serions allés nous promener.
8. Il a dit qu'il nous écrirait dès qu'il saurait le résultat de son examen
9. C'est moi qui les ai vus le premier.
10. Il ne savait pas où était le bureau de poste le plus proche.

► 21 • Le régime des verbes : infinitif ou gérondif

§278 Les leçons 21 à 27 sont consacrées au **_régime des verbes_**, c'est-à-dire à la nature et à la construction des éléments de la phrase que le verbe introduit.

Il faut apprendre avec soin comment construire tout verbe suivi directement d'un autre verbe. Suivant le cas, le second verbe peut être à **_l'infinitif sans to_** (**He helped wash up**), à **_l'infinitif complet_** (**I want to go**) ou au **_gérondif_** (**We enjoyed seeing them**). Les emplois de l'infinitif sans **_to_** sont nettement délimités (**►** §§ 211 à 216). Mais il est parfois délicat de choisir entre l'infinitif complet et le gérondif. Certains verbes sont suivis de l'infinitif ou du gérondif indifféremment (**to start, to intend**), d'autres suivant le sens de la phrase (**I must remember to post the letter tomorrow. I remember posting the letter last night**) ; d'autres enfin sont toujours suivis du gérondif (**to avoid, to enjoy**), ou bien de l'infinitif (**to hope, to refuse…**, c'est le plus grand nombre). Les verbes de sens voisins sont souvent construits de la même façon (mais il y a des exceptions). Ainsi **_l'infinitif_** est souvent lié à **_une idée de futur_** (préparation à l'action), le **_gérondif_** à une **_idée de passé_** (évocation d'un souvenir) ou **_d'atemporel_** (généralités en dehors du temps, goûts permanents).

1. Volonté d'agir, préparation à l'action

§279 La plupart des verbes exprimant ces notions sont suivis d'un **_infinitif : to want, to wish, to hope, to expect, to ask, to offer, to promise, to swear, to decide, to choose, to plan, to prepare, to attempt, to try, to agree, to consent, to threaten._**
Do you want to come with us? ►▷ _Voulez-vous venir avec nous ?_
I hope to see them tomorrow. ►▷ _J'espère les voir demain._
She asked to see the manager. ►▷ _Elle demanda à voir le gérant._
They swore to tell the truth. ►▷ _Ils jurèrent de dire la vérité._
They agreed to help us. ►▷ _Ils acceptèrent de nous aider._
He attempted to escape. ►▷ _Il tenta de s'évader._

§280 Cependant quelques verbes exprimant une préparation à l'action se construisent avec un **_gérondif : to consider, to contemplate, to think of._**
We are considering (= **contemplating**) **buying a house.** ►▷ _Nous envisageons d'acheter une maison._
We are thinking of going to Scotland. ►▷ _Nous pensons aller en Ecosse._

To intend peut être suivi d'un infinitif ou d'un gérondif.
They intend to sell (= **selling**) **their house.** ►▷ _Ils ont l'intention de vendre leur maison._

2. Recul devant l'action, ajournement

§281 Ces notions, contraires de celles que nous venons d'examiner, s'expriment dans la plupart des cas avec un **_gérondif_**, notamment avec les verbes : **_to avoid, to give up, to put off_** (= **to postpone**)**_, to help_** (dans l'expression **_"cannot help"_**)**_, to prevent._**
He avoided paying the fine. ►▷ _Il évita de payer l'amende._
I'm going to give up smoking. ►▷ _Je vais m'arrêter de fumer (renoncer au tabac)._
We can't put off writing to her any longer. ►▷ _Nous ne pouvons nous permettre de tarder plus longtemps à lui écrire._
I couldn't help telling him what I thought. ►▷ _Je n'ai pas pu m'empêcher de lui dire ce que je pensais._

To prevent se construit surtout avec **from**.
You can't prevent me from going there. ▶▷ Vous *ne pouvez pas m'empêcher d'y aller.*

§282) C'est **l'infinitif** *que* l'on emploie après **to refuse, to hesitate** et **to pretend**.
He refused to (hesitated to) answer. ▶▷ *Il refusa de (hésita à) répondre.*
He pretends to be very busy. ▶▷ *Il fait semblant d'être très occupé.*

3. Succès et échec

§283) **A** Le *succès* de l'action s'exprime à l'aide de **to succeed in** + **gérondif** ou de **to manage** + **infinitif**.
They succeeded in solving the problem. ▶▷ *Ils réussirent à résoudre le problème.*
How did you manage to repair the engine? ▶▷ *Comment êtes-vous parvenu à réparer le moteur ?*

§284) **B** **To fail (+ infinitif)** peut exprimer un échec. Il s'emploie aussi dans un sens affaibli pour constater qu'une action prévue ou espérée n'a pas été faite.
They failed to reach (≠ they succeeded in reaching) the top. ▶▷ *Ils ne réussirent pas (≠ ils réussirent) à atteindre le sommet.*
She failed to answer my letter. ▶▷ *Elle a omis de répondre à ma lettre.*
I shall not fail to let you know my decision. ▶▷ *Je ne manquerai pas de vous faire savoir ma décision.*

4. Réactions psychiques, préférences

Certains verbes exprimant ces notions ne se construisent qu'avec un gérondif, d'autres avec un gérondif ou un infinitif selon le sens de la phrase.

§285) **A** Sont **suivis d'un gérondif, jamais d'un infinitif : to enjoy, to mind, to resent, to object to,** l'expression **cannot stand.** Le second verbe peut être précédé de son sujet ou d'un possessif (▶ §§ 221, 223).
I enjoyed seeing them again. ▶▷ *J'ai eu plaisir à les revoir.*
I enjoyed their (dans la langue parlée : **them) coming with us.** ▶▷ *Cela m'a fait plaisir qu'ils viennent avec nous.*

Ce verbe peut aussi être suivi d'un pronom réfléchi :
We enjoyed ourselves (we had a nice time). ▶▷ *Nous nous sommes bien amusés.* ▶ § 309.
Would you mind opening the window? ▶▷ *Cela vous ennuierait-il d'ouvrir la fenêtre ?* (Ce verbe s'emploie surtout aux formes interrogative et négative)
Would you mind not smoking? ▶▷ *Cela vous ennuierait-il de ne pas fumer ?*
Do you mind my (plus familier : **me) smoking?** ▶▷ *Cela vous dérange-t-il que je fume ?* (on dit aussi :
Do you mind if I smoke? quand on n'a pas encore commencé à fumer).
He resents (He objects to) being called Bobby. ▶▷ *Cela l'irrite qu'on l'appelle Bobby.*
I can't stand people shouting. ▶▷ *J'ai horreur que l'on crie.*

Ces verbes peuvent aussi être suivis d'**un nom** (**I enjoyed the film. Do you mind my cigar? He resented my remark. I can't stand bad manners**).
To mind (mais non **to enjoy)** peut s'employer sans complément.
We'll have to walk. – I don't mind. ▶▷ *Nous devrons y aller à pied. – Cela ne me dérange pas.*

§286) **B** Les verbes **to like, to love, to dislike, to hate, to loathe** et l'expression **cannot bear** sont suivis d'un gérondif quand ils expriment des réactions habituelles, des goûts constants, d'un infinitif quand ils expriment des réactions en présence d'actions précises.
I like taking a walk before breakfast. ▶▷ *J'aime faire une promenade avant le petit-déjeuner.*
Would you like to go for a walk now? ▶▷ *Aimeriez-vous aller vous promener maintenant ?*

§287 **C** **To prefer** suit les mêmes règles que les verbes ci-dessus, mais quand le second élément de comparaison est exprimé, il faut veiller à bien le construire.

I prefer driving my own car *to* travelling by train. ▶▷ *Je préfère être au volant de ma voiture plutôt que de voyager par le train* (Noter que le second gérondif est introduit par **to**, comme dans : **I prefer tea to coffee**).

If you prefer to stay here (rather than come with us), just tell us. ▶▷ *Si vous préférez rester ici (plutôt que de venir avec nous), vous n'avez qu'à nous le dire* (infinitif sans **to** après **rather than,** ▶ § 216).

Voir aussi ▶ § 662, 663 (autres façons d'exprimer la préférence).

5. Excuses, aveux, souvenirs

§288 **A** Se construisent avec un **gérondif** (ou un **nom**) : **to forgive, to excuse, to admit, to confess to, to deny**.

Please excuse my (plus familier ; **me**) **being late.** ▶▷ *Veuillez m'excuser d'être en retard* (on dit aussi : **Excuse me for being late, I'm sorry for being late, I'm sorry to be late, I'm sorry I'm late**).

He admitted having stolen (ou : **He admitted stealing**) **the money** (= **He confessed to having stolen the money**). ▶▷ *Il avoua avoir volé l'argent.*

He denied being a member of the party. ▶▷ *Il nia être membre du parti.*

§289 **B** **To remember** se construit avec un gérondif exprimant un souvenir évoqué, ou avec un infinitif exprimant une action qui reste à accomplir.

I remember posting the letter last night. ▶▷ *Je me rappelle avoir mis la lettre à la poste hier soir.*

I must remember (= I must not forget) to post this letter. ▶▷ *Il ne faut pas que j'oublie de mettre cette lettre à la poste.*

6. Début, continuation, fin de l'action

§290 **A** **Gérondif** (et non infinitif) après : **to stop, to finish, to quit** (américain), **to go on**, **to keep** (ou **to keep on**), **to burst out**.

Stop shouting! ▶▷ *Cesse de hurler !* (voir remarque ci-dessous)

Will you quit grumbling? (américain) ▶▷ *Allez-vous cesser de rouspéter ?*

I hope it won't keep (= go on) raining all day. ▶▷ *J'espère qu'il ne va pas pleuvoir (sans interruption) toute la journée.*

They burst out laughing when he came in. ▶▷ *Ils ont éclaté de rire quand il est entré.*

§291 **REMARQUES**

● Ne pas confondre : **"I stopped reading my paper"** *(je me suis arrêté de lire mon journal),* phrase où est exprimée la fin d'une action, et **"I stopped to read my paper"** *(je me suis arrêté pour lire mon journal),* phrase dans laquelle l'infinitif **to read** exprime un but (= **in order to read**), donc une action qui va commencer. On peut combiner les deux constructions dans la même phrase :

I stopped working to have a cup of tea. *Je me suis arrêté **de** travailler **pour** prendre une tasse de thé.*

§292 **B** **Gérondif ou infinitif** après : **to begin, to start, to continue.**

It started to rain = It started raining. ▶▷ *Il se mit à pleuvoir.*

7. Divers

§293 **(A)** *Verbes suivis d'un infinitif :*
I *happened* to be in London at the time. ▶▷ *Je me trouvais à Londres à cette époque-là.*
We can't *afford* to waste our money. ▶▷ *Nous ne pouvons pas nous permettre de gaspiller notre argent.*
She *deserved* to win. ▶▷ *Elle méritait de gagner.*
You should *learn* to drive. ▶▷ *Tu devrais apprendre à conduire* (idée de réflexes à acquérir). Mais : **You should** *learn* **how to use the tape recorder.** ▶▷ *Tu devrais apprendre à te servir du magnétophone* (▶ *to teach*, § 298).

§294 **(B)** Les verbes *to allow, to permit, to enable* et *to lead* ne peuvent pas être suivis directement d'un autre verbe à l'infinitif. Il faut un complément entre les deux verbes.
This enables us (me, one…) to conclude that… ▶▷ *Cela permet de conclure que…*
This leads one (us, people…) to behave selfishly. ▶▷ *Cela conduit à agir en égoïste.*

§295 **(C)** Un *gérondif à sens passif* peut s'employer après *to want* et *to need* (même sens)
Your car wants washing. ▶▷ *Votre voiture a besoin d'être lavée.*
His French needs brushing up. ▶▷ *Son français a besoin d'être rafraîchi.*

§296 **(D)** C'est *le gérondif* que l'on emploie, après une préposition, pour exprimer un motif *(to apologize for, to reproach someone for* ou **with, to blame someone for, to accuse someone of, to congratulate someone on…)** ▶ § 644.
He apologized for being late. ▶▷ *Il s'excusa d'être en retard.*

EXERCICES

A Transformer les phrases suivant le modèle :

I was glad to play tennis with her. ▶▶ **I enjoyed playing tennis with her.**

1. We were glad to see him again.
2. She was glad to have a chat with him.
3. Are you glad to learn German?
4. We'll be glad to have dinner together.
5. I am always glad to be in England.
6. They will be glad to spend the weekend at the seaside.

7. I was glad to help you.
8. We were glad to read their long letter.
9. Were you glad to go to the concert?
10. Believe me, I wasn't glad to wait for her in the rain!

B Transformer les phrases suivant le modèle :

Do you mind if I smoke a cigar? ▶▶ **Do you mind me** (plus soigné : **my) smoking a cigar**?

1. Do you mind if I use your pen?
2. Do you mind if they come with us?
3. Do you mind if we don't wait for you?
4. Do you mind if I ask you a few questions?
5. Do you mind if she invites her parents?
6. Do you mind if I go to bed now?
7. Do you mind if he doesn't play with us?

8. Do you mind if they stay here until tomorrow morning?
9. Do you mind if I borrow your car?
10. Do you mind if I don't give my opinion?

C Transformer les phrases suivant le modèle :

We used to read the Times. (▶ § 178) ▶▶ **We have given up reading the Times.**

1. I used to drive to my office.
2. We used to invite him.
3. He used to collect stamps.
4. We used to play bridge with her.
5. They used to have an English breakfast.

6. Her husband used to drink whisky.
7. We used to go to the horse-races.
8. I used to talk politics with him.
9. We used to travel together.
10. She used to play the piano.

D Mettre les verbes entre parenthèses à l'infinitif ou au gérondif :

1. He avoided (answer) my questions, he refused (answer) my questions.
2. They had planned (spend) their holidays in Ireland. They were considering (spend) their holidays in Ireland.
3. She hesitated (accept) their offer. She put off (give) them an answer.
4. I know you don't like (wait), but would you mind (wait) for me for a few minutes?
5. I remember (see) this film with her when I was in London.
6. We must remember (invite) the Morgans. I'll enjoy (see) them again.
7. They stopped (talk) (listen) to the news.

8. She admitted (be) the prisoner's friend, but she denied (know) what he had done.
9. Would you like (play) bridge with us? I hope you don't mind Peter (play) with us.
10. Please stop (play) with the cat.
11. We were all tired, we stopped (have) a cup of tea.
12. When we saw him we couldn't help (laugh).
13. They agreed (lend) us their car.
14. He resents (be) treated like a foreigner.
15. We expect (see) them at the party.
16. Would you mind not (smoke)?

17. He has given up (drink) and promised not (start) (drink) again.
18. Do you remember (lock) the door last night? Did you remember (lock) the door last night?

19. He hesitated (give) his opinion. He avoided (give) his opinion.
20. Would you like (camp) with us in Italy? – I'd love (camp) with you. I'd enjoy (camp) with you.

E Exprimer la même idée en employant le verbe donné entre parenthèses :

1. Whatever you do, don't discuss politics with him (to avoid).
2. We shall be glad to be in Scotland again (to enjoy).
3. I used to try and help him (to give up).
4. This plant has to be watered very often (to want).
5. Please don't smoke (to mind).
6. They told us not to bang the doors (to avoid).
7. He managed to open the box (to succeed).
8. We have planned to buy a caravan (to consider).
9. He doesn't want to be treated like a child (to resent).
10. Nylon shirts don't have to be ironed (to need).
11. I was glad to go to the opera with her (to enjoy).
12. She asked them not to make too much noise (to avoid).
13. Please help me (to mind).
14. He used to read the Observer every Sunday (to give up).
15. They intend to get married (to think).

F Traduire :

1. Ils s'arrêtèrent de travailler et se mirent à jouer aux cartes.
2. Tu dois éviter d'être en retard.
3. Il réussit à réparer le vieux réveil.
4. Cela m'a fait plaisir de voir leurs photos.
5. Excusez-moi d'avoir oublié le rendez-vous.
6. J'aime touer aux échecs. Aimeriez-vous jouer avec moi ?
7. Vous ne pouvez pas faire semblant de ne pas le savoir. Je me rappelle vous en avoir parlé.
8. Nous envisageons de le mettre en pension.
9. Nous ne pouvons pas nous permettre d'aller sur la Côte d'Azur cette année.
10. Ton manteau a besoin d'être brossé.
11. Cela vous ennuierait-il de verser le thé ?
12. Cela vous ennuierait-il que j'utilise votre téléphone ?
13. Nous continuons à marcher ou nous nous arrêtons pour nous reposer un instant ?
14. Il pense prendre sa retraite l'année prochaine.
15. Vous ne l'empêcherez pas d'épouser le garçon qu'elle aime.
16. Continuons à espérer que tout ira bien. Gardons le sourire.
17. J'ai horreur d'attendre.
18. Il avoua nous avoir menti.
19. J'ai dû renoncer à lui apprendre à conduire.
20. Ils envisagent de se marier en juin. Ils méritent d'être heureux.

§297 On a étudié au paragraphe 208 la proposition infinitive introduite par *for* ne dépendant pas d'un verbe (**I've brought this book for you to read**). La proposition infinitive dépendant d'un verbe est d'un emploi très courant, au passif comme à l'actif pour un grand nombre de verbes.

● *A l'actif*, le mot qui sépare les deux verbes est sujet du second, mais il a la forme d'un **complément** (**He wants us to come.** Le sujet de *to come* est *us*, et non *"we"*).

● **Au passif**, ce mot se trouve placé en tête de phrase et il a la forme d'un sujet (**They told me to wait** devient au passif : **I was told to wait**).

> Les formules de cette structure sont donc :
> à l'actif : « *sujet + verbe + complément d'objet + infinitif complet* ».
> au passif :   « *sujet + verbe passif + infinitif complet* ».

Les verbes qui peuvent être suivis d'une proposition infinitive peuvent être classés en 4 catégories suivant leurs sens.

1. Invitation à l'action

§298 Verbes exprimant une invitation à faire une action (ou à ne pas la faire si l'infinitif est négatif). A l'actif la construction est voisine du français.

They've invited us to go and see them. ▶▷ *Ils nous ont invités aller les voir.*
I advised him not to buy a second-hand car. ▶▷ *Je lui ai conseillé de ne pas acheter une voiture d'occasion.*
He challenged me (= He dared me) to dive from the pier. ▶▷ *Il me mit au défi de plonger du haut de la jetée.*

Se construisent de même : *to encourage, to persuade* (mais *to dissuade* se construit avec *from + gérondif*), *to ask, to require, to request, to beg, to implore, to urge, to press, to warn.*

On emploie également cette construction avec des verbes exprimant que l'on favorise une action, qu'on la rend possible : *to allow, to permit, to enable, to help* (► § 214), *to teach.*
Her parents didn't allow her to go to the dance. ▶▷ *Ses parents ne lui ont pas permis d'aller au bal.*
Her husband taught her to drive. ▶▷ *Son mari lui a appris à conduire* (mais quand il s'agit d'une façon de s'y prendre plutôt que de l'acquisition de réflexes, on construit *to teach* avec *"how to"* : **I must teach him how to use the tape-recorder.** ▶▷ *Il faut que je lui apprenne à se servir du magnétophone*).

§299  **REMARQUES**

> ● Tous ces verbes peuvent se mettre au *passif* (comparer avec le français) :
> **We were advised to wait.** ▶▷ *On nous conseilla d'attendre.*
> **They were asked not to be too noisy.** ▶▷ *On leur demanda de ne pas faire trop de bruit.*
> **He was told to come by bus** (told = advised, asked ou ordered) ▶▷ *On lui a dit de venir par l'autobus.*

§300 > ● Bien placer la *négation*. Comparer :
> **He didn't ask us to come.** ▶▷ *Il ne nous a pas demandé de venir.*
> **He asked us not to come.** ▶▷ *Il nous a demandé de ne pas venir.*

• La proposition infinitive peut être *elliptique* (► § 210, *to anaphorique*).

He wanted to smoke his pipe, but she asked him not to. ▶▷ *Il voulait fumer sa pipe, mais elle lui demanda de ne pas le faire.*

2. Volonté, ordres, préférences

§301 La proposition infinitive *doit* s'employer, à l'exclusion de toute proposition subordonnée, après les verbes exprimant une volonté, un ordre, une interdiction, un désir, une préférence que le sujet impose à un objet : *to want, to like, to love, to hate, to wish, to prefer.*

> **They want us to go with them** ("They want that we…" est impossible).
> *Ils veulent que nous allions avec eux.*
> Mais si la phrase n'a qu'un sujet, le verbe *to want* est directement suivi d'un infinitif (► § 279) :
> **Do you want to come?** *Voulez-vous venir ?*

We don't want them to spend too much money. ▶▷ *Nous ne voulons pas qu'ils dépensent trop d'argent.*
What would you like me to do? ▶▷ Que *voudriez-vous que je fasse ?*
(au conditionnel de politesse, *to like* remplace *to want :* "**would you like…?**", jamais "would you want…?").
She would prefer me to stay. ▶▷ *Elle préférerait que je reste* (► § 662).

§302 Les verbes ci-dessus ne se construisent ainsi qu'à l'actif. Quelques autres peuvent se construire aussi *au passif : to order, to compel, to intend, to forbid.*
He was ordered to pay at once. ▶▷ *On lui ordonna de payer immédiatement.*
They were forbidden to say a word. ▶▷ *On leur interdit de dire un seul mot.*

3. Attente, confiance

§303 *To expect,* à l'actif et au passif :
Do they expect me to read all these books? ▶▷ *S'attendent-ils à ce que je lise tous ces livres ?* (au passif : **Am I expected to read…?**)
We expected him to make a speech. ▶▷ *Nous nous attendions à ce qu'il fît un discours* (Mais quand *to expect* est employé dans son sens affaibli, très courant, synonyme de *to suppose,* il est suivi d'une subordonnée :
I expect you are right. ▶▷ *Vous avez sans doute raison*).

§304 *To wait for,* seulement à l'actif :
I'm waiting for the rain to stop. ▶▷ *J'attends que la pluie s'arrête.*
We are waiting for her to give us an answer. ▶▷ *Nous attendons qu'elle nous donne une réponse* ("We are waiting that she…" est impossible).

Ce verbe se construit aussi avec *until :* **I'll wait until they come home.** ▶▷ *J'attendrai qu'ils rentrent.*

§305 *To depend (= rely, count) on, to trust,* à l'actif et au passif :
We can depend (= rely, count) on him to help us. ▶▷ *Nous pouvons compter sur son aide.*
She may be trusted to do the work well. ▶▷ *On peut être assuré qu'elle fera bien ce travail.*

4. Opinion, déclaration

§306 ⟩ Après les verbes exprimant une opinion ou une déclaration, la proposition infinitive s'emploie parallèlement à une subordonnée introduite par *that*, qui est plus courante dans la langue parlée. Ces verbes se construisent fréquemment au passif. L'infinitif est généralement *to be*, qui peut être sous-entendu.

They believed him (to be) a little mad (plus couramment : **They believed he was a little mad**).
▶▷ *On le croyait un peu fou* (Au passif : **He was believed to be a little mad**).
He believes himself to be a victim of circumstances (construction assez fréquente avec un pronom réfléchi). ▶▷ *Il se croit victime des circonstances.*
We consider him (to be) an honest man. ▶▷ *Nous le considérons comme un honnête homme* (C'est la construction la plus courante de *to consider,* qui peut aussi être suivi de *as*, jamais de *like* : **We consider him as a friend = we regard him as a friend**).

§307 ⟩ Se construisent également avec une proposition infinitive : *to declare, to know, to report, to say* et *to think,* ces deux derniers verbes seulement au passif.

He is said to be a miser (said = reputed). ▶▷ *On le dit avare* (A l'actif **People say he is a miser**).
He was thought to be dead. ▶▷ *On le croyait mort* (A l'actif: **People thought he was dead**).

§308 ⟩ *To suppose* s'emploie surtout au passif, dans des sens variés.

You are not supposed to know that. ▶▷ *Tu n'es pas censé savoir cela.*
Am I supposed to ring you up? *Vous attendez-vous à ce que je vous téléphone ? (Est-ce à moi de vous téléphoner ?)*

A l'actif, suivi d'une subordonnée, il prend généralement un sens affaibli.
I suppose (= I expect. ▶ § 303) **he won't agree.** ▶▷ *Je pense qu'il ne sera pas d'accord (il ne sera probablement pas d'accord).*

EXERCICES

A Construire des phrases avec **"to want + proposition infinitive"** suivant le modèle :

He must work harder (His parents…) ▶▶ **His parents want him to work harder.**

1. I must buy a new car (My wife…).
2. You must go to bed (Your mother…).
3. We must visit our friends on Saturday (Our friends…).
4. You must give us an answer (We…).
5. She mustn't come home late (Her parents…).

6. We mustn't drive her car (She…).
7. I mustn't tell you the truth (They…).
8. John must wait for us (We…).
9. They must follow your advice (I…).
10. He mustn't be late (I…).

B Construire des phrases suivant le modèle :

Shall I help you? ▶▶ **Do you want me to help you?**

1. Shall I make the tea?
2. Shall I give you my opinion?
3. Shall we stay with you?
4. Shall I call a doctor?
5. Shall we wait for you?

6. Shall I wash the car?
7. Shall I translate the letter for you?
8. Shall we invite Betty for the weekend?
9. Shall I meet you at the station?
10. Shall I do the washing up?

C Compléter les phrases suivant le modèle :

He doesn't want to buy a new car, but his wife… ▶▶ **but his wife wants him to buy one** (contraste entre deux volontés).

1. I don't want to invite my brother-in-law, but my wife…
2. My children want to hitch-hike to Italy, but I…
3. We don't want to read this book, but our teacher…
4. Bob doesn't want to do the washing up, but his mother…
5. He wants to buy a motor-bike, but his wife…

6. They want to come with us, but we…
7. She doesn't want to learn German, but her parents…
8. We want to help her, but she…
9. He wants to be a sailor, but his parents…
10. Ken doesn't want to take his medicine, but his mother…

D Transformer les phrases suivant le modèle :

I am waiting, they are not yet ready ▶▶ **I am waiting for them to be ready.**

1. We are waiting, she has not yet given us an answer.
2. They are waiting, we have not made up our minds yet.
3. We are waiting, the rain hasn't stopped yet.
4. They are waiting, you haven't phoned them.
5. I am waiting, the sun hasn't come out yet.

6. He is waiting, she hasn't told him what to do.
7. We are waiting, he has not yet apologized for his rude remark.
8. She is waiting, we have not yet answered her letter.
9. I am waiting, you haven't told me the truth yet.
10. We are waiting, you haven't finished your soup.

E Mettre au passif (sous-entendre le complément d'agent) et traduire (par **on** + phrase active) :

1. They advised her to spend a year in the U.S.A.
2. Somebody asked me to show my passport.
3. People say he is a good dentist.
4. People thought he was a spy.
5. They expected me to make a speech.
6. People believed him to be the murderer.
7. Somebody told her to wait.
8. We consider him to be the best poet of his generation.
9. They say he is a hypocrite.
10. People say he was a war hero.
11. They teach English boys to keep their self-control.
12. Everyone knows the English are fond of animals.
13. People advised me not to arrive too late.
14. They don't allow us to smoke.
15. Somebody told them not to sit on the grass.

F Traduire :

1. Voulez-vous (Aimeriez-vous) que je vous emmène à la gare en voiture ?
2. Je veux qu'il me dise la vérité. Je ne veux pas qu'il me mente.
3. Je ne voudrais pas qu'elle nous attende.
4. Elle aimerait que tu joues au tennis avec elle.
5. Que veux-tu que je lui dise ?
6. Nous ne voulons pas que notre fille épouse un étranger.
7. Ils veulent aller en Espagne, leurs parents veulent qu'ils aillent en Ecosse.
8. Je ne m'attends pas à ce qu'il nous écrive chaque semaine.
9. Je les attends, j'attends qu'ils soient prêts.
10. Combien d'argent voulez-vous que je vous prête ?
11. Nous nous attendons à ce qu'ils nous invitent.
12. On leur demanda de ne pas fumer.
13. On disait qu'elle était bonne pianiste.
14. On le croyait fils de pasteur.
15. Elle ne veut pas jouer avec nous, nous aimerions qu'elle joue avec nous.
16. Nous ne voulons pas que vous manquiez votre train.
17. On leur enseigne à ne jamais mentir.
18. On leur conseilla de ne pas boire trop de whisky.
19. J'espère qu'ils ne s'attendent pas à ce que nous soyons d'accord avec eux.
20. On leur avait dit de ne pas être en retard.

▶ 23 • Compléments d'objet et d'attribution

Le complément d'objet d'un verbe peut être un nom, un pronom, une proposition introduite par ***what*** (*ce que…*, ▶ § 541*)*, un gérondif ou un infinitif (▶ leçon 21), une proposition infinitive (▶ leçon 22), une subordonnée introduite par ***that*** (▶ leçon 24). La proposition interrogative indirecte a été examinée aux ▶ § 275 à 277.

1. Un complément d'objet direct ou indirect

§309 La plupart des verbes suivis d'un complément d'objet se construisent comme en français. On examinera ici les principaux verbes qui se construisent différemment dans les deux langues.

A ***Complément direct en anglais, indirect en français*** : ***to obey*** (*obéir à*)*,* ***to answer*** (*répondre à*)*,* ***to attend*** (*assister à*)*,* ***to use*** (*se servir de*)*,* ***to need*** (*avoir besoin de*)*,* ***to enter*** (*entrer dans*)*,* ***to trust*** (*faire confiance à*)*,* ***to suit*** (*convenir à*)*,* ***to mind*** (*s'occuper de, faire attention à*)*,* ***to expect*** (*s'attendre à*)*,* ***to enjoy*** (*jouir de*)*,* ***to resemble*** (*ressembler à*, moins courant que ***to look like*).**

Obey your parents. ▶▷ *Obéissez à vos parents.*
They attended the meeting. ▶▷ *Ils assistèrent à la réunion.*
Do you need my dictionary? ▶▷ *Avez-vous besoin de mon dictionnaire ?*
I trust my children. ▶▷ *Je fais confiance à mes enfants.*
Will the date suit you? ▶▷ *La date vous conviendra-t-elle ?*
Mind *your own business*. ▶▷ *Occupez-vous de vos affaires.*
Mind the step. ▶▷ *Attention à la marche.*
He enjoys good health. ▶▷ *Il jouit d'une bonne santé.*

Dans certains cas il y a interversion du sujet et de l'objet quand on passe d'une langue à l'autre.
We miss our friends. ▶▷ *Nos amis nous manquent.*
They like you. ▶▷ *Vous leur êtes sympathique.*
We enjoyed the film. ▶▷ *Le film nous a plu.*

§310 **B** ***Complément indirect en anglais, direct en français*** : ***to listen to*** (*écouter*)*,* ***to look*** (ou : ***stare, gaze, peep, glance…*)** ***at*** (*regarder*)*,* ***to look after*** (*surveiller*)*,* ***to look for*** (*chercher*)*,* ***to wait for*** (*attendre*)*,* ***to hope for*** (*espérer*)*,* ***to pay for*** (*payer une chose achetée*)*,* ***to account for*** (*expliquer*)*,* ***to comment on*** (= ***upon*)** (*commenter*)*,* ***to operate on*** (*opérer*)*,* ***to aim at*** (*viser*)*,* ***to ask for*** (*demander un objet, un conseil*).

The children stared at him. ▶▷ *Les enfants le dévisagèrent.*
Look after your brother. ▶▷ *Surveille ton frère.*
What else can you hope for? ▶▷ *Que pouvez-vous espérer de plus ?*
We are waiting for them. ▶▷ *Nous les attendons.*
Who paid for the drinks? ▶▷ *Qui a payé les boissons ?* (mais complément direct pour la somme payée ou la personne qui la reçoit : ***to pay £ 20, to pay the taxi-driver. I paid $ 4 for this book.*** ▶▷ *J'ai payé ce livre 4 dollars*).
He asked (me) for my passport. ▶▷ *Il (me) demanda mon passeport* (mais le complément est direct dans des expressions comme : ***to ask the time, to ask the price*).**

Quand ***to look, to listen*** et ***to wait*** sont employés sans complément, on n'emploie pas non plus la préposition.

> Comparer :
> **Listen to them! Wait for me!** *Ecoutez-les ! Attendez-moi !*
> **Listen! Wait!** *Ecoutez ! Attendez !*

§311 **C** *Compléments indirects dans les deux langues,* mais prépositions différentes : *to think of* (penser à), *to believe in* (croire à), *to depend on* (dépendre de), *to laugh at* (rire de), *to profit by* ou : *to benefit from* (profiter de).

What are you thinking of? ▶▷ *A quoi pensez-vous ?* (▶ § 114)

The Scots believe in ghosts. ▶▷ *Les Ecossais croient aux fantômes.*

It will depend on the price. ▶▷ *Cela dépendra du prix.*

You can't profit by (= benefit from) other people's experience. ▶▷ *On ne profite pas de l'expérience des autres.*

§312 **D** Quand le sens le permet on peut mettre au *passif* les phrases qui ont un complément d'objet, direct ou indirect (▶ § 246).

You are needed. ▶▷ *On a besoin de vous.*

They can't be trusted. ▶▷ *On ne peut pas leur faire confiance.*

He was stared at, laughed at. ▶▷ *On le dévisageait, on se moquait de lui.*

He had to be operated on (for appendicitis). ▶▷ *Il fallut l'opérer (de l'appendicite).*

The patients are well looked after. ▶▷ *Les malades sont bien soignés.*

2. Deux compléments directs

§313 Certains verbes peuvent être suivis de deux compléments directs, c'est-à-dire non introduits par une préposition : *un complément d'attribution* (un nom ou pronom exprimant généralement une personne) précédant *un complément d'objet.*

A **To give, to offer, to send, to lend, to show, to award, to tell, to teach** peuvent également se construire avec un complément d'attribution indirect introduit par *to* : "**He gave John a book**" ou "**He gave a book to John**" (dans chacune de ces phrases l'accent est mis sur le second complément). La voix passive peut se former de deux façons différentes : **John was given a book. A book was given to John** (▶ § 247 et 316).

Lend Betty your camera. ▶▷ *Prête ton appareil photo à Betty.*

They awarded him the scholarship. ▶▷ *Ils lui attribuèrent la bourse.*

He was awarded the scholarship. ▶▷ *On lui attribua la bourse.*

They teach us two languages (passif : **We are taught two languages**). ▶▷ *On nous enseigne deux langues.*

§314 **B** **To buy, to leave, to make** peuvent également se construire avec un complément d'attribution indirect introduit par *for* : "**He bought her an ice-cream**" ou "**He bought an ice-cream for her**".

Have you left us anything to eat? ▶▷ *Nous as-tu laissé quelque chose à manger ?*

She made them a cup of tea. ▶▷ *Elle leur fit une tasse de thé.*

§315 **C** **To ask** peut se construire également avec un complément indirect (qui n'est pas un complément d'attribution) introduit par *of.*

Let me ask you a question. ▶▷ *Permettez-moi de vous poser une question.*

He asked the King a favour (= He asked a favour of the King). ▶▷ *Il demanda une faveur au roi* (la seconde construction ne s'emploie que dans quelques expressions de sens abstrait).

▶ § 310 *(to ask for something).*

3. Deux compléments : direct et indirect

§316 **A** On a vu ci-dessus la **double construction** des verbes qui ont un complément d'objet et un complément d'attribution.

> **He gave John a book / He gave a book to John.**
> **He bought her an ice-cream/ He bought an ice-cream for her.**

On place en seconde position le complément que l'on veut accentuer pour le mettre en relief.

> Comparer :
> **They offered my brother a good job.**
> *Ils ont offert un bon emploi à mon frère.*
> **They offered the job to my brother.**
> *C'est à mon frère qu'ils ont offert cet emploi.*
> Quand *to give* est suivi de deux pronoms, on peut dire par exemple :
> **Give it to me** *(Donne-le moi)* ou **Give me it** (plus familier).
> On entend aussi : **Give it me** (très familier).

§317 **B** Autres verbes construits avec *un complément direct de chose suivi d'un complément indirect de personne :*

He explained the situation to me. ▶▷ *Il m'expliqua la situation.*
Describe your impressions to us. ▶▷ *Décrivez-nous vos impressions.*
She borrowed £ 50 from her brother. ▶▷ *Elle emprunta £50 à son frère.*
She tried to hide her feelings from him. ▶▷ *Elle essaya de lui cacher ses sentiments.*

REMARQUES

▌ "He explained me", "describe us…", "she borrowed him" sont des constructions impossibles.

§318 **C** Verbes construits, au contraire, avec *un complément direct de personne suivi d'un complément indirect de chose :*

The USA supplied them with weapons. ▶▷ *Les Etats-Unis leur fournirent des armes.*
They robbed her of all her savings (= They stole all her savings). ▶▷ *Ils lui volèrent toutes ses économies.*
The film reminded me of my youth. ▶▷ *Le film me rappela ma jeunesse* (▶ § 347)

C'est cette construction que l'on emploie pour exprimer *un motif,* la préposition étant suivie d'un nom ou d'un gérondif :

> **to blame somebody for…, to accuse somebody of…,**
> **to congratulate somebody on…, to thank somebody for…** (▶ **§ 644).**

She blamed him for his laziness. ▶▷ *Elle lui a reproché sa paresse.*
I blamed him for not telling me the truth. ▶▷ *Je lui ai reproché de ne pas m'avoir dit la vérité.*

§319 Les verbes de ce paragraphe (C) peuvent se mettre au passif : **They were supplied with weapons by the USA. She was robbed of all her savings. He was blamed for his laziness.**

EXERCICES

A Mettre au passif en sous-entendant le complément d'agent, puis traduire, suivant le modèle :

People need you ▶▶ **You are needed.** *On a besoin de vous.*

1. We expect trouble.
2. We could not account for his failure.
3. They don't look after their children very well.
4. The doctors will have to operate on him.
5. We can't trust him.
6. They obeyed her at once.
7. Nobody has paid for the drinks.
8. They will teach him Latin and Greek.
9. They robbed me of my passport.
10. People will give you good advice.
11. They showed us the documents (2 constructions passives).
12. Nobody has told me the truth.
13. They won't need this dictionary.
14. Nobody answered the question.
15. They will supply you with money.

B Transformer les phrases suivant le modèle :

He gave a tip to the usherette ▶▶ **He gave her a tip.**

1. She made a cake for her children.
2. He lent his car to his daughter.
3. She bought an umbrella for her husband.
4. He told the story to all his friends.
5. He showed his stamps to Barbara and me.
6. We send Christmas cards to our English friends.
7. They always tell the truth to their children.
8. We'll give a watch to Peter.
9. They awarded the first prize to Jennie Morgan.
10. I must buy a present for my parents.

C Traduire :

1. Nous allons assister à la conférence.
2. Qui attendez-vous ?
3. Je ne lui fais plus confiance. On ne peut pas lui faire confiance.
4. Les Anglais croient-ils à la démocratie ?
5. Il va falloir que j'emprunte une grosse somme à une banque.
6. Qui paiera le diner ?
7. Quand ils sont en France, leur petit-déjeuner anglais leur manque.
8. Ne me cachez rien.
9. Nous lui prêterons l'argent dont elle a besoin.
10. Te sers-tu de ce dictionnaire ? J'en ai besoin.
11. Combien avez-vous payé ce disque ?
12. Elle les remercia de leurs conseils.
13. On n'a pas besoin de lui aujourd'hui.
14. On s'attend à une tempête sur la Manche cette nuit.
15. Mon séjour en Ecosse m'a beaucoup plu.

▶ 24 • La subordonnée introduite par that. "I think so", "I hope not"

1. La subordonnée introduite par that

§320 **A** Cette construction est très voisine du français après les verbes exprimant la connaissance *(to know, to understand,* l'expression *I'm sure)*, la perception *(to see, to notice, to feel)*, une opinion *(to think, to believe, to doubt)*, une déclaration *(to say, to insist, to mean)*, une supposition *(to suppose, to expect, to assume, to guess)*, un accord *(to admit, to agree)*, un souvenir *(to remember, to forget)*, un espoir ou une crainte *(to hope, to fear*, l'expression *I am afraid)*.

La conjonction *that* est souvent *sous-entendue,* surtout dans la langue parlée.
I know (that) you are right. ▶▷ *Je sais que vous avez raison.*
I understand (that) they are leaving tomorrow. ▶▷ *Je crois savoir qu'ils partent demain.*
We don't doubt (that) they will agree. ▶▷ *Nous ne doutons pas qu'ils ne soient d'accord.*
Do you mean (that) you are going to marry her? ▶▷ *Voulez-vous dire que vous allez l'épouser ?*

§321 **B** *To think* et *to believe* se construisent avec une subordonnée, ils ne sont jamais suivis directement d'un infinitif. Comparer la construction dans les deux langues :
Il croit tout savoir. ▶▷ **He thinks (that) he knows everything.** ("he thinks to know" est impossible).
Je pense avoir raison. ▶▷ **I think (that) I am right.**
Nous pensons avoir fait notre devoir. ▶▷ **We believe (that) we have done our duty.**

§322 **C** *To say* est suivi directement d'une subordonnée, alors que *to tell* est suivi d'abord d'un complément de personne exprimant à qui les paroles sont destinées. Comparer :
He said (that) he was tired. ▶▷ *Il a dit qu'il était fatigué.*
He told us (that) he was tired. ▶▷ *Il nous a dit qu'il était fatigué.*

§323 **D** Noter la construction de l'impératif *mind + subordonnée* (surtout négative).
Mind you don't fall. ▶▷ *Faites attention de ne pas tomber.*

2. Subordonnées elliptiques

§324 **A** Les verbes de connaissance, de perception, d'opinion, etc. (▶ voir liste, § 320) peuvent être suivis d'une *subordonnée elliptique* (réduite à *un auxiliaire précédé de son sujet)* pour éviter une répétition inutile.
Are they coming with us? – I hope they are. ▶▷ *Viennent-ils avec nous ? – J'espère que oui.*
Did your wife enjoy the film? – I think she did. ▶▷ *Ta femme a-t-elle aimé le film ? – Je crois que oui.*
I don't like operas. – I know you don't. *Je n'aime pas les* operas. *– Je le* sais.

§325 **B** Après les verbes *to think, to believe, to suppose, to expect, to hope, to say, to toil* et l'expression *I am afraid,* la subordonnée peut être remplacée par *so* pour éviter une répétition inutile. Comparer avec les phrases ci-dessus.
Are they happy? – I think so (= I think they are). ▶▷ *Sont-ils heureux ? – Je le crois.*
Will she pass her exam? – I hope so (= I hope she will). ▶▷ *Réussira-t-elle à son examen ? – Je l'espère.*
Is it going to rain? – I'm afraid so (= I'm afraid it is). ▶▷ *Va-t-il pleuvoir ? – Je le crains.*

Cette construction n'est pas possible après *to know, to see, to remember.*

So est parfois placé en tête de phrase (style emphatique).

So he told me! ▶▷ *C'est ce qu'il m'a dit !*

So I hope. ▶▷ *C'est ce que j'espère.*

§326   **C** A la *forme négative*, deux constructions sont possibles avec *to think, to believe, to suppose, to expect*.

> **I don't think so, I don't suppose so** (langue courante) = **I think not, I suppose not** (style soigné, négation plus catégorique)
>
> *To tell* et *to say* s'emploient surtout avec la première construction.
>
> *To hope* et l'expression **I am afraid** n'admettent que la seconde construction, avec **not**.

Was she pleased? – She didn't say so. ▶▷ *Etait-elle contente ? – Elle ne l'a pas dit.*

Are they coming? – I hope not (= I hope they aren't). ▶▷ *Viennent-ils ? – J'espère que non.*

EXERCICES

A <u>Donner des réponses elliptiques (une ou deux constructions) suivant les modèles :</u>

Are they waiting for us? – No (to hope) ▶▶ **I hope not** (= I hope they aren't)

I'm very tired. – Yes (to know) ▶▶ **I know you are** (seule construction).

1. Did they like the book? – Yes (to think).

2. Did they understand what I said? – No (I'm afraid).

3. Is there a telephone box in the village? – Yes (to think).

4. She's rather disappointed. – Yes (to see).

5. He will say it's too expensive. – Yes (I'm afraid).

6. Do you think she will marry him? – No (to hope).

7. Can you help me? – No (I'm afraid).

8. I like tea very much. – Yes (to know).

9. Did the policeman see you? – No (to hope).

10. Would your father lend us his car? – Yes (to suppose).

11. John isn't very good at maths, is he? – No (I'm afraid).

12. Is your sister ready? – Yes (to think).

13. She is a good pianist. – Yes (to know).

14. There's going to be a gale. – Yes (I'm afraid).

15. Are the children making progress? – Yes (to hope).

B Traduire :

1. Il croit pouvoir réparer le moteur de sa voiture.

2. Fais attention de ne pas casser la théière.

3. Je pense avoir assez d'argent pour rester à Londres quinze jours.

4. Faites attention de ne pas manquer votre train.

5. Les enfants ont-ils écrit à leur grand-mère ? Je crois que oui.

6. Aurez-vous assez de temps pour venir nous voir quand vous serez à Londres ? – Je crains que non.

7. Je vous écrirai chaque semaine. – Nous l'espérons.

8. Vos amis sont-ils contents de leur nouvelle voiture ? – Je crois que non.

9. Betty connait-elle notre numéro de téléphone ? – Je crains que non.

10. Ont-ils invité les Robinson ? – J'espère que non.

11. J'espère que tu n'as pas perdu les billets. – Je crains que si.

12. Sait-elle où nous sommes ? – Je suppose que non.

13. Y a-t-il assez de lait pour tout le monde ? – Je crois que oui.

14. Je ne pense pas que nous puissions lui faire confiance. – Je le lui ai dit.

15. Elle a dit qu'elle serait en retard. Elle nous a dit qu'elle serait en retard.

▶ 25•Les structures causatives

§327 Il s'agit de structures de phrases dans lesquelles le sujet est à l'origine de l'action, en prend l'initiative, mais ne l'accomplit pas lui-même. Il la fait faire (si elle est active), ou subir (si elle est passive) par l'objet. Exemples de phrases françaises causatives : « Il fait travailler son fils » (le père, sujet de la phrase, est à l'origine de l'action, mais c'est le fils qui l'accomplit). « Je ferai réparer ma montre » (c'est moi qui suis à l'origine de l'action, mais c'est la montre, complément, qui la subira).

On voit que le français utilise dans les deux cas la même formule « *faire + infinitif* ». L'anglais utilise deux structures différentes selon que le second verbe exprime une action accomplie (active) ou subie (passive).

1. « Make + objet + infinitif sans to » (sens actif)

§328 **A** Dans la phrase **"His jokes made us laugh"** *(ses plaisanteries nous ont fait rire)*, **us** est à la fois complément de **made** (d'où la forme de ce pronom : **us** et non **we**) et sujet de **laugh**. Le verbe **to make** (qui joue ici le rôle d'un auxiliaire) et le second verbe sont toujours séparés, contrairement au français.

He makes his pupils work too much. ▶▷ *Il fait trop travailler ses élèves* (▶ § 98, n° 5).

You'll make me miss my train. ▶▷ *Vous allez me faire manquer mon train.*

Si la phrase est au passif, il faut un infinitif complet (construction peu fréquente).

He was made to hand the cheque over (à l'actif : **They made him hand the cheque over**). ▶▷ *On l'obligea à remettre le chèque.*

§329 **B** En Amérique, **to make** est parfois remplacé par **to have.**

We had (= made) him say what he knew. ▶▷ *Nous lui avons fait dire ce qu'il savait.*

C Autres constructions de même sens, avec **to get, to order, to cause** : le second verbe est à **l'infinitif complet.**

You should get him to go to the dentist's. ▶▷ *Tu devrais le faire aller chez le dentiste* (idée de persuasion).

He ordered them to burn all the papers. ▶▷ *Il leur fit brûler tous les documents* (ordre catégorique).

What caused him to resign? ▶▷ *Qu'est-ce qui l'a fait démissionner ?* (le sujet de **to cause** est généralement un neutre).

Mais ces « variantes » sont beaucoup moins courantes que la structure avec **to make** et l'infinitif **sans to** (▶ § 328).

2. « Have + objet + participe passé » (sens passif)

§330 **A** Dans cette structure le participe passé a le même sens que dans une phrase passive, où il est précédé de l'auxiliaire **to be** (▶ leçon 17).

Dans la phrase **"They had a new school built"** *(ils firent construire une nouvelle école)*, **built** a bien un sens passif : l'école a été construite. La phrase pourrait se terminer par un complément d'agent **(by...)**, ce qui n'est pas le cas des phrases du § 328.

I must have my watch repaired. ▶▷ *Il faut que je fasse réparer ma montre.*

She had her coat cleaned. ▶▷ *Elle fit nettoyer son manteau.*

L'ordre des mots est important.

> Comparer :
>
> **They had a house built.** *Ils firent construire une maison.*
> **They had built a house.** *Ils avaient construit une maison* (plus-que-parfait)

Le sens causatif de *to have* est parfois très estompé, ou disparaît complètement, comme dans les phrases :

She had her purse stolen. ▶▷ *On lui a volé* (« *Elle s'est fait volé* ») *son porte-monnaie.*
He had his leg broken. ▶▷ *Il s'est cassé la jambe.*

§331 **B** *To get* s'emploie parfois comme auxiliaire à la place de *to have.*
I must get (= have) my watch repaired. ▶▷ *Il faut que je fasse réparer ma montre.*

3. Traductions de « faire + infinitif »

§332 **A** Malgré les apparences, les deux phrases françaises « *il a fait pleurer son frère* » et « *il a fait punir son frère* » appartiennent à des structures « profondes » différentes, car dans le premier cas le frère a pleuré (actif), alors que dans le second cas il a été puni (passif). La seconde phrase pourrait être complétée par un complément d'agent (« *par son père* »).

La plupart des phrases françaises construites avec « *faire + infinitif* » se traduisent par les structures étudiées ci-dessus

- si l'infinitif a un sens actif : « *make + objet + infinitif sans to* » (▶ § 328)
He made his brother cry. ▶▷ *Il a fait pleurer son frère.*
They made me come too early. ▶▷ *Ils m'ont fait venir trop tôt.*
Don't make him drink too much. ▶▷ *Ne le faites pas trop boire.*

- si l'infinitif a un sens passif : « *have + objet + participe passé* » (▶ § 330)
He had his brother punished. ▶▷ *Il a fait punir son frère.*
She had the letter translated. ▶▷ *Elle fit traduire la lettre.*
She has her dresses made by a neighbour. ▶▷ *Elle fait faire ses robes par une voisine.*

§333 **B** *Cas particuliers*, différents des deux structures étudiées ci-dessus :
To grow vegetables, to boil water. ▶▷ *Faire pousser des légumes, faire bouillir de l'eau* (un seul verbe, sans auxiliaire).
Don't keep her waiting. ▶▷ *Ne la faites pas attendre.*
Let us know the results. ▶▷ *Faites-nous savoir les résultats.*
He is trying to get himself invited (ou : **to get invited**)**.** ▶▷ *Il cherche à se faire inviter.* (« *Se faire* » + action recherchée)
Their dog was (ou : **got**) **run over.** ▶▷ *Leur chien s'est fait écraser* (« *se faire* » + action subie : un simple passif)
They couldn't make themselves understood. ▶▷ *Ils n'arrivaient pas à se faire comprendre* (Cette structure : « *to make + oneself + participe passé* » ne s'emploie qu'avec **understood, heard, obeyed, respected**).
Show them in. ▶▷ *Faites-les entrer.* (Structure résultative, ▶ leçon 26).

EXERCICES

A Transformer les phrases suivant le modèle :

He drank too much (They) ▶▶ **They made him drink too much.**

1. We coughed (The smoke).
2. I'll lose my patience (You).
3. She blushed (They).
4. They learn three languages (Their parents).
5. We did the exercise again (The teacher).

6. He will confess his crimes (The police).
7. I wasted my time (They).
8. She gave up smoking (The doctor).
9. We changed our plans (The bad weather).
10. They drove very slowly (The fog).

B Transformer les phrases suivant le modèle :

A new bridge was built (They) ▶▶ **They had a new bridge built.**

1. My car will be repaired (I).
2. Your hair must be cut (You).
3. His suit should be cleaned (He).
4. This letter will be typed (I).
5. Our lawn is mown by a neighbour (We).
6. He was taught Latin (His parents).

7. You'll be put in jail (We).
8. Our house is being redecorated (garder la forme progressive) (We).
9. Her daughter should be examined by a specialist (She).

C Traduire :

1. Il faut que je fasse laver ma voiture.
2. Il voulait se lever, mais l'infirmière l'a fait rester au lit
3. Que penses-tu de ses discours ? – Ils me font bâiller.
4. Il m'a menti, mais je lui ferai dire la vérité.
5. J'ai besoin d'étagères pour mes livres. Je les ferai faire par un menuisier.
6. Ne nous faites pas attendre trop longtemps.
7. Il y avait trop de bruit, il ne pouvait pas se faire entendre.
8. Mon réveil ne marche pas très bien. – Fais-le réparer.
9. Nous allons faire examiner notre chat par un vétérinaire.
10. Elle leur a fait prendre leurs imperméables.
11. Il se conduit comme s'il voulait se faire arrêter.

12. Les embouteillages nous ont fait arriver très tard.
13. Ils firent détruire les documents.
14. Vous devriez faire repeindre votre cuisine.
15. Ce roman est très bon. Pourquoi ne le faites-vous pas publier ?
16. Nous le faisons aller chez le coiffeur tous les mois.
17. Il n'arrivait pas à se faire obéir.
18. Le film était trop triste, il a fait pleurer ma femme.
19. Nous allons faire planter un saule pleureur (a weeping willow) dans notre jardin.
20. Elle lui en voulait parce qu'il l'avait fait attendre sous la pluie.

▶ 26 • Les structures résultatives

§334) Il s'agit de structures de phrases dans lesquelles le verbe exprime **un moyen**, le résultat (déplacement, opération abstraite…) étant exprimé à l'aide de divers *éléments* « *résultatifs* » : un adjectif attribut (**He pushed the door open**), une postposition (**They kicked the dog out**), une préposition suivie d'un nom (**He drank himself to death**), *into* ou *out of* suivis d'un gérondif (**We talked her out of selling her house**).

Le verbe peut être suivi directement de l'élément résultatif (**They starved to death**) ou en être séparé par un complément (**She sang her baby *to* sleep**). On remarquera que ces constructions idiomatiques sont souvent plus concises et plus élégantes que leurs traductions en français.

1. Manière de se déplacer

§335) **A** Le verbe indique de quelle façon on se déplace, le déplacement lui-même est exprimé à l'aide de l'élément résultatif (postposition, ou préposition + nom), si bien que l'ordre des termes est différent du français.

HE SWAM ⟶ ACROSS THE RIVER
IL TRAVERSA LA RIVIÈRE ⟵ ⟶ À LA NAGE

She ran out. ▶▷ *Elle sortit en courant.*
He limped up the hill. ▶▷ *Il monta la côte en boitant.*
They broke into the room. ▶▷ *Ils entrèrent dans la pièce par effraction.*
He flew round the world. ▶▷ *Il fit le tour du monde en avion.*

Le verbe peut indiquer le bruit qui accompagne le déplacement.
The door banged shut (*shut* est ici un adjectif). ▶▷ *La porte claqua.*

§336) **B** Le verbe exprimant un déplacement peut être suivi de l'expression *"one's way"* (idée de déplacement malaisé).
He shouldered (elbowed, kicked, threaded) his way through the crowd. ▶▷ *Il se fraya un chemin à travers la foule à coups d'épaules (de coudes, de pieds, en se faufilant).*
I groped my way towards the door. ▶▷ *J'avançai vers la porte à tâtons.*

§337) **C** Cette structure permet notamment de préciser si la personne ou l'objet qui se déplace s'éloigne ou se rapproche de la personne qui décrit le déplacement. S'il y a *éloignement* on emploie *to go*, s'il y a rapprochement on emploie *to come*.

> Ainsi, quand la personne qui parle est en haut de l'escalier :
> *Montez* ▶▷ **Come upstairs** – *Descendez* ▶▷ **Go downstairs**
> Mais si elle est au pied de l'escalier :
> *Montez* ▶▷ **Go upstairs** – *Descendez* ▶▷ **Come downstairs**
> De même, « *Sortez* » se dit **"go out"** si la personne qui parle est à l'intérieur,
> **"come out"** si elle est à l'extérieur.

2. Moyen et résultat

§338 **A** Les structures résultatives permettent d'exprimer dans une langue imagée le ***rapport entre un moyen et un* résultat**. On remarquera que l'ordre des termes est ***chronologique,*** l'action précédant son résultat. Comparer **"he shouted himself hoarse"** et « *il s'enroua à force de crier* ». Le français envisage d'abord le résultat et précise ensuite comment il a été obtenu, alors que l'anglais décrit les faits dans leur ordre temporel.

They kicked the dog out. ▶▷ *Ils chassèrent le chien à coups de pieds.*

They had scared him stiff. ▶▷ *Ils l'avaient paralysé de frayeur.*

She sang her baby to sleep (***sleep*** est ici un nom). ▶▷ *Elle endormit son bébé en lui chantant une chanson.*

They shook him awake. ▶▷ *Ils le réveillèrent en le secouant.*

They starved to death. ▶▷ *Ils moururent de faim.*

We laughed him out of his plans. ▶▷ *Nous lui fîmes abandonner ses projets en nous moquant de lui.* Remarquer que la préposition qui accompagne normalement le verbe (ici ***at :* We laughed at him**) disparaît dans une structure résultative.

§339 **B** Le terme résultatif peut être ***into*** ou ***out of*** suivis d'un ***gérondif.*** Les verbes ainsi construits expriment la menace *(**to threaten**),* la persuasion *(**to talk**,* mais non ***to persuade**,* ▶ § 298), la tromperie *(**to deceive**),* la moquerie *(**to laugh**).* Cette construction appartient à la langue soignée, sauf avec le verbe ***to talk**,* couramment employé.

They threatened him into signing the cheque. ▶▷ *Ils le contraignirent sous la menace à signer le chèque.*

We talked her out of selling her house. ▶▷ *Nous l'avons dissuadée de vendre sa maison (à force de discussions).*

§340 **C** Quand le verbe est suivi d'un objet, la phrase peut se mettre au *passif* (**the dog was kicked out, he was laughed out of his plans, he was threatened into signing the cheque**).

He was booed from the stage. ▶▷ *Il quitta la scène, chassé par les huées.*

The bull-fighter was gored to death. ▶▷ *Le torero fut tué d'un coup de corne.*

§341 **D** On emploie parfois ***un pronom réfléchi*** entre le verbe et le terme résultatif.

You'll eat yourself sick. ▶▷ *Tu vas te rendre malade à force de manger.*

Milton read himself blind. ▶▷ *Milton devint aveugle à force de lire.*

He slept himself sober. ▶▷ *Il se dégrisa en dormant (cuva son alcool).*

He drank himself to death. ▶▷ *Il est mort alcoolique.*

§342 **E** Quelques ***expressions familières imagées*** sont des structures résultatives.

The lecture bored us stiff. ▶▷ *La conférence nous a mortellement ennuyés.*

She cried her eyes out. ▶▷ *Elle pleura à chaudes larmes.*

He yawned his head off. ▶▷ *Il bâillait à se décrocher la mâchoire.*

This factory works round the clock. ▶▷ *Cette usine travaille 24 heures sur 24.*

EXERCICES

A Traduire *(manière de se déplacer)* :

1. Tu ne dois pas traverser la rue en courant.
2. Un ivrogne avançait sur le trottoir en titubant.
3. Elle sortit de la maison précipitamment.
4. Irez-vous en Italie en voiture ou en avion ?
5. Il se rendit à bicyclette de Windsor à Oxford.
6. Elle alla sur la pointe des pieds jusqu'au lit de l'enfant.
7. Ils rentrèrent chez eux en voiture.
8. La flèche passa en sifflant près de mon oreille.
9. Le fermier traversa son champ d'un pas pesant.
10. Nous irons de Chicago à Denver en avion.
11. Deux hommes traversaient la forêt à cheval.
12. Nous pouvons aller à la gare à pied, elle n'est pas très loin d'ici.
13. Nous avons dû nous frayer un chemin dans la foule à coups de coudes.
14. Les cambrioleurs entendirent du bruit et sortirent de la maison furtivement.

B Traduire *(moyen et résultat)* :

1. Tu vas te rendre malade à force de boire.
2. Tu deviendras idiot à force de toujours rire.
3. A force de discussions, ils l'amenèrent à s'inscrire au club.
4. Ses amis la dissuadèrent d'épouser ce paresseux.
5. Ils lui firent descendre l'escalier d'un coup de pied.
6. Ils le contraignirent, sous la menace, à leur remettre les clefs.
7. D'un geste de la main, il les fit sortir.
8. En se moquant de lui, ils le dissuadèrent de porter son chapeau vert.
9. Il se tuera à la tâche.
10. Il se frotta les yeux pour se réveiller (construire avec "out of").

C Traduire :

1. They frightened him into telling them the truth.
2. You'll work yourself silly.
3. I am afraid we are locked out.
4. The soldiers crawled up the hill.
5. She shamed the boy from his seat.
6. His friends laughed him out of publishing his poem.
7. They hurried back home.
8. I talked him round to my point of view.
9. She had worried herself into a nervous breakdown.
10. She talked her parents into letting her go to the dance.
11. The hotel-keeper bowed us to our rooms.
12. They threatened him into receiving the stolen jewels.
13. Sad memories rushed into her mind.
14. He rushed up the stairs and locked himself in his room.
15. I read her to sleep.
16. He ate a plateful of spaghetti and drank a pint of beer to wash it down.
17. They walked their dinner down.
18. She kissed the child's tears away.
19. The police had clubbed the students into submission.
20. The fire had eaten its way to the top floor.

▶ 27 • Quelques verbes à constructions multiples

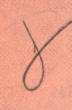

1. To say et to tell

← to let – to leave →

§343 **A** *To say* sert surtout à rapporter des paroles entre guillemets.

> **"Let's go home", she said** (sans inversion ; **"said she"** est très rare).
> Il s'emploie aussi dans des phrases au style indirect :
> **She said (that) she was tired** (= She said, "I am tired")

Il peut se construire avec un complément direct (les paroles prononcées) et un complément indirect (la personne à qui les paroles sont destinées).
Say something. ▶▷ *Dites quelque chose.*
He said good morning to us. ▶▷ *Il nous a dit bonjour.*

§344 **B** *To tell* est suivi d'un complément direct exprimant à qui les paroles sont destinées. Le second complément (les paroles prononcées) peut être un nom, une subordonnée (style indirect), un infinitif, une interrogative indirecte.
He told us a lie. ▶▷ *Il nous a menti.*
She told him (that) he was a fool. ▶▷ *Elle lui a dit qu'il était idiot.*
They told me to wait. ▶▷ *Ils m'ont dit d'attendre.*
Can you tell me where John is? (ordre des mots, ▶ § 275). ▶▷ *Peux-tu me dire où est John ?*

> Comparer les deux séries de phrases :
> **He said something funny** et : **He told us something funny.**
> **She said she was tired** et : **She told me she was tired.**

Noter la construction **"tell me about it"** *(parlez-m'en)* et les expressions **to tell the truth** *(dire la vérité)*, **to tell a lie** *(dire un mensonge)*, **to tell a story** *(raconter une histoire)* qui, par exception, peuvent se construire sans complément de personne.

§345 **C** *Au passif*, ne pas confondre les sens et les constructions des deux verbes.
He *is said* to be a liar (He is said = he is reputed). ▶▷ *On dit qu'il est menteur* (autre construction : **It is said that he is a liar**).
We *were told* (that) the train would be late (We were told = we were informed). ▶▷ *On nous a dit que le train aurait du retard.*
He *was told* to wait (He was told = he was asked, he was ordered). ▶▷ *On lui a dit d'attendre.*
I *'ve been told* a funny story. ▶▷ *On m'a raconté une histoire drôle.*

2. To remember et to remind

§346 **A** *To remember* a pour complément direct la chose dont on se souvient.
I remember my holidays. ▶▷ *Je me souviens de mes vacances.*
I can't (= don't) remember her address. ▶▷ *Je ne me rappelle pas son adresse.*

Quand le complément est un verbe, le gérondif exprime une action dont on se souvient, l'infinitif une action qu'il ne faut pas oublier de faire (▶ § 289).
I remember locking the door. ▶▷ *Je me rappelle avoir fermé la porte à clef.*

I must remember to lock the door (= I must not forget to lock the door). ▶▷ *Il ne faut pas que j'oublie de fermer la porte à clef.*

§347 ⓑ **To remind** a pour complément direct la personne à qui on rappelle quelque chose (comparer avec la construction de *to tell*).

The film reminded me of my holidays. ▶▷ *Le film m'a rappelé mes vacances.*

She reminded him that the Smiths were coming to dinner. ▶▷ *Elle lui rappela que les Smith venaient dîner.*

> Comparer les deux séries de phrases :
> **I remember my promise** et : **She reminded me of my promise.**
> **I remembered that he was deaf** et : **She reminded me that he was deaf.**

3. To come et to go

§348 Ⓐ Ne pas oublier l'opposition fondamentale entre ces deux verbes (▶ § 337) : **to come** exprime un rapprochement (ou une apparition), **to go** un éloignement (ou une disparition).

The sun hasn't come out all day. ▶▷ *Le soleil ne s'est pas montré dans la journée.*

When we got there he was gone (ou : **he had gone**). ▶▷ *Quand nous sommes arrivés il avait disparu* (pour la construction **"was gone"**, ▶ § 24).

§349 ⓑ Le verbe qui suit **to come** et **to go** est souvent introduit par *and*, surtout aux temps formés avec l'infinitif (présent simple, impératif, futur). Les deux verbes sont au même temps.

Come and see us. ▶▷ *Venez nous voir.*

We will go and help him. ▶▷ *Nous irons l'aider.*

He often comes and plays chess with me. ▶▷ *Il vient souvent jouer aux échecs avec moi.*

Mais au preterite : **We went to see** (plutôt que : **We went and saw**) **them yesterday.** ▶▷ *Nous sommes allés les voir hier.*

 **REMARQUES**

Cet emploi de *and* se rencontre aussi avec **to try.**

I'll try and help you (plus familier que : **I'll try to help you**). ▶▷ *J'essaierai de t'aider.*

De même (expression toute faite) : **Wait and see.** ▶▷ *Attendez les événements.*

§350 Ⓒ Tournures spéciales au verbe **to go** :

> **To go hunting** (ancienne forme : **to go a-hunting**),
> **shooting, fishing, swimming, shopping…**
> *Aller à la chasse à courre, à la chasse, à la pêche, aller se baigner, aller faire des achats*
> (expressions en nombre limité, principalement pour les activités en plein air).
> **To go for a walk, a drive, a picnic…** *Aller se promener (à pied, en voiture),*
> *aller faire un pique-nique.*

§351 Ⓓ **Have been** (has been) sert souvent de present perfect au verbe **to go** (▶ § 138)

Have you been to Ireland? – Yes, we went to Dublin two years ago. ▶▷ *Etes-vous (déjà) allés en Irlande ? – Oui nous sommes allés à Dublin il y a deux ans.*

> Comparer le sens des deux present perfects :
> **They have gone to Australia.** *Ils sont partis en Australie (ils y sont encore).*
> **They have been to Australia.** *Ils sont allés en Australie (ils en sont revenus).*

4. Les verbes de perception involontaire

§352 Ne pas confondre les verbes de perception *involontaire : to see, to hear*, et ceux qui expriment des actes *volontaires* (des **efforts** pour percevoir) : *to look (at), to listen (to).* Quant aux verbes **to feel, to smell** et **to taste**, ils peuvent exprimer l'une ou l'autre de ces deux notions (**I can smell gas**, perception involontaire ; **Come and smell this rose**, action volontaire).

Les verbes de perception involontaire ont plusieurs caractéristiques communes.

§353 **A** Ils sont souvent conjugués avec *can* (plus couramment qu'avec *do*).
Can you see that plane? ▶▷ *Voyez-vous cet avion ?*
Speak louder, I can't hear you. ▶▷ *Parle plus fort, je ne t'entends pas.*
I can feel a nail in my shoe. ▶▷ *Je sens un clou dans ma chaussure.*

§354 **B** Ils n'ont *pas de forme progressive* (▶ § 126).

> Comparer la question et la réponse :
> **Can you see the plane?** (perception involontaire)
> **– Yes, I'm looking at it** (perception volontaire).

Dans les phrases suivantes, à la forme progressive, il ne s'agit pas de perception involontaire.
She is tasting the soup. ▶▷ *Elle goûte la soupe.*
How are you feeling today? ▶▷ *Comment vous sentez-vous aujourd'hui ?* (forme physique et non perception sensorielle). Cette question est plus familière que **"How do you feel?"** (▶ § 120).

§355 **C** Ils peuvent être construits avec un complément d'objet suivi d'un *infinitif sans to* ou d'un *participe présent*. Avec un participe présent on met l'accent sur la durée de l'action ou on précise qu'elle est déjà en progrès au moment où elle est perçue.
We heard him bang the door. ▶▷ *Nous l'entendîmes claquer la porte.*
We heard them quarrelling all day long. ▶▷ *Nous les entendions se quereller à longueur de journée.*
(▶ § 98, n° 5).

> Comparer :   **I saw him run away** (j'ai été témoin de cette action)
> et :   **When I reached the corner of the street I saw him running away**
>   *(il était déjà en train de s'enfuir quand je l'ai vu).*

Au *passif*, la première construction demande un *infinitif complet.*
He was seen to run away (actif : **Somebody saw him run away**). ▶▷ *On l'a vu s'enfuir.*

§356 **D** *To see* et *to hear* s'emploient aussi avec des *participes passés*, quand les actions perçues sont passives. Remarquer l'ordre des mots.
I heard my name called. ▶▷ *J'entendis appeler mon nom.*
She saw her son killed during the civil war. ▶▷ *Elle a vu tuer son fils pendant la guerre civile.*

5. Les verbes d'impressions

§357 Ce sont : **to look, to sound, to feel, to smell** et **to taste** (cf. la liste du § 352).

Ils se construisent dans trois structures différentes.

A *Suivis d'un adjectif (ou nom) attribut du sujet.*
She looks tired. ▶▷ *Elle a l'air fatiguée.*
He looks a fool. ▶▷ *Il a l'air d'un imbécile.*

His story sounds credible. ▸▷ *Son histoire paraît vraisemblable (**to sound** s'emploie pour ce qu'on entend ou ce qu'on lit).*

This cake tastes funny. ▸▷ *Ce gâteau a un drôle de goût.*

§358 **B** Avec la préposition *like* + *un nom* (expression de la *ressemblance*).

He looks like Charlie Chaplin. ▸▷ *Il ressemble à Charlie Chaplin.*

What does he look like? ▸▷ *Comment est-il ? (décrivez-le).*

It sounds like a Negro spiritual. ▸▷ *On dirait un negro-spiritual.*

It feels like silk. ▸▷ *Au toucher on dirait de la soie.*

§359 **C** Suivis de *as if (= as though)* + *proposition*.

It looks as if it's going to rain. ▸▷ *On dirait qu'il va pleuvoir.*

You sound as if you are going to enjoy yourself. ▸▷ *A vous entendre, on a l'impression que vous allez bien vous amuser.*

§360 **REMARQUES** ───────────────────────────────

• *To feel* s'emploie aussi dans ces trois structures avec un sujet personnel pour exprimer des impressions physiques ou psychiques, des sentiments.

She felt very lonely. ▸▷ *Elle se sentait très seule.*

I feel like a wise old man. ▸▷ *J'ai l'impression d'être vieux et sage.*

He felt as if he were (langue moins soignée : **was) drunk.** ▸▷ *Il avait l'impression d'être ivre.*

• *To feel like* + *gérondif* = avoir envie de.

I feel like going to the pictures. ▸▷ *J'ai envie d'aller au cinéma.*

Do you feel like (having) a cup of tea? (dans cette construction, **having** est souvent sous-entendu). ▸▷ *Avez-vous envie d'une tasse de thé ?*

EXERCICES

A Mettre au passif en sous-entendant le complément d'agent, puis traduire :

1. Everyone says the Welsh are good singers.
2. They told him to stop smoking.
3. They said she was a member of the Royal Family.
4. Somebody had told me that he would not come.
5. Somebody has told me a funny story.
6 . Somebody told us to show our passports.
7. They say she was a beauty when she was a girl.

8. Nobody has told her the truth.
9. People will tell you what to do.
10. People said he had known President Kennedy.
11. Nobody had told her that her son was in hospital.
12. We saw the man drop a gun into the river.
13. We never heard him complain.
14. People never see him smile.
15. We often heard them say that they didn't like foreigners.

B Compléter avec *to say* ou *to tell* au temps demandé :

1. Don't… (impératif) them I'm here.
2. … (impératif) good morning to the lady.
3. He often … (présent simple) lies.
4. They … (preterite) us to keep our mouths shut.
5. He … (futur) them where to go.
6. She … (preterite) it was too expensive for her.
7. They spent the evening … (participe présent) funny stories.
8. We … (preterite) him to come early.
9. He … (preterite) nothing to any of us.
10. She is … (participe passé) to be a very good pianist.

11. I hadn't been … (participe passé) not to smoke.
12. When shall I be … (participe passé) the truth?
13. They were … (participe passé) that the task would be easy.
14. It is … (participe passé) that Queen Victoria had no sense of humour.
15. You should have … (participe passé) you were hungry. You should have … (participe passé) us you were hungry.

C Traduire *(dire)* :

1. Dites-nous ce que vous aimeriez faire.
2. Ce qu'il dit est stupide.
3. Ne dis à personne ce que tu as vu.
4. Ils nous ont dit de les attendre.
5. Pouvez-vous me dire où est la gare routière ?
6. Il est parti sans dire au revoir.
7. Dis à ton père pourquoi tu es en retard.
8. Le professeur nous a dit de ne pas utiliser de dictionnaire.
9. Ne leur dites pas qui je suis.

10. Elle a dit qu'elle était prête à nous aider. Elle nous a dit qu'elle était prête à nous aider.
11. Il ne nous dit jamais rien de ses projets.
12. On leur a dit de ne pas être en retard.
13. On disait qu'il avait été acteur de cinéma avant la guerre.
14. On ne leur avait pas dit où était la bibliothèque.
15. On leur dit qu'il ne restait plus de places.

N.B. Traduire les phrases 12 à 15 avec des passifs.

D Traduire *(se rappeler, se souvenir)* :

1. Je ne me rappelle pas son prénom.
2. Permettez-moi de vous rappeler que le spectacle commence à 7 heures 30.
3. Je me rappelle avoir mangé du haggis quand j'étais à Glasgow.
4. Tu aurais dû me rappeler qu'il fallait inviter les Jones.
5. Je ne me souviens pas de lui, mais je me souviens très bien de sa femme.
6. Je ne me rappelle jamais son numéro de téléphone.
7. Ce roman m'a rappelé mon séjour au Pays de Galles.
8. N'oublie pas ta promesse. Si tu ne te la rappelles pas, je te la rappellerai.
9. Souvenez-vous de moi quand je serai mort.
10. Je me rappelle avoir remarqué qu'elle avait l'air triste.

E Traduire *(verbes de perception et d'impressions)* :

1. Entends-tu cet oiseau dans l'arbre ?
– Chut ! Je l'écoute. Je l'écoute depuis cinq minutes.
2. J'ai vu couronner la Reine en 1953.
3. J'entends venir les enfants.
4. Nous l'entendîmes crier au secours.
5. Je l'ai rencontré ce matin, il avait l'air fatigué.
6. Je lui ai parlé au téléphone hier, il avait l'air fatigué.
7. Cet air ressemble à une chanson irlandaise.
8. Ce sirop a un goût de framboise.
9. Ecoutez ces deux hommes. Quelle langue parlent-ils ? On dirait du gallois.
10. Regardez ces nuages noirs. On dirait qu'il va y avoir un orage.
11. Ecoutez le moteur. On dirait que nous allons avoir une panne.
12. Ce gaz a une odeur d'ail.
13. Je n'ai pas envie de sortir aujourd'hui.
14. Nous avions tous l'impression d'être des héros.
15. Leurs projets pour l'été prochain paraissent très raisonnables.
16. Ressemble-t-il à son père ?
17. Il avait l'impression qu'il allait s'évanouir.
18. On le vit s'emparer du sac à main de la vieille dame (commencer la phrase par : He …).
19. Nous avons tous entendu sa déposition, qui ne paraît pas véridique.
20. Il est très pâle, on dirait qu'il a été malade.

Les autres éléments de la phrase

▶ 28 • Le nom

1 Généralités

§361 **Ⓐ** La plupart des noms ont deux formes, une pour le *singulier* et une pour le *pluriel* (**tree/trees ;** **child/children**). Certains n'ont qu'une forme, qui est un singulier (**furniture, luggage**), ou un pluriel (**clothes, scissors**), ou une forme commune au singulier et au pluriel (**sheep, aircraft**) ; ces cas particuliers seront étudiés aux §§ 365, 371-372, 377.

Les noms désignant des êtres animés possèdent deux autres formes : le *génitif* (= cas possessif) *singulier* et le *génitif pluriel* (**father's/fathers'; horse's/horses'**), dont la terminaison se prononce comme celle des pluriels réguliers (fathers, horses). Le génitif sera étudié à la leçon 35.

§362 **Ⓑ** *Les déterminants du nom* (articles et adjectifs de toutes natures) sont *invariables* (à l'exception des démonstratifs *this* et *that*, pluriel *these* et *those*). Mais le *nombre* est clairement indiqué puisque l'*s* du pluriel se prononce toujours. Quant au *genre* (▶ §§ 380 à 383), son rôle grammatical est peu important, il n'intervient que pour le choix des possessifs (**his house/her house**) et des pronoms personnels.

Ⓒ Pour comprendre l'emploi du singulier et du pluriel ainsi que l'emploi des articles, il y a lieu de faire intervenir les notions de « *dénombrable* » *et* « *indénombrable* » (▶ § 376 à 379). L'emploi de l'article défini sera étudié (▶ leçon 29) en faisant intervenir la notion de *nom déterminé* ou *indéterminé*.

2. Singulier et pluriel

§363 **Ⓐ** *Formation du pluriel.*

● L'*s* du pluriel *se prononce toujours,* l'article étant invariable (comparer *phonétiquement* "**the cat/ the cats**" et « *le chat/les chats* »).

Les règles d'orthographe et de prononciation concernant la 3e personne du singulier des verbes s'appliquent aussi au pluriel des noms (▶ R.F. 12 et R.F. 1).

On ajoute -*es* aux noms terminés par -*sh* (**brush ▶▶ brushes**) ou –*ch* (**church ▶▶ churches**), mais simplement un *s* à ceux qui sont terminés par -*th* ▶▶ *ths* [θs] (**months, deaths, births**). La terminaison de **mouths, baths et paths** se prononce [ðz]. Pour **cloths** et **clothes,** ▶ § 372.

§364 ● *Pluriels irréguliers :* ▶ R.F. 12.

☼ REMARQUES ET COMPLÉMENTS

● Noms terminés par un *o* dont le pluriel est régulier : **pianos, photos, ghettos** (parfois : ghettoes), **commandos,** et des termes techniques (**dynamos...**)

● f ▶▶ ves. Ajouter sheaf *(gerbe)* et **loaf** *(miche)*.

● *Penny* a deux pluriels : *pence* quand il exprime une valeur (**Most London papers cost 20 pence.** *La plupart des journaux de Londres coûtent 20 pence),* et *pennies* pour désigner des pièces de un penny (**two old pennies).**

● *Brother* ▶▶ *brethren,* au sens religieux (**"My dear brethren"**); dans les autres cas : *brothers* (**brothers and sisters).**

- **Pluriels latins et grecs** : medium ▶▶ **media** (cf. mass media), datum ▶▶ **data** ['deɪtə] *(les données d'un problème)*, phenomenon ▶▶ **phenomena**, crisis [-ɪs] ▶▶ **crises** [iːz], analysis ▶▶ **analyses ;** series ▶▶**series**, species *(espèce)* ▶▶ **species.**

- **House** [-s] ▶▶ **houses** [-zɪz] est irrégulier phonétiquement.

§365) • **Pluriel semblable au singulier.** Sont invariables :

1. Sheep *(mouton)*, **swine** *(cochon)*, **deer** *(cerf, chevreuil, etc.)*, **trout** *(truite)*, **salmon** *(saumon) ; voir* **fish** (▶ § 379).

2. Craft *(embarcation)*, **aircraft** et **spacecraft (Twenty German aircraft.** *Vingt appareils allemands).*

3. Foot, unité de longueur, s'emploie aussi comme pluriel (= feet).
He is 6 foot (= feet) tall. *Il mesure 1 mètre 80.*

§366) • Pluriel des **lettres de l'alphabet** : on ajoute **'s** *(parfois sans apostrophe).*
The M.P.'s (ou : **the MPs**). *Les députés à la Chambre des Communes.*

• Pluriel des **noms propres** : *comme pour les noms communs.*
The Browns and the Joneses ['dʒounzɪz]. ▶▷ *Les Brown et les Jones.*

§367) Ⓑ *Noms singuliers terminés par un s.*

• Noms terminés par **–ics : physics, mathematics** (fam. : **maths**), **politics, gymnastics, phonetics** (parfois construits comme des pluriels).
Mathematics is difficult. ▶▷ *Les mathématiques sont difficiles.*

§368) • **Chess** *(les échecs)*, **draughts** *(les dames)*, **billiards** *(le billard)*, **measles** *(la rougeole)*, sont toujours singuliers ; alors que **barracks** *(caserne)*, **works** *(usine)* et **crossroads** *(carrefour)* s'emploient aussi comme des pluriels.
A gas-works. ▶▷ *Une usine à gaz.*
A dangerous crossroads. ▶▷ *Un carrefour dangereux.*

§369) • Noms de pays : **Wales** *(le Pays de Galles)* est singulier. **The United States** (ou : **the USA**) l'est aussi quand on considère l'état fédéral (ce qui est presque toujours le cas) et non les différents états.
The United States is as large as Europe. ▶▷ *Les Etats-Unis sont aussi grands que l'Europe.*

§370) • **News** est toujours singulier (c'est un nom « indénombrable », ▶ § 377).
The news is good. ▶▷ *Les nouvelles sont bonnes.*
Here is the news. ▶▷ *Voici nos informations.*
An interesting item (= piece) of news. ▶▷ *Une nouvelle intéressante.*

Means s'emploie au singulier et au pluriel. **A good means to get rich.** ▶▷ *Un bon moyen pour faire fortune.*

§371) Ⓒ Noms pluriels n'ayant *pas de singulier.*

• Noms désignant des objets formés de **deux parties symétriques**, des vêtements à deux jambes : leur singulier se forme à l'aide de l'expression **"a pair of"** (avec un nombre : "two *pairs* of", ou "two pair of", etc.) ; **scissors, clippers** *(tondeuse)*, **tongs** *(pince, par exemple : **sugar-tongs**), **compasses** *(compas ; mais* **a compass** *= une boussole)*, **scales** *(balance) ;* **trousers, shorts, jeans, trunks** *(caleçon de bain)*, **pyjamas**, etc.
My shorts are torn, you must buy me a new pair. ▶▷ *Mon short est déchiré, il faut que tu m'en achètes un autre.*

"Pair of" est normalement sous-entendu avec un démonstratif ou un possessif (**these scissors, my pyjamas**).

§372 • Quelques noms pluriels à *sens collectif* n'ont pas de singulier : **goods** *(marchandises,* sing : **an article), savings** *(économies),* **contents** *(contenu),* **clothes** *(vêtements).*

Clothes [klouðz] ne peut s'employer ni au singulier ni avec un nombre (dire : **an article of clothing, a garment**). Ne pas confondre *clothes* avec *cloths* [klɔθs], pluriel de **a (table-) cloth,** *une nappe.*

§373 • *People,* signifiant « *les gens* », est un pluriel.
People are very nice to us. ▶▷ *Les gens sont très gentils avec nous.*
There are four people waiting outside. ▶▷ *Il y a quatre personnes qui attendent dehors* (ici, *people* est le pluriel de *a person*).

Le pluriel *peoples (les peuples ;* singulier : **a people)** s'emploie peu (**The French-speaking peoples,** *les peuples francophones).*

1. *Folk (les gens)* est un pluriel, comme *people. Folks* est familier (amer.).
Some folk never stop complaining. ▶▷ *Il y a des gens qui se plaignent sans arrêt.*

2. *Cattle* est un pluriel collectif (le bétail), qui forme son singulier à l'aide de l'expression *"head of"* qu'il faut aussi employer après un nombre (**Twenty head of cattle,** *vingt bêtes à cornes).*
The cattle are grazing. ▶▷ *Le bétail est en train de paître.*

§374 **D** *L'accord en nombre* est plus strict qu'en français.
They came in with their *hats* on their *heads* and their *pipes* in their *mouths.* ▶▷ *Ils entrèrent, le chapeau sur la tête et la pipe à la bouche.*
They blew their *noses* every five minutes. ▶▷ *Ils se mouchaient toutes les cinq minutes.*

On emploie le pluriel dans des expressions comme : **to change trains,** *changer de train ;* **to make friends with,** *se lier d'amitié avec.*

§375 **E** Des noms singuliers à *sens collectif* peuvent être suivis d'un *verbe au singulier ou au pluriel* : **family, crowd, party, audience, army, police…**

Le singulier s'emploie quand on considère le groupe comme formant un tout, une unité ; le pluriel quand on considère les différents membres du groupe.
My family *is* from Yorkshire. ▶▷ *Ma famille est originaire du Yorkshire.*
My family *are* fond of tea. ▶▷ *Dans ma famille on aime le thé.*
Britain has *an* efficient police (ou : **police-force).** ▶▷ *La Grande-Bretagne a une police compétente.*
The police *are* after him. ▶▷ *La police est à ses trousses.*
The crowd shouted at the top of *their* voices. ▶▷ *La foule cria à tue-tête.*

3. Dénombrables et indénombrables

§376 La question la plus délicate dans l'étude du groupe nominal est l'emploi ou l'omission des articles. Cette question est liée à celle de l'emploi du singulier et du pluriel. Pour mettre un peu d'ordre dans ce domaine complexe, il est commode de classer les noms en *dénombrables* et *indénombrables.* Il est conseillé de vérifier à quelle catégorie appartiennent les noms pour lesquels on a un doute (les bons dictionnaires l'indiquent).

A *Les noms dénombrables* (les plus nombreux) désignent des êtres, des objets, des événements, etc. qui peuvent être dénombrés, comptés. On peut donc :

1. les mettre au pluriel et en préciser le nombre (avec un adjectif numéral ou un terme plus vague comme *few* ou *many) ;*

2. les faire précéder au singulier du numéral *one* ou de l'article *a/an*.

Sont dénombrables :

- ● *La plupart des noms concrets :* **table, book, train, house,** etc. ; **child, wife, friend, cat, horse,** etc.
- ● *Quelques noms abstraits :* **trip, journey ; idea, mistake, joke ; novel, poem,** etc.

§377 **B** *Les noms indénombrables,* au contraire, désignent des objets, des activités qui ne peuvent être dénombrés. C'est pourquoi :

1. *on ne peut les mettre au pluriel,* les faire précéder d'un nombre, de *few* ou de *many* ;

2. *on ne peut les faire précéder de l'article indéfini,* qui est une sorte de nombre (forme affaiblie de *one*).

Mais on peut les faire précéder de *some, any, no* ; de *little* (et : *a little*), de *much* ; de *this* et *that* (mais non de leurs pluriels *these* et *those*), de la locution *a lot of* et, pour certains d'entre eux, de *a piece of*. Cette dernière locution peut s'employer au pluriel et avec un nombre quand le souci de précision l'exige.

Sont indénombrables :

- ● Des noms de *matériaux,* d'*aliments :* **water, tea, bread** (*un pain :* **a loaf, a loaf of bread**)**, toast** (*un toast :* **a piece of toast**)**, wool, petrol,** etc.

- ● Des noms à *sens collectif :* **furniture** (*des meubles ;* sing. : **a piece of furniture**)**, luggage** et l'américain **baggage** (sing. : **a bag, a case**).
There is too much furniture in this room. ▶▷ *Il y a trop de meubles dans cette pièce.*
My luggage is very heavy. – Where is it? ▶▷ *Mes bagages sont très lourds – Où sont-ils ?*

- ● Des noms d'*activités humaines :* **travel** (et **travelling,** *les voyages ;* cf. les dénombrables **a trip, a journey**)**, football, business, cooking, stamp-collecting,** etc.
Business *is* business. ▶▷ *Les affaires sont les affaires.*

- ● La plupart des noms *abstraits,* dont certains correspondent à des pluriels français, notamment : **information** (*des renseignements ;* sing. : **a piece of...**)**, advice** (*des conseils ;* sing. : **a piece of...**)**, progress** (*des progrès*)**, news** (*des nouvelles,* ▶ § 370)**, knowledge** (*les connaissances, le savoir*)**, evidence** (*des preuves, par exemple au tribunal*).
The advice he gives is worth listening to. ▶▷ *Les conseils qu'il donne valent la peine d'être écoutés.*
He gave me a good piece of advice. ▶▷ *Il m'a donné un bon conseil.*

§378 **C** Quelques *indénombrables* (donc toujours singuliers) peuvent toutefois être *précédés de l'article indéfini* dans des expressions idiomatiques (**to make a fuss** ▶▷ *faire des histoires ;* **to be in a hurry** ▶▷ *être pressé*), après **to be** (**it's a great pity** ▶▷ *c'est bien dommage*), après *"what a...!"* et *"such a..."* (**What a pity! = What a shame!** ▶▷ *Quel dommage ! ;* **What a relief!** ▶▷ *Quel soulagement !*).
▶ § 263.

§379 **D** Un certain nombre de noms sont *tantôt dénombrables, tantôt indénombrables.* Ainsi **glass** (*le verre,* nom de matière) est indénombrable, alors que *a glass* (*un verre,* nom d'objet) est dénombrable. Ces noms à double nature sont :

- ● des noms abstraits indénombrables qui deviennent dénombrables quand ils s'appliquent à des cas précis : **truth, love, life, war, experience,** etc.
Truth (indén.) **is sometimes stranger than fiction.** ▶▷ *La réalité dépasse parfois la fiction.*
I told him some home truths (dén.). ▶▷ *Je lui ai dit ses quatre vérités.*

- ● quelques noms dénombrables dans leur sens concret et indénombrables dans leur sens abstrait ou collectif (ou quand ils désignent une matière) :

1. a room (dén., *une salle*) / **room** (ind., *de la place*) ;

2. a play (dén., *une pièce de théâtre*) / **play** (ind., *le divertissement* : **All work and no play makes Jack a dull boy,** proverbe) ;

3. a hair (den., *un poil, un cheveu*) / **hair** (ind., *la chevelure, les cheveux* : **Don't cut it too short.** *Ne les coupez pas trop courts*) ;

4. *fruit* s'emploie généralement comme indénombrable (sens collectif), mais le pluriel s'emploie pour désigner « différentes espèces de fruits ».
Do you eat much fruit? ▶▷ *Mangez-vous beaucoup de fruits ?*
Bananas, pineapples and other tropical fruits. ▶▷ *Les bananes, les ananas et autres fruits tropicaux.*

5. *fish* s'emploie comme indénombrable, sauf quand il est précédé d'un nombre (mais le pluriel est alors **fish** plutôt que **fishes**).
There are lots of fish in this lake. ▶▷ *Il y a beaucoup de poissons dans ce lac.*
I caught three fish. ▶▷ *J'ai attrapé trois poissons.*

4. Le genre

§380 **A** Au *masculin* et au *féminin* qui s'emploient pour les personnes, s'oppose le *neutre*, qui est le genre des objets et des notions abstraites.

Un certain nombre de noms sont de *genre indéterminé*, pouvant désigner un homme ou une femme : **a friend, a cousin, a neighbour, a cook, a teacher,** etc.
A nurse. ▷▷ *Un infirmier,* ou *une infirmière* (mais on peut préciser le genre en disant, par exemple : **a male nurse**).
A novelist. ▷▷ *Un romancier,* ou *une romancière* (aussi : **a woman novelist**).

Person est normalement un masculin quand il s'applique à n'importe qui :
Any person who wants to visit the mosque must take his shoes off. ▷▷ *Toute personne désirant visiter la mosquée doit se déchausser.*

§381 **B** *Les noms d'animaux* sont neutres quand on les considère plus comme des choses que comme des personnes (absence de liens affectifs), alors qu'ils sont masculins ou féminins quand on en fait des amis ou qu'on les observe avec intérêt :
Leave this spider alone, *it* **won't hurt you.** ▷▷ *Laisse cette araignée tranquille, elle ne te fera pas de mal.*
Look at this frog, isn't *he* **funny?** ▷▷ *Regarde cette grenouille, n'est-ce pas qu'elle est drôle ?*

Dog est généralement masculin, *cat* souvent féminin (**a tom-cat,** *un chat mâle*) ; mais ces deux noms peuvent aussi être neutres, selon l'attitude d'esprit du narrateur.
Bruce is a clever dog, he understands everything you say. ▷▷ *Bruce est un chien intelligent, il comprend tout ce qu'on dit.*
A wretched dog kept me awake, it barked the whole night. ▷▷ *Un maudit chien m'a empêché de dormir, il a aboyé toute la nuit.*

Baby et même parfois *child* peuvent être du neutre.
The baby was playing with its teddy-bear. ▷▷ *Le bébé jouait avec son ours.*

§382 **C** *Formation du féminin.*
● avec un *suffixe :* god ▶▶ godd**ess** ; lion ▶▶ lion**ess** ; usher *(huissier)* ▶▶ usher**ette** *(ouvreuse)* ; bar**man** ▶▶ bar**maid** ; police**man** ▶▶ police**woman**.

- *noms composés* : *boy- (girl-)* **friend** ; *male- (female-)* **secretary** ; *he- (she-)* **goat** ; *bull- (cow-)* **ele-phant** ; *man- (maid-)* **servant.** ▶ § 380.

- *mots différents* : **horse/mare** ; **fox/vixen** ; **drake/duck** (mais **vixen** et **drake** s'emploient peu) ; **dog/bitch** (mot que les gens qui ont le souci de la bienséance évitent d'employer, car il s'emploie aussi comme insulte grossière désignant une femme).

§383 **D** *Personnifications* (emploi du masculin ou du féminin à la place du neutre). Ne pas en abuser.

- Véhicules, au féminin : **ship** ou **boat** (plus rarement **car** et **plane**, quand il y a un lien affectif, ou ironiquement).

- Pays et villes, au féminin : **England and** *her* (ou : *its*) **colonies, London and** *her* **parks.**

- En poésie, le masculin pour des noms suggérant la majesté, la violence ou la laideur : **mountain, river, war** (**Death and** *his* **scythe** ▶▷ *la Mort et sa faux*) ; le féminin pour des noms suggérant la vie, la douceur : **Nature, Peace, Mercy** *(la miséricorde).*

5. Les noms composés

§384 **A** *Le premier élément,* qui précise le sens du second, est considéré comme un *adjectif.* Le mot le plus important est donc le deuxième (▶ R.F. 19). Bien veiller à l'ordre des termes.
A service station. ▶▷ *Une station service.*
A horse-race. ▶▷ *Une course de chevaux.*
A racehorse. ▶▷ *Un cheval de courses.*
A goal-keeper (ou : **goalkeeper**). ▶▷ *Un gardien de but* (cf. **a goal,** *un but*).
A hand-shake (ou : **handshake**). ▶▷ *Une poignée de main* (**shake** est ici un nom)
A teacup (ou **tea-cup**). ▶▷ *Une tasse à thé* (un nom composé peut designer un récipient, mais non son contenu : une *tasse de thé,* **a cup of tea**).

L'usage concernant l'emploi du trait d'union est en pleine évolution. Les Américains ne l'emploient presque plus, et les Anglais de moins en moins.

§385 **B** *Le premier élément,* traité comme un adjectif, *ne prend pas normalement la marque du pluriel.* **A cherry-tart.** ▶▷ *Une tarte aux cerises* (pluriel : **cherry-tarts**).

Font exception les noms qui n'ont pas de singulier (▶ § 372) : **a clothes-hanger** *(un cintre),* **a goods-train** *(un train de marchandises),* **a savings-bank** *(une caisse d'épargne),* **the physics teacher** *(le professeur de physique).*

Dans **a newspaper** *(un journal)* l'**s** appartient au nom singulier **news** *(les nouvelles,* ▶ § 370).

N .B. On constate une tendance à former aujourd'hui des noms composés dont le premier élément porte la marque du pluriel (ex : **The United Nations Organisation**).

§386 **C** *Cas particuliers.*

- Si le 2e élément est une *postposition,* c'est le 1er qui prend la marque du pluriel quand il a la terminaison d'un nom (par exemple -*er*).
A passer-by ▶▷ *un passant* (pluriel **passers-by**).
Mais : **the grown-ups** ▶▷ *les adultes* (**grown** est un participe passé invariable).

- Quand le 1er élément est *man, gentleman* ou *woman,* les deux mots prennent la marque du pluriel.
A manservant ▶▷ *un domestique* ▶▶ **menservants.**
A woman driver ▶▷ *une automobiliste* ▶▶ **women drivers.**
A gentleman farmer ▶▶ **gentlemen farmers.**

● Si le nom composé est formé de *plus de deux éléments*, c'est le nom le plus important qui prend logiquement la marque du pluriel.

A mother-in-law ▶▷ *une belle-mère* ▶▶ **mothers-in-law.**

Mais quand aucun des éléments formant le nom composé n'est un nom, c'est le dernier qui prend la marque du pluriel.

A merry-go-round ▶▷ *un manège de chevaux de bois* ▶▶ **merry-go-rounds.**

Pour ces noms composés de plus de deux éléments on n'omet pas le trait d'union.

shoes-repair-shop-supplies
→ atteliers de réparation de chaussures.

On accentue les premiers mots

EXERCICES

A Mettre au pluriel, par écrit et oralement :

1. A house, a mouse, a fox, an ox, a pass, a path, a truth, a truce, a bath, a birth, a boot, a foot, a church, a death, a cloth.

2. A key, a cry, a toy, an enemy, a play, a hobby, a story, an abbey.

3. A potato, a photo, a tomato, a hero, a piano, a commando, a negro, a ghetto.

4. A knife, a roof, a thief, a wolf, a half, a wife, a safe, a dwarf.

5. A crisis, a series, a phenomenon, an analysis, a species.

6. A son-in-law, a girl-friend, a tooth-brush, an apple-tart, a passer-by, a grown-up, a woman doctor, a clergyman, a brick-works, a baby-sitter, a goods-train, a fellow-traveller.

B Employer avec l'article indéfini si c'est possible (ex. : **furniture – a piece of furniture**) :

1. Luggage.
2. Pyjamas.
3. Advice.
4. Gas-works.
5. News.
6. Shorts.
7. Leather goods.
8. Barracks.
9. Clothes.
10. (Several) people.

C Employer dans les phrases les noms donnés entre parenthèses :

1. (information) I can give you a useful …

2. (shorts) Ken is wearing a T-shirt and a …

3. (toast) Could I have a …?

4. (news) There are two interesting … in this newspaper.

5. (pyjamas) Mrs Robinson is buying two … for her son.

6. When he left for Australia his father gave him three … (advice).

7. (gas-works) This … is very ugly.

8. (furniture) How many … are there is this room?

9. (trousers) Do you like my new …?

10. (compasses) To draw the map of the Post Office Tower I need several …

D Traduire :

1. Il voyage toujours avec très peu de bagages.

2. Permettez-moi de vous donner un bon conseil.

3. Ses cheveux commencent à grisonner, elle va les faire teindre.

4. Les girafes ont un long cou et une petite tête.

5. Je suis seul, ma famille est partie passer une semaine au bord de la mer.

6. Ma famille habite York depuis le XVIIe siècle.

7. Je ne trouve pas mon caleçon de bain. – Le voici.

8. Ce pyjama n'est pas à moi, le mien est bleu.

9. Le public était très satisfait, il applaudit avec enthousiasme.

10. Pourquoi emportes-tu tant de bagages ? Qui va les porter ?

11. Ils risquèrent leur vie pour essayer de sauver l'enfant.

12. Les nouvelles sont-elles bonnes ? – Voici une nouvelle qui vous surprendra.

13. La foule attend que la reine sorte du palais.

14. Ne mange pas trop de fruits.

15. Je serai reconnaissant à toute personne qui me donnera son avis sur cette question.

16. Pensiez-vous que les Etats-Unis allaient gagner la guerre du Vietnam ?

17. J'ai des renseignements très sûrs au sujet de cette entreprise.

18. La police n'a pas encore arrêté le meurtrier.

19. Notre police est la meilleure du monde.

20. Tes cheveux sont trop longs, tu devrais les faire couper plus courts.

▶ 29 • L'article défini

1. Prononciation

§387 L'article *the* se prononce :

• [ði] devant tout mot commençant *phonétiquement* par une *voyelle*.

The eyes [ði'aiz], **the ears** [ði'iəz], **the air** [ði'ɛə], **the RAF** [ði'ɑː'reɪˈef], **the M.P.'s** [ði'em'piːz], **Henry VIII** [ði'eitθ].

De même devant les mots **hour, honour, honest** et **heir** (fém. : **heiress**), dont l'*h* initial ne se prononce pas (seules exceptions).
The heir [ði'ɛə] **to the throne.** ▶▷ *L'héritier du trône.*

• [ðə] devant tout mot commençant *phonétiquement* par une *consonne*.
The sky, the window, the hair, the house, the hospital.

De même devant les consonnes [j] et [w], quelle que soit l'orthographe.
The year, the university, the USA, the European nations, the ewe [ðə'juː] *(la brebis) ;* **the use of the UNO. On the one** [ðə'wʌn] **hand... on the other** [ði'ʌðə] **hand...** *D'une part... d'autre part...*

• [ðiː] quand il est *accentué* (il est alors généralement en italiques).
The Bible is *the* book for him. ▶▷ *La Bible est pour lui le livre par excellence.*

2. Noms déterminés et indéterminés. Emploi de l'article défini

§388 **A** Rappelons que nous avons classé les noms (▶ §§ 376 à 379) en :

• *dénombrables* (ex. : **tree, child, joke ; glass,** nom d'objet), qui s'emploient au singulier avec un article défini ou indéfini (**the tree, a tree**) ; au pluriel avec ou sans article défini (**the trees, trees**) ;

• *indénombrables* (ex. : **advice, furniture ; glass,** nom de matière), qui s'emploient uniquement au singulier, avec ou sans article défini (**the advice, advice**).

On emploie parfois l'expression « article zéro » (∅) quand un nom n'est pas précédé d'un article.

Le problème du choix entre l'emploi et l'omission de l'article *the* se pose donc (1) pour les dénombrables au pluriel, (2) pour les indénombrables (toujours singuliers).

Pour ces deux catégories *l'article défini ne s'emploie que quand le nom est déterminé,* c'est-à-dire que son sens est précisé par les mots qui l'accompagnent, ou simplement par le contexte. L'article défini est un ancien démonstratif (forme affaiblie de *that),* qui a gardé une valeur démonstrative bien supérieure à celle de l'article français.

§389 *Il ne s'emploie pas quand le nom est indéterminé,* par exemple pour exprimer des *généralités* concernant les *matériaux* (**glass, wood, sand, petrol**), les *aliments (***bread, fish, milk**), les *couleurs* (**red, yellow**), les *activités humaines* (**football, war, travelling, cooking**), les *notions abstraites (love,* **freedom, pride** ; mais voir ▶ § 395), les *catégories* (de personnes, d'animaux, d'objets) exprimées au pluriel (**books, cats, children** ; mais voir ▶ § 391).

Exemples de *noms indéterminés (donc* sans article défini) :
How much is petrol in England? ▶▷ *Combien coûte l'essence en Angleterre ?*
He thinks cricket is boring. ▶▷ *Il pense que le cricket est ennuyeux.*
Furniture is expensive. ▶▷ *Les meubles sont chers.*

In Britain *tea* is generally drunk with milk. ▶▷ *En Grande-Bretagne le thé se boit généralement avec du lait.*

Speech is silver but *silence* is gold. ▶▷ *La parole est d'argent mais le silence est d'or.*

I'm very fond of *books*. ▶▷ *J'aime beaucoup les livres.*

Teachers have long holidays. ▶▷ *Les professeurs ont de longues vacances.*

Boys will be boys. ▶▷ *Il faut que jeunesse se passe.*

Dogs are faithful friends. ▶▷ *Les chiens sont des amis fidèles.*

§390) **B** Les noms peuvent être ***déterminés*** :

• *par une proposition qui en précise le sens.*

The books I bought this morning are for you. ▶▷ *Les livres que j'ai achetés ce matin sont pour toi.*

The patience he showed amazed everybody. ▶▷ *La patience dont il fit preuve surprit tout le monde.*

• ***par un complément introduit par of*** (ou une autre préposition) qui en limite le sens.

The progress of science. ▶▷ *Les progrès de la science.*

The death of a hero. ▶▷ *La mort d'un héros.*

The silence in the room was impressive. ▶▷ *Le silence qui régnait dans la salle était impressionnant.*

Dans les expressions **"children of all countries"**, **"men of all races"**, etc., on ne peut pas dire que le complément limite le sens du nom, d'où l'absence d'article défini.

• ***par un adjectif*** qui en précise le sens au point d'en faire un véritable nom propre (**The Trojan War** ▶▷ *la Guerre de Troie*) ; mais ***dans le cas général*** un nom indénombrable précédé d'un adjectif s'emploie *sans article* : **Greek civilisation, German history** (mais : ***the* history of Germany**), **French bread** ; **white coffee** ▶▷ *le café au lait.*

• ***par le contexte*** (l'article ***the*** est alors souvent traduit en français par un démonstratif).

The child looks tired. ▶▷ *Cet enfant a l'air fatigué.*

We were getting fed up with *the* war. ▶▷ *Nous commencions à en avoir assez de cette guerre.*

The man looked mad. ▶▷ *L'homme avait l'air d'un fou.*

Tell me *the* truth. ▶▷ *Dites-moi la vérité* (il ne s'agit pas d'une abstraction philosophique mais d'un cas particulier ; ▶ § 395).

§391) **C** Sont ***déterminés*** par leur sens (et prennent l'article) les noms désignant une personne ou une chose **unique en son genre** :

• *les éléments, les phénomènes atmosphériques, les planètes* : **the wind, the rain, the snow, the sky, the sea, the weather, the earth, the moon, the sun,** etc.

Mais (sens partitif) : **(some) snow,** *de la neige ;* **(some) earth,** *de la terre.*

• *les institutions* : **the Army and the Navy, the Police, the Church, the Press,** etc. (mais : **Parliament, Congress, Justice,** traités comme des noms propres).

• *les titres, quand le nom est sous-entendu* : **the Queen, the Queen of England** (mais : **Queen Elizabeth**) ; **the President, the President of the USA** (mais : **President Kennedy**).

• *les inventions* : **the telephone, the radio, the cinema, the aeroplane, the atomic bomb,** etc. Exception : **television** (le plus souvent sans article après *on*).

I heard him on the radio. ▶▷ *Je l'ai entendu à la radio.*

I saw him on (the) television. ▶▷ *Je l'ai vu à la télévision* (fam. : **on TV**, **"on the telly"**, toujours avec l'article).

• *les genres littéraires précis* : **the sonnet, the novel, the essay** (mais : **poetry, prose, fiction,** etc. sans article sauf quand ils sont déterminés par un complément : **the poetry of childhood**). On dit **"the theatre"**.

- *les catégories,* espèces animales ou végétales, types humains, exprimées au *singulier* : **the dog, the horse, the oak** *(le chêne),* titres de leçons dans un livre de sciences naturelles ; **the 18th century squire** *(le châtelain de village du XVIIIᵉ siècle).*

Le pluriel s'emploie aussi, mais sans article, pour exprimer des généralités concernant une espèce (**Dogs are faithful friends = The dog is a faithful friend.** ▶ § 389).

Exceptions : man et *woman* ne prennent pas l'article comme noms de catégories.
Woman is reputed to be more intuitive than man. ▶▷ *La femme passe pour avoir plus d'intuition que l'homme.*

Remarquer les expressions : **"man and** *the* **animal", "woman and** *the* **child".**

---

3. L'article défini et les noms propres

§392 **A** *Noms de personnes* :

- Pas d'article devant un titre suivi du nom de la personne : **Queen Elizabeth. President Kennedy, Admiral Nelson, Doctor Brown, Pope John Paul II** (mais on a vu, ▶ § 391, qu'il faut l'article si le nom n'est pas exprimé : **the Queen, the President, the Pope**).

Noter : **Christ** (sans article).

- Les noms de personnes accompagnés d'un adjectif familier (**good, old, poor, little, nice**) ou à valeur de sobriquet ne prennent pas l'article.
Tricky Dicky (= President Nixon). ▶▷ *Dicky le Roublard.*

Les autres adjectifs sont précédés de l'article.
The notorious Mr Hyde. ▶▷ *Le tristement célèbre Mr Hyde.*

§393 **B** *Noms de peuples.* ▶ §§ 437 à 440 (Noms et adjectifs de nationalités).

- *Les adjectifs substantivés* à sens collectif prennent l'article : **the English** (ou sans article : **English people**), the **French** (= **French people**).

- *Les noms de nationalités* s'emploient au pluriel avec l'article pour désigner l'ensemble de la nation ou ceux qui la représentent (ministres, sportifs...), avec ou sans article pour décrire le comportement de l'individu moyen.
Americans don't mind changing jobs. ▶▷ *Les Américains changent volontiers d'emploi* (phrase extraite d'un livre intitulé **"The Americans"**).

Pour les noms des *langues* (**English, German**), (▶ § 441).

§394 **C** *Noms géographiques.*

- *Les noms de pays* (de provinces, de continents) singuliers ne prennent pas l'article (**Great) Britain, England, Wales** (*le Pays de Galles,* nom singulier), **France, South Africa, Japan, Mexico**, etc. : **the Transvaal, the Crimea, the Ukraine, the Sahara, the Saar, the Ruhr, the Congo** (mais ces trois derniers sont des noms de rivières).

Les noms composés prennent l'article quand le second terme est à l'origine un nom commun : **the United Kingdom, the United States, the Netherlands** *(les Pays-Bas,* généralement singulier) ; de même pour les abbreviations : **the U.K., the U.S.A., the U.S.S.R.**

- *Les noms de cours d'eau* prennent l'article : **the Thames** [temz] (ou : **the river Thames**), **the Hudson** (ou : **the Hudson river**). Remarquer la place différente du mot river en Angleterre et en Amérique.

- **Les noms des chaînes de montagnes** (souvent des pluriels) prennent l'article (**the Alps, the Appalachians, the Himalayas**), alors que les noms de sommets ne le prennent pas (**Snowdon, Ben Nevis, Kilimanjaro, Mount Everest**).

- **Les noms des mers** prennent tous l'article (**the Atlantic, the Channel, the Mediterranean, the North Sea**), mais non les autres termes géographiques à moins qu'ils ne comportent la préposition **of** ou un nom pluriel (**Lake Michigan, Easter Island, Cape Cod, Galway Bay**, mais : **the Great Lakes, the Isle of Wight, the British Isles, the Channel Islands, the Cape of Good Hope, the Bay of Biscay**).

- **Les noms de rues et de monuments** ne prennent pas l'article (**Oxford Street, Trafalgar Square, Fifth Avenue, 34th Westminster Abbey**).

Exceptions : **The White House, the Capitol.**
The High Street *(la Grand-Rue)*, mais en Amérique : **Main Street.**
The Strand, the Mall, rues de Londres.

---

4. Cas particuliers

§395 **A** *Noms abstraits.*

La plupart ne prennent l'article défini que s'ils sont déterminés : **love, hope, courage, justice, humour, patience**, etc.
He is afraid of death. ▶▷ *Il a peur de la mort.*
Truth and falsehood. ▶▷ *La vérité et le mensonge.*
I want to know the truth. ▶▷ *Je veux savoir la vérité* (déterminé par le contexte).

Mais à côté de **reason, intelligence, conscience, memory** (parfois : **the memory**) etc., on dit : **the mind, the soul, the heart** (comme **the brain, the body**).

A côté de **Nature, Heaven, Hell**, on dit : **the world, the universe, the jungle.**

§396 **B** *Divisions du temps* (saisons, jours, etc.) : pas d'article, sauf s'ils sont déterminés par un complément ou par le contexte.
I don't like winter. ▶▷ *Je n'aime pas l'hiver.*
The summer had been very wet, we hoped the autumn would be sunny. ▶▷ *L'été avait été très humide, nous espérions que l'automne serait ensoleillé.*

Précédés de *last* et de *next* les jours de la semaine (et les mots **week**, *month,* **term, year**, etc.) s'emploient avec ou sans article, mais dans des sens différents.
He came to see us last year. ▶▷ *Il est venu nous voir l'année dernière.*
The last year of the war. ▶▷ *La dernière année de la guerre.*
Next week/the next week (= the following week). ▶▷ *La semaine prochaine/la semaine suivante.*

N.B. Le samedi = **on Saturdays.**
They go to the country on Sundays. ▶▷ *Ils vont à la campagne le dimanche.*

§397 **C** *Repas* : normalement pas d'article, sauf s'ils sont suivis d'un complément.
Breakfast is ready. ▶▷ *Le petit-déjeuner est prêt* (le nom est pourtant déterminé par le contexte).

D *Maladies* : pas d'article (**cancer, tuberculosis**...). Exceptions : on disait autrefois **the plague** (la peste) ; on dit parfois **the flu** (la grippe).

§398 **E** Avec le verbe *to play*, comparer :

> **To play cricket, to play chess** *(sports* et *jeux de société* : pas d'article).
> **To play the piano, to play the cello** *(instruments de musique :*
> l'article, qui est parfois omis en Amérique).

To play the fool. ▶▷ *Faire l'idiot.*

§399 **F** *Titres de journaux :* l'article est souvent omis, comme dans notre style « télégraphique ». **Prime Minister greets President of USA** (trois articles omis). ▶▷ *Le Premier Ministre accueille le Président des Etats-Unis.*

§400 **G** Emplois commandés par la grammaire. L'article défini s'emploie :

- devant le *superlatif des adjectives* : **She is the prettiest.**
- devant les *nombres ordinaux :* **James II** (se lit : **James the second**).
- devant les *adjectifs* employés comme *noms à sens collectif* : **the blind**, *les aveugles ;* **the English**, *les Anglais.*
- après *most of* (mais non après *most*).

> Comparer :
> **Most people were pleased.**
> ▶▷ *La plupart des gens ont été contents.*
> **Most of the people who came were pleased.**
> ▶▷ *La plupart des gens qui sont venus ont été contents.*

§401 **H** Plusieurs noms désignant des lieux (dénombrables) s'emploient dans un sens abstrait (ils sont alors indénombrables) pous désigner l'activité qui y est normalement associée, ils ne prennent alors pas d'article : **to go to school, to bed, to church, to hospital, to market, to town ; to be in bed, in jail, at home, at school,** etc. L'accent est mis sur les notions abstraites d'enseignement, de sommeil, de culte, de soins médicaux, etc., plus que sur l'idée de bâtiment, de meuble, etc.
School begins at 9. ▶▷ *Les classes commencent à 9 heures.*
They were taken to hospital. ▶▷ *On les transporta à l'hôpital* (pour y recevoir des soins).
We went to *the* hospital to see old Mrs Jones. ▶▷ *Nous sommes allés à l'hôpital pour voir la vieille Madame Jones* (bâtiment et non soins).

Dans l'expression *to go home (rentrer chez soi),* il n'y a ni article ni préposition *to,* car *home* est ici une postposition (comme dans **to go *out***).

EXERCICES

A Lire :

1. The old woman and the young child; the beginning and the end; the year, the week, the hour.

2. The air, the hair, the hare, the heir, the edge, the hedge; the heart, the art; the angry dog, the hungry dog; the heel, the eel; the ale, the hail.

3. The union, the onion; the umbrella, the uniform, the university, the unemployed; the unanimous decision, the ultimate decision; the lion and the unicorn.

4. The one I prefer, the only one I like; the other day; the one-eyed man.

5. The USA and the USSR; the RSPCA; the IRA; the FBI and the CIA; the X-rays; the SOS message.

6. The 11th century, the 15th century, the 18th century; the 8 o'clock train, the 1 o'clock train; the 11 o'clock news.

B Ajouter l'article défini si c'est nécessaire :

1. We spent three weeks in ... Isle of Man. last year; unfortunately ... last week was spoilt by ... rain.

2. Did you like ... music of ... film? – No, ... only music I like is chamber music.

3. Do ... English children go to ... school on ... Saturdays'.

4. Chinese cooking and ... French cooking are said to be ... best in ... world... French are fond of ... good food.

5. He plays ... cricket better than he plays ... piano.

6. I've never seen ... Queen Elizabeth on ... television, but I've heard her on ... radio.

7. He is very fond of ... birds, he has written a book about ... red-headed woodpecker and another about ... ostriches.

8. ... winter has been very mild so far. But I prefer ... spring to ... winter.

9. ... lunch will be at 1.30 today ... lunch they gave us yesterday was excellent.

10. Few people have ... moral courage, for instance ... courage of their convictions.

11. We go to ... church every Sunday, but not to ... church you visited this morning.

12. I found ... people in ... village very inquisitive. I like ... people to mind their own business.

13. ... Most boys are interested in ... cars. Most of ... boys in our family are interested in ... mechanics.

14. ... memory is one of ... most valuable faculties of ... mind.

15. Do you appreciate ... humour of this cartoon? Can you give me a definition of ... humour?

16. There are many coal-mines in ... north of ... France, Belgium, ... Saar and ... Ruhr, but there are very few in ... Netherlands.

17. ... donkey is a much maligned animal. Don't you like ... donkeys?

18. When I was first introduced to him, I thought ... man was a hypocrite.

19. ... man is ... king of Universe.

20. We enjoyed our holidays in Spain, though we liked ... wines better than cooking. I like ... Spanish wines better than ... Spanish cooking.

21. ... most of his novels deal with ... selfishness of ... rich.

22. ... Queen Elizabeth and ... Duke of Edinburgh have invited ... King of Belgium and ... Queen Fabiola.

23. Would you prefer to live in ... USA or in ... United Kingdom?

24. What is ... relationship between Justice and ... police?

25. ... English believe in ... freedom and ... democracy.

▶ 30 • L'article indéfini. Some, any, no

1. Forme de l'article indéfini

§402 **A** Il a deux formes : *a* [ə] et *an* [ən]. Comparer avec ce qui a été dit sur la prononciation de l'article *the* (▶ § 387).

● *an* devant un mot commençant *phonétiquement* par une *voyelle*.
An eye, an ear, an umbrella, an RAF ['α:'reïʼef] **pilot, an MP** [em'pi:] (= **Member of Parliament), an F sharp** *(un fa dièze)*.

De même devant les quelques mots dont l'*h* initial ne se prononce pas : **an honest man, an honourable man, an hour, an heir** *(un héritier)*.

Quand la première syllabe d'un mot commençant par un *h* n'est pas accentuée, l'*h* est à peine prononcé, d'où : **an heroic action, an historical novel** (ces deux adjectifs sont accentués sur la seconde syllabe). On dit **a hotel**, ou parfois **an hotel** (accentué sur la seconde syllabe).

● *a* devant un mot commençant *phonétiquement* par une *consonne*.
A cat, a hat, a horrible crime, a hospital (h prononcés) ; **a year, a ewe** *[ju:] (une brebis),* **a European country, a United States ambassador, a university ; a one-way street.**

§403 **B** A la forme négative on peut remplacer *not a(n)* par *no*, qui est plus catégorique.
There's no cinema (plus simplement : **there isn't a cinema) in the village.** ▶▷ *Il n'y a pas de cinéma dans le village.*

No peut aussi avoir une valeur emphatique (= not at all a).
He is no fool. ▶▷ *Il est loin d'être sot.*
He is no friend of mine. ▶▷ *Il n'est pas du tout de mes amis* (▶ § 527).

§404 **C** L'article indéfini *n'existe pas au pluriel*. Le pluriel de *a cat* est **cats** ; le pluriel de *an ice-cream* est **ice-creams**.
We've always had cats and dogs in our house. ▶▷ *Nous avons toujours eu des chats et des chiens à la maison.*

Avec une idée de nombre, de quantité, le pluriel est généralement précédé de *some* (= *des, un certain nombre de).* ▶ § 416.
I heard some cats miaowing last night. ▶▷ *J'ai entendu des chats miauler cette nuit.*

2. Emplois de l'article indéfini

§405 **A** Rappelons ce qui a été dit aux §§ 376 à 379 :

● *Les noms indénombrables (***luggage, advice, news...**) ne sont *jamais précédés de l'article indéfini,* d'où des expressions du type *"a piece of"* (**a piece of furniture, an item of news...**) qui permettent d'exprimer une idée de singulier. Répétons-le : "a furniture", "an advice" sont impossibles.

● *les noms dénombrables* prennent au singulier l'article *the* ou l'article *a/an* selon le sens, comme en français (**the house,** *la maison /***a house,** *une maison).*

Les remarques suivantes ne s'appliquent donc qu'aux noms dénombrables.

§406 **B** Bien distinguer l'article *a(n)* de l'adjectif numéral *one* (▶ § 568).
I have a sister who lives in Scotland. ▶▷ *J'ai une sœur qui vit en Ecosse.*
I have one sister and two brothers. ▶▷ *J'ai une sœur et deux frères.*

§407 **C** L'article indéfini s'emploie *devant un nom singulier attribut* ou placé en *apposition*.

His father, a post-office clerk, is a member of the Labour Party. ▶▷ *Son père, employé à la poste, est membre du parti travailliste.* Mais : **They elected him chairman.** ▶▷ *Ils l'ont élu président (sans article car il n'y en a qu'un).*

§408 **D** Il s'emploie *après une préposition* pour accompagner un nom dénombrable.

She went out without an umbrella. ▶▷ *Elle sortit sans parapluie.* (**Without** se construit donc comme **with** ; comparer avec le français).

He is more famous as a novelist than as a poet. ▶▷ *Il est plus célèbre comme (en tant que) romancier que comme poète.*

Cette règle n'est pas absolue avec la préposition *of*.

What kind of man (ou : **what kind of a man**) **is the new boss?** ▶▷ *Quel genre d'homme est le nouveau patron ?*

> Remarquer l'emploi des deux articles dans les expressions :
> **The trunk of a tree** (= **a tree-trunk**). ▶▷ *Un tronc d'arbre.*
> **The wing of a chicken.** ▶▷ *Une aile de poulet.*
> **We heard the report of a gun.** ▶▷ *Nous entendîmes un coup de fusil.*

> Noter la tournure idiomatique :
> **That idiot of a clerk.** ▶▷ *Cet imbécile d'employé.*
> **His old witch of a mother-in-law.** ▶▷ *Sa vieille sorcière de belle-mère.*

§409 **E** Il s'emploie après *such* et *what* pour introduire un nom dénombrable singulier.

I've never heard such a funny story. ▶▷ *Je n'ai jamais entendu une histoire aussi drôle.*

What a pretty garden Mrs Jones has! ▶▷ *Quel joli jardin a Mrs Jones !*

Mais : **What bad luck!** (indénombrable sans article). ▶▷ *Quelle malchance !*

> Exceptions :
> Quelques indénombrables (*pity, shame, relief, fuss, hurry...*)
> sont précédés de l'article indéfini après *what* et *such* (▶ § 378).
> **He made such a fuss!** ▶▷ *Il a fait un tas d'histoires !*

§410 **F** Il se place *entre l'adjectif et le nom* quand l'adjectif est précédé de *as, too* et *so*. Ces tournures un peu gauches sont souvent remplacées par des expressions synonymes.

We have as large a house as you have (= **Our house is as large as yours**). ▶▷ *Nous avons une maison aussi grande que la vôtre.*

This is too small a house (= **This house is too small**) **for such a large family.** ▶▷ *C'est une maison trop petite pour une famille aussi nombreuse.*

He is not so clever a boy (= **He is not such a clever boy**) **as his brother.** ▶▷ *Ce n'est pas un garçon aussi intelligent que son frère.*

De même l'article indéfini se place *entre half et le nom* (mais souvent avant *half* en Amérique).

Half an hour. ▶▷ *Une demi-heure.*

Half a pound (en abrégé : **1/2 lb.**). ▶▷ *Une demi-livre* (poids).

§411 **G** Il s'emploie *devant une unité* (sens « distributif ») dans diverses expressions.

Twice a week, three times a year. ▶▷ *Deux fois par semaine, trois fois par an.*

Cherries are 40 pence a pound. ▶▷ *Les cerises coûtent 40 pence la livre.*

To drive at 80 miles an hour (ou : **per hour** ; en abrégé : **80 m.p.h.**) ▶▷ *Rouler à 130 km à l'heure.*

§412 **(H)** Ne pas confondre *a little* (**a little money**, *un peu d'argent*) et *little* (**little money** ▶▷ *peu d'argent*) ; *a few* (**a few friends** ▶▷ *quelques amis*) et *few* (**few friends** ▶▷ *peu d'amis*). ▶ §§ 547, 548.

§413 **(I)** L'article indéfini s'emploie avec l'adjectif *wrong* quand il signifie *erroné* (**a wrong answer** ▶▷ *une réponse inexacte*) ou *immoral* (**that was a wrong thing to do** ▶▷ *c'est mal d'avoir fait cela*) ; mais c'est l'article défini qu'on emploie dans des expressions comme : to **take the wrong umbrella** *(se tromper de parapluie)*, **to get on the wrong bus** *(se tromper d'autobus)*, etc.

§414 **(J)** Il s'emploie dans diverses *expressions idiomatiques*.
She has a weak heart. ▶▷ *Elle a le cœur fragile.*
He had a very pale face. ▶▷ *Il avait le visage très pâle.*
He has a guilty conscience. ▶▷ *Il n'a pas la conscience tranquille*
I have a headache ['hedeik] **(a sore throat).** ▶▷ *J'ai mal à la tête (à la gorge)*
To have a sense of humour. ▶▷ *Avoir de l'humour.*
To make a noise. ▶▷ *Faire du bruit.*
To do two things at a time. ▶▷ *Faire deux choses en même temps.*

§415 **(K)** Remarque commune aux articles *the* et *a(n)*
L'article est parfois *sous-entendu* devant un deuxième nom étroitement lié au premier par le sens.
A cup and saucer. ▶▷ *Une tasse et une soucoupe* (mais : a **cup and a glass**)
The King and Queen. ▶▷ *Le roi et la reine* (mais : **the King and the bishop**)

La même règle s'applique aux adjectifs possessifs (**my father and mother,** mais : **my father and my cousin**).

3. Some, any, no

§416 **(A)** L'adjectif indéfini *some* [səm] *(quelque)* s'emploie couramment dans le sens de notre article partitif *(du, de la, des)*. Il est inaccentué. Il s'emploie :

● Devant des *noms singuliers indénombrables* (*une certaine quantité de, un peu de*).
Have some tea. ▶▷ *Prenez du thé* (mais : **to have tea** = *prendre le thé* ; quand il s'agit du repas et non de la boisson : pas d'article).
Let me give you some advice. ▶▷ *Permets-moi de te donner des conseils.*
There was some luggage in the hall. ▶▷ *Il y avait des bagages dans le vestibule.*

● Devant des *noms dénombrables pluriels* (*un certain nombre de, quelques*).
There are some letters for you. ▶▷ *Il y a des lettres pour vous.*
Some people were waiting outside. ▶▷ *Des gens attendaient dehors.*

Il a alors le sens de *several, a few*, expressions accentuées qui insistent plus sur l'idée de nombre.

Some peut être accompagné de *more*.
Have some more tea (some more peas). ▶▷ *Reprenez du thé* (des petits pois).

§417 **(B)** *Some* est remplacé par *any* ['eni] dans des propositions exprimant un *doute* ou une *supposition*, et dans la plupart des *phrases interrogatives*.
If you have any objections, just tell us. ▶▷ *Si vous avez des objections, vous n'avez qu'à nous le dire.*
Are there any cinemas in the town? ▶▷ *Y a-t-il des cinémas dans la ville ?*

Toutefois on emploie *some* dans les questions quand on veut montrer qu'on attend (ou qu'on espère) une réponse affirmative, par exemple quand on offre quelque chose (*any* exprimerait alors une indifférence fort peu polie).

Can I have some tea? ▶▷ *Est-ce que je peux prendre du thé ?*
Would you like some tea? ▶▷ *Voulez-vous du thé ?*

§418 **C** *Any* s'emploie à la place de *some* dans toute phrase comportant une négation (ou une idée négative).
We haven't any tea left. ▶▷ *Il ne nous reste pas de thé.*
I've never eaten any frogs. ▶▷ *Je n'ai jamais mangé de grenouilles.*
There was hardly any sunshine yesterday. ▶▷ *Il n'y a presque pas eu de soleil hier* (▶ § 12).
I came back to England without any money. ▶▷ *Je rentrai en Angleterre sans argent.*

§419 *Not any* peut être remplacé par *no* ; le ton est plus catégorique. Le verbe est alors à la forme affirmative, puisqu'il ne doit y avoir qu'une négation.
There's no tea (= there isn't any tea). ▶▷ *Il n'y a pas de thé.*

Dans la langue parlée *not any* est plus courant que *no* quand le nom qui l'accompagne est complément (**We couldn't hear any noise,** plutôt que : **We could hear no noise),** mais on emploie *no* si le nom est sujet (**No noise could be heard).**

No est donc une sorte d'*article négatif* (pas de).
No bread (*pas de pain*) ≠ **some bread** (*du pain*).
No books (*pas de livres*) ≠ **some books** (*des livres*).

Il s'emploie, suivi d'un gérondif, pour les *interdictions*.
No smoking. ▶▷ *Défense de fumer.*

§420 **D** *Some* et *any* sont omis quand il n'y a aucune idée de quantité, de nombre.
Would you rather have tea or coffee? ▶▷ *Préférez-vous du thé ou du café ?* (idée de choix et non de quantité.)

E Ne pas confondre **some (= a few) years ago** (*il y a quelques années*) et **years ago** (*il y a des années, de nombreuses années*) ; **sometimes** (*parfois*) et **several times** (*plusieurs fois*).

F Pour les autres sens de *some* et *any*, ▶ §§ 557, 561, 595.

EXERCICES

A Faire précéder les mots et expressions suivants de l'article **a** ou **an** :

1. umbrella…, uniform…, union…, onion…

2. … hair, … heir, … hare, … heel, … eel, … honest family, … hospitable family, "… hungry man, … angry man" (proverbe)

3. … one-eyed man, …only son, … ewe and … lamb.

4. … year ago, … hour ago

5. … B.A. (= bachelor of arts) and … MA. (= master of arts), … SOS message … UNESCO magazine, … U-turn on … A road, … FBI agent and … CIA agent, … YMCA hostel. Do you spell "realize" with … s or … z?

6. … 17th century church, … 7 and … 8.

B Remplacer **no** par **-n't… any** (les phrases ainsi obtenues conviennent mieux au style de la conversation) :

1. There are no trees in their garden.

2. There's no salt in the soup.

3. There are no letters for you.

4. I've got no money left.

5. He's got no luggage.

6. We have no friends in the USA.

7. We saw no policemen.

8. She made no noise.

9. They found no finger-prints.

10. We received no Christmas cards.

C Répondre affirmativement puis négativement aux questions, suivant le modèle :

Did she buy any books? ▶▶ **Yes, she bought some books / No, she didn't buy any books** (plus courant que : **she bought no books).**

1. Are there any trams in this town?

2. Is there any milk in the fridge?

3. Did you see any squirrels in the forest?

4. Did he catch any fish?

5. Did you find any mushrooms?

6. Are there any girls in this school?

7. Did they give you any sandwiches?

8. Did they ask any questions?

9. Was there any fog on the road?

10. Did she make any mistakes?

D Transformer les phrases suivant le modèle :

He is not a gentleman ▶▶ **He is no gentleman** (ton plus catégorique)

1. I'm not a musician.

2. That was not an easy task.

3. She isn't an angel!

4. He isn't a genius.

5. This isn't a place for children.

6. She isn't a beauty.

7. He isn't a linguist.

8. It isn't a small matter.

9. I'm not in a hurry.

10. You mustn't do such a thing.

E Traduire :

1. Mon fils est étudiant, ma fille est infirmière.

2. Vous ne pouvez pas aller dans ce pays-là sans passeport.

3. Je ne peux pas supporter son idiot de frère.

4. Reprenez du gâteau. Quel bon gâteau ! Je n'ai jamais mangé un aussi bon gâteau.

5. Elle gagne plus de 800 livres par mois.

6. Kipling était à la fois romancier et poète.

7. C'est un hôtel trop cher pour nous.

8. Elle était déguisée en bohémienne et son frère en marin.

9. Voulez-vous de la sauce à la menthe ? C'est très bon avec le gigot.

10. Quel chef-d'œuvre ! Quel génie chez ce peintre !

11. Puis-je reprendre du vin ?

12. Boit-on du vin ou du cidre dans votre pays ?

13. Elle téléphone à sa mère deux ou trois fois par semaine.

14. Il n'y a pas de vent aujourd'hui. Il n'y a presque pas de vent aujourd'hui.

15. Y a-t-il des nids dans cet arbre ?

▶ 31 • L'adjectif qualificatif

1. Généralités

§421 **Ⓐ** Les adjectifs qualificatifs anglais sont des *mots invariables*.
The new books. *Les nouveaux livres* (dans **"the newspapers",** l'*s* de la première syllabe appartient au nom invariable **the news** = *les nouvelles).*

§422 **Ⓑ** Aux adjectifs proprement dits **(young, red, difficult)** s'ajoutent les *participes employés comme adjectifs.* Ne pas confondre les *participes présents* à sens *actif* **(disappointing,** *décevant)* et les *participes passés* à sens *passif* **(disappointed,** déçu).
A tiring journey. ▶▷ *Un voyage fatigant.*
The tired passengers. ▶▷ *Les voyageurs fatigués.*

On a vu (▶ § 384) qu'un nom placé devant un autre nom joue le rôle d'un adjectif, et reste donc invariable.
A cherry-tart. ▶▷ *Une tarte aux cerises.*
The London papers. ▶▷ *Les journaux de Londres.*

§423 **Ⓒ** *L'adjectif épithète se place avant le nom.* S'il y a plusieurs épithètes on place près du nom celle qui lui est le plus intimement liée par le sens.
A tall, thin man. ▶▷ *Un homme grand et mince* (une virgule sépare deux adjectifs exprimant des idées qui s'ajoutent l'une à l'autre, que l'on peut considérer séparément ; remarquer qu'il n'y a pas de conjonction *and* entre les deux adjectifs).
A silly little boy. ▶▷ *Un petit garçon stupide* (l'expression **"little boy"** comporte un adjectif étroite-ment uni au nom ; on ne considère pas que l'enfant est d'une part petit et d'autre part stupide, les deux adjectifs ne sont pas sur le même plan ; remarquer l'absence de virgule).
A red and yellow book. ▶▷ *Un livre rouge et jaune* (une partie est rouge, l'autre jaune, d'où l'emploi de *and* ; comparer avec : **a thick, yellow book**, *un gros livre jaune).*

§424 **Ⓓ** *Exceptions : adjectifs placés après le nom.*
● Adjectifs *accompagnés d'un complément.*

> Comparer :
> **A full glass.** ▶▷ *Un verre plein.*
> **A glass full of water.** ▶▷ *Un verre plein d'eau.*

● Adjectifs nombreux, dans un style écrit soigné.
An old beggar, dirty, ragged, sad-looking, was standing outside the church. ▶▷ *Un vieux men-diant, sale, en haillons, à l'air triste, se tenait à la porte de l'église.*

● Quelques *expressions traditionnelles* traduites du français : **a court martial, an inspector general, the President Elect** (titre porté par le président des USA entre l'élection et « l'inauguration »), etc.

§425 **Ⓔ** Ne s'emploient *jamais comme épithètes* (suivis d'un nom) les adjectifs commençant par le *préfixe a-* **(asleep, awake, alone, afraid, alive).** Comparer : **he is asleep / a sleeping child ; she is afraid / a frightened woman.**

Ne s'emploient normalement que *comme attributs* (après *to be, to look...*) les adjectifs **well** *(bien portant),* **ill** *(malade),* **glad** *(content),* **drunk** *(ivre),* **cross** *(fâché).*

> Comparer :
> **he is ill / he is a sick man** *(un malade)* ;
> **he is drunk! a drunken sailor** *(un marin ivre).*

F L'adjectif peut accompagner *something, anything, nothing.*

Something funny. ▶▷ *Quelque chose de drôle* (sans préposition après *something*).

Anything new? ▶▷ *Rien de neuf ?*

§426 **G** L'adjectif peut être accompagné de *very (très), a little (un peu), rather, quite, fairly (assez, passablement, plutôt), so (si), too (trop), enough (assez, suffisamment).* **Enough** se place après l'adjectif.

He is a little selfish. ▶▷ *Il est un peu égoïste.*

It was rather expensive. ▶▷ *C'était assez (= plutôt) cher.*

You are too young. ▶▷ *Tu es trop jeune.*

I am not tall enough. ▶▷ *Je ne suis pas assez grand.*

Pour les comparatifs *(plus grand que, moins grand que, aussi grand que)* et les superlatifs *(le plus grand),* ▶ leçon 32.

2. Les adjectifs composés

Revoir ce qui a été dit sur les noms composés (▶ §§ 384 à 386). Le second élément est le plus important, le premier en précise le sens ou lui sert de complément.

§427 **A** *le second élément est un adjectif.*

A brick-red dress. ▶▷ *Une robe rouge brique* (attention à l'ordre des termes).

To be sea-sick (= seasick). ▶▷ *Avoir le mal de mer.*

To be self-confident. ▶▷ *Avoir confiance en soi.*

§428 **B** *le second élément est un participe présent* (à sens actif).

An old-looking house (= a house that looks old). ▶▷ *Une maison à l'air vétuste.*

A painstaking boy (= a boy who takes pains). ▶▷ *Un garçon travailleur.*

A heart-breaking scene. ▶▷ *Une scène déchirante.*

§429 **C** *le second élément est un participe passé* (à sens passif).

A home-made cake (it is made at home). ▶▷ *Un gâteau fait à la maison.*

A horse-drawn carriage (it is drawn by a horse). ▶▷ *Une voiture à cheval.*

The star-spangled banner. ▶▷ *La bannière étoilée* (drapeau des USA).

§430 **D** *le second élément est un nom terminé par le suffixe -ed* (« faux participe passé »). Ce suffixe se prononce comme celui des preterites (▶ R.F. 8 et ▶ § 9) et on applique les mêmes règles pour le redoublement éventuel de la consonne finale (▶ R.F. 7 et 8). Le premier élément exprime principalement la forme, la couleur, une qualité abstraite ; c'est parfois un nombre. Le deuxième élément peut désigner :

● *les parties du corps.*

A fair-haired [hɛəd] **girl.** ▶▷ *Une fille blonde.*

A blue-eyed [ɑid] **child.** ▶▷ *Un enfant aux yeux bleus.*

A one-legged man. ▶▷ *Un unijambiste.*

● *les vêtements.*

Blue-uniformed soldiers. ▶▷ *Des soldats en uniformes bleus.*

● *les parties d'un objet.*

A low-necked dress. ▶▷ *Une robe décolletée.*

Gold-framed spectacles. ▶▷ *Des lunettes à monture en or.*

● *les qualités abstraites.*

Bad-tempered *(qui a mauvais caractère)*, **short-sighted** *(myope)*, **old-fashioned** *(démodé, arriéré)*, **quick-witted** *(à l'esprit vif)*, **absent-minded** *(distrait)*, **middleaged** *(d'âge mûr)*, **cool-headed** *(à l'esprit calme, imperturbable)*, **cold-blooded** *(froid, insensible)*, **narrow-minded** *(étroit d'esprit)*, **many-coloured** *(multicolore)*, **medium-sized** *(de taille moyenne)* ; **low-spirited** = **down-hearted** *(découragé, déprimé)*, **left-handed** *(gaucher)*, etc.

NB. Les adjectifs composés terminés par **-ed** s'emploient surtout comme épithètes quand ils ont un sens concret (**a long-nosed man** ; mais : **he has a long nose**, plutôt que : "he is long-nosed"), alors que ceux qui ont un sens abstrait peuvent s'employer comme attributs (**he is left-handed**) aussi bien que comme épithètes (**a left-handed child**).

§431 **E** Adjectifs composés de *formations diverses :* il s'agit d'expressions toutes faites qui équivalent par leur sens à des adjectifs.

Pre-war (post-war) Britain. ▶▷ *La Grande Bretagne d'avant (d'après) guerre.*

A one-way street. ▶▷ *Une rue à sens unique.*

Second-hand books. ▶▷ *Des livres d'occasion.*

The well-off (= well-to-do) classes. ▶▷ *Les classes aisées.*

A tenpenny stamp *(penny,* et non le pluriel **pence,** dans un adjectif composé). ▶▷ *Un timbre de dix pence.*

A twenty-four hour strike *(hour* et non *hours).* ▶▷ *Une grève de 24 heures.*

A fifteen-year-old boy *(year* et non *years).* ▶▷ *Un garçon de quinze ans* (mais : "he is fifteen years old", car *years* ne fait pas alors partie d'un adjectif).

The 10 o'clock news. ▶▷ *Les informations de 10 heures.*

The 8.47 train. ▶▷ *Le train de 8 heures 47.*

His matter-of-fact remarks. ▶▷ *Ses remarques terre à terre.*

His take-it-or-leave-it attitude. ▶▷ *Son attitude intransigeante.*

On remarque que l'emploi du trait d'union est plus général pour les adjectifs composés (surtout ceux qui sont terminés par -ed ou qui sont très longs) que pour les noms composés.

3. Les adjectifs substantivés

Il s'agit des adjectifs employés comme noms.

§432 **A** L'adjectif (qui reste invariable) peut s'employer précédé de l'article *the* avec le sens d'un *nom collectif.* Le verbe qui l'accompagne est au *pluriel,* comme si on sous-entendait un nom pluriel après l'adjectif, par exemple *people.* Il ne s'agit que d'adjectifs employés pour décrire des personnes.

The rich and the poor (= Rich people and poor people). ▶▷ *Les riches et les pauvres.* Ne pas confondre avec *the riches,* nom abstrait *(les richesses).*

The unemployed. ▶▷ *Les chômeurs.*

The Welsh are more demonstrative than the English (= Welsh people...English people). ▶▷ *Les Gallois sont plus expansifs que les Anglais.*

§433 Ces expressions désignent l'ensemble des riches (des chômeurs, des Gallois). Elles ne peuvent s'appliquer à un groupe limité (quelques chômeurs, la plupart des Gallois...). Dans ces cas, comme au singulier, l'adjectif doit être suivi d'un nom.

Some unemployed men were queuing at the agency. ▶▷ *Des chômeurs faisaient la queue au bureau de placement.*

In the country of the blind the one-eyed man is king. ▶▷ *Au pays des aveugles le borgne est roi.*

L'adjectif substantivé à sens collectif ne peut pas se mettre au cas possessif.

La solitude de sourds. ▶▷ **The loneliness of the deaf** (ou : **Deaf people's loneliness**).

§434 🅑 Certains adjectifs (peu nombreux) s'emploient comme des noms, c'est-à-dire qu'ils peuvent prendre la marque du pluriel : **The Whites and the Blacks** *(les blancs et les noirs),* **the Cape-coloureds** *(les métis d'Afrique du Sud),* **the drunks** *(les ivrognes),* **the overforties,** etc. *(les quadragénaires,* etc.), **the under-tens** *(les moins de dix ans),* **the sixteen-year-olds** *(les jeunes de 16 ans)...*

Three fourpennies, please. *Trois timbres (ou billets d'autobus, etc.) de 4 pence, s.v.p.*

▶ § 437 **(the Americans, the Germans).**

§435 🅒 Quelques adjectifs s'emploient précédés de l'article *the* comme noms abstraits singuliers, dans le langage de la philosophie et de la critique.

The unknown. ▶▷ *L'inconnu.*

The uncanny and the supernatural. ▶▷ *Le mystérieux et le surnaturel.*

§436 🅓 Pour éviter de répéter un nom dénombrable déjà exprimé on peut faire suivre l'adjectif du pronom *one* (pluriel : **ones).**

A blue car and a black one. ▶▷ *Une voiture bleue et une noire.*

Yellow flowers and white ones. ▶▷ *Des fleurs jaunes et des blanches.*

One est généralement omis après un superlatif mais non après un comparatif.

Your garden is the prettiest. ▶▷ *Votre jardin est le plus joli.*

This vase is too small, I want a bigger one. ▶▷ *Ce vase est trop petit, il m'en faut un plus grand.*

4. Noms et adjectifs de nationalités

§437 Les noms et adjectifs de nationalités appartiennent à plusieurs catégories selon qu'il existe ou non un nom singulier, et selon que ce nom est semblable ou non à l'adjectif.

1 • *English.*

Il n'y a pas de nom singulier (on forme artificiellement les noms composés : an Englishman, an Englishwoman). Le nom collectif est : **the English** *(les Anglais, tous les Anglais)* ou : **English people** (▶ § 432).

An Englishman, two Englishwomen. ▶▷ *Un Anglais, deux Anglaises.*

The English (= English people) are fond of tea. ▶▷ *Les Anglais aiment le thé.*

2 • *American.*

Le nom singulier est semblable à l'adjectif **(an American).**

Au pluriel, avec l'article *the* (parfois omis, ▶ § 393), il peut prendre un sens collectif.

An American, two American girls. ▶▷ *Un Américain, deux jeunes Américaines.*

The Americans don't play cricket. ▶▷ *Les Américains ne jouent pas au cricket.*

3 • *Spanish.*

Le nom singulier est différent de l'adjectif **(a Spaniard).** Le pluriel est : **the Spaniards** (on dit aussi : **the Spanish).**

A Spaniard, a Spanish boy. ▶▷ *Un Espagnol, un jeune Espagnol.*

The Spaniards have their lunch at 2 in the afternoon. ▶▷ *Les Espagnols déjeunent à 2 heures de l'après-midi.*

4 ● *Japanese.*

Le nom et l'adjectif sont semblables. Le nom est invariable.

A Japanese, a Japanese woman. ▶▷ *Un Japonais, une Japonaise.*

The Japanese live on rice and fish. ▶▷ *Les Japonais se nourrissent de riz et de poisson.*

> Comparer les noms dans les groupes suivants :
> **An Englishman and an American / The English and the Americans.**
> **A Frenchman and an Italian / the French and the Italians.**
> **A Japanese and a German / the Japanese and the Germans.**

§438

	NOM DU PAYS	ADJECTIF	NOM SINGULIER	NOM COLLECTIF
1 ●	**England Ⓐ**	English	an Englishman	the English
	Wales	Welsh (*gallois*)	a Welshman	the Welsh
	Ireland	Irish	an Irishman	the Irish
	France	French	a Frenchman	the French
	Holland (The Netherlands)	Dutch	a Dutchman	the Dutch
2 ●	**the United States**	American	an American	the Americans
	Canada	Canadian	a Canadian	the Canadians
	Australia	Australian	an Australian	the Australians
	India	Indian	an Indian	the Indians
	Germany	German (*allemand*)	a German	the Germans
	Italy	Italian	an Italian	the Italians
	Russia (the USSR)	Russian ['rʌʃən]	a Russian	the Russians
3 ●	**Spain**	Spanish	a Spaniard	the Spaniards
	Poland	Polish (*polonais*)	a Pole	the Poles
	Britain Ⓐ	British	a Briton (Am. : a Britisher)	the Britons (ou the British)
	Scotland Ⓑ	Scottish (= Scots)	a Scot	the Scots
4 ●	**Japan** [ʤəˈpæn]	Japanese	a Japanese	the Japanese
	China [ˈtʃainə]	Chinese [tʃaiˈniːz]	a Chinese	the Chinese
	Portugal	Portuguese	a Portuguese	the Portuguese

§439

Ⓐ *English* ne peut s'employer que pour les personnes et les choses de l'Angleterre proprement dite. Pour ce qui s'applique à l'ensemble de la Grande Bretagne (**Great Britain**) ou du Royaume Uni (**the United Kingdom**) ii faut employer l'adjectif *British* (**the British government**). Le nom "**a Briton**" s'emploie peu, sauf en histoire ("**the ancient Britons**").

Ⓑ *Scottish (= Scots)* s'emploie devant un nom de personne (**a Scottish girl**), *Scotch* devant un nom neutre (**Scotch whisky**), du moins en Ecosse. Mais beaucoup d'Anglais dissent : **a Scotchman, the Scotch** (= *les Ecossais*), termes considérés comme insultants par les Ecossais.

Ⓒ Certains adjectifs non terminés par *-an* se construisent comme **American,** par exemple **Greek** (*grec*) et **Israeli** (*israélien ; cf.* **a Jew** ▶▷ *un Juif,* adj. **Jewish).**

Ⓓ *Swiss* (nom du pays : **Switzerland**) est un mot invariable, comme **Japanese.**

E Il n'y a pas d'adjectif correspondant au nom **a New Zealander.** Le nom du pays **(New Zealand)** peut s'employer comme adjectif **(New Zealand lamb).**

§440 **F** Liste supplémentaire :

- groupe (2), comme *American :* **Belgian** (pays : Belgium), **Norwegian** (Norway), **Mexican** (Mexico), **Brazilian** (Brazil), **Egyptian** (Egypt), **Austrian** (Austria, *l'Autriche),* **Hungarian** (Hungary), **European** (Europe), **African** (Africa), **Asian** ['eiʃən] (Asia)**.**

- groupe (3), comme *Spanish :* **Turkish** (a Turk, pays : Turkey), **Danish** (a Dane, Denmark), **Swedish** (a Swede, Sweden).

- groupe (4), comme *Japanese :* **Lebanese** (pays : Lebanon), **Maltese** (Malta), **Vietnamese** (Vietnam).

§441 ## REMARQUES

- Ces adjectifs prennent *toujours une majuscule.*
He is fond of French wines. ▶▷ *Il aime les vins français.*

- L'adjectif *sans article* désigne *la langue du pays.*
English is easier than Russian. ▶▷ *L'anglais est plus facile que le russe.*

Mais avec l'article : **"translated from** the **French by..."** (car il faut ici sous-entendre : the French of Balzac, of Flaubert...)
What's the French for "self-control"? ▶▷ *Comment dit-on en français "self-control" ?* (ici, the French = the French word).

Ne pas confondre : **Do you like English?** *(la langue anglaise)* et : **Do you like the English?** *(les Anglais).*

EXERCICES

A Traduire :

1. A slow-working child.
2. A long-sighted old man.
3. A good-natured girl.
4. He is over-scrupulous.
5. A hair-raising adventure.
6. A far-sighted statesman.
7. An open-minded person.
8. A heavy-handed teacher.
9. She died broken-hearted.
10. Hercule Poirot's egg-shaped head.

B Traduire :

1. Une robe jaune citron.
2. Un insecte à longues pattes.
3. Un enfant de douze ans.
4. Une vieille dame à cheveux blancs.
5. Des hommes à chemises noires.
6. Un manchot, un unijambiste, un borgne.
7. Un livre relié en cuir.
8. Une fille rousse.
9. Des Africains aux dents blanches.
10. L'avion de 10 heures, l'avion de 10 heures 45.
11. Le garçon de café à veste rouge.
12. Un tabouret à trois pieds.
13. Une voiture d'occasion.
14. Des enfants à l'air heureux.
15. Un animal à quatre mains.
16. Un billet de dix dollars.
17. Un élève de 2e (classe de 2e = 5th form).
18. Une fleur parfumée ; une pipe malodorante.
19. Une nappe blanche comme la neige.
20. Des montagnes couvertes de neige.

C Traduire :

1. Lequel est Laurel, le gros ou le maigre ?
2. Regardez, un aveugle traverse la rue.
3. Les jeunes et les vieux ne s'entendent pas toujours très bien.
4. Le golf est un sport pour les gens d'âge mûr.
5. Laquelle est ta voiture ? La grise ? – Non, la bleue.
6. Les sourds sont-ils plus heureux que les aveugles ?
7. Donne-moi un gâteau, un gros.
8. Donne-moi des cerises, des grosses.
9. Nous sommes scandalisés par l'égoïsme des riches.
10. Nous sommes scandalisés par l'égoïsme de certains riches.

D Traduire :

1. Les Suisses parlent l'allemand, le français ou l'italien. Certains Suisses parlent les trois langues.
2. Les Gallois parlent-ils tous le gallois ?
3. Il parle l'espagnol comme un Espagnol.
4. Comment dit-on « sympathique » en anglais ?
5. Combien de Français savent lire le latin ? Combien d'Italiens savent lire le latin ?
6. Les Irlandais aiment le whiskey. Certains Irlandais boivent trop de whiskey.
7. Au début du xxe siècle des milliers d'Italiens, de Polonais et d'Irlandais émigrèrent aux Etats-Unis.
8. Les Polonais aiment beaucoup la France et les Français. Peu de Français parlent le polonais.
9. Cet Anglais n'aime pas les Irlandais ni les Gallois ; il préfère les Ecossais.
10. Les Australiens et les Néo-Zélandais parlent l'anglais.
11. Un Anglais, un Chinois et un Russe boivent du thé. Un Français, un Espagnol et un Italien boivent du vin.
12. Des millions de gens parlent l'espagnol aux Etats-Unis.
13. Ne dites jamais à un Ecossais qu'il est anglais.
14. Les Grecs et les Portugais sont habitués à un climat plus chaud que les Hollandais et les Ecossais.
15. Deux Irlandais jouaient au bridge avec une Galloise et une Ecossaise.

► 32 • Comparatifs et superlatifs

Voir d'abord ► R.F. 20 et 21.

1. John is taller than Dick, he is the tallest boy in the family

§442 **A** Ne pas confondre comparatifs et superlatifs, qui ont la même forme en français.
*Elle est **plus jolie** que sa sœur.* ▷▷ **She is *prettier* than her sister.**
*C'est la **plus jolie** fille que je connaisse.* ▷▷ **She is the *prettiest* girl I know.**

(remarquer « c'est » = **she is,** et non "it is").

§443 **B** Les adjectifs de ***plus de deux syllabes*** forment le comparatif de supériorité avec l'adverbe *more* et le superlatif avec *most*.
John is more intelligent than Dick. ▷▷ *John est plus intelligent que Dick.*
He is the most intelligent boy in the family. ▷▷ *C'est le garçon le plus intelligent de la famille* (remarquer l'ordre des mots et l'article *the*).

Les adjectifs ***d'une syllabe*** forment le comparatif de supériorité avec le suffixe *-er* et le superlatif avec le suffixe *-est*.
John is taller ['tɔːlə] **than Dick.** ▷▷ *John est plus grand que Dick.*
He is the tallest [tɔːlist] **boy in the family.** ▷▷ *C'est le garçon le plus grand de la famille.*

On applique la même règle d'orthographe que pour le participe présent des verbes (► § R.F. 7) :
big ▷▷ bigger, the biggest ; thin ▷▷ thinner, the thinnest.

Les adjectifs ***de deux syllabes*** prennent les suffixes *-er* et *-est* s'ils sont terminés par un *y* (▷▷ **-ier,** **-iest**), ou par *-er* (clever), *-ow* (narrow), *-le* (noble, gentle). Les autres se construisent avec ***more, most*** (certains ont deux formes (**more pleasant**, parfois : **pleasanter**).

Quelques adjectifs d'une syllabe se construisent avec ***more, most*** : **glad, dead, real, cross** (fâché), **frank, apt ;** et les participes passés **drunk** (ivre), **tired, pleased.**

§444 **C** ***Le comparatif des adverbes*** se forme comme celui des adjectifs (**longer**, *plus longtemps*). Le comparatif de l'adjectif s'emploie souvent dans un sens adverbial (**quicker** = more quickly ; **louder** = more loudly).

Le superlatif des adverbes n'est pas précédé de l'article (de même pour l'expression *"it is... to..."*).
Which do you like best? ▷▷ *Lequel préférez-vous ?*
It's wisest to wait. ▷▷ *Le plus sage est d'attendre.*

§445 **D** ***Comparatifs et superlatifs irréguliers.***

• ***Good*** et ***well*** ▷▷ ***better*** (meilleur, mieux), ***the best***.
Bad ▷▷ ***worse*** [wəːs], ***the worst***.
He works better than his brother. ▷▷ *Il travaille mieux que son frère.*
He is the best doctor in the town. ▷▷ *C'est le meilleur docteur de la ville.*
This is the worst restaurant in the town. ▷▷ *C'est le plus mauvais restaurant de la ville.*

• ***Far*** ▷▷ ***farther*** (ou : ***further***), ***the farthest*** (ou : ***the furthest***).

> Comparer :
> **We can't go any farther** (ou : **further**) **without a rest.** ▷▷ *Nous ne pouvons pas aller plus loin sans nous reposer* (idée de distance).
> **We won't go further** (seule forme possible) **into the matter.** ▷▷ *Nous n'approfondirons pas plus la question* (sens figuré).

• *Old* ▶▶ *older, the oldest* (sens général : **he is older than his wife**) / *elder, the eldest* (= aîné : **my elder brother,** ▶ § 456).

On emploie **the latest** (et non **the last**) quand *le dernier = le plus récent*.
The last chapter. ▷▷ *Le dernier chapitre.*
The latest news. ▷▷ *Les dernières nouvelles.*

§446 **E** Le *complément d'un comparatif de supériorité*, introduit par *than* [ðən], peut être un nom (ou pronom) ou une proposition.
He is stronger than I thought. ▷▷ *Il est plus fort que je ne croyais.*

Quand le complément est le pronom *I*. on le remplace souvent par *me* dans la langue familière.

> Comparer :
> **He runs faster than me** (langue familière). ▷▷ *Il court plus vite que moi.*
> **He runs faster than I do** (langue plus soignée).
> **He runs faster than I** (langue très soignée, rare en anglais parlé).

Mais il peut être important de bien choisir le pronom.

> Comparer :
> **She hates him more than me** (= more than she hates me).
> ▷▷ *Elle le déteste plus qu'elle ne me déteste.*
> **She hates him more than I** (plus couramment : **more than I do**).
> ▷▷ *Elle le déteste plus que je ne le déteste.*

Aux autres personnes, ne pas employer le pronom complément.
You are nicer than they are ("than them" est incorrect). ▷▷ *Vous êtes plus gentils qu'eux.*

Quand le complément est un nom, il n'est pas utile de rappeler le verbe.

> Comparer :
> **She drives better than he** *does*. ▷▷ *Elle conduit mieux que lui.*
> **She drives better than John.** ▷▷ *Elle conduit mieux que John.*

§447 **F** Le *complément d'un superlatif* est introduit par *in* quand c'est un complément de lieu (**the best doctor in the town**), par *of* ou *in* dans les autres cas (**the tallest boy in the family,** ou : **of the family**).

§448 **G** On peut préciser le sens du comparatif ou du superlatif à l'aide des expressions :
He is *much* older (≠ **a *little* older**) **than his wife.** ▷▷ *Il est beaucoup* (≠ *un peu*) *plus âgé que sa femme.*
He is *far* (= **much**) **more serious than his brother.** ▷▷ *Il est beaucoup plus sérieux que son frère.*
He is *no* better than his brother. ▷▷ *Il ne vaut absolument pas mieux que son frère* (Interrogation : **Is he *any* better than his brother?**).
It's *even* better (= **it's better still**). ▷▷ *C'est encore mieux.*
The *very* latest news. ▷▷ *Les toutes dernières nouvelles.*
He is *by* far the best. ▷▷ *Il est de loin le meilleur.*

2. She is as tall as her mother

§449 **A** Comparatif d'égalité : **as... as...** (les deux **as** sont inaccentués : [əz]).

She is as tall as her mother. ▶▷ *Elle est aussi grande que sa mère.*

Is Wales as picturesque as Scotland? ▶▷ *Le Pays de Galles est-il aussi pittoresque que l'Ecosse ?* (▶ § 617).

§450 **B** A la forme négative *(inégalité)* on peut dire :

She is not as tall *as* her mother.

She is not so tall *as* her mother (▶ §§ 410 et 617).

Cette forme s'emploie couramment à la place du comparatif d'infériorité (**less... than**), qui s'emploie peu, surtout avec les adjectifs courts ("She is less tall than her mother" n'est pas courant).

He is not so (ou : **not as**) **intelligent as his brother = he is less intelligent than his brother.** ▶▷ *Il est moins intelligent que son frère.*

NB. De même on emploie peu le *superlatif d'infériorité (the least...)* avec les adjectifs courts (on remplace **the least big** par **the smallest, the least tall** par **the shortest**). Mais on l'emploie avec les adjectifs longs (**the least interesting book, the least comfortable room**).

§451 **C** Le premier **as** des comparatifs d'égalité est parfois sous-entendu dans les expressions toutes faites (comparaisons familières), notamment lorsque le verbe **to be** est lui aussi sous-entendu, par exemple en réponse à une question.

(As) cool as a cucumber. ▶▷ *Imperturbable, flegmatique.*

(As) drunk as a lord. ▶▷ *Soûl comme un cochon.*

(As) fit as a fiddle (a fiddle = a violin). ▶▷ *En parfaite forme.*

How are you? – Fit as a fiddle.

§452 **D** Ne pas confondre *than* et *as*.

They are happier *than* we are. ▶▷ *Ils sont plus heureux que nous.*

They are as happy *as* we are. ▶▷ *Ils sont aussi heureux que nous.*

They are less happy *than* we are. ▶▷ *Ils sont moins heureux que nous* (on dit plus couramment : **They are not so happy / not as happy *as* we are**).

§453 **E** Le comparatif d'égalité peut être précédé de *just* ou d'un *multiplicateur*.

He is just as foolish as his brother (langue soignée : **he is *quite* as foolish as his brother**). ▶▷ *Il est tout aussi bête que son frère.*

France is twice as large as Britain. ▶▷ *La France est deux fois plus grande que la Grande-Bretagne* (en français, un comparatif de supériorité).

Après *three (four...) times* (mais non après *twice)* on peut aussi employer un comparatif de supériorité (**three times as large as = three times larger than**).

3. She is very nice. She is awfully nice

§454 *Le superlatif « absolu »* (très grand, extrêmement difficile) se forme le plus souvent avec *very* devant un adjectif (**very good, very nice, very picturesque**) ou adverbe (**very early, very often**). Devant un participe passé (en particulier dans une phrase passive) on emploie *much* (ou *very much*). Mais un grand nombre de participes passés sont employés comme de purs adjectifs et peuvent donc être précédés de *very* (**tired, pleased, surprised, interested, excited, disappointed...**).

We were very surprised and very disappointed (participes employés comme adjectifs). ▶▷ *Nous avons été très surpris et très déçus.*

He was very much loved (et non "very loved") **by those who knew him closely** (passif). ▶▷ *Il était très aimé de ceux qui le connaissaient bien.*

On dit : **very well known** *(très connu),* **quite true** *(très vrai),* **quite possible** *(très possible),* **"I'm very much afraid that..."** *(Je crains fort que...).*

§455) On peut aussi former le superlatif absolu avec *most,* sans article *(vraiment très)* ou avec un certain nombre d'adverbes familiers en *-ly (awfully, terribly, dread-fully...)*
It was most kind of him. ▶▷ *Cela a été très aimable de sa part.*
She is awfully nice. ▶▷ *Elle est rudement sympathique.*

4. Constructions idiomatiques

§456) **A** L'anglais (comme le latin) emploie un *comparatif* et non un superlatif quand il n'y a que *deux éléments* de comparaison.
Her elder son. ▶▷ *L'aîné de ses deux fils.*
Her eldest son. ▶▷ *L'aîné de ses fils* (ils sont plus de deux).

§457) *The first* et *the last* étant à l'origine des superlatifs (comme le montrent leurs terminaisons), on les remplace par les comparatifs *the former* et *the latter* pour se référer à deux personnes ou deux choses déjà nommées (dans la langue écrite seulement).
I've been introduced to Mr Smith and Mr Morgan. I like the latter better than the former. ▶▷ *On m'a présenté à M. Smith et à M. Morgan. Je trouve ce dernier plus sympathique que l'autre.*

The former est moins couramment employé que *the latter.* Ces deux expressions, invariables, peuvent remplacer des pluriels.
The Smiths and the Morgans came to see us yesterday. The latter came with their cousins. ▶▷ *Les Smith et les Morgan sont venus nous voir hier. Ces derniers sont venus avec leurs cousins.*

NB. *Former* s'emploie aussi comme épithète : **a former Prime Minister** ▶▷ *un ancien Premier Ministre.*

§458) **B** A un simple adjectif français peut correspondre un comparatif anglais, quand il y a une idée d'opposition entre deux éléments.
The weaker sex. ▶▷ *Le sexe faible.*
The younger generation. ▶▷ *La jeune génération.*
Sooner or later. ▶▷ *Tôt ou tard.*
The upper (≠ lower) classes. ▶▷ *La haute société (≠ le prolétariat).* On a gardé les comparatifs malgré l'apparition d'un troisième élément : **the middle classes.**

§459) **C** *Idée de progression (de plus en plus, de moins en moins).*

On emploie deux comparatifs séparés par *and. To be* est souvent remplacé par *to get* (parfois *to grow* ou *to become).*
It's getting colder and colder. ▶▷ *Il fait de plus en plus froid.*
Life is getting more and more expensive. ▶▷ *La vie est de plus en plus chère.*
He works better and better. ▶▷ *Il travaille de mieux en mieux.*
This serial is growing (= becoming) less and less interesting. ▶▷ *Ce feuilleton devient de moins en moins intéressant.*

§460) **D** *Idée de progressions parallèles (plus..., plus... ; moins..., moins...).*

The (qui est ici un adverbe) précède chacun des comparatifs. Remarquer l'ordre des mots : chaque proposition commence par le comparatif.
The harder I worked, the happier I was. ▶▷ *Plus je travaillais avec ardeur, plus j'étais heureux.*

The older he gets, the less he understands his children. ▶▷ *Plus il vieillit, moins il comprend ses enfants.*

To be est parfois sous-entendu.
The more, the merrier. ▶▷ *Plus on est de fous, plus on rit.*

§461) **E** *D'autant plus, que, d'autant moins… que.*

Le comparatif est précédé de l'adverbe *the* (souvent : *all the*) La seconde proposition, qui exprime une cause, est introduite par *as,* parfois par *because* ou *since* (puisque).
He felt all the more depressed as all his friends were away. ▶▷ *Il se sentait d'autant plus déprimé que tous ses amis étaient absents.*
I was all the less surprised as I have known him for years. ▶▷ *J'ai été d'autant moins surpris que je le connais depuis des années.*

NB. **We are none the happier for it.** ▶▷ *Nous n'en sommes pas plus heureux.*

5. Expressions construites comme des comparatifs

§462) **A** *Other* et *rather* (à l'origine des comparatifs) sont suivis de *than.*
In no other country than England can you enjoy so much freedom of speech. ▶▷ *Dans aucun autre pays que l'Angleterre vous ne pouvez jouir d'autant de liberté d'expression* (pour l'inversion littéraire, ▶ § 101).
He preferred to go on foot rather than wait for the bus. ▶▷ *Il préféra y aller à pied plutôt que d'attendre l'autobus* (pour l'infinitif sans *to,* ▶ § 216).

On emploie *than* après *I would rather* (▶ § 72), *I had better* (▶ § 34), et *no sooner* (▶ § 724).

§463) **B** *Same,* dont le sens est proche d'un comparatif d'égalité, se construit avec *as* lorsqu'il y a une idée de comparaison. Voir aussi ▶ § 729 *(similar to).*
We have the same car as John. ▶▷ *Nous avons la même voiture que John.*

Mais *same* peut aussi (plus rarement) être suivi de *that* introduisant une proposition exprimant une identité et non une comparaison.
He has remained the same liar that he was as a boy. ▶▷ *Il est resté le même menteur que dans son enfance* (ici on peut omettre *same).*

EXERCICES

A Construire des phrases suivant le modèle :

Peter > Ken (rich) ▶▶ **Peter is richer than Ken. Ken isn't as rich as Peter.**

1. She > he (lazy).
2. The Lake District > the Midlands (picturesque).
3. Your suitcase > mine (heavy).
4. Russian > English (difficult).
5. They > we (selfish).
6. The Daily Telegraph > the Times (conservative).

7. This cake > that one (good).
8. Cambridge University > Reading University (well known).
9. A whale > an elephant (big).
10. He > she (painstaking).

B Construire des phrases suivant le modèle :

We get up early (they) ▶▶ **We get up earlier than they do.**

1. She drives fast (he).
2. He is strong (she).
3. We go to bed late (they).
4. They went far (we).
5. We worked hard (our neighbours).

6. We were tired (he).
7. He ate his lunch quickly (his friends).
8. I am strong (they).
9. His results are bad (his sister's).
10. I jump high (my brother).

C Construire des phrases suivant le modèle :

As he grew richer, he became more and more selfish ▶▶ **The richer he grew, the more selfish he became.**

1. As they went higher, it was colder and colder.
2. As we got nearer to the house, we liked it better and better.
3. As he got older, he looked more and more like his father.
4. As we know him better, we find him more and more stupid.
5. As he drank less and less whisky, he felt better and better.
6. As they went farther into the tunnel, it got darker and darker.

7. As they punished him more, he obeyed them less and less.
8. As she waited longer, she got more and more furious.
9. As he had less and less money, he had fewer and fewer friends.
10. As we read more about that mysterious island, we were more and more determined to explore it.

D Traduire :

1. Il est de plus en plus paresseux. Plus il vieillit, plus il est paresseux.
2. Il est meilleur pianiste qu'elle. C'est le meilleur pianiste que j'aie jamais entendu.
3. C'est de loin l'homme le plus riche de la ville.
4. Elle est beaucoup plus jeune que nous.
5. Il est moins grand que son frère, mais il est tout aussi fort.
6. Notre appartement est deux fois plus grand que le leur.

7. Il a été d'autant plus déçu qu'il s'attendait à être reçu avec une mention (with distinction).
8. Nous avons des trains de plus en plus rapides. Ce sont les trains les plus rapides du monde.
9. Il est de plus en plus difficile de trouver un emploi.
10. Vos résultats sont de plus en plus mauvais.

11. Elle jouait d'autant mieux qu'elle savait que je l'écoutais.

12. La plus jeune de leurs deux filles va encore au lycée, l'aînée est médecin.

13. Je nage un peu plus vite que lui.

14. Il nage moins vite que moi.

15. Le Ben Nevis est la montagne la plus haute des Iles Britanniques.

16. Comment va ton père ? – De mieux en mieux.

17. Elle est encore plus douée que son frère.

18. Il était beaucoup plus fatigué que nous.

19. Elle était d'autant plus effrayée qu'elle était seule dans la maison.

20. Oxford et Cambridge sont deux villes très agréables. Cette dernière est plus petite et plus calme.

▶ 33 • Régime des noms et des adjectifs

Si la construction des noms et des adjectifs pose moins de problèmes à l'élève que celle des verbes (▶ leçons 21 à 27), il ne faut cependant pas négliger cette question, surtout en ce qui concerne le *vocabulaire abstrait* (expression des sentiments, description du caractère et du comportement, opérations de l'esprit, etc.). On se limitera ici à quelques exemples illustrant les principales constructions différentes du français.

1. Noms et adjectifs + préposition + complément

Le complément introduit par la préposition peut être un nom, un pronom ou un gérondif.

§464 **A** *Noms.* Un grand nombre d'entre eux ne sont pas suivis de la même préposition qu'en français. Il est conseillé d'apprendre ensemble le nom et la préposition.

The reason *for* his absence (= the reason *why* he is not here). ▶▷ *La raison de son absence.*

It's time *for* breakfast. ▶▷ *C'est l'heure du petit-déjeuner.*

There's no need *for* so much formality. ▶▷ *Il n'y a pas besoin de tant de cérémonie.*

His interest *in* maths. ▶▷ *Son intérêt pour les mathématiques.*

He had some difficulty *in* making himself understood. ▶▷ *Il eut des difficultés à se faire comprendre.*

There's not much hope *of* their being alive (of finding them alive). ▶▷ *Il n'y a pas beaucoup d'espoir qu'ils soient vivants (de les retrouver vivants).*

Cruelty *to* animals. ▶▷ *La cruauté envers les animaux.*

§465 **B** *Adjectifs.* On notera les emplois de *with* et de *at* avec des adjectifs exprimant des réactions psychiques.

I am angry/furious *with* him. ▶▷ *Je suis furieux contre lui, je lui en veux.*

He was angry *at* being kept waiting. ▶▷ *Il était irrité qu'on le fît attendre.*

I am pleased *with* my new job. ▶▷ *Je suis satisfait de mon nouvel emploi*

(Mais : **I am pleased to see him.** ▶▷ *Je suis content de le voir*).

I was amazed/surprised *at* his talent. ▶▷ *J'ai été étonné par son talent.*

He was surprised *at* seeing (ou : surprised to see) so many people. ▶▷ *Il a été surpris de voir tant de monde.*

She is good *at* maths. ▶▷ *Elle est bonne en mathématiques.*

She is interested *in* maths. ▶▷ *Elle s'intéresse aux mathématiques.*

She is keen (fam. : mad) *on* maths. ▶▷ *Elle se passionne pour les mathématiques.*

You are liable *to* a fine. ▶▷ *Vous êtes passible d'une amende.*

He is afraid *of* dogs (of being bitten by the dog). ▶▷ *Il a peur des chiens (d'être mordu par le chien).*

I'm tired *of* (*I'm fed up with*) hearing their silly remarks. ▶▷ *Je suis fatigué (j'en ai assez) d'entendre leurs remarques stupides.*

2. Noms et adjectifs + infinitif

§466 **A** *Noms.* Un certain nombre d'entre eux sont de la même famille que des verbes construits, eux aussi, avec un infinitif (▶ leçon 21).

> Comparer :
> **His refusal to help us.** ▶▷ *Son refus de nous aider* (**He refused to help us**).
> **Our failure to respect the rules.** ▶▷ *Nos infractions aux règlements*
> (**We failed to respect the rules**).

Mais cela n'est pas une règle : par exemple le nom *hope* est suivi de la préposition *of* (▶ § 464), alors que le verbe *to hope* est suivi d'un infinitif (▶ § 279).

Un infinitif peut s'ajouter à un nom pour exprimer *l'utilité,* ou avec un sens passif.
He had an old knife to cut his bread with. ▶▷ *Il avait un vieux couteau pour couper son pain.*
There are a great many pretty villages to see (= to be seen) **in Devon.** ▶▷ *Il y a un grand nombre de jolis villages à voir dans le Devon.*

§467) **B** *Adjectifs.* Sont construits avec un infinitif un grand nombre d'adjectifs (ou participes passés) exprimant des *émotions :* **happy, pleased, disappointed, surprised, amazed...**
She was eager (≠ **reluctant**) **to help us.** ▶▷ *Elle était très désireuse de* (≠ *peu disposée à*) *nous aider.*
We were sorry to hear the news. ▶▷ *Nous avons été navrés d'apprendre cette nouvelle* (On peut dire :
I'm sorry to be so late, I'm sorry for being so late, I'm sorry that I'm so late).

Attention aux deux constructions de *sure :*
He is sure to fail. ▶▷ *Il échouera certainement* (c'est *mon* opinion, ▶ § 629).
He is sure that he'll fail (= He expects to fail). ▶▷ *Il est sûr d'échouer* (c'est *son* opinion).

L'adjectif suivi d'un infinitif peut être construit comme *épithète.*
A hard man to please. ▶▷ *Un homme difficile à satisfaire.*
Pleasant words to listen to. ▶▷ *Des paroles agréables à entendre.*
An easy place to reach. ▶▷ *Un endroit facile à atteindre.*

L'adjectif suivi d'un infinitif peut être accompagné de *too, enough, so... as.*
He is too busy to see you. ▶▷ *Il est trop occupé pour vous recevoir.*
Will you be strong enough to lift the settee? ▶▷ *Seras-tu assez fort pour soulever le canapé ?*
Will you be so kind as to help me? ▶▷ *Auriez-vous l'amabilité de m'aider ?*

§468) **C** Noms et adjectifs suivis d'une *proposition infinitive* introduite par *for.*
There's no need for you to hurry. ▶▷ *Il n'est pas nécessaire que vous vous dépêchiez.*
This is useful for you to read. ▶▷ *Il est utile que vous lisiez cela.*
This box is too heavy for you to lift. ▶▷ *Cette caisse est trop lourde pour que tu la soulèves* (remarquer l'absence de pronom complément après *lift*).

§469) **D** La structure *"it is + adjectif + of + complément + infinitif"* s'emploie pour exprimer une *opinion sur un comportement* (avec **kind, clever, silly, cruel, ridiculous,** etc.).
It was kind of her to invite us. ▶▷ *Cela a été gentil de sa part de nous inviter.*
It was ridiculous of him to lose his temper. ▶▷ *Cela a été ridicule de sa part de se mettre en colère.*

A la forme exclamative, *"it is"* est souvent sous-entendu (**How ridiculous of him to lose his temper!** ou : **How ridiculous of him to have lost his temper!**).

§470) **E** Après des verbes exprimant une *impression* ou une *opinion* (to find, to think, to consider...), le pronom *it* peut introduire un nom ou adjectif attribut d'un infinitif.
I consider it my duty to warn you. ▶▷ *Je considère qu'il est de mon devoir de vous avertir* (cf. : It is my duty to warn you).
I should find it difficult to obey such stupid orders. ▶▷ *Je trouverais difficile d'obéir à des ordres aussi stupides* (on ne peut omettre *it*).

3. Noms et adjectifs + subordonnée introduite par that

§471 **A** *Noms*. Dans ce cas la conjonction *that* ne peut pas être omise.

The statement that he was going to resign surprised everyone. ▶▷ *La déclaration annonçant qu'il allait démissionner surprit tout le monde.*

Se construisent ainsi les noms exprimant une opinion, une information, une déclaration (**the thought that..., the fact that..., the news that...**).

Ne pas confondre *that*, conjonction que l'on ne peut omettre dans l'exemple ci-dessus, avec le pronom relatif *that* (= which), que l'on peut omettre.

The statement (that) he made surprised everyone. ▶▷ *La déclaration qu'il a faite a surpris tout le monde.*

§472 **B** *Adjectifs*. La conjonction *that* peut être omise, surtout dans la langue parlée. Cette construction est courante avec des adjectifs exprimant des émotions (**happy, sorry, delighted...**)

I'm glad (that) you've come. ▶▷ *Je suis content que vous soyez venu.*

Contrairement au français, le second sujet peut être semblable au premier.

I'm glad (that) I've come. ▶▷ *Je suis content d'être venu.*

"*Afraid* + subordonnée" exprime un regret plutôt qu'une crainte (▶ § 465).

I'm afraid it can't be done. ▶▷ *Je regrette que cela ne soit pas possible.*

§473 **C** Après des verbes exprimant une *impression* ou une *opinion* (**to find, to think, to consider...**) le pronom *it* peut introduire un nom ou adjectif attribut d'une subordonnée (comparer avec la construction étudiée au ▶ § 470).

We think it a pity that he can't come. ▶▷ *Nous trouvons regrettable qu'il ne puisse pas venir* (on ne peut omettre *it*).

They found it worrying that nobody had answered their call. ▶▷ *Ils trouvèrent inquiétant que personne n'eût répondu à leur appel.*

4. Noms et adjectifs + interrogative indirecte

§474 Comme après un verbe (▶ §§ 275 à 277), l'interrogative indirecte peut être à un temps personnel ou à l'infinitif. Elle peut être précédée d'une préposition, parfois omise (mais il n'y a pas de règle à ce sujet).

The question whether to (= whether we ought to) invite him or not was still being discussed.
▶▷ *On discutait encore pour savoir s'il fallait ou non l'inviter.*

The reason why they didn't answer our letter. ▶▷ *La raison pour laquelle ils n'ont pas répondu à notre lettre.*

I was at a loss what to say. ▶▷ *Je ne savais quoi dire.* (**to be at a loss** ▶▷ *être embarrassé*, se construit aussi avec une préposition + complément : **I was at a loss for an answer** ▶▷ *Je ne savais quoi répondre*).

I'm not sure how to do it. ▶▷ *Je ne suis pas sûr de la façon de procéder.*

He is still uncertain whether to go. ▶▷ *Il hésite encore à y aller.*

She is not aware (of) how much he spends. ▶▷ *Elle ne se rend pas compte des sommes qu'il dépense.*

5. Worth

§475) Cet adjectif, toujours attribut, admet diverses constructions.

This jewel is worth £500. ▶▷ *Ce bijou vaut 500 livres.*

It's worth a lot of money. ▶▷ *Cela vaut très cher.*

It isn't worth the trouble (= worth it). ▶▷ *Cela n'en vaut pas la peine.*

This book is worth reading (gérondif à sens passif). ▶▷ *Ce livre vaut la peine d'être lu.*

Worth peut être suivi du nom *while* (le *temps, la peine*) + gérondif (ou infinitif).

It isn't worth while going there. ▶▷ *Cela ne vaut pas la peine d'y aller.*

It isn't worth our while going there. ▶▷ *Cela ne vaut pas la peine que nous y allions.*

Noter l'adjectif *worthwhile :* **a worthwhile proposition,** *une proposition valable.*

▶ § 506.

EXERCICES

A Transformer les phrases suivant le modèle :

John was very good, he did washing-up. ▶▶ **It was very good of John to do the washing-up.**

1. She was ridiculous, she made such a fuss.

2. He was wicked, he played a dirty trick on his friends.

3. Barbara was very kind, she stayed at home to look after the baby.

4. I was rude, I burst out laughing.

5. He was stupid, he got on the wrong bus.

6. Betty was clever, she repaired the alarm-clock.

7. Your parents were very kind, they lent us their car.

8. Bobby was naughty, he pulled his sister's hair.

9. You were wise, you gave up smoking.

10. He was careless, he forgot to lock the door.

B Transformer les phrases suivant le modèle :

You ought to read this book. ▶▶ **This book is worth reading.**

1. You ought to keep this magazine.

2. You ought to visit the Tate Gallery.

3. You ought to remember this address.

4. You ought to think over this suggestion.

5. You ought to try this recipe.

6. You ought to go to his lecture.

7. You ought to sit for the exam.

8. You ought to fight for your ideas.

9. You ought to inquire into the matter.

10. You ought to taste this wine.

C Traduire :

1. Je suis navré d'avoir perdu ce livre.

2. Il est facile de s'entendre avec lui (He is ...).

3. Il est agréable de travailler avec eux (They are...).

4. Nous nous demandions où aller (employer l'expression "at a loss").

5. J'ignore la raison pour laquelle elle est fâchée contre moi.

6. Les conseils qu'il donne valent la peine d'être écoutés.

7. Cela vaut-il la peine de louer une voiture ?

8. Il nous sera facile de les aider.

9. Il fait trop froid pour que nous prenions le thé dans le jardin aujourd'hui.

10. Je n'ai pas de chaise pour m'asseoir.

11. Je suis content d'avoir fini mon travail.

12. Vous n'avez pas besoin de crier (There's...).

13. Ce thé est trop chaud pour que je le boive.

14. Ils trouvent agréable d'avoir un jardin.

15. Je trouve stupide d'avoir attendu si longtemps.

▶ 34. Pronoms personnels, réfléchis et réciproques

1. Tableau des pronoms personnels et réfléchis

§476

I am	looking at *myself,*	the mirror is in front of *me*
You are	looking at *yourself,*	the mirror is in front of *you*
He is	looking at *himself,*	the mirror is in front of *him*
She is	looking at *herself,*	the mirror is in front of *her*
It is	looking at *itself,*	the mirror is in front of *it* (it = a bird, a mouse, etc.)
We are	looking at *ourselves,*	the mirror is in front of *us*
You are	looking at *yourselves,*	the mirror is in front of *you*
They are	looking at *themselves,*	the mirror is in front of *them*

REMARQUES

§477

• Aux formes faibles des pronoms personnels (quand ils ne sont pas spécialement accentués), les *h* de *he, him* et *her* se prononcent à peine (ou pas du tout).
Give him the money ['givim]
What's wrong with her? ['wiðə]

• Mais on peut accentuer les pronoms pour les mettre en relief. Comparer :
Look at them ['lukəðəm]. ▶▷ *Regardez-les* (pronom ***them*** non accentué).
You must look at *them* ['ðəm]. ▶▷ *C'est eux que vous devez regarder* (pronom ***them*** accentué, en italiques).
He ['hi:] **did it.** ▶▷ *C'est lui qui l'a fait.*
Who has seen this film? – I have (sujet accentué). ▶▷ *Qui a vu ce film ? – Moi.*

§478

• On remarque que les pronoms réfléchis de la 3e personne se forment à partir des ***pronoms compléments*** (him, her, it, them), alors que ceux des autres personnes se forment à partir des ***adjectifs possessifs*** (my, our, your).

Le suffixe *(-self* au singulier ; *-selves* au pluriel) est toujours accentué.

C'est le seul cas où, à la 2e personne, il soit possible de faire une différence entre un interlocuteur singulier (**Enjoy yourself**) et un pluriel (**Enjoy yourselves**).

2. Emplois des pronoms personnels

Voir d'abord ▶ R.F. 10.

§479

A On n'omet que très rarement (dans des expressions familières) le pronom sujet.
See what I mean? ▶▷ *Tu vois ce que je veux dire ?*
Serves him right. ▶▷ *C'est bien fait pour lui* (le sujet ***it*** est sous-entendu).

§480

B Après ***to be*** on remplace souvent le pronom sujet par le pronom complément dans la langue familière.
Who's there? – It's me ("It's I", plus correct, serait ici trop pédant). ▶▷ *Qui est là ? – C'est moi.*

Mais si le pronom sujet est mis en relief en tête de phrase ou dans l'expression ***"it is.., who..."***, on ne le remplace pas par un pronom complément.
He **knows them** (sujet accentué, en italiques). ▶▷ *Lui, il les connaît.*

It was _I_ who did it. ▶▷ _C'est moi qui l'ai fait_ (même sens que "I did it", avec sujet / accentué) ▶ § 270 (concordance des temps).

§481) **C** La structure « **_numéral + of + pronom complément_** » permet de combiner un nombre avec un pronom personnel. On construit de même des indéfinis exprimant un nombre vague (**all, many, most, few, several, some, none, either, neither...**).

The four of us were there. ▶▷ _Nous y étions tous les quatre_ (ne pas confondre **"the four of us"**, _nous quatre_, et **"four of us"**, _quatre d'entre nous_).

There were twenty of us. ▶▷ _Nous étions vingt_ ("We were twenty" signifie généralement "we were twenty years old").

The two of you (= Both of you). ▶▷ _Vous deux._

Few of them. ▶▷ _Peu d'entre eux._

A few of them (= several of them). ▶▷ _Quelques-uns d'entre eux._

Most of them. ▶▷ _La plupart d'entre eux._

§482) **D** _It_ s'emploie notamment :

• après _to find, to consider, to think_, dans les structures étudiées aux § 470 (**I consider it my duty to warn you**) et § 473 (**We think it a pity that he hasn't come**).

• après les _prépositions_ (**with, under, in...**), qui ne peuvent pas s'employer seules.

We opened the box, but there was nothing in it. ▶▷ _Nous avons ouvert la boîte, mais il n'y avait rien dedans._

> Noter les expressions :
> **_to take it for granted that..._** ▶▷ _tenir pour certain que..._ (▶ § 693) ;
> et **_I take it that..._** ▶▷ _Je suppose que..._

§483) • pour introduire le nom d'une personne que l'on mentionne pour la première fois dans le contexte.

> Comparer :
> **Somebody's knocking at the door, _it's_ probably Mr Jones.**
> ▶▷ _On frappe, c'est probablement Mr Jones._
> **I don't like his brother, _he's_ a very conceited man.** ▶▷ _Je n'aime pas son frère, c'est un homme très vaniteux_ (**he** et non **it**, l'identité de la personne ayant déjà été précisée par le nom "brother" ; ▶ § 442).

§484) • dans diverses expressions idiomatiques (sens très vague).

Take it easy. ▶▷ _Ne vous en faites pas._

The shame of it! ▶▷ _Quelle honte !_

He is lazy, that's all there is to it. ▶▷ _Il est paresseux, voilà tout._

Damn it! (= damn it all! = damn!). ▶▷ _Zut !_

§485) • Ne pas confondre _it_ (qui remplace un nom) avec **_so_** (qui peut remplacer toute une proposition subordonnée après certains verbes, ▶ § 325).

> Comparer :
> **This story is very funny, but I don't believe it** (it = this story). ▶▷ _Cette histoire est très drôle, mais je n'y crois pas._
> **Do you think he's going to succeed? – No, I don't think so** (so = that he's going to succeed). ▶▷ _Crois-tu qu'il va réussir ? – Non, je ne le crois pas._

E Le pronom *it* ne s'emploie pas :

§486 ● quand le sujet du verbe est une proposition commençant par **what**.
What I like best in (= about) them is their bluntness. ▶▷ *Ce que j'apprécie le plus chez eux, c'est leur franc-parler* (la proposition sujet n'est pas reprise sous forme d'un pronom neutre ; il n'y a pas de virgule).

§487 ● comme complément d'une proposition infinitive introduite par **for**.
I've left a newspaper on your desk for you to read. ▶▷ *J'ai laissé un journal sur votre bureau pour que vous le lisiez* (en disant "**for you to read it**", on suggère que l'on s'attend à ce que l'interlocuteur lise le journal ; l'omission de *it* suggère qu'on lui en offre simplement la possibilité).

§488 ● après *as* et *than*, le verbe étant *to be*.
He never works more than is necessary. ▶▷ *Il ne travaille jamais plus qu'il n'est nécessaire.*

§489 ● pour traduire un certain nombre d'expressions françaises impersonnelles *(l'anglais a beaucoup moins d'expressions impersonnelles)*.
Il faut que vous veniez. ▶▷ **You must come.**
Il se peut qu'ils soient en retard. ▶▷ **They may be late.**
Il se trouve que je le connais. ▶▷ **I happen to know him.**
Il ne nous reste que dix minutes. ▶▷ **We have only ten minutes left.**
Il me manque 20 pence. ▶▷ **I am 20 pence short.**

3. Les pronoms réfléchis

§490 **A** Avec certains verbes le pronom terminé par *-self/-selves* un sens nettement *réfléchi* (une même personne, ou une même chose, est à la fois sujet et objet du verbe).
I wish you could see yourself. ▶▷ *Si seulement vous pouviez vous voir !*
He taught himself Spanish. ▶▷ *Il a appris l'espagnol tout seul.*
I couldn't hear myself speak. ▶▷ *Je ne m'entendais pas parler.*
He shouted himself hoarse. ▶▷ *Il s'est enroué à force de hurler* (structure résultative, ▶ §341).
Ne pas confondre **"he killed himself"** (= he committed suicide) et **"he was killed"** (in an accident).

§491 **B** Le pronom *-self/-selves* permet souvent d'*insister sur le sujet* (il n'a pas alors de sens réfléchi).
They said it themselves. ▶▷ *Ils l'ont dit eux-mêmes.*
I've never been to Australia myself (= I myself have never been to Australia). ▶▷ *Moi je ne suis jamais allé en Australie.*

§492 **C** Il a un sens affaibli dans un petit nombre d'*expressions pronominales*.
Did you enjoy yourselves? ▶▷ *Vous êtes-vous bien amusés ?* (▶ § 478).
Behave yourselves. ▶▷ *Conduisez-vous bien* (mais : **How did he behave?** ▶▷ *Comment s'est-il conduit ?*).

Mais les verbes pronominaux anglais dont le sens n'est pas réfléchi sont peu nombreux.

> Comparer :
> **It took him five minutes to shave and dress.** ▶▷ *Il lui fallut cinq minutes pour se raser et s'habiller* (▶ § 3).
> **Ronnie is now big enough to dress himself.** ▶▷ *Ronnie est maintenant assez grand pour s'habiller tout seul.*

§493 **D** Précédé de **by**, il prend le sens de **alone** (*tout seul*).

She spent the evening by herself. ▶▷ *Elle passa la soirée toute seule.*
I'm by myself, they've all gone. ▶▷ *Je suis tout seul, ils sont tous partis.*

§494 **E** Après une préposition on doit employer le pronom complément (**him** et non **himself**, etc.) si le sens n'est pas réfléchi (par ex. avec les prépositions de lieu).

> Comparer :
> **He looked around him.** ▶▷ *Il regarda tout autour de lui.*
> **He can only speak about himself.** ▶▷ *Il ne sait parler que de lui.*

4. Les pronoms réciproques

§495 **A** *Each other* et *one another* sont des expressions invariables dont le sens est pluriel (échange entre deux ou plusieurs sujets). En principe *each other* s'emploie pour deux sujets, *one another* pour plus de deux, mais aujourd'hui ces expressions sont pratiquement synonymes.

They hate each other (= they hate one another). ▶▷ *Ils se haïssent.*

Ne pas confondre **"they killed themselves"** (= they committed suicide) et **"they killed one another"** (*ils s'entretuèrent*).

§496 **B** Ces expressions composées sont *inséparables,* en particulier quand elles sont employées avec des prépositions.

They are afraid of each other. ▶▷ *Ils ont peur l'un de l'autre.*
They were running after one another. ▶▷ *Ils couraient les uns après les autres.*
They look like each other. ▶▷ *Ils se ressemblent.*

§497 **C** Les pronoms réciproques peuvent se mettre au *cas possessif.*

We often pull one another's leg. ▶▷ *Nous nous faisons souvent des farces les uns aux autres.*
They threw themselves into each other's arms. ▶▷ *Il se jetèrent dans les bras l'un de l'autre.*

D Certains verbes s'emploient seuls avec un sens réciproque : **to meet** (*se rencontrer*), **to fight** (*se battre*), **to quarrel** (*se quereller*), **to gather** (*se rassembler*), **to part** (*se séparer*), etc.

5. One, pronom personnel

§498 **A** *One* est un pronom personnel indéfini à sens général (sentences, proverbes). Il peut être sujet ou complément.

One never knows. ▶▷ *On ne sait jamais.*
One can always try. ▶▷ *On peut toujours essayer.*
Money isn't enough to make one happy. ▶▷ *L'argent ne suffit pas pour rendre heureux.*

Dans la langue parlée *one* est souvent remplacé par un autre pronom (**You never know. Money isn't enough to make us happy**) qui prend alors un sens général (Pour les autres traductions de *on,* ▶ § 251).

Mais on doit employer *one, à l'exclusion des pronoms him, her, it, them,* quand la phrase est à un mode impersonnel.

To have the future in front of one. ▶▷ *Avoir l'avenir devant soi.*

§499 **B** *One* peut se mettre au *cas possessif.*

It's difficult to make up one's mind so quickly. ▶▷ *Il est difficile de se décider si rapidement.*

C'est avec cette construction que sont donnés dans les dictionnaires les verbes suivis de noms accompagnés de possessifs.

To blow one's nose. ▷▷ *Se moucher* (mais avec un sujet : **He blew his nose, they blew their noses,** etc.)

§500 **C** Le pronom réfléchi *oneself* (rarement : *one's self*) doit s'employer avec un verbe à un mode impersonnel ou lorsque le sujet est *one*.

Learning Russian by oneself (= Teaching oneself Russian) is no easy task. ▷▷ *Apprendre le russe tout seul n'est pas une tâche facile.*

One should not talk about oneself too much. ▷▷ *On ne doit pas trop parler de soi.*

 EXERCICES

A Ajouter le pronom *it* quand c'est nécessaire :

1. You will find ... difficult to get used to it.

2. The exam was easier than ... had been expected.

3. I took ... for granted that they would come to the party.

4. The Welsh are fond of choir-singing, as ... is well known

5. I would find ... very unpleasant to have to get up at 6 every morning.

6. When the waitress took the plate away, she found a half-dollar under ...

7. He spoke more than ... was wise when he was with strangers.

8. I think ... a pity that they can't come with us.

9. What we didn't like . . was the food.

10. The road was flooded, as ... often happens in winter.

B Traduire :

1. Elle et moi, nous nous connaissons depuis quinze ans.

2. Et elle, qu'en pense-t-elle ?

3. C'est lui qui a dit cela, mais moi, je crois que c'est une erreur.

4. Moi, j'ai toujours tort, et toi, tu as toujours raison.

5. Je voudrais bien savoir ce que lui, il en pense.

6. Nous étions dix, nous nous sommes bien amusés.

7. Moi, je ne me suis pas encore décidé.

8. Lui et moi, nous sommes de très bons amis.

9. Quand leur avez-vous écrit ?

10. Si vous avez apporté vos photos, montrez-les nous.

C Compléter les phrases avec des pronoms réfléchis :

1. "God helps those who help ..." (proverbe).

2. We lost the match and were ashamed of ...

3. He blamed ... for the accident.

4. She made ... a new dress.

5. You must all be hungry, go to the kitchen and help ...

6. They already imagined ... playing volley-ball on the beach.

7. There's no reason why one should be ashamed of ... because one is left-handed.

8. Can I have some more jelly? – Help ...

9. There was so much noise, I couldn't make ... heard.

10. Who taught you Latin? – I taught ...

D Traduire :

1. Il se voit déjà président du club.

2. Ils se téléphonent trois fois par semaine.

3. Ce couteau coupe très bien. Ne vous coupez pas.

4. Il est très fier de lui.

5. Nous nous voyons au stade tous les samedis.

6. Elle se fit du thé et se coupa une tranche de cake.

7. On devrait toujours garder son passeport dans sa poche.

8. Roméo et Juliette s'aimaient.

9. Elle et moi, nous nous faisons des cadeaux pour nos anniversaires.

10. Nous nous connaissons depuis très longtemps, mais nous ne nous écrivons pas très souvent.

11. Nous ne pouvons nous en prendre qu'à nous-mêmes.

12. Elle sortit un petit miroir de son sac à main et s'y regarda longuement.

13. Ils étaient assis l'un en face de l'autre.

14. Je me demandais à qui il parlait, mais je m'aperçus qu'il parlait tout seul.

15. Je n'ai rien a me reprocher.

16. Il faut que je m'achète un nouveau parapluie.

17. Vous devez vous entraider.

18. Nous ne nous aimons pas, nous ne nous parlons pas.

19. C'est un mari égoiste, il ne pense qu'à lui.

20. Est-ce que je peux prendre une tasse de thé ? – Sers-toi.

▶ 35 • Notion de possession

§501 A une question commençant par l'interrogatif *whose* *(à qui ?)* correspondent des réponses comportant :

- un nom au génitif (cas possessif) (**1**) ;
- un nom accompagné d'un adjectif possessif (**2**) ;
- ou un pronom possessif (**3**).

Exemple : Whose umbrella is this? ▶▷ *A qui est ce parapluie ?* (▶ § 524).

1 • **It's John's (umbrella).** ▶▷ *C'est celui de John* (▶ §§ 502 à 510).

2 • **It's my umbrella.** ▶▷ *C'est mon parapluie* (▶ §§ 514 à 520).

3 • **It's mine.** ▶▷ *C'est le mien* (▶ §§ 514, 522).

La possession peut aussi s'exprimer avec les verbes ***to belong*** et ***to own***.
Does the house belong to you? ▶▷ *La maison vous appartient-elle ?*
Who owns this factory? ▶▷ *A qui appartient cette usine ?*

Pour le verbe ***to have*** exprimant la possession (suivi ou non de ***got***), ▶ § 35.

1. Le génitif des noms (cas possessif)

§502 Le génitif des noms (noms terminés par **'s** ou **s'**) s'emploie principalement pour exprimer un rapport de ***possession*** ou de ***parenté***. On l'appelle alors « ***cas possessif*** ». Les autres emplois du génitif seront étudiés au § 513.

Ⓐ *Formation.* ▶ R.F. 15.

☼ REMARQUES ET COMPLÉMENTS ──────────────

- Chaque nom peut être accompagné d'un ou de plusieurs adjectifs.
The old lady's pretty little house. ▶▷ *La jolie petite maison de la vieille dame.*

§503
- ***"Our friend's house"*** *(la maison de notre ami)* se prononce comme ***"Our friends' house"*** *(la maison de nos amis)*. Pour éviter toute ambiguïté on peut dire ***"the house of our friend/ of our friends"*** mais cette tournure est gauche et rare ; il est préférable de l'éviter quand le contexte est suffisamment clair.

- Le possesseur pluriel peut être le nom d'une famille précédé de l'article. Ne pas confondre :
The Morgans' house. ▶▷ *La maison des Morgan.* (▶ § 366).
Mr Morgan's house. ▶▷ *La maison de M. Morgan.*
The Morgan family. ▶▷ *La famille Morgan* (nom composé et non cas possessif, car il n'y a aucun rapport de possession entre les deux noms).

§504
- Noms singuliers terminés par un **s** : ils ajoutent **'s** comme les autres. La terminaison se prononce [iz]. De même pour les noms propres terminés par un **s**.
The actress's dress. ▶▷ *La robe de l'actrice* ("actress's" se prononce comme "actresses").
Mrs Jones's [dʒounziz] **daughter.** ▶▷ *La fille de M. Jones.*

Pour les noms des personnages célèbres on omet parfois l's du génitif.
Dickens' novels, plus courant que **Dickens's** ['dikinziz] **novels.**

Soplocles' tragedies, Socrates' death (noms de l'antiquité classique).
In Jesus' time, ou : **in Jesus's** ['dʒiːzəsiz] **time.**

● On emploie parfois **_deux cas possessifs qui s'enchaînent_** (le deuxième nom exprime générale-ment un lien de parenté).
My father's uncle's house. ▶▷ _La maison de l'oncle de mon père._

B _Emplois._

§505 ● Le cas possessif ne s'emploie normalement que si le premier élément est une personne ou un animal :
My father's car. ▶▷ _La voiture de mon père_ (redisons-le : la tournure "the car of my father" est très gauche, on ne l'emploie pratiquement jamais).
The dog's tail. ▶▷ _La queue du chien._

Mais : **The windows of my bedroom.** ▶▷ _Les fenêtres de ma chambre_ (on dit aussi : **my bedroom windows,** nom composé).
The freedom of the press. ▶▷ _La liberté de la presse_ (noms abstraits).

Certains noms neutres sont parfois personnifiés, on peut les employer au cas possessif (par exem-ple, noms de pays ou de villes).
England's history. ▶▷ _L'histoire de l'Angleterre_ (mais titre de livre : **The history of England).**

§506 On emploie le cas possessif dans des expressions traditionnelles, par exemple :
A bird's eye view. ▶▷ _Une vue à vol d'oiseau._
At arm's length. ▶▷ _A bout de bras._
He was at his wits' end. ▶▷ _Il ne savait plus à quel saint se vouer._
The water's edge. ▶▷ _Le bord de l'eau._
He enjoyed himself to his heart's content. ▶▷ _Il s'en est donné à cœur joie._
Art for art's sake. ▶▷ _L'art pour l'art_ (lit. : pour l'amour de l'art).
For Heaven's sake (= for God's sake, for goodness' sake). ▶▷ _Pour l'amour de Dieu_ (remarquer **good-ness ',** et non **goodness's).**
I want my money's worth. ▶▷ _J'en veux pour mon argent._

§507 ● Le cas possessif ne s'emploie pas avec les **_adjectifs substantivés_** à sens collectif (**the blind, the English,** ▶ §§ 432, 433).
The favourite hobbies of the English (ou : **English people's favourite hobbies).** ▶▷ _Les passe-temps favoris des Anglais._

§508 ● L'américain préfère parfois un nom composé à un génitif.
The Kennedy foreign policy. ▶▷ _La politique extérieure de Kennedy_ (en Angleterre on dit : **Kennedy's foreign policy).**

§509 ● Le cas possessif s'emploie avec les pronoms **_somebody, nobody, everybody, somebody else, each other_** et **_one another._**
He took somebody else's hat and ran out. ▶▷ _Il prit le chapeau de quelqu'un d'autre et sortit en cou-rant._
They were throwing cups and saucers at each other's faces. ▶▷ _Ils se lançaient au visage des tasses et des soucoupes._

§510 • On sous-entend le deuxième nom quand il a déjà été exprimé et que sa répétition est superflue (en français : *celui de, celle de...*)

This isn't your pen, it's Mike's (= Mike's pen). ▶▷ *Ce stylo n'est pas à toi, c'est celui de Mike.*

Ne pas dire "Mike's one" (*one* ne s'emploie pas après un génitif).

Ne pas confondre :

John and Mary's parents. ▶▷ *Les parents de John et de Mary* (frère et sœur)
John's and Mary's parents. ▶▷ *Les parents de John et ceux de Mary.*

§511 • Le cas possessif incomplet s'emploie notamment lorsqu'on sous-entend les noms *house, shop, church, school, college, hospital* (à moins que ces mots ne soient indispensables à la clarté de la phrase).

I spend my holidays at my uncle's. ▶▷ *Je passe mes vacances chez mon oncle.*
She is at the chemist's. ▶▷ *Elle est chez le pharmacien* (▶ § 618, traduction de « chez »).
Is St Dunstan's far from St Paul's? ▶▷ *L'église St Dunstan est-elle loin de la cathédrale St Paul ?*

§512 • Le premier nom peut préciser la catégorie à laquelle appartient le second (et non l'identité du possesseur). C'est alors un « *génitif générique* », qui est une sorte de nom composé. L'article et les adjectifs qui le précèdent s'appliquent à l'ensemble de l'expression.

A new boy's school. ▶▷ *Une nouvelle école de garçons.*
Cheap women's hats. ▶▷ *Des chapeaux de femmes bon marché.*

Il peut y avoir un risque d'ambiguïté : "**these pretty women's hats**" peut signifier : « *les chapeaux de ces jolies femmes* », ou (génitif générique) : « *ces jolis chapeaux de femmes* ».

Les noms propres ne formant pas de génitifs génériques, on ne peut pas dire "this Kipling's novel". On dit : **this novel by Kipling, this novel of Kipling's** (▶ § 527), ou : **this Kipling novel** (nom composé, pour les auteurs les plus connus ; de même : **the Shakespeare tragedies, the Beethoven symphonies...**).

§513 • *Autres emplois du génitif :*

1 • *Date* (avec les jours de la semaine, ou **tonight, today, yesterday, tomorrow, last year,** etc.)
Last Sunday's "Observer". ▶▷ *L'« Observer » de dimanche dernier.*
Yesterday's weather forecast. ▶▷ *Les prévisions météorologiques d'hier.*

2 • *Durée :*
A week's holiday. ▶▷ *Un congé d'une semaine.*
A ten minutes' break. ▶▷ *Un arrêt (une récréation) de dix minutes.*
The Hundred Years' War. ▶▷ *La Guerre de Cent Ans.*
In a week's time, in three weeks' time. ▶▷ *Dans une semaine, dans trois semaines.*

3 • *Distance :*
A thirty miles' drive. ▶▷ *Un trajet en voiture de cinquante kilomètres.*

Avec des pluriels l'apostrophe est parfois omise. On dit plus couramment (adjectifs composés) : **a ten-minute break, a thirty-mile drive** (le nom exprimant l'unité de temps ou de distance est alors invariable, comme dans "a ten-year-old child", ▶ § 431).

2. Adjectifs et pronoms possessifs

§514 **Ⓐ** *Tableau des possessifs.*

I live in *my* house,	the house is *mine*
You live in *your* house,	the house is *yours*
He lives in *his* house,	the house is *his*
She lives in *her* house,	the house is *hers*
We live in *our* house,	the house is *ours*
You live in *your* house,	the house is *yours*
They live in *their* house,	the house is *theirs*

Au neutre de la 3e personne du singulier : the bird is in *its* nest. Il n'y a pas de pronom, on emploie l'expression *its own* (▶ § 526).

A l'indéfini *one* correspondent l'adjectif possessif *one's* (▶ § 499) et l'expression *one's own* qui sert de pronom.

§515 Les adjectifs possessifs ne sont accentués que si l'on veut les mettre en relief dans la phrase.

> Comparer :
> **Are your** [jə] **friends coming?** ▶▷ *Vos amis viennent-ils ?* (adjectif inaccentué)
> **Your** [jɔː] **mother said so, not mine.** ▶▷ *C'est ta mère qui a dit cela, et non la mienne* (adjectif accentué).

L'*h* de *his* et *her* se prononce peu (ou pas du tout) quand ils sont inaccentués
He is in his room [iniz'ruːm]. ▶▷ *Il est dans sa chambre.*

Les pronoms *(mine, yours…)* sont toujours accentués.

Ⓑ *Accord.*

§516 • Les adjectifs et pronoms possessifs sont des *mots invariables.* L'*s* des pronoms *(ours, hers…)* n'est pas une marque de pluriel.
Here are our friends. ▶▷ *Voici nos amis (our,* adjectif invariable)
This car is ours. ▶▷ *Cette voiture est à nous (ours,* pronom invariable).

• A la 3e personne du singulier l'accord en genre ne se fait pas avec le nom qui suit, mais avec le « possesseur ».
John and *his* mother. ▶▷ *John et sa mère.*
Jennie and *her* husband. ▶▷ *Jennie et son mari*
The house stands in the middle of *its* own grounds. *Its* owner lives in London. ▶▷ *La maison est située au milieu de son parc. Son propriétaire vit à Londres.*

§517 • *One's* doit s'employer si le sujet de la phrase est *one* ou si le verbe est à un mode impersonnel (▶ §§ 498, 499).
One likes to hear one's children praised. ▶▷ *On aime entendre dire du bien de ses enfants.*
It's a pleasure more than a duty to help one's friends. ▶▷ *C'est un plaisir plus qu'un devoir d'aider ses amis.*

§518 • C'est le pluriel *their* que l'on emploie après *everybody* (= *everyone*) et *nobody* (singuliers de genre indéterminé), ainsi qu'après les *noms collectifs.*
Everybody brought their camera (ou **cameras**). ▶▷ *Tout le monde apporta son appareil photo* (la tournure *"his or her camera"* est un peu pédante)
The crowd shouted at the top of their voices. ▶▷ *La foule cria à tue-tête.*

C *Emploi de l'adjectif possessif.*

§519 • L'adjectif possessif ne s'accordant pas avec le nom qui le suit, on peut ne l'exprimer qu'une fois quand il s'applique à plusieurs noms étroitement liés par le sens (▶ § 415).
My father and mother (mais : **my father and my cousin).**

§520 • Les possessifs s'emploient plus fréquemment qu'en français devant les parties du corps, les vête-ments, ainsi que quelques noms abstraits.
He fell on his back. ▶▷ *Il tomba sur le dos.*
My nose is bleeding. ▶▷ *Je saigne du nez.*
They washed their hands. ▶▷ *Ils se lavèrent les mains.*
He lost his life at Waterloo. ▶▷ *Il perdit la vie à Waterloo.*

Mais on emploie l'article après un verbe passif et dans diverses expressions.
He was wounded in the leg. ▶▷ *Il fut blessé à la jambe.*
She has a cold in the head. ▶▷ *Elle a un rhume de cerveau.*

§521 • L'adjectif possessif est remplacé par *of + pronom complément* dans diverses expressions ne comportant aucune idée de possession, par exemple :
I can't bear the sight of him. ▶▷ *Je ne peux pas le sentir.*
The war lasted three years and at the end of it both countries were ruined. ▶▷ *La guerre dura trois ans et quand elle se termina les deux pays étaient ruinés.*

D *Emplois du pronom possessif.*

§522 • Il n'est jamais précédé de l'article.
Is it yours or mine? ▶▷ *Est-ce le tien ou le mien ?*

• On peut le placer après le verbe ou le mettre en relief en tête de phrase (pour insister sur un contraste).
I like their house but I'd rather have yours. ▶▷ *J'aime leur maison mais je préfère la vôtre.*
Theirs are well brought-up children. ▶▷ *Leurs enfants à eux sont bien élevés.*

§523 • Le pronom *yours* s'emploie dans les formules qui terminent les lettres.
Yours (et non "your") **sincerely.** ▶▷ *Bien cordialement à vous.*
Yours truly. ▶▷ *Je vous prie de croire à ma considération distinguée.*

3. L'interrogatif whose

§524 **A** *L'adjectif interrogatif whose* ['hu:z], génitif de *who,* est suivi immédiatement du nom de l'objet dont on cherche qui est le propriétaire, sans article.
Whose umbrella is this? ▶▷ *A qui est ce parapluie ?*
Whose gloves are these? ▶▷ *A qui sont ces gants ?*

Comparer la construction des expressions :

Whose car...?	Dans les trois cas un *s* (phonétiquement un [z])
John's car	sépare le possesseur (ou le pronom qui le
His car	remplace : *who, he)* et l'objet possédé.

B Le nom précédé de *whose* peut être sujet ou complément. Il peut se trouver dans une interro-gative indirecte (▶ § 275, 276).

Whose umbrella did you borrow? ▶▷ *Le parapluie de qui as-tu emprunté ?*

Whose car did you come in? ▶▷ *Dans la voiture de qui es-tu venu ? (▶ § 114).*

I wonder whose house that is. ▶▷ *Je me demande à qui est cette maison.*

§525 Ⓒ **Whose** s'emploie très couramment aussi comme **pronom interrogatif** dans les questions posées avec **to be** (comparer avec les premiers exemples du § 524).

Whose is this umbrella? ▶▷ *A qui est ce parapluie ?*

Whose are these gloves? ▶▷ *A qui sont ces gants ?*

Whose is this? ▶▷ *A qui appartient ceci ?*

4. Constructions idiomatiques

§526 Ⓐ **Own** peut renforcer l'idée de possession. Il accompagne un adjectif possessif ou un nom au cas possessif.

In the new flat Dick will have his own room. ▶▷ *Dans le nouvel appartement Dick aura sa chambre à lui.*

I saw it with my own eyes. ▶▷ *Je l'ai vu de mes propres yeux.*

The king's own son had betrayed the country. ▶▷ *Le propre fils du roi avait trahi le pays.*

She makes her own dresses. ▶▷ *Elle fait ses robes elle-même.*

Le pronom *(mine, yours...)* est parfois remplacé par l'adjectif suivi de **own (my own, your own...)**.

This house is our own. ▶▷ *Cette maison est à nous (nous appartient).*

Why do you want to borrow my bike? You have your own. ▶▷ *Pourquoi veux-tu emprunter mon vélo ? Tu as le tien (tu en as un).*

§527 Ⓑ Le second terme d'un cas possessif ne pouvant pas être accompagné d'un article indéfini (l'article sous-entendu est **the**), on a recours à une construction idiomatique pour traduire des idées du type « un *ami de mon père* ».

A friend of my father's. ▶▷ *Un ami de mon père (cf. L'ami de mon père.* **My father's friend***).*

De la même façon, avec un **pronom possessif :**

A friend of mine. ▶▷ *Un de mes amis.*

He is a cousin of ours. ▶▷ *C'est un de nos cousins.*

Avec **no** (article négatif à valeur emphatique, ▶ § 403)

She is no relation of ours. ▶▷ *Elle n'est pas du tout de notre famille.*

This is no business of yours (= this is none of your business). ▶▷ *Ceci ne vous regarde absolument pas.*

EXERCICES

A Lire :

1. Mrs Williams's house, the Princess's husband, St James's Palace, George's sister. Alice's Adventures in Wonderland, the waitress's job, somebody else's business.

2. Kenneth's car, Elizabeth's boy-friend, Mrs Smith's crisp chips.

3. The tobacconist's shop, the pianist's stool, a scientist's ambition.

4. Coleridge's poems, Wordsworth's poems, Keats's poems (ou : Keats' poems).

B Poser des questions commençant par whose, suivant le modèle :

I used John's bike ▶▶ **Whose bike did you use?**

1. These are my glasses.

2. This is my luggage.

3. He borrowed his father's tie.

4. I was looking at Charlie's camera.

5. Barbara's dress was the prettiest.

6. He drew Betty's portrait.

7. This is our neighbour's dog.

8. She is wearing her sister's hat.

9. The escaped prisoner was hiding in his brother's house.

10. I thought Martin's pictures were the best.

C Traduire, par écrit et oralement :

1. La voiture de la duchesse.

2. Le Times d'hier.

3. Le vieil oncle de Mr Evans.

4. Des uniformes d'agents de police.

5. Une perruque de juge anglais.

6. Des bicyclettes de femmes.

7. L'école du prince Charles.

8. Le piano des Smith ; le piano de Mrs Smith.

9. Un cousin de ma femme.

10. Une plaisanterie favorite de George.

D Traduire :

1. George et sa femme ; Margaret et son mari ; Lord Byron et sa sœur ; Emily Bronté et son frère.

2. Il est l'ami de tout le monde.

3. Il est stupide de perdre son sang-froid pour si peu.

4. Il est agréable d'avoir un bureau à soi, où l'on peut travailler en paix.

5. Ils avaient les mains dans les poches et la cigarette à la bouche.

6. Ce vélo n'est pas celui de Betty, n'est-ce pas ? – Non, ce n'est pas le sien.

7. On est encore jeune jusqu'à quarante ans.

8. A qui sont les jouets qui traînent sur le tapis ?

9. Rien ne justifie les préjugés des Anglais contre les Gallois.

10. Ce tapis est très bon marché, mais je n'aime pas sa couleur.

11. A qui sont ces bagages ? – Ce sont les miens.

12. A qui est ce pyjama ? – C'est le mien.

13. A qui est cette raquette, à John ou à Jennie ? – Elle est à lui, pas à elle.

14. La maison n'est pas à nous, elle est à mon beau-père.

15. La maison des Webb est plus grande que la nôtre.

16. Venez-vous au concert de ce soir ?

17. On doit aimer et aider ses semblables.

18. Un ami de Dick a téléphoné pour demander s'il voulait jouer au tennis avec lui.

19. Le chat grimpa sur le dos de Jennie ; le chat grimpa sur le dos du fauteuil.

20. Chez qui avez-vous passé la nuit ? – Chez les Jones.

▶ 36•Démonstratifs et relatifs

[handwritten notes: the boy whose brother you know is in my / most of whom } dont la plupart / most of which / most, many, few...]

1. Démonstratifs

§528 Ⓐ Les *adjectifs démonstratifs this* et *that* sont les seuls adjectifs anglais qui aient un pluriel différent du singulier.

This [ðis] **book ▶▶** *these* [ði:z] **books**
That [ðæt] **book ▶▶** *those* [ðouz] **books**

This s'oppose à *that :* le premier exprime normalement la proximité dans l'espace ou le temps, le second l'éloignement.

In this country. ▶▷ *Dans ce pays* (où nous sommes).
In that country. ▶▷ *Dans ce pays-là* (où nous ne sommes pas).
Look at these pictures. ▶▷ *Regardez ces photos* (que voici).
Look at those planes. ▶▷ *Regardez ces avions* (là-bas).
This week. ▶▷ *Cette semaine* (dans laquelle nous sommes).
That week. ▶▷ *Cette semaine-là.*

That peut prendre une nuance affective (souvent péjorative).
That fellow again! ▶▷ *Encore ce type-là !*

This et *that* peuvent être suivis de *one* qui remplace un nom déjà exprimé.
Here are the two pictures. Do you prefer this one or that one? ▶▷ *Voici les deux photos. Préférez-vous celle-ci ou celle-là ?*

§529 Ⓑ *Les pronoms this/these* et *that/those* s'emploient souvent dans des cas où le français préfère les adjectifs.

Is this your hat? ▶▷ *Ce chapeau est-il à vous ?*
That was a very silly remark, wasn't it? (▶ § 66). ▶▷ *Cette remarque était bien stupide, n'est-ce pas ?*

En principe, *this* annonce ce qui suit, *that* s'applique à ce qui précède.
This is the reason for the delay: ... ▶▷ *Voici la raison de ce retard : ...*
Is that what you really think? ▶▷ *Est-ce vraiment cela que vous pensez ?*

Si le démonstratif est suivi de *of* d'un pronom relatif on emploie *that/those,* jamais *this/these.*
The price of a book and that of a record. ▶▷ *Le prix d'un livre et celui d'un disque.*
Those who are tired may have a rest. ▶▷ *Ceux qui sont fatigués peuvent se reposer.*

§530 Au singulier *that which* est généralement remplacé par *what* (▶ § 541). Quand il s'agit d'une personne on dit *the one who,* singulier de *those who* (les expressions "he who", "they who", *celui qui, ceux qui,* sont très rares aujourd'hui).
The one who played the last piece was the best. ▶▷ *Celui qui a joué le dernier morceau a été le meilleur.*
The one(s) remplace souvent *that/those* quand il s'agit de noms dénombrables.
The garden in front of the house is smaller than the one at the back. ▶▷ *Le jardin devant la maison est plus petit que celui qui est derrière.*

§531 Ⓒ *Autres démonstratifs.*

• *L'article défini* a souvent la valeur d'un démonstratif (▶ § 390, n° 4).

• *Such* a la valeur d'un démonstratif dans diverses constructions où il est seul, accompagné d'un nom, ou en corrélation avec *as (such... as = those... who/ which).*

On such a day (place de l'article, ► § 409). ▶▷ *Un jour comme celui-ci.*

Such is my intention. ▶▷ *Telle est* (ou : *voilà*) *mon intention.*

I haven't had such a good breakfast for months. ▶▷ *Cela fait des mois que je n'ai pas pris un petit déjeuner aussi bon.*

You ought to read such books as your teachers advise you to read. ▶▷ *Vous devez lire les livres que vos professeurs vous conseillent de lire* (style très soigné ; plus simplement : **You ought to read those/the books that your teachers advise you to read**).

2. Les relatifs who, which et that. Le « relatif zéro »

§ 532  **A** *Who/whom* et *which.*

Revoir d'abord ► R.F. 23. Bien prononcer *who* [hu:] et *whom* [hu:m], sans [w].

Rappelons que *who* (sujet) et *whom* (complément) ont pour antécédent une personne, alors que *which* (sujet ou complément) a pour antécédent une chose.

Mais dans la langue parlée ces pronoms relatifs s'emploient peu :

● *who* et *which* sont fréquemment remplacés par *that* (► § 533 à 535), et les relatifs compléments sont souvent sous-entendus (► § 536) ;

● aux phrases comportant des subordonnées relatives entre virgules, l'anglais parlé préfère des suites de propositions indépendantes ;

● les relatifs *whom* et *whose* (► § 537) s'emploient très peu aujourd'hui dans la langue parlée.

§ 533 **B** *That.*

Les pronoms *who/whom* et *which* sont souvent remplacés par *that* [ðət], à l'origine un démonstratif, quand la subordonnée qu'ils introduisent a un *sens restrictif,* limitatif (elle délimite le sens de l'antécédent, qui ne peut pas en être séparé par un virgule). Comparer les deux phrases :

The book *that* he wrote after the war deals with life in a prison camp. ▶▷ *Le livre qu'il a écrit après la guerre traite de la vie dans un camp de prisonniers.*

The book, *which* he wrote after the war, deals with life in a prison camp. ▶▷ *Ce livre, qu'il a écrit après la guerre, traite de la vie dans un camp de prisonniers.*

Dans le premier exemple la subordonnée est indispensable pour déterminer le nom *book* (il s'agit de celui qu'il a écrit après la guerre et nom d'un autre, car on sous-entend qu'il en a écrit d'autres). Le sujet de *deals* est l'expression *"the book that he wrote after the war",* c'est pourquoi on ne met pas la subordonnée entre virgules.

Dans le second exemple l'article *the* a la valeur d'un démonstratif et suffit à déterminer le nom *book (il* s'agit du livre dont il a déjà été question). Le sujet de *deals* est *"the book"* c'est pourquoi la subordonnée, qui pourrait être supprimée sans que l'équilibre de la phrase en souffre, est placée entre virgules (on peut aussi la placer entre tirets ou entre parenthèses).

> Comparer de même :
>
> **The children *that* were tired went to bed at once.** ▶▷ *Les enfants qui étaient fatigués* (et non les autres) *allèrent se coucher immédiatement.*
>
> **The children, *who* were tired, went to bed at once.** ▶▷ *Les enfants, qui étaient fatigués* (ils l'étaient tous) *allèrent se coucher immédiatement.*

L'antécédent désignant ici des personnes, on peut dire dans la première phrase **the children *who* were tired"** au lieu de **"the children *that* were tired",** mais sans virgule.

Les phrases dans lesquelles la subordonnée relative est entre virgules (le second exemple de cha-cune des deux séries ci-dessus) appartiennent à la langue écrite soignée. Dans la langue parlée, au lieu de "**the children, who were tired, went to bed at once**" on dit par exemple : "**The children were tired, they went to bed at once**".

§534) Si les pronoms *whom* et *which* sont introduits par une préposition on ne peut les remplacer par *that* que si l'on rejette la préposition après le verbe et ses compléments (le relatif *that* n'est jamais précédé d'une préposition).

The picture that I am looking at (= the picture at which I am looking, construction gauche, à éviter) **is a landscape by Constable.** ▶▷ *Le tableau que je suis en train de regarder est un paysage de Constable.*

§535) La subordonnée a un sens *restrictif*, et il est alors préférable d'employer le relatif *that*, après *only, all, last, first, second*, etc., un *superlatif*, ou l'expression *"it is"*.

The only film (the best film) that (et non "which") **I've seen this month.** ▶▷ *Le seul (le meilleur) film que j'aie vu ce mois-ci.*

He is the most intelligent man that (et non "whom") **I know.** ▶▷ *C'est l'homme le plus intelligent que je connaisse.*

It was that [ðæt] **film that** [ðət] **I liked best.** ▶▷ *C'est ce film-là que j'ai préféré.*

§536) **C** *Le relatif « zéro »* (∅).

Le pronom relatif *that* peut être supprimé (c'est le relatif « zéro ») quand il est complément.

Exemples pris dans les phrases citées ci-dessus (▶ §§ 533 à 535) :

The book he wrote after the war... (le premier exemple). **The picture I am looking at... The only film (the best film) I've seen this month. He is the most intelligent man I know** (remarquer l'ab-sence de virgule).

Cette suppression du relatif est très courante, surtout dans la langue parlée. On ne peut la faire que si la subordonnée a un sens restrictif (avec relatif *that*), mais non lorsque le pronom (*who/whom* ou *which*) introduit une subordonnée entre virgules.

On sous-entend couramment le pronom relatif quand la préposition qui le précède est rejetée *après un infinitif*.

He would like to have someone with whom to play tennis ▶▶ **someone to play tennis with** (c'est la seconde construction qu'on emploie dans la langue courante). *Il aimerait avoir quelqu'un avec qui jouer au tennis.*

Le pronom *sujet* ne peut pas être sous-entendu (par exemple dans "**the children that were tired...**", ▶ § 533).

3. Le relatif whose

§537) **A** Revoir ce qui a été dit sur l'interrogatif possessif *whose* (▶ § 524). Le relatif *whose*, qui appar-tient surtout à la langue écrite, exprime lui aussi un rapport de possession ou de parenté. Il est immédiatement suivi du nom, sans article. Ce nom peut être sujet ou complément.

John, whose father is an engineer, is good at maths. ▶▷ *John, dont le père est ingénieur, est bon en mathématiques.*

Our neighbour, whose dog I nearly ran over, was furious. ▶▷ *Notre voisin, dont j'ai failli écraser le chien, était furieux* (comparer l'ordre des mots dans les deux langues).

§538 **B** Quoique *whose* soit le génitif de *who* (pronom dont l'antécédent est toujours une personne), on l'emploie souvent avec un antécédent neutre, pour éviter la tournure peu élégante dans laquelle le nom est suivi de *of which*. Mais dans la langue parlée *whose* est généralement remplacé par une expression de sens équivalent.

My room is the one whose windows are open (pour éviter : **"the one the windows of which are open"**). Dans la langue parlée : **My room is the one with the open windows.** ▷▷ *Ma chambre est celle dont les fenêtres sont ouvertes.*

§539 **C** Traductions de *dont*.

● On ne peut traduire *dont* par *whose* que s'il y a un rapport entre les deux noms (possession, parenté, etc.). Voir ci-dessus (▶ §§ 537, 538).

● Dans des phrases comme « *Le livre dont je vous ai parlé est épuisé* », « *Son fils, dont elle est si fière, est un imbécile* », le français emploie le relatif *dont* parce que le verbe *parler* et l'adjectif *fier* se construisent avec la préposition *de*. Traduire par *which* ou *whom* suivant le cas, et bâtir la subordonnée selon la construction propre au verbe ou à l'adjectif.

The book about which I spoke to you (plus couramment : **The book I spoke to you about**) **is out of print.**

Her son, of whom she is so proud (ou : **Her son, whom she is so proud of**), **is a fool.**

(Dans des propositions indépendantes, on aurait : **I spoke to you about this book; she is so proud of her son**).

The tools which I use (= the tools that I use, the tools I use). ▷▷ *Les outils dont je me sers* (*to use* a un complément d'objet direct).

The advice which (= **that**) **I need, the advice I need.** ▷▷ *Les conseils dont j'ai besoin* (*to need* a un complément d'objet direct).

§540 ● *Dont* signifie « parmi lesquels » quand il est suivi de « *certains* », « *plusieurs* », « *la plupart* », « *tous* », « *aucun* », un superlatif ou un nombre. Le traduire par *of which* (ou *of whom*) précédé du pronom indéfini, du superlatif ou du nombre. Cette construction appartient à la langue écrite soignée.

He has eight children, most of whom are gifted in languages. ▷▷ *Il a huit enfants, dont la plupart sont doués pour les langues.*

She gave him some advice, most of which was excellent. ▷▷ *Elle lui donna des conseils, dont la plupart étaient excellents.*

Sheridan wrote several comedies, the best of which is "The School for Scandal". ▷▷ *Sheridan a écrit plusieurs comédies, dont la meilleure est « l'Ecole de la médisance ».*

Dans toutes ces phrases le relatif se place à l'endroit où serait le pronom personnel si la phrase était coupée, dans un style plus simple : **He has eight children; most of *them* are gifted in languages. She gave him some advice; Most of *it* was excellent.**

4. Le démonstratif relatif what

§541 **A** *What*, qui équivaut à *that which*, renferme son antécédent. Il peut être sujet ou complément.

What struck me most was the high standard of living. ▷▷ *Ce qui m'a frappé le plus, c'est le haut niveau de vie* (*what* est sujet de *struck*).

What he told me was true. ▷▷ *Ce qu'il m'a dit était vrai* (*what* est complément de *told*).

What I liked best were the clowns. ▷▷ *Ce que j'ai préféré, ce sont les clowns* (remarquer l'accord du verbe *to be* avec le nom qui le suit).

Listen to what John is saying. ▷▷ *Ecoutez ce que dit John* (▶ § 97).

§542 **B** Autres traductions de « *ce qui* », « *ce que* ».

● *Which* a pour antécédent un membre de phrase (alors que *what* n'a pas d'antécédent). *What* annonce ce qui suit, alors que *which* résume ce qui précède.

He told us he had travelled round the world, which was not true. ▶▷ *Il nous a dit qu'il avait fait le tour du monde, ce qui n'était pas vrai* (l'antécédent de *which* est toute la proposition qui précède la virgule).

I slipped on the ice, which they thought was very funny. ▶▷ *Je glissai sur le verglas, ce qu'ils trouvèrent très drôle.*

> Comparer les deux phrases :
> **What made us laugh was that he looked most uncomfortable.**
> ▶▷ *Ce qui nous a fait rire, c'est qu'il avait l'air fort embarrassé.*
> **He looked most uncomfortable, which made us laugh.**
> ▶▷ *Il avait l'air fort embarrassé, ce qui nous a fait rire.*

§543 ● *Tout ce que, tout ce qui = all (that), everything (that), whatever.*

They give him all that (= all) he wants (ou : **everything he wants, whatever he wants**). ▶▷ *Ils lui donnent tout ce qu'il veut* (Jamais "all what").

§544 **C** Traductions de « *ce dont* ». C'est un cas particulier de « *ce que* », la phrase française comportant un verbe, nom ou adjectif construit avec « *de* ».

What I need is a good dictionary. ▶▷ *Ce dont j'ai besoin, c'est un bon dictionnaire* (le pronom *what* n'a pas d'antécédent, comme au § 541).

She was very kind to them, which they will always remember. ▶▷ *Elle a été très bonne pour eux, ce dont ils se souviendront toujours* (le pronom *which* a pour antécédent tout ce qui précède la virgule, comme au § 542).

EXERCICES

A Compléter avec le relatif qui convient. Le mettre entre parenthèses s'il peut être omis :

1. The film, ... I had seen before, is about a man ... is hunted by the police in Belfast.

2. The film ... I saw last night was very good.

3. The only advice ... I can give you is to give up the attempt.

4. The women ... husbands were prisoners in Germany were terribly worried.

5. The story ... he told us was very funny.

6. He told us a long story about his dogs, ... was very funny.

7. Mr Thomson, with ... I play golf, is the man ... I introduced to you at the party.

8. Their front-garden, ... is very small, is full of flowers.

9. The man in ... car I came is a town-councillor.

10. This is the worst winter ... we have had for years.

11. Her brother is the boy ... plays the oboe in the orchestra.

12. She is the prettiest girl ... I know.

13. My brother-in-law, with ... I never agree, is very narrow-minded.

14. Our house, ... we like very much, was built by my grandfather.

15. The friends ... we are waiting for are always late.

B Transformer les phrases suivant le modèle :

The friends with whom I play bridge live in your street ▶▶ **The friends I play bridge with live in your street** (la 2ᵉ phrase est préférable dans la langue parlée).

1. The lady with whom we had tea is a very good pianist.

2. The beds in which we slept were very comfortable.

3. The tree under which we are sitting is a cherry-tree.

4. The young man to whom our daughter is engaged is a medical student.

5. The bus for which you are waiting doesn't go to Victoria Station.

6. The people to whom this house belongs live in Glasgow.

7. He is a friend on whom you can always rely.

8. The boy to whom he is writing is his English pen-friend.

9. I don't like the music to which you are listening.

10. The house in which we live is three hundred years old.

C Traduire (qui, que, dont, lequel...) :

1. L'ami avec qui je joue au tennis est irlandais.

2. Ils arrêtèrent cinq hommes, dont deux furent reconnus coupables.

3. Faites attention, la chaise sur laquelle vous êtes assis n'est pas très solide.

4. J'emprunte à la bibliothèque municipale les livres dont j'ai besoin.

5. Ce n'est pas le genre de nourriture à laquelle je suis habitué.

6. L'église dont vous apercevez le clocher a été bâtie au XIIᵉ siècle.

7. Sa femme, dont vous vous souvenez certainement a passé son enfance en Afrique du Sud.

8. Le seul livre qu'il lise est la Bible.

9. Ils emportèrent de nombreux bijoux, dont certains valaient plusieurs centaines de livres.

10. Margaret, dont je suis le parrain, vient nous voir la semaine prochaine.

11. La maladie de foie dont il souffre est incurable.

12. Les sujets auxquels il s'intéresse nous ennuient à mourir.

13. Il m'a prêté plusieurs livres, dont aucun ne m'a plu.

14. Ses parents n'aiment pas le garçon dont elle est amoureuse.

15. Le premier morceau au programme, que j'ai beaucoup aimé, était une ouverture de Rossini.

D Traduire *(ce que, ce qui, ce dont)* :

1. Je me demande ce que va faire le gouvernement.

2. Il parlait couramment le russe, ce qui nous a tous surpris.

3. Ce qui nous a tous surpris, c'est qu'il parlait couramment le russe.

4. J'ai oublié ce dont vous m'avez parlé.

5. Ce qui me tracasse, c'est que je ne retrouve pas mon passeport.

6. Son voisin joue du violon, ce qui l'agace terriblement.

7. Il critique tout ce que je fais.

8. Il n'écoute jamais ce qu'on lui dit.

9. Il a enfin réussi à son examen, ce dont nous nous réjouissons tous.

10. Il y avait beaucoup de brouillard sur la route, ce qui nous a fait arriver très tard.

▶37•Les indéfinis. Notion de quantité

Question mark : pt d'interrogat°
beginning of inverted commas : ‹‹
comma

1. Expression de la quantité imprécise

Ⓐ *Combien de, beaucoup de, peu de.*

§545
- *Combien de = **how much** + **singulier**,*
  ***how many** + **pluriel**.*

How much milk do you want? ▶▷ *Combien de lait voulez-vous ?*
How many letters did you get? ▶▷ *Combien de lettres as-tu reçues ?*

How much s'emploie pour demander un prix, avec un singulier ou un pluriel
How much are these apples? ▶▷ *Combien coûtent ces pommes ?*

- ***Much*** accompagne ou remplace un nom singulier, ***many*** un nom pluriel.
There was not *much* traffic. ▶▷ *Il n'y avait pas beaucoup de circulation.*
There were not *many* cars. ▶▷ *Il n'y avait pas beaucoup de voitures.*

§546
- A la forme affirmative, ***much*** et ***many*** sont souvent remplacés par ***a lot of, plenty of*** (+ sing. ou plur.), ***a great deal of*** (+ sing.), ***a great many*** (+ plur.), ***lots of*** (+ plur.).
We had a lot of trouble. ▶▷ *Nous avons eu beaucoup de difficultés.*
He has plenty of money. ▶▷ *Il a beaucoup d'argent.*
A great many (= Lots of) people would like to be his friends. ▶▷ *Bien des gens voudraient être ses amis.*

§547
- ***Little*** accompagne ou remplace un nom singulier, ***few*** un nom pluriel.
The poor fellow has *little* money and *few* friends. ▶▷ *Le pauvre diable a peu d'argent et peu d'amis.*

- *Presque pas de =* **hardly any** (avec verbe à la forme affirmative, ▶ § 12).
There's hardly any bread left. ▶▷ *Il ne reste presque pas de pain* (cf. *Il ne reste pas de pain.* **There isn't any bread left,** ▶ § 418).

Ⓑ *Un peu de, quelques.*

§548
- ***A little*** accompagne ou remplace un nom singulier, ***a few*** un nom pluriel.
He drank a *little* milk and ate a *few* biscuits. ▶▷ *Il but un peu de lait et mangea quelques biscuits.*

Ne pas confondre ***little/few*** et ***a little/a few*** : sans article, ils insistent sur la très petite quantité, le très petit nombre (*vraiment très peu de,* et souvent : *trop peu de*) ; avec l'article ils expriment une simple constatation (*une petite quantité de, un petit nombre de*).

§549
- ***Several***, comme ***a few***, est suivi d'un pluriel (*quelques, plusieurs*).
Several people clapped. ▶▷ *Plusieurs personnes applaudirent.*
Several of them clapped. ▶▷ *Plusieurs d'entre eux applaudirent* (▶ § 481).

§550
- ***Some*** (remplacé par ***any*** dans une phrase interrogative, après une négation ou l'expression d'un doute) remplace souvent ***a little*** et ***a few*** (on insiste moins sur la notion de quantité, ▶ § 416).
Give me some money. ▶▷ *Donne-moi un peu d'argent* (ou : *de l'argent*).
He came with some friends. ▶▷ *Il est venu avec quelques* (ou : *des*) *amis.*
Some of us were tired. ▶▷ *Quelques-uns d'entre nous étaient fatigués* (▶ § 481).

C *Plus de, moins de, autant de, tant de.*

§551 • *Plus de* = **more… (than…).**

More est le comparatif de *much* (+ sing.) et de *many* (+ plur.).
They have more records than we have. ▷▷ *Ils ont plus de disques que nous.*
It gives more smoke than heat. ▷▷ *Cela donne plus de fumée que de chaleur.*
Have some more. ▷▷ *Reprenez-en.*

§552 • *Moins de* = **less** + singulier (comparatif de *little*)
fewer + pluriel (comparatif de *few*).
You should drink less whisky (= **you shouldn't drink so much whisky**). ▷▷ *Tu devrais boire moins de whisky.*
There are fewer people than usual. ▷▷ *Il y a moins de gens que d'habitude* (dans une langue peu soignée on emploie *less* devant un pluriel : **less people**).

§553 • *Autant de* = **as much** + singulier,
as many + pluriel.
Do the English eat as much bread as we do? ▷▷ *Les Anglais mangent-ils autant de pain que nous ?* (complément introduit par *as*).
Ben Jonson did not write as many (= **so many**, à la forme négative, ▶ § 450) **plays as Shakespeare did.** ▷▷ *Ben Jonson n'a pas écrit autant de pièces que Shakespeare.*

§554 • *Tant de* = **so much** + singulier   *Si peu de* = **so little** + singulier
so many + pluriel   **so few** + pluriel.

Le complément de conséquence est introduit par *that.*
They had so much luggage that they needed two porters. ▷▷ *Ils avaient tant de bagages qu'il leur fallut deux porteurs.*
We have so many books that we don't know where to keep them. ▷▷ *Nous avons tant de livres que nous ne savons pas où les ranger.*
He has so few teeth left that he can't eat meat. ▷▷ *Il lui reste si peu de dents qu'il ne peut pas manger de viande.*
"Never.., was so much owed by so many to so few" (Churchill en 1940 parlant des pilotes de la RAF). ▷▷ *Jamais tant de personnes n'ont eu une telle dette envers un si petit nombre* (pour l'inversion littéraire, ▶ § 101).

§555 **D** *Trop de, assez de.*

• *Trop de travail* = **too much work** (singulier).
Trop d'exercices = **too many exercises** (pluriel).
Trop peu de temps = **too little time** (singulier).
Trop peu de livres = **too few books** (pluriel).

• *Assez de* = **enough** (+ singulier ou pluriel).
I haven't enough money (enough stamps). ▷▷ *Je n'ai pas assez d'argent (de timbres).*

2. Autres indéfinis

§556 **A** *L'un…, l'autre… ; certains…, d'autres…*

• avec des singuliers :
One…, the other… *L'un…, l'autre…*

One..., another... *L'un..., un autre...* (ne pas confondre avec **one another**, pronom réciproque, qui est inséparable, ▶ § 496). **They have two sons, one is a doctor, the other a barrister.** ▶▷ *Ils ont deux fils, l'un est docteur, l'autre avocat.*

§557
• avec des pluriels :
Some..., others/the others... *Certains..., d'autres/les autres...*
Some [sʌm] **were playing cards, others were listening to a record.** ▶▷ *Certains (= les uns) jouaient aux cartes, d'autres écoutaient un disque* (remarquer que **some** est invariable alors que **others**, pluriel de **another**, prend la marque du pluriel).

On peut aussi employer **other** comme adjectif. Il est alors invariable.
The other people were asleep. ▶▷ *Les autres personnes dormaient.*

§558
B *Le même... (que...) = the same... (as...).* (▶ § 463).
They read the same paper as we do. ▶▷ *Ils lisent le même journal que nous.*

Same ne s'emploie pas avec un article indéfini.
Les gens d'un même pays ne sont pas toujours d'accord. ▶▷ **People of the same country** (ou : **of one country**) **do not always agree.**

§559
C *Chacun, tous, la plupart.*

Each s'emploie quand on considère chaque cas séparément, *every* quand on considère l'ensemble.
He said a kind word to each of us. ▶▷ *Il dit une parole aimable à chacun d'entre nous.*
Every picture in that gallery is a masterpiece (ou : **All the pictures in that gallery are master-pieces**). ▶▷ *Tous les tableaux de ce musée sont des chefs-d'œuvre.*

Every ne peut s'employer qu'avec un nom singulier, c'est pourquoi on ne peut le faire suivre de *people* (les gens), qui est un pluriel.
Tout le monde. ▶▷ **All the people** (+ pluriel), ou : **everybody/everyone** (+ singulier).

Ne pas confondre *all* et *whole* (tout entier, complet, avec nom dénombrable).
The whole family had been invited. ▶▷ *On avait invité toute la famille.*
Mais : **The cat drank all the milk** (indénombrable). ▶▷ *Le chat but tout le lait.*

Avec le nom *day*, comparer les emplois de *every, all, whole* et *each* :
I read the Times every day. ▶▷ *Je lis le Times tous les jours (chaque jour).*
It has been raining all day. ▶▷ *Il a plu toute la journée.*
He spent the whole day in bed. ▶▷ *Il passa toute la journée au lit.*
Each day in Venice is like a century of bliss. ▶▷ *Chaque journée à Venise est comme un siècle de félicité.*

§560
Most (la plupart) s'emploie suivi directement du nom (généralités) ou se construit avec *of* (cas particuliers).
Most people go to the cinema more often than to the theatre. ▶▷ *La plupart des gens vont au cinéma plus souvent qu'au théâtre.*
Most of our customers prefer Polish vodka. ▶▷ *La plupart de nos clients préfèrent la vodka polonaise* (▶ § 481, **most of us/you/them**).

D *Tous, aucun, n'importe lequel.*

§561
Les pronoms et adjectifs sont différents selon qu'il s'agit du « *duel* » (deux éléments) ou du *pluriel* proprement dit (plus de deux éléments).

• *Pluriel* : *tous = all* (+ plur.) ou *every* (+ sing.).
           aucun = no (adjectif) ou *none* (pronom).
           n'importe lequel = any (▶ §§ 417 à 419).

My brothers and I are all fond of chess. None of us likes cards. ▸▹ *Mes frères et moi nous aimons tous les échecs. Aucun de nous n'aime les cartes.*

None of them has come yet. ▸▹ *Aucun d'entre eux n'est encore venu.*

Any schoolboy knows that. ▸▹ *N'importe quel écolier sait cela.*

§562 • ***Duel*** : *tous les deux* = ***both*** (▶ § 571).

aucun des deux, ni l'un ni l'autre = ***neither***.

n'importe lequel des deux, l'un ou l'autre = ***either***.

My brother and I are both fond of chess. Neither of us likes cards. ▸▹ *Mon frère et moi, nous aimons tous les deux les échecs. Nous n'aimons les cartes ni l'un ni l'autre.*

You can take either bus. ▸▹ *Vous pouvez prendre l'un ou l'autre autobus.*

Which one do you want? – Either will do. ▸▹ *Lequel veux-tu ? – L'un ou l'autre fera l'affaire.*

Either (avec un singulier) a parfois le sens de ***both*** (avec un pluriel).

There are shops on either side (= on both sides) of the street. ▸▹ *Il y a des boutiques de chaque côté de la rue.*

§563 • ***All*** et ***both*** se construisent avec des pronoms personnels de deux façons (▶ § 481) :

I've read them all (= I've read all of them). ▸▹ *Je les ai tous lus.*

I've read them both (= I've read both of them). ▸▹ *Je les ai lus tous les deux.*

§564 🅔 *Composés de **some, any, no, every**.*

Somebody (= someone) = *quelqu'un* (▶ § 509).

Anybody (= anyone) = *n'importe qui.*

Nobody (= no one) *personne.*

Everybody (= everyone) = *tout le monde.*

Something = *quelque chose* (▶ § 425).

Somewhere = *quelque part.*

Anything = *n'importe quoi*

Anywhere = *n'importe où.*

Nothing [nʌθiŋ] = *rien.*

Nowhere = *nulle part.*

Everything = *tout.*

Everywhere = *partout.*

Anybody, anything et ***anywhere*** remplacent les composés de ***some*** dans les phrases exprimant un doute, une interrogation. Ils s'emploient également si la phrase comporte un terme négatif *(not, never, hardly...).*

I've never met anybody who can speak so many languages. ▸▹ *Je n'ai jamais rencontré personne qui sache parler un aussi grand nombre de langues.*

Do you know if anybody has phoned? ▸▹ *Savez-vous si quelqu'un a téléphoné ?*

We didn't see him anywhere. ▸▹ *Nous ne l'avons vu nulle part.*

Anything can happen. ▸▹ *Tout peut arriver.*

Everybody was pleased. ▸▹ *Tout le monde était content.*

§565 🅕 ***Else*** *(autre)* peut s'ajouter aux composés de ***some, any, no, every*** (▶ § 509).

I have nothing else to tell you. ▸▹ *Je n'ai rien d'autre à vous dire.*

Anything else, madam? ▸▹ *Et avec cela, madame ?* (dans un magasin).

Did you meet anyone else? ▶▷ *Avez-vous rencontré quelqu'un d'autre ?*

Let's go somewhere else (= elsewhere). ▶▷ *Allons ailleurs.*

What are you complaining about? Everybody else is pleased. ▶▷ *De quoi te plains-tu ? Tous les autres sont satisfaits.*

Else s'ajoute aussi à *what, who* et *where*

What else could I do? ▶▷ *Que pourrais-je faire d'autre ?*

Where else could he be? ▶▷ *A quel autre endroit pourrait-il être ?*

§566 **G** Le suffixe *-ever*, de sens indéfini, s'ajoute à des termes interrogatifs, avec le sens de « *n'importe quel* », « *tout* ».

Whoever said that is a liar. ▶▷ *Quiconque a dit cela est un menteur.*

Here are five books, take whichever you like best. ▶▷ *Voici cinq livres, prends celui que tu préfères (quel qu'il soit).*

Whatever happens (ou : **Whatever may happen,** ▶ § 196), **don't fail to let us know.** ▶▷ *Quoi qu'il arrive, n'omettez pas de nous prévenir.*

Wherever I go I come across him. ▶▷ *Partout où je vais je le rencontre.*

He won't say anything whatever (parfois : **whatsoever**). ▶▷ *Il se refuse à dire quoi que ce soit.*

Ne pas confondre ce suffixe *-ever* avec l'adverbe *ever* qui renforce une interrogation (**What ever did you do that for?** ▶ § 258).

EXERCICES

A Compléter les phrases avec *little, a little, few* ou *a few* :

1. I am very busy at the moment, I have ... time to read.

2. There's ... jelly left. Do you want it?

3. Owing to the rain ... people attended the open-air ceremony.

4. You can see the play if you like, there are still ... seats left.

5. You ought to eat ... fruit every day.

6. ... people can read Latin nowadays.

7. She invited ... friends on her birthday.

8. I'm afraid he is making ... progress.

9. He speaks English well, though he makes ... mistakes occasionally.

10. He speaks English remarkably well, he makes ... mistakes.

B Mettre à la forme négative en remplaçant *a lot of* par *much* ou *many* :

1. She drinks a lot of tea.

2. He has a lot of friends in England.

3. He gave me a lot of useful advice.

4. There were a lot of people at the show.

5. We've got a lot of records.

6. We receive a lot of news from them.

7. There are a lot of French books in the school library.

8. She had a lot of luggage.

9. We have a lot of work to do.

10. We have a lot of exercises to do.

C Compléter avec *any, no, none, either* ou *neither* :

1. They have two sons, I don't know ... of them.

2. They have three sons, I don't know ... of them.

3. They are both Welsh, but ... of them can speak Welsh.

4. ... child will tell you that Napoleon was a Corsican.

5. They are both very young, ... of them is old enough to have known him.

6. They are all very young, ... of them is old enough to have known him.

7. He's been unemployed for a year, he's ready to do ... job.

8. I'm afraid that ... doctor could save him now.

9. Several of Bach's sons were composers, but ... of them was as great a musician as their father.

10. We saw two films, I didn't like ... of them.

D Donner le contraire des phrases suivant le modèle :

He hasn't enough money ►► **He has too much money.**

1. He doesn't eat enough bread.

2. He doesn't read enough books.

3. There were not enough people.

4. We didn't send enough Christmas cards.

5. He didn't drink enough milk.

6. We didn't see enough films.

7. She didn't give them enough advice.

8. He hasn't enough friends.

9. There wasn't enough furniture in the room.

10. We haven't enough work.

Traduire :

1. Il nous reste peu d'argent. Il ne nous reste presque pas d'argent.

2. Combien de bagages emportez-vous ? – Je n'emporte presque pas de bagages.

3. J'ai trop de travail à faire, et trop peu de temps pour le faire.

4. Il a moins d'amis qu'autrefois. Il a moins d'argent qu'autrefois.

5. Bois autant de lait que tu veux mais ne mange pas trop de fruits.

6. Le docteur lui a conseillé de boire moins de whisky et de fumer moins de cigares.

7. Permettez-moi de vous donner quelques conseils.

8. Combien de fois êtes-vous allé aux Etats-Unis ?

9. Combien de sucre voulez-vous ? Combien de morceaux ?

10. Je lis moins de livres que lui.

11. Il y avait très peu de brouillard. Il y avait très peu de voitures.

12. Apportez quelques disques, nous les écouterons.

13. Combien de gens y avait-il ? – Il y avait peu de gens. Il n'y avait presque personne.

14. Nous ne pensions pas qu'il y aurait si peu de gens.

15. Il nous a dit tant de mensonges que plus personne ne lui fait confiance.

F Traduire :

1. Voulez-vous autre chose ? – Non, rien d'autre.

2. Certains étudiants apprennent l'allemand, d'autres l'espagnol. Très peu apprennent le russe.

3. Il ne dit jamais rien à personne.

4. Ils sont fous tous les deux. Ils ne se conduisent raisonnablement ni l'un ni l'autre.

5. Certains disent que j'ai raison, d'autres que j'ai tort.

6. La plupart des maisons anglaises ont un jardin.

7. La plupart de mes voisins ont la télévision.

8. Tout le village avait protesté contre l'installation de l'usine.

9. Personne n'en a jamais rien su.

10. La plupart des gens pensaient que ce serait un bon président.

11. On ne pouvait rien faire d'autre.

12. Aucun de leurs amis ne les a aidés.

13. Lequel de ces deux gâteaux veux-tu ? – N'importe lequel.

14. Jack et Bill trichent toujours, je ne veux jouer ni avec l'un ni avec l'autre.

15. Vous pouvez prendre l'un ou l'autre de ces autobus, ils vont tous les deux au British Museum.

▶ 38•Les adjectifs numéraux

1. Nombres cardinaux

§567 **A** *De 1 à 99.*

1	*one* [wʌn] (▶ §406)	11	*eleven* [i'levn]			
2	*two* [tu:]	12	*twelve* [twelv]	20	*twenty* ['twenti]
3	*three* [θri:]	13	*thirteen* ['θə:'ti:n]	30	*thirty* ['θə:ti]
4	*four* [fɔ:]	14	*fourteen* ['fɔ:'ti:n]	40	*forty* ['fɔ:ti]
5	*five* [faiv]	15	*fifteen* ['fif'ti:n]	50	*fifty* ['fifti]
6	*six* [siks]	16	*sixteen* ['siks'ti:n]	60	*sixty* ['siksti]
7	*seven* [sevn]	17	*seventeen* ['sevn'ti:n]	70	*seventy* ['sevnti]
8	*eight* [eit]	18	*eighteen* ['ei'ti:n]	80	*eighty* ['eiti]
9	*nine* [nain]	19	*nineteen* ['nain'ti:n]	90	*ninety* ['nainti]
10	*ten* [ten]				

38 = *thirty-eight*   71 = *seventy-one*   94 = *ninety-four*.

Les nombres terminés par -ty sont accentués sur la première syllabe, alors que ceux qui sont terminés par *-teen* portent normalement deux accents.

Attention à l'orthographe de *fourteen* et de *forty*.

§568 **B** *A partir de 100.*

One hundred ['hʌndrəd] et *one thousand* ['θəuzənd] sont plus précis que *a hundred* et *a thousand*.
A hundred people were waiting. ▶▷ *Cent personnes attendaient.*
He died just one hundred years ago. ▶▷ *Il est mort il y a juste cent ans.*

Les dizaines et les unités ajoutées à *hundred* sont précédées de *and* en Angleterre (pas toujours en Amérique).

103 = **one hundred** *and* **three** (ou : **a hundred** *and* **three**)

250 = **two hundred** *and* **fifty**

893 = **eight hundred** *and* **ninety-three**

4,750 = **four thousand seven hundred** *and* **fifty** (jamais « and » entre thousand et hundred)

2,001 = **two thousand** *and* **one** (« and » après thousand quand il n'y a pas de centaines).

Remarquer la virgule qui sépare les milliers des centaines.

1,000,000 = **one million**   50,000,000 = **fifty million**

1,000,000,000 = **one thousand million** (en Angleterre), **one billion** (en Amérique).

§569 **C** *Dozen* [dʌzn], *hundred, thousand* et *million* sont invariables quand ils sont multipliés par un nombre précis (**two dozen eggs, fifty million people**) ou précédés de *several, a few, many* (**several hundred people**), alors qu'ils prennent la marque du pluriel quand ils sont suivis de *of* (**hundreds of times**, *des centaines de fois* ; **thousands of birds**, *des milliers d'oiseaux*).

§570 **D** *Nombres imprécis.*

Il y a une cinquantaine d'années. ▶▷ **About fifty years ago (= fifty odd years ago, fifty years or so ago, some fifty years ago).**

Il y a environ deux mois. ▶▷ **A couple of months ago.**

Moins de dix minutes. ▶▷ **Under (= less than) ten minutes.**

Plus de 80 kilomètres. ▶▷ **Over (= more than) fifty miles.**

Près d'un million d'habitants. ▶▷ **Nearly (= almost) a million inhabitants.**

A peine dix maisons. ▶▷ **Hardly ten houses.**

Il y a au moins cinq kilomètres d'ici à la gare. ▶▷ **It's a good (= at least) three miles to the station.**

§571 **E** **Both** (tous les deux) se construit comme un adjectif (placé avant les démonstratifs ou les possessifs)...

Hold it in both hands. ▶▷ *Tiens-le à deux mains.*

I want both these books. ▶▷ *Je veux ces deux livres.*

... ou comme un **pronom**, qui peut être suivi de *of* + pronom complément.

They were both drunk (= Both of them were drunk). ▶▷ *Ils étaient ivres tous les deux.*

▶ §§ 481, 562, 563, 596.

§572 **F** *Décimales.* On les lit chiffre après chiffre. Le **"décimal point"**, équivalent de notre virgule, se place souvent à mi-hauteur et se lit « point ».

3.1416 = **three point one four one six**

G *Zéro.* Il se lit « **nought** » [n ɔ:t] avant ou après le « decimal point ».

.01 = **point nought one** (ou : **nought point nought one**)

Il se lit [ou] (comme la lettre o) dans les numéros de téléphone (32209 = **three, double two, o, nine**) et parfois les numéros (des maisons, des chambres, des lignes d'autobus) de trois chiffres (103 = **one, o, three**).

Autres traductions de zéro :

Nous avons gagné par 3 à 0. ▶▷ **We won three nil (= by 3 to nil).**

Douze degrés au-dessous de zéro. ▶▷ **Twelve degrees below zero** (*Zero* s'emploie aussi pour le **countdown: three, two, one, zero**).

Zéro faute. ▶▷ **No mistakes** (remarquer le pluriel).

2. Nombres ordinaux

§573 **A** *De 1ᵉʳ à 12ᵉ.*

first (1st) [fə:st]	*fifth* (5th) [fifθ]	*ninth* (9th) [nəinθ]
second (2nd) ['sekənd]	*sixth* (6th)	*tenth* (10th)
third (3rd) [θəːd]	*seventh* (7th)	*eleventh* (11th)
fourth (4th) [fɔ:θ]	*eighth* (8th) [eitθ]	*twelfth* (12th)

Remarquer les irréguliers : les trois premiers (non terminés par *-th*), *fifth* et *twelfth* (terminaison *-ve* ▶▷ *fth*), et pour leur orthographe : *eighth* (on écrit un seul t) et *ninth* (sans *e*).

§574 **B** *A partir de 13ᵉ*

Il suffit d'ajouter *-th* au nombre cardinal. Les nombres terminés par *-ty* changent cette terminaison en *-tieth* [tiiθ].

13th = **thirteenth**   19th = **nineteenth**   27th = **twenty-seventh**

The 20th (= twentieth) century. ▶▷ *Le 20ᵉ siècle.*

Attention aux lettres ajoutées aux nombres terminés par 1, 2 ou 3. Comparer : 11th, 12th, 13th /21st, 22nd, 23rd (il suffit de les lire mentalement pour éviter les erreurs).

Hundredth (100th) et *thousandth* (1,000th) se forment régulièrement.

For the hundredth time. ▶▷ *Pour la centième fois.*

§575) **C** Comme en français, les nombres ordinaux sont précédés de l'article défini (exceptions : **5th Avenue, 34th Street...** ; et avec un possessif : **her 21st birthday**).

Bien prononcer [ði] devant 8th et 11th. Cet article se prononce pour les noms des souverains, alors qu'on ne l'écrit pas.

Elizabeth II (the second)

Henry VIII (the eighth).

3. Remarques sur les emplois des adjectifs numéraux

§576) **A** *Sommes d'argent.* Apprendre à lire les abréviations :

• *Système monétaire britannique :*

£ 4.50 = **four pounds fifty (pence).** ▶ § 364 (*pennies* et *pence*).

25 p = **twenty-five pence** (*p* est souvent prononcé [pi:]).

Dans le système ancien (jusqu'en 1971), les lettres *s* et *d* représentaient respectivement le *shilling* (£ 1 = 20s) et le *penny* ancien (1s = 12d) :

£ 3'17'6 = **3 pounds 17 (shillings) and 6 (pence)**

3'9 (ou : 3s. 9d.) = **3 and 9** (*and* s'employait entre les shillings et les pence).

• *Système monétaire américain :*

$ 2.75 = **two dollars seventy-five (cents)**

75 c = **seventy-five cents.**

§577) **B** *Heures.*

What's the time? (= What time is it?) *Quelle heure est-il ?*

What time (plus courant que : **At what time**) **do you get up?** ▶▷ *A quelle heure vous levez-vous ?*

It's 10 (= It's 10 o'clock). ▶▷ *Il est 10 heures.*

It's 20 past 10. ▶▷ *Il est 10 heures 20.*

It's half [hɑːf] **past 10.** ▶▷ *Il est 10 heures et demie.*

It's a quarter ['kwɔːtə] **to 11.** ▶▷ *Il est 11 heures moins le quart.*

It's 25 to 11. ▶▷ *Il est 11 heures moins 25.*

On dit parfois : **It's 20 to** (*Il est moins 20*), **It's half past** (*Il est la demie*).

Le mot *minutes* s'emploie si le nombre de minutes n'est pas divisible par **5.**

It's 7 minutes to 11. ▶▷ *Il est 11 heures moins 7.*

Les heures précises (des trains, des avions...) se lisent comme elles s'écrivent (12.53 = **twelve fifty-three**).

The 8.47 train. ▶▷ *Le train de 8 heures 47* (bien se garder d'écrire un *h* entre les heures et les minutes).

8 heures du matin = **8 in the morning** (ou : **8 a.m.**)

8 heures du soir (20 heures) = **8 in the evening** (ou : **8 p.m.**)

§578) **C** *Dates.* ▶ § 699.

Monday, January 23rd (lire : the twenty-third, parfois sans article)

Monday 23rd January (lire : the twenty-third of January)

1215 = **twelve fifteen** (plus courant que : twelve hundred and fifteen).

1564 = **fifteen sixty-four**

1066 = **ten sixty-six**

mais : 1900 = **nineteen hundred** (nombre divisible par 100)

1905 = **nineteen hundred and five** (familièrement : **nineteen-o-five**)

2001 = **two thousand and one**

§579 **D** Les adjectifs *other, next, first* et *last* précèdent les nombres.

The last three days. ▶▷ *Les trois derniers jours.*

The next ten pages. ▶▷ *Les dix pages suivantes.*

The other two. ▶▷ *Les deux autres* (ou : **the two others**, avec le pronom *others* qui prend la marque du pluriel).

§580 **E** *Fractions*. On utilise les nombres ordinaux.

1/3 = **one third**   2/3 = **two thirds**   4/5 = **four fifths**.

> Exceptions :
> 1/4 = **one quarter**   1/2 = **one half**

Half an hour. ▶▷ *Une demi-heure* ("a half hour") est américain, ▶ § 410).

A quarter of an hour. ▶▷ *Un quart d'heure.*

An hour and a half (parfois : **one and a half hours**). ▶▷ *Une heure et demie.*

Pourcentages : 20% = **twenty per cent** [pə'sent]

A 5% rise. ▶▷ *Une augmentation de 5 %*

One man in (ou : **out of**) **three.** ▶▷ *Un homme sur trois.*

§581 **F** *Les quatre opérations.*

4 and 3 are 7	ou :	**4 plus** [plʌs] **3 is 7**
4 from 7 is 3	ou :	**7 minus** ['mainəs] **4 is 3**
4 threes are 12	ou :	**4 times 3 is 12**
4 into 12 is 3	ou :	**12 divided by 4 is 3**

§582 **G** Voir aussi

▶ § 26 *(dimension, âge)*

▶ § 32 *(distance)*

▶ § 706, 708 *(durée)*

▶ § 703 *(fréquence, nombre de fois)*

▶ § 453 **(twice as big)**

▶ § 481 **(the four of us, there were twenty of us).**

A Lire (et écrire en lettres) :

1. 35 - 14 - 43 - 54 - 15 - 92 - 13 - 74 - 60 - 18.

2. 475 - 690 - 102 - 653 - 934 - 801 - 245 - 712.

3. 8,367 - 4,813 - 15,641 - 72,899 81,050.

4. the 11.53 train - the 9.34 train - "The 4.50 from Paddington" (A. Christie)

B Lire les dates :

1. 1170 - 1534 - 1649 - 1746 - 1832.

2. 1356 - 1453 - 1603 - 1805 - 1936.

3. 1415 - 1558 - 1763 - 1904 - 1911.

4. 1588 - 1611 - 1776 - 1837 - 1984.

C Lire (et écrire en les faisant suivre de *th, st, nd* ou *rd*) les nombres ordinaux correspondant à :

13 ● 27 ● 40 ● 53 ● 74 ● 11 ● 81 ● 14 ● 62 ● 12 ● 20 ● 500 ● 501.

D Lire :

1. James I ● George III ● Edward VIII ● Richard II ● Henry V ● William IV ● Elizabeth I ● Richard III ● Charles II ● Louis XIV ● Louis XVIII ● John XXIII.

2. 2/3 ● 3/4 ● 7/8 ● 50 % ● 75 % ● 99 % ● 1.732 ● 1.414.

3. Les sommes : £ 3.50 ● £ 19.95 ● £ 2,500 ● £ 50,000,000 ● 35 p ● 90 p ● $ 350 ● $ 19.95 ● $ 2,500 ● $ 50,000,000 ● 35 c ● 90 c.

4. Les numéros de téléphone : 999 (police station) ● Whitehall 1212 (Scotland Yard) ● 66102.

E Traduire :

1. Deux mois et demi.

2. Au moins cent dollars.

3. Près d'un demi-million d'habitants.

4. Une vingtaine de personnes.

5. Des centaines de pages.

6. Des millions d'étoiles.

7. Trois millions d'habitants.

8. Trois douzaines d'œufs.

9. Trois quarts d'heure.

10. Plusieurs milliers d'années.

F Traduire :

1. La Deuxième Guerre Mondiale a éclaté le 1er septembre 1939, elle s'est terminée en Europe le 8 mai 1945 et en Extrême-Orient le 15 août 1945.

2. Churchill est devenu Premier Ministre le 10 mai 1940.

3. Les Alliés débarquèrent en Normandie le 6 juin 1944.

4. Les trois dernières années du règne de Victoria furent attristées par la guerre du Transvaal.

5. Le train arrive à midi moins 5 et repart à midi 7.

6. La terre est environ cinquante fois plus grosse que la lune.

7. Deux hommes sur trois ne mangent pas assez.

8. L'Empire State Building a 102 étages, il fait 1 250 pieds de haut (écrire ces nombres en toutes lettres).

9. Les deux premiers actes sont excellents, j'aime moins les deux derniers.

10. Ils se mirent à table à 8 heures 10, et dès la demie ils étaient déjà en train de faire la vaisselle.

▶ 39 • Dix mots-charnières à sens multiples

ABOUT • AS • AT • BUT • BY • FOR • SO • STILL • TOO • YET

§583 ─────────────── **ABOUT** ───────────────

1 • *Au sujet de.*
A book about *(sur)* **cats. He told me about it** *(Il m'en a parlé).* **What about going to the pictures?** *(Et si nous allions au cinéma ?).*

2 • *Environ.*
About thirty people *(Une trentaine de personnes).* **He left about 4** *(Il est parti vers 4 heures).*

3 • *A proximité.*
There was nobody about. He looked about him = he had a look round *(Il regarda autour de lui).*

4 • *Sur le point de.*
The train was about (= was just going) to leave *(sur le point de partir).*

5 • *En tous sens, çà et là* (langue écrite).
I spent the day walking about the town.

6 • *Divers* (voir Postpositions, ▶ § 84).
To come about = to happen. **To bring about** = to cause. **What brought about his resignation?** *(Qu'est-ce qui a occasionné sa démission ?).*

§584 ─────────────── **AS** ───────────────

1 • *Comparatif d'égalité.*
She is as tall as I am. She is not as (= not so) tall as he is (▶ §§ 449 à 452). **Your case is twice as heavy as mine** (▶ § 453). ▶ § 463 *(same as).*

2 • *Comme = vu que* (cause).
As it was raining, we stayed at home.

3 • *Comme = au moment où (ou : à mesure que).*
He waved to me as he got on the bus *(en montant).* **As he grew older** *(en vieillissant),* **he became more selfish. He went to Mexico as a child** (= when he was a child).

4 • *Comme + point de référence,* de comparaison sous forme d'une proposition (avec verbe).
Go by tube, as I do *(comme moi* ▶ § 728). On dit aussi : **like me** ("like I do" est une incorrec-

tion fréquente). **They drink tea, as in England** (= as they do in England).

5 • *Comme = en tant que, en qualité de.*
I protest as a free citizen. He acted as a judge (▶ § 728). **He is greater as a poet than as a novelist** (▶ § 408).

6 • *Comme* (= par exemple) *: such as.*
Northern countries, such as (= like) **Sweden or Finland.**

7 • *Après un adjectif, as = si... que...*
Rich as he is = However rich he is *(si riche qu'il soit).* ▶ §§ 196, 657.

8 • *Divers.*
Such... as = those... who/which (▶ § 531).
As if, as though (▶ §§ 192, 205).
As for me *(quant à moi).*
As well, en fin de phrase = too *(aussi).*
I'll take this book as well.

AT

1 • *Lieu précis* (sans déplacement).
At the door, at home, at the seaside, at the station, at the chemist's (▶ § 511).

2 • *Moment précis.*
At half past 6, at teatime, at the moment *(en ce moment).*

3 • *Direction du regard, visée.*
To look (to stare, to gaze, to peep…) at something (mais **to watch** est suivi d'un complément direct). **To aim at a target** *(viser une cible)* **To grab at a knife** *(avancer la main pour saisir)* ≠ **to grab a knife** *(saisir).*

4 • *Hostilité, moquerie.*
They threw stones at the dog (sans hostilité : they threw bones *to* the dog*).* They laughed at him because he stammered.

5 • *Divers.*
At first. *(au début* ; cf. **first**, *premièrement),* **at last** *(enfin).*
At least *(au moins,* ou : *du moins)* ≠ **at most** *(tout au plus).*
At all *(tant soit peu, le moins du monde),* pour renforcer une interrogation (**Do you smoke at all?**), une négation (**Not at all, nothing at all**) ou un doute (**If you know anything at all about it, you must tell me**).
To arrive at the station (= to get to the station, to reach the station).

BUT

1 • *Mais.*
I tried but I couldn't.

2 • *Excepté.*   → tout sauf
He did nothing but disturb everybody (▶ § 215). The whole truth and nothing but *(rien que)* the truth. The last but one *(l'avant-dernier).*

3 • *Seulement* (moins courant que *only*).
We have but *(n'avons que)* a few days to spend there.

4 • *Conjonction de sens négatif* (style très soigné), surtout dans le proverbe : **It never rains but it pours** (= *un malheur n'arrive jamais seul),* mot à mot : **but it pours** = *sans qu'il pleuve à verse.* presque

5 • *All but* = very nearly (qui est plus courant).
Our stock is all but exhausted *(presque épuisé).*

BY

1 • *Par* (+ complément d'agent).
St Paul's Cathedral was designed by Wren (▶ § 239).

2 • *Par (moyen, itinéraire).*
They came by train. He came by (= via [vaɪə]) Dover and Calais.
NB. **He went out through** *(par)* **the window. He threw it out of** *(par)* **the window** (▶ § ci-dessous).

3 • *Près de (sans déplacement).*
She was sitting by the window

4 • *A la hauteur de, devant (avec déplacement).*
He ran by (= past) me without seeing me.

5 • *Pas plus tard que, dès.*
He was up by 6 this morning. Give me an answer by the end of the week. By the time he was 50, he looked quite old (▶ §§ 701, 726).

6 • *By oneself* = alone.
You shouldn't go there by yourself. She spent the evening by herself.

7 • *Divers.*
By and by (= presently, *dans un instant).*
Eggs are sold by the dozen *(à la…).* **We travelled by night** *(de nuit).*
It's 5 to 8 by my watch *(à ma montre).*
N.B. Les germanistes ne doivent pas employer *by* dans le sens de *chez* (all. *bei).*

FOR

1 • *Pour (attribution, destination, but).*
Here's a letter for you. All passengers for Chester change at Crewe.
To go for a walk, for a swim. What did you do that for? *(Pourquoi... ?* ▶ § 255, n° 9).

2 • *Exprime une attente, une recherche (après certains verbes).*
What are you looking for? They sent for the doctor. I'm waiting for Jennie.

3 • *Pour (utilité).*
What's this gadget for? *(à quoi sert).* It's a key for opening tins (= a key to open tins with).

4 • *En échange de.*
How much did you pay for this camera? He works hard for his living *(pour gagner sa vie).*

5 • Introduisant une *proposition infinitive.*
This book is too difficult for me to understand (it). ▶ § 208.

6 • Introduisant un *complément de cause.*
They wept for joy *(pleurèrent de joie).* I couldn't sleep for the noise *(à cause du bruit).* He was punished for lying *(pour avoir menti)* to his father *(*▶ § 644). He died for want of *(faute de)* medical assistance.

7 • Introduisant un *complément de durée ou de distance.*
They have been living here for *(depuis)* ten years (▶ § 706, 710). She waited for them for *(pendant)* an hour *(during* ne s'emploie pas dans ce cas).

8 • *Sens divers de la préposition for :*
For all (= in spite of, *malgré*) his wealth, he is not very happy. For all I know *(que je sache).*

9 • *Car (conjonction).*
They went to bed, for it was very late (▶ § 642).

SO

1 • *Exclamatif.*
She was so happy! (= How happy she was!)

2 • Même construction suivie d'un *complément de conséquence.*
He was so tired that he went straight to bed. ▶ § 467 (**so kind as to**).

3 • *So that, so as to* exprimant le but.
He went on tiptoe so as not to wake anybody (▶ § 638). He went on tiptoe so that nobody should hear him (▶ § 640).

4 • *So that (= so)* exprimant la conséquence.
It rained the whole day, so that (= so) we didn't go out *(si bien que, aussi).* ▶ § 646.

5 • *Ainsi.*
So you've failed again! Is that so? *(vraiment ?).*
So to speak *(pour ainsi dire).* And so on = and so on and so forth *(et ainsi de suite).*

6 • Remplace une proposition dans *une phrase elliptique* (▶ §§ 325, 326).
I hope so. I don't think so. S'emploie dans différents « *tags*» He is tired, so am I *(moi aussi,* ▶ § 62). You are late. – So I am *(Tiens, c'est vrai !* ▶ § 60). Voir aussi ▶ § 69.

7 • *Not so big as* = not as big as (▶ § 450).
Voir aussi ▶ § 410 (**not so clever a boy as**).

8 • *Divers.*
Fifty years or so *(environ,* ▶ § 570).
So far *(jusqu'à maintenant,* ▶ § 138).
So long! *(A bientôt !).*

STILL

1 • *Encore, encore maintenant* (lien avec le passé).
He is still working (= he has not yet stopped working). **Are you still fond of** *(aimes-tu toujours)* **jazz?**
Contraire : *no longer* (ne plus). **He is no longer in England.** Ne pas confondre : **he is still ill** *(pas encore guéri)* et : **he is always ill** *(constamment, fréquemment).*

2 • *Encore + comparatif.*
Still better = better still *(encore meilleur).* On dit plus couramment : *even* **better.**

3 • *Pourtant, cependant (= however, yet).*
I am very happy here, still I cannot help feeling a little homesick.
N.B. *Still* est aussi un adjectif *(calme, tranquille).*

TOO

1 • *Aussi, également* (se place après le terme auquel il s'applique).
He can drive, and fly a plane, too (= and *also* fly a plane = and fly a plane *as well*). Remarquer la place de *too, also* et *as well* et la virgule, facultative, avant *too*). **I, too, saw the accident** *(moi aussi).*

2 • *De plus, qui plus est.*
He drives badly, and he drives fast too.

3 • *Trop.*
He is too young to understand. This is too small a house for such a large family (place de l'article indéfini, ▶ § 410).
Too much, après un verbe. **He's drunk too much** *(il a trop bu).*
Too much/too many + nom (▶ § 555).
Once too often *(une fois de trop).*
One too many *(un de trop).*

YET

1 • *Encore, jusqu'à maintenant* (dans des phrases négatives).
He has not yet written to us, ou plus couramment : **he hasn't written to us yet. Nobody has arrived yet.**
Comparer : **he is already here** *(déjà ici)* et le contraire : **he is not here yet** *(pas encore).*
He still hasn't arrived marque plus l'impatience que **he hasn't arrived yet** (contrairement à *still, yet* se tourne vers l'avenir, où l'action peut encore se situer).

2 • *Encore* (dans une phrase non négative, mais *still* est beaucoup plus courant). **There's time yet = there's still time.**

3 • *As yet = so far = up to now (jusqu'à maintenant).*
There have been no complaints as yet.

4 • *Pourtant, cependant.*
He looks strong, and yet he is seriously ill. It is strange, yet true *(mais vrai).*

▶ Exercices p. 297

►40•Adverbes, prépositions et conjonctions Liste alphabétique

§593
ABOUT. Voir D.M.C. (► § 583) et Postp. (► § 84).
ABOVE. *Au-dessus, juste au-dessus (de).*

ABOVE ALL (et non "over all"). *Surtout, avant tout.*

ACCORDING TO. *Selon, suivant.*

ACROSS.
- (avec déplacement) *A travers* (**to run across the street** ►▷ *traverser la rue en courant*).

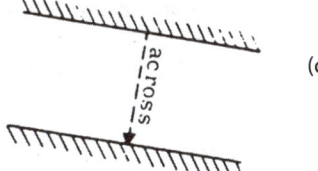

(comparer avec **through**, ► § 611).

- (Sans déplacement). *De l'autre côté de* (**across the street** ►▷ *sur l'autre trottoir*).

AFTER.
- (Préposition) *Après* (**after the holidays**).
- (Conjonction). *Après que* (**after his father died**).
- (Adverbe, plus rarement et seulement en fin de proposition).
Après (**a week after** = a week later).
NB. Ne pas dire "and after,…" (= *et après, et ensuite…*). Dire : **"and then"**.

AFTERWARDS. *Après cela, ensuite* (= then).

---

§594
AGAIN. *De nouveau* (ou préfixe « re… »).

AGAINST. *Contre* (**to fight against tyranny; to lean against the door**).

AGO. ► §§ 131 et 710.

ALMOST. *Presque* (= nearly). Cf. **hardly** (► § 600).

ALONG. *Le long de.*
- (= en longeant) **He crept along the wall.**
- (= en suivant). **He walked along the lane.** *Il suivit le sentier.*

ALREADY. *Déjà.* (**He is already here** ≠ **He is not yet here**).

ALSO. *Aussi* (= en plus). Cf. **Too** (► § 591).
NB. *Also* N'a jamais le sens de l'allemand "also" (= *par conséquent*).

ALTHOUGH (= though). *Bien que.*

ALTOGETHER. *Tout à fait* (= quite) ; *somme toute*. Cf. **All together**. *Tous ensemble.*

ALWAYS. *Toujours* (= continuellement). **He is always late.**
NB. *Aimes-tu toujours* (= encore) *le jazz ?* ►▷ **Are you still fond of jazz?** Cf. **Ever**, ► § 598.

---

§595 **AMONG** (aussi : **amidst**). *Parmi.*

N.B. **Among** donne un sens réciproque aux pronoms réfléchis : **They are always fighting among themselves.**

ANY. *Le moins du monde* (avec un comparatif à la forme négative).
Life isn't any cheaper. ▶▷ *La vie n'a absolument pas diminué.* Voir aussi ▶ §§ 417 à 420, 550, 561.

ANYHOW, ANYWAY. *De toute façon.*

AROUND. *Tout autour (de).* Voir **Round** (▶ § 608).

AS. Voir D.M.C. (▶ § 584).

AT. Voir D.M.C. (▶ § 585).

AWAY. Voir Postp. (▶ § 85).

BACK. Voir Postp. (▶ § 86). Voir aussi **-wards** (▶ § 614).

BARELY. *A peine* (= hardly).

BECAUSE. *Parce que* (▶ § 641).

BECAUSE OF. *A cause de* (▶ § 643).

BEFORE.
- (préposition) *Avant* (**before the war**).
- (conjonction). *Avant que* (**before they arrived**).
- (adverbe, en fin de proposition) *Auparavant* (**a few days before**).

Cf. les trois fonctions de **"after"** (▶ § 593).

BEFOREHAND. *A l'avance.*

---

§596 **BEHIND.** *Derrière* (≠ in front of).

BELOW. *Au-dessous (de)* (≠ above).

BENEATH. *Sous* (plus litt. que **under**).

BESIDE. *A côté de* (= by the side of). **Beside the point**, *en dehors de la question.*

BESIDES (ne pas confondre avec **beside**).
- *En plus de.*
- *En outre, de plus* (= moreover).

BETWEEN. *Entre.*

BEYOND. *Au-delà (de)* (≠ within).

BOTH. *A la fois* (**Blake was both a painter and a poet**). Voir aussi ▶ §§ 562, 563, 571.

BUT. Voir D.M.C. (▶ § 586).

BY. Voir D.M.C. (▶ § 587).

CLOSE TO, CLOSE BY. *Tout près de.*

DESPITE. *Malgré* (moins courant que **"in spite of"**). Voir **though** et **however**.

DOWN. Voir Postp. (▶ § 87). Voir aussi **-wards** (▶ § 614).

DOWNSTAIRS.
- (avec déplacement) **He ran downstairs.** ▶▷ *Il descendit l'escalier en courant.*
- (sans déplacement). **He is downstairs.** ▶▷ *Il est en bas (au rez-de-chaussée).*

---

§597 *DURING. Pendant* (préposition).

I was ill for a week during the holidays. ▶▷ *J'ai été malade pendant une semaine au cours des vacances* (*For* + durée de l'action, nombre de jours, d'années ; *during* + période au cours de laquelle l'action est située).
Cf. **while** et **meanwhile** (▶ § 719).

EARLY. Tôt (≠ late).

EITHER.
- (En fin de phrase négative) *Non plus* (**He loathes dogs, and he does not like cats either**) ; voir aussi ▶ § 62.
- **Either... or...** *Soit... soit...* Voir aussi ▶ § 562 (*l'un ou l'autre*).

ELSE. Autrement (= otherwise). **Or else**, *sinon*. (Voir aussi ▶ § 565).

ELSEWHERE. Ailleurs (= somewhere else).

ENOUGH. Assez (= suffisamment) ; *assez de*.
- (avant un nom, rarement après). **Enough time.**
- (après un adjectif ou adverbe). **Tall enough, fast enough.**
- (après un verbe). **He has drunk enough.**
NB. *Assez* (= *passablement*) : **rather, pretty, fairly (It was pretty expensive).**

---

§598 *EVEN. Même* (**Even a child can do that**).
NB. *Even* peut renforcer un comparatif (*even worse*, encore pire).

EVEN THOUGH. Même si (= even if).

EVER.
- S'oppose à **always** (affirmatif) et à **never** (négatif) comme **any** s'oppose à **some** et à **no.**
Have you ever seen a ghost? ▶▷ *Avez-vous jamais vu un fantôme ?* (pas de sens nég.)
Nothing ever happens here. ▶▷ *Il ne se passe jamais rien ici* (▶ § 12).
- A le sens (affirmatif) de **always** dans diverses expressions : **for ever** (*pour toujours*), **ever since** (*depuis lors*), **"yours ever"** (« *bien à vous* » Voir aussi ▶ §§ 258 et 566.

EVERYWHERE. Partout.

EXCEPT. Sauf, excepté (▶ § 215).

FAIRLY. Assez, passablement. ▶▷ **A fairly good book.** Voir *rather* et *pretty*.

FAR (from). Loin (de) (≠ near).
NB. *Far* peut renforcer un comparatif (**far better**, *bien meilleur*).

AS FAR AS. Jusqu'à (▶ § 622).

SO FAR. Jusqu'à maintenant.
So far (= as far) as I am concerned. ▶▷ *En ce qui me concerne.*
By far the best. ▶▷ *De loin le meilleur.*

---

§599 *FIRST. Premièrement en premier lieu.* **First of all.** ▶▷ *En tout premier lieu.*

AT FIRST. ▶▷ *Au début, tout d'abord.*

FOR. Voir D.M.C. (▶ § 588).

FORMERLY. Autrefois, jadis (= **in the old days**).

FORTH.
- *En avant* (**and so forth** = **and so on**, *ainsi de suite*).
- Synonyme peu employé de **out**.

FORWARDS. Voir **-wards** (▶ § 614).

FROM.
- (origine, provenance) **A letter from John; the train from London.**
- (point de départ, dans le temps comme dans l'espace). **From Paris to London; from May 1st till June 30th. From now on.** *Dorénavant.*
- (référence). *D'après* (**From what I've heard**).

FROM TIME TO TIME. *De temps en temps* (= **now and then, now and again**).

---

§600 *HARD.* *Avec acharnement* (**to work hard**). Ne pas confondre avec **hardly**.

HARDLY. *A peine, ne... guère, presque pas* (**We hardly know him**). Terme considéré comme une négation (▶ § 12) ; d'où :
Hardly ever. ▶▷ *Presque jamais.*
Hardly anything. ▶▷ *Presque rien.*
Hardly anybody. ▶▷ *Presque personne.*
(on ne dit pas "almost never" etc.)

HENCE.
- (arch.) *D'ici* (= **from here**).
- *D'où (idée de conséquence).* **You work without method, hence your bad results.**

HENCEFORWARD, HENCEFORTH. *Dorénavant.*

HERE. *Ici.* **Here and there.** *Çà et là.*

HOME est adverbe (d'où l'absence d'article et de préposition) dans *to be home* (*être de retour*) et *to go home* (*rentrer chez soi*).
Mais : **to be at home** (nom), *être chez soi*.

---

§601 *HOW.*
- Interrogatif, ▶ §§ 256, 257.
- Exclamatif, ▶ §§ 259, 262.

HOWEVER.
- *Cependant, toutefois* (= **still, yet, nevertheless**).
- (devant un adj. ou adv.). *Si... que..., quelque... que...* (**However tired they may be**). ▶ §§ 196, 654, 656.

IF.
- (supposition, condition) **If they come... If I were you**, *à votre place.*
- *(doute ; remplace couramment* **whether**) **I wonder if they will come.**

IN. Voir Postp. (▶ § 88).
Cf. **To be in Paris** ≠ **to go to Paris.**
To be in the garden ≠ **to go into the garden.**

In the morning. ▶▷ *Le matin.*
In five minutes. ▶▷ *Dans cinq minutes.*
In front of. ▶▷ *Devant* (≠ **behind**).

IN SPITE OF. *Malgré.* (Cf. **though, however**).

IN VIEW OF. Etant donné.

IN ORDER TO. Afin de (▶ § 638).

IN ORDER THAT. Afin que (▶ § 640).

INDEED. En vérité, certes, effectivement.

INSIDE. A l'intérieur (de) ≠ **outside**.

---

§602 *INSTEAD (OF...).*
- (préposition) *Au lieu de* (**He is playing instead of working**). ▶ § 735.
- (adverbe). *Au lieu de cela*, à la place (sans *"of"*).

INTO.
- (mouvement vers l'intérieur). Voir **in** (▶ § 601).
- (changement). **I want to make the boy into a man.** ▷▷ *Je veux faire de ce garçon un homme.* Voir aussi ▶ §§ 335 et 339.

INWARDS. Voir **-wards** (▶ § 614).

JUST.
- (= exactly) **It's just twelve.**
- (= very recently) **He's just left** ('s = has). ▷▷ *Il vient de partir.*
- (= at this very moment) **We are just going.** ▷▷ *Nous partons à l'instant.*
- (= only) **Just ask me what you need.** ▷▷ *Vous n'avez qu'à me demander ce dont vous avez besoin.*

Cf. *C'est justement pour cela que...* = **that is** *precisely* (= **the very reason**) **why ...**

---

§603 *LAST.*
- *En dernier* (**He came last**).
- *La dernière fois* (**When did you last go to England?**)

AT LAST. Enfin (soulagement).

LASTLY. En dernier (dans une énumération).

LATE. Tard (≠ **early**).

LATER ON. Par la suite.

LATELY. Récemment (dans une phrase interr. ou nég.) **Have you seen him lately?**

LEAST. Le moins (superl. de **little**). **Not in the least.** ▷▷ *Pas le moins du monde.*

LESS. Moins (compar. de **little**). **None the less.** ▷▷ *Malgré cela, quand même.*

LEST. De peur que (▶ § 199).

LIKE. Comme (introduit un nom ou un pronom ; idée de ressemblance). (▶ §§ 727 et 728). **He taught himself Spanish,** *like* **his brother** (= **as his brother did**). ▷▷ *Il a appris l'espagnol tout seul, comme son frère.* Voir aussi **unlike**. (▶ § 732).

LIKELY. Vraisemblablement. (▶ § 628).

LITTLE. Peu. **I little suspected that...** ▷▷ *Je ne me doutais guère que...*

LITTLE BY LITTLE. Peu à peu.

---

§604 *LONG. Longtemps.*

HOW LONG...? Pendant combien de temps... ? Depuis combien de temps... ? (▶ §§ 706, 711, 717).

AS LONG AS I LIVE. Tant que je vivrai.

A LOT (familier). *Beaucoup.* NB. *A lot of* (*beaucoup de*) est moins familier.

MAYBE. Peut-être (plus courant que **perhaps** en Amérique). (▶ § 97).

MEANWHILE. Pendant ce temps (▶ § 719).

MORE. Plus, davantage (comp. de **much** et de **many**).

MOST. Le plus (superi. de **much** et de **many**). (▶ § 560 *(= la plupart)* et ▶ § 455 *(= très, extrême-ment).*

MOSTLY. Pour la plupart.

MUCH. Beaucoup (souvent : *very much*).

NEAR. Près (de). **Near the town ≠ far from the town.**

NEARLY. Presque (= almost). Cf. **hardly** (▶ § 600). **I nearly got on the wrong bus.** ▶▷ *J'ai failli me tromper d'autobus.*

---

§605 *NEITHER.*
- *Non plus* (▶ § 62).
- *Ni l'un ni l'autre* (▶ § 562).
- *Neither... nor... Ni... ni...*

NEVER. Ne... jamais (sens négatif). **I've never seen a ghost.** Cf. **ever,** ▶ § 598. Voir aussi ▶ § 72.

NEVER AGAIN (= nevermore, plus litt.). Jamais plus.

NEVERTHELESS. Néanmoins (= **however**).

NEXT.
- *Ensuite, après cela* (Cf. **after,** ▶ § 593).
- *La prochaine fois* (≠ last) **When shall we meet next?** *Quand nous reverrons-nous ?*
- (superl. de **near**) **Next to.** *Tout près de.*

NO LONGER. Ne... plus (durée). **We are no longer very young.** ▶▷ *Nous ne sommes plus très jeunes* (≠ **We are still young**).

NO MORE. Ne... plus (quantité, parfois durée). **I need say no more.** ▶▷ *Je n'ai pas besoin d'en dire plus.*

NOR.
- (= **neither**). (▶ § 62).
- *Neither... nor...* Voir **neither.**
- (en tête de phrase) = **And... not.**

Nor was he the only one to think so. ▶▷ *Et il n'était pas le seul à penser ainsi.* (pour l'inversion, ▶ § 101).

NOT AT ALL. Pas du tout (expression séparable). **I didn't like that at all.**

NOT THAT (en tête de phrase). *Non pas que.*

NOTWITHSTANDING. Pourtant ; malgré (rare).

---

286 ◀ Adverbes, prépositions et conjonctions. Liste alphabétique

§606 *NOW.*
- *Maintenant.*
- ***Now... now...*** *Tantôt... tantôt...*
- *Or* (**Now there was a traitor among them**).
- **Now, now.** *Allons, allons !*

JUST NOW. **Pour l'instant,** ou : *il y a un instant.*

NOW AND THEN, NOW AND AGAIN. *De temps en temps.*

NOWADAYS. *De nos jours* (= **these days**). Contraires : **formerly, in the old days, once.**

NOWHERE. *Nulle part.*

OF. *De* (rapport entre deux noms). ▶ § 527 (**a friend of mine**), ▶ § 469 (**it was kind of you**) et ▶ § 408 (**that fool of a clerk**).

OF COURSE. *Bien sûr, évidemment.*

OFF. Voir Postp. (▶ § 89). **An island off the coast.** ▶▷ *Une île au large de la côte.* **To be off** (≠ **on**) **duty.** ▶▷ *Ne pas être de service.*

OFTEN. *Souvent* (≠ **seldom**). Voir "**How often?**", ▶ § 703.

ON. Voir Postp. (▶ § 90). (devant une date) **I saw him on Tuesday, on June 23rd.** (idée de continuation) **And so on.** *Et ainsi de suite.*

---

§607 *ONCE.*
- *Une fois* (**Once a month**, *une fois par mois*. **Once more = once again**, *une fois de plus*).
- *Une fois que* (**You'll like it once you're used to it.** ▶▷ *Cela vous plaira une fois que vous y serez habitué,* ▶ § 154).
- *Autrefois* (**Once upon a time there was...** *Il était une fois...*).

AT ONCE. *Immédiatement ; à la fois.*

ONLY. *Seulement* (▶ § 112), *ne... que...*

OPPOSITE. *Juste en face* (de).

OR. *Ou, ou bien.* **In a week or so = in about a week.**

OTHERWISE. *Autrement.*

OUT. Voir Postp. (▶ § 91).

OUT OF. *Hors de* (≠ **into**).
- (cause) **He said it out of sheer malice.** ▶▷ *Il l'a dit par pure méchanceté.*
- (origine) **To drink out of a cup.** ▶▷ *Boire dans une tasse.* Voir aussi ▶ §§ 338 et 339.

OUTSIDE. *Dehors, à l'extérieur* (de).

OVER. Voir Postp. (▶ § 92). *Sur, au-dessus de* (en recouvrant).
A cloud of smoke hung over the city (Cf. **above** = *juste au-dessus de*).
To go over the frontier. *Franchir la frontière.*
Over sixty years ago (= more than...).

---

§608 *OWING TO.* *En raison de.* ▶ § 643.

PAST. (En passant) *devant, à la hauteur de.* **He ran past me.** ▶▷ *Il passa devant moi en courant.*

PERHAPS. *Peut-être.* ▶ § 97.

PRETTY. Plutôt, assez. **It's pretty cold today.**

PROVIDED (THAT). Pourvu que.

QUITE [kwait] (ne pas confondre avec l'adjectif **quiet** [kwəiət] = silent).
- *Tout à fait* (**I quite agree**).
- (suivi de l'article indéfini) *Assez, passablement* (**He is quite a good pianist**).

RATHER. Assez, plutôt, quelque peu (**He is rather silly**). ▶ §§ 216 et 462.
I would (ou : **had**) **rather.** ▶ § 172.

ROUND. Voir Postp. ▶ § 93.
Autour (de), avec ou sans déplacement (**Sitting round the table; the earth revolves round the sun**) ; souvent remplacé par *around*, surtout quand il n'exprime pas un déplacement (en Amérique, *around* est très courant, qu'il y ait ou non déplacement).

SAVE, SAVING. Sauf (= **except**).

SCARCELY. A peine (= **hardly**).

SELDOM. Rarement (= **rarely**).

---

§**609** *SINCE.*
- (préposition) *Depuis* (**Since 1960. since Tuesday**). ▶ §§ 707, 710, 717.
- (Adverbe ; en fin de phrase) *Depuis lors* (**I haven't seen him since**).
- (Conjonction) *Depuis que* (**Since his parents died**). ▶ § 715.
- (Conjonction) *Puisque.* ▶ § 641.

SO. Voir D.M.C. ▶ § 589.

SOMEHOW. D'une façon ou d'une autre (Cf. **Anyhow**).

SOMETIMES. Quelquefois (= **now and again, occasionally**).
Cf. **sometime**, *à un certain moment* (**I saw him sometime last summer**),
some time, *pendant un certain temps* (**We have been waiting some time**) et
several times, *plusieurs fois*.

SOMEWHAT. Quelque peu (= **rather**).

SOMEWHERE. Quelque part.
- *Nowhere. Nulle part.*
- *Anywhere.*
  - remplace **somewhere** après négation ou expression du doute (▶ § 564) ;
  - dans une phrase affirm. *n'importe où.*
- *Somewhere else. Autre part.*

---

§**610** *SOON. Bientôt.*
- *As soon as. Dès que.* ▶ §§ 154, 177.
- *Sooner or later. Tôt ou tard.*

STILL. Voir D.M.C. (▶ § 590).

THAT. Ne peut remplacer une autre conjonction (en français : *si...* et *que...* ; *quand...* et *que...*)
If you come and (if) the weather is fine... ▶▷ *Si vous venez et* **qu'**il fasse beau... **As it was raining and I did not want to go out...** ▶▷ *Comme il pleuvait et* **que** je ne voulais pas sortir...

THEN.
- *Ensuite, après* (**We had lunch at Lyon's and then we went to the pictures**).
- *A ce moment-là, alors* (**He was an ambitious young man then**).
- *Par conséquent, dans ce cas, alors* (**I've lost my ticket. – then you must buy another**). Parfois en fin de phrase (**Whisky? – No, thanks. – Have a cigar, then**).

THERE. Là, y. **We shall soon be there.** ▶▷ *Nous y serons bientôt* (ou : *nous serons bientôt arrivés*). Voir **There is, there remains,** ▶ §§ 28 à 31.

THEREFORE. Donc (conséquence logique = **consequently**).
I think, therefore I am (Voir **so** et **then**).

---

§611 *THOUGH.*
- *Bien que* (= **although**).
- (accompagnant un adjectif) **Strong though you are.** ▶▷ *Si fort que vous soyez.*
- (plus rarement) *Et pourtant* (▶ § 653).

THROUGH. Voir Postp. (▶ § 94).
- *A travers, au travers de.*

The burglar came in through the window.

We made our way through the crowd. ▶▷ *Nous nous sommes frayé un chemin à travers la foule.*

(comparer avec across, ▶ § 593).
- (épreuve traversée) **He got through (= passed) his exam.** ▶▷ *Il a réussi à son examen.*
- (cause) **The accident happened through your carelessness.** ▶▷ *L'accident est arrivé à cause de votre négligence.*
- (intermédiaire) **You can write to me through the British Consulate.**

THROUGHOUT. D'un bout à l'autre (de). **Throughout the war, the country.**

---

§612 *THUS. De cette façon, ainsi* (= **in this way**).

TILL (= **until**).
- (préposition) *Jusqu'à* (+ compl. de temps). **Till Saturday.** (▶ § 622).
- (conjonction) *Jusqu'à ce que.* **Wait till** (plus courant : **until**) **it stops raining.**
- *Not till. Pas avant (que).* **We shan't see him till next week. I shan't rest until my work is finished.**

TO.
- *A, en* (idée de direction) ≠ **from.**
- *A, jusqu'à (= till)* **From Monday to Friday.**
- Particule marquant un infinitif complet (▶ § 203 et 210) ; exprime souvent le but (▶ § 205).
- Préposition suivie d'un verbe au gérondif dans certains cas limités (▶ § 230).

TOGETHER. Ensemble.
Cf. **Four hours together (= four hours on end).** *Quatre heures d'affilée.*

---

§613 *TOO.* Voir D.M.C. (▶ § 591).

TOWARDS. Vers (idée de direction) ; *envers.*

UNDER. Sous, au-dessous de.
N.B. Avec un nombre : **He is under 18.** *Il a moins de 18 ans* (≠ **over 18**).

UNDERNEATH. Au-dessous.

UNLESS. A moins que.

UNLIKE. Contrairement à, à la différence de (**Unlike his brother, he is good at maths**).

UNTIL = TILL (▶ § 612).

UP. Voir Postp. (▶ § 95).
NB. **What's up?** ▶▷ *Que se passe-t-il ?*
To walk up and down. ▶▷ *Faire les cent pas.*

UP TO. Jusqu'à (▶ § 622).

UPON. Synonyme de **on** (s'emploie surtout dans des expressions abstraites : **We look upon you as a friend.** ▶▷ *Nous vous considérons comme un ami*).

UPSTAIRS ≠ *downstairs* (q.v.).

UPWARDS. Voir **-wards** (▶ § 614).

VERY.
- Adverbe. *Très* (devant adj. ou participe passé à valeur d'adjectif, ▶ § 454).
- Adjectif. **At the very moment.** ▶▷ *A cet instant précis.*
This very day. ▶▷ *Aujourd'hui même* (▶ § 623).

---

§614 *-WARDS.* Suffixe indiquant la direction (**upwards**, *vers le haut* ; **backwards**, *vers l'arrière*, etc.).
N.B. La forme sans *s* doit s'employer quand le mot est adjectif (**The home ward journey**, *le voyage de retour*).

WHEN. Quand. (▶ §§ 154 et 155).
Autres emplois :
- = **and then. I shall stay in London until July 31st, when** *(et alors, date à laquelle)* **I shall leave for Scotland.**
- **The day when**, *le jour où.* **The day when we shall be free** (pronom relatif).
Remarquer que dans ces deux emplois le futur est possible.
That was when. ▶▷ *C'est alors que.*

WHENEVER. Toutes les fois que. (▶ § 154).

WHERE. Où (Voir **when**, qui traduit *où*, pronom relatif de temps).
This is where. ▶▷ *C'est ici que.*

WHEREAS. Alors que (contraste). Cf. **while.**

WHEREVER. Partout où.

---

§615 *WHETHER.*

• *Si* (idée de doute). Mais dans la conversation **I wonder whether** est souvent remplacé par **"I wonder if"** (▶ § 692).

• *Whether... or (whether) ...Soit que... ou que...* (**Whether you like it or not.** ▶▷ *Que cela te plaise ou non*). Voir **either... or...** et **neither... nor...,** et ▶ § 652.

WHILE. (plus courant que **whilst**). *Pendant que, tant que* (▶ § 154).
During, ▶ § 597.

WHY. Pourquoi (▶ §§ 641 et 255, n° 8).
That is why. *C'est pourquoi.*
The reason why. *La raison pour laquelle.*
(Interjection) *Eh bien.* (**Why, it's true.** *C'est ma foi vrai*).

WITH. Avec. (idée de cause).
He was shaking with cold. ▶▷ *Il tremblait de froid.*

WITHIN. A l'intérieur de (sens figuré).
Within an hour. ▶▷ *En moins d'une heure.*
Within two miles of the village. ▶▷ *A moins de deux miles du village.*

WITHOUT. Sans (**without a hat; without saying a word**).
Without his father knowing it. ▶▷ *Sans que son père le sache.*

YET. Voir D.M.C. (▶ § 592).

---

§616 -Ò- **REMARQUES** ───────────────────────────

• Cette liste est loin d'être complète. Il convient d'y ajouter notamment les nombreux adverbes en *-ly*, dont plusieurs sont des *faux-amis*. On retiendra en particulier :

Accordingly. (Agir) *en conséquence.*
Actually. *En fait, en réalité, bel et bien.*
Admittedly. *De l'aveu général.*
Casually. *Par hasard, comme par hazard* ; ou : *avec désinvolture.*
Chiefly (= mainly). *Principalement.*
Definitely. *D'une manière précise* ; ou : *assurément, nettement.*
Deliberately. *Intentionnellement,* ou : *posément.*
Emphatically. *Formellement, absolument.*
Eventually. *Finalement, en fin de compte.*
Finally. *En dernier lieu* ; ou : *définitivement.*
Fortunately, unfortunately. *Heureusement, malheureusement.*
Gradually. *Petit à petit* (= **by degrees**).
Incidentally. *Incidemment, soit dit en passant* (= **by the way**).
Merely. *Simplement, purement.*
Momentarily. *Momentanément,* ou : *d'un moment à l'autre.*
Obviously. *De toute évidence, manifestement.*
Occasionally. *De temps en temps.*

Positively. *Catégoriquement.*

Presently. *Bientôt, dans un instant.*

Presumably. *Vraisemblablement, probablement.*

Roughly. *En gros, approximativement.*

Shortly. *Prochainement.*

Supposedly. *Censément, soi-disant.*

Thoroughly. *Tout à fait, complètement.*

Undoubtedly. *Sans aucun doute.*

Unexpectedly. *De façon inattendue, à l'improviste.*

NB. Ceux qui sont formés à partir d'un adjectif en *-y* se terminent par *-ily* (happy ▶▶ **happily** ; dry ▶▶ **drily**). *Exception* : shy ▶▶ **shyly**.

● Trois abréviations latines courantes ont valeur d'adverbes :

i.e. (du latin *id est*) se lit : **that is** (ou : that is to say), *c'est-à-dire.*

e.g. (du latin *exempli gratia*) se lit : **for instance**, *par exemple.*

viz. (du latin *videlicet*) se lit : **namely**, *à savoir.*

▶ Exercices : p. 218.

▶ 41 • Traduction de quelques mots invariables français

§617 **AUSSI**

A *Comparatif d'égalité* avec un adjectif ou un adverbe : *aussi... que...* = **as... as...** (forme négative : **not so/not as... as...**). ▶ § 449 à 453.

B *Comparatif d'égalité avec un nom* accompagné d'un adjectif : **such... as...** ; sans adjectif : **as much of a... as...**
Ils n'ont pas d'aussi jolies fleurs que nous. ▶▷ **They haven't such pretty flowers as we have** (avec un singulier, ▶ § 409).
Il est aussi menteur que son frère. ▶▷ **He is as much of a liar as his brother** (« menteur » ne peut pas se traduire par un adjectif).

C = *également, en plus* : **also** (▶ § 594), **too** (▶ § 591), **as well** (▶ § 584, n° 8).

D *Moi aussi* : **so do I** (**so can I, so am I**, etc., selon les cas). ▶ § 62.

E = *donc, par conséquent* : **therefore, consequently** ; dans une langue plus simple : **so** (▶ § 589, n° 4).

§618 **CHEZ**

A *Je suis chez moi ; il rentre chez lui* (**chez** désigne la maison du sujet de la phrase) : **I am at home** (sans déplacement) ; **he is going home** (avec déplacement, on emploie l'adverbe **home** ▶ § 600).

B *Quand viendras-tu chez moi ? Nous passerons la journée chez eux* (**chez** désigne une autre maison que celle du sujet de la phrase) : **When will you come to my house (= to my place)? We'll spend the day at their house** (sans déplacement : **at**, avec déplacement : **to**).

C *Il est chez John. Je vais chez mon frère* (**chez + nom**) : **He is at John's I am going to my brother's** (**house** est sous-entendu, ▶ § 511). *Chez qui séjourne-t-il ?* ▶▷ **Whose house is he staying at? (= Who is he staying with?).**

E *Va chez le boulanger. Je l'ai rencontrée chez le pharmacien* (**chez** = *dans la boutique de*) : **Go to the baker's** (avec déplacement). **I met her at the chemist's** (sans déplacement). **Shop** est sous-entendu (▶ § 511). *Je l'ai acheté chez Smith.* ▶▷ **I bought it at Smith's.**

F Au sens figuré : **with** ou **among** + pluriel ; **in** ou **about** (ou **with**) + singulier.
C'est une habitude chez les Canadiens de... ▶▷ **It's a habit among (= with) the Canadians to...**
Ce que j'aime chez elle, c'est... ▶▷ **What I like about (= in = with) her is...**

G *Chez nous, chez eux...* peuvent aussi signifier **in our country, in their country**.

§619 **COMME**

A Comparaison avec un **nom** ou un pronom, ressemblance : **like** (▶ § 727).

B Comparaison avec une **phrase**, qui peut être elliptique : **as** (▶ §§ 728, 70).

C = *en tant que, en qualité de* : **as** (▶ § 584, n° 5).

D = *au moment où, à mesure que* : **as** (▶ § 584, n° 3).

E = *vu que* (idée de cause) : **as** (▶ § 584, n° 2 ; § 641).

F = *par exemple* : **such as, like** (▶ § 584, n° 6).

G Exclamation : **how** (▶ §§ 259, 262).

§620 **EN**

Préposition.

A *Lieu. Elle est en Angleterre (sans déplacement vers ce lieu)* : **She is in England.** ▶▷ *Elle va en Angleterre (avec déplacement vers ce lieu)* ▶▷ **She is going to England.**

B *Matière, domaine. Le plat est en argent* : **the dish is made of silver.** ▶▷ *Une montre en or* ▶▷ **A gold watch.** *Il est bon en langues* ▶▷ **He is good at languages.**

C *Moyen de transport. Venir en voiture, en avion* ▶▷ **To come by car, by plane.**

D *Actions simultanées ou successives* : ▶ §§ 718, 719, 722 (*as, while, on...*).

E *Moyen et résultat* : *by* + gérondif (▶ § 636) ; ou structure résultative (▶ § 338).

F *Divers. En vacances* (**on holiday**). *En guerre* (**at war**). *Partir en voyage* (**to go on a journey**). *Déguisé en cow-boy* (**dressed up as a cow-boy**).

Pronom personnel.

A Remplace *de* + pronom : bâtir la phrase selon la construction propre au verbe, au nom ou à l'adjectif.
Je m'en souviens. ▶▷ **I remember it.**
J'en suis fier. ▶▷ **I am proud of it.**
Il ne s'en est jamais remis. ▶▷ **He never recovered from it.**

B Remplace un nom précédé d'un *partitif : some/any.*
En voulez-vous encore ? ▶▷ **Will you have some more?**
Nous avons cherché des champignons mais nous n'en avons pas trouvé. ▶▷ **We looked for mushrooms but we didn't find any.**

C Avec un *nombre* : ne se traduit pas.
J'en ai mangé quatre. ▶▷ **I've eaten four.**

D Accompagné d'un adjectif : *one.*
Ce vase est trop petit, il m'en faut un plus grand. ▶▷ **This vase is too small, I want (= need) a bigger one.**

§621 **ENCORE**

A = *jusqu'à maintenant* : *still* (▶ § 590).

B *Pas encore* : *not yet* (▶ § 592).

C = *de nouveau* : *again, once more.*

D = *en plus* (quantité) : *more.*
Encore deux gâteaux. ▶▷ **Two more cakes.**

E = *en plus* (temps, distance) : **another** (+ singulier ou pluriel).
Encore trois mois. ▶▷ **Another three months.**
Encore cent kilomètres. ▶▷ **Another sixty miles.**

F Devant un comparatif : *even* ou *still* (▶ § 448).

G Exaspération : *now.*
Qu'as-tu encore fait ? ▶▷ **What have you done now?**

§622 **JUSQU'À**

A + complément de *temps* : *until* (ou *till*), *to* (▶ §§ 612, 707).
Jusqu'à ce qu'ils viennent. ▶▷ **Until they come.**
Jusqu'à present. ▶▷ **So far, up to now, as yet.**

B + complément de *lieu* : *as far as* (qui insiste sur une longue distance), ou plus simplement : *to* (ou *down to, up to*, selon le cas).

Nous sommes allés jusqu'au bout de la jetée. ▶▷ **We went as far as (= right to) the end of the pier.**

Jusqu'où êtes-vous allés ? ▶▷ **How far did you go?**

Jusqu'au troisième paragraphe. ▶▷ **Down to the third paragraph.**

C Sens figuré, pour insister : *actually, even, very* (employé comme adjectif).

Il n'est pas allé jusqu'à s'excuser, mais... ▶▷ **He didn't actually (= he didn't go so far as to) apologize, but...**

Ils massacrèrent jusqu'aux femmes et aux enfants. ▶▷ **They slaughtered even the women and children (= the very women and children).**

D Suivi d'un nombre : *as many as, up to.*

Elle boit jusqu'à dix tasses par jour. ▶▷ **She drinks as many as (= up to) ten cups a day.**

§623) **MÊME**

A Adverbe : *even* (▶ §§ 112 et 598).

B Adjectif : *same* (▶ §§ 463, 558).

Pour insister : *very* (employé comme adjectif).

Ce sont ses paroles mêmes. ▶▷ **Those were his very words.**

C Pronom réfléchi, ou d'insistance (*moi-même...*) : *myself...* (▶ § 491).

D Expressions diverses : *Etre à même de :* ▶▷ **to be able to, can** (▶ § 42).

De même ▶▷ **in the same way, likewise, similarly.**

De même que ▶▷ **just as.**

Tout de même, quand même ▶▷ **all the same, even so, for all that.**

§624) **POUR**

A Devant un *nom* ou un pronom (destination) : *for* (▶ § 588, n° 1).

B Devant un *infinitif présent* (but) : *to, so as to, in order to* (▶ § 638).

C Devant un *infinitif passé* (cause, motif) : *for* + gérondif (▶ §§ 229, 644).

D Pour que (but) : *so that* + *may* ou *should* (▶ §§ 197, 198), proposition infinitive introduite par *for* (▶ §§ 208, 639).

§625) **SI**

A Supposition, condition : *if* (▶ §§ 269, 649).

B Doute (*je me demande si...*) : *whether* (familièrement : *if*). ▶ §§ 275 à 277, 692.

C *Pas si... que* : *not so... as... = not as... as...* (▶ § 450).

D = *tellement* : *so* + adjectif (**so tall**) ou adverbe (**so fast**) ; *such* + nom (**he is such a liar; such a kind old lady**). ▶ § 264.

E *Si* + adjectif + *que* = *though* ou *as* après l'adjectif, *however.*

Si fort qu'il soit. ▶▷ **Strong though (= as) he is** (ou : **he may be**), **however strong he is** (ou : **he may be**), ▶ § 196.

F Affirmation : *yes* (+ rappel du sujet et du verbe si la clarté l'exige), ou une construction emphatique.

Vous n'aimez pas le thé – Si. ▶▷ **Don't you like tea? – Yes, I do** (▶ § 58).

Mais si je l'ai vu. ▶▷ **But I did see it** (▶ §§ 74, 75).

G « Moi si » (idée de contraste) : un « *tag* » avec sujet et auxiliaire accentués l'un et l'autre (▶ § 63).

Elle n'a pas aimé le film, moi si. ▶▷ **She didn't like the film, I did.**

A <u>Compléter les phrases par des prépositions</u> :

1. I only paid £ 1.50 ... this record.

2. We are looking forward ... seeing them again.

3. They congratulated her ... her success.

4. ... the time he was 14, he could speak four languages.

5. She objects ... (She disapproves ...) people smoking in her house.

6. You'll have to borrow the money ... a bank.

7. What time did you get ... (= did you arrive ...) your office this morning?

8. He was taken ... hospital and operated ... appendicitis.

9. The man was charged ... poisoning his wife. He was sentenced ... twenty years' imprisonment ... poisoning his wife.

10. Tell me the whole truth, don't hide anything ... me.

11. They had robbed him ... all his money.

12. What did you buy this atlas ...? I'm sure you'll never use it.

13. He is good ... maths, he is interested ... astronomy, he is keen ... chemistry.

14. He had played a dirty trick ... his brother.

15. I don't think much her drunkard ... a husband.

16. Are you pleased ... your new car?

17. She was angry being kept waiting.

18. A neighbour looked ... her cat while she was away ... holiday.

19. I don't like walking ... the rain.

20. ... years he suffered ... rheumatism, but he died ... a heart attack.

21. There's no need ... you to shout ... me ... this way.

22. We English people are not used ... spending so much money ... food.

23. What are you blaming me ...?

24. They apologized ... us ... the mistake they had made.

25. He didn't want to join the club, but we talked him ... joining it.

26. What time is it ... your watch?

27. What ... inviting the Smiths? We haven't seen them ... ages.

28. What can you hope now?

29. You can't accuse her ... laziness.

30. We are not ... friendly terms ... him.

31. It was stupid ... him to make that remark.

32. I hadn't expected his question, I was a loss ... an answer.

33. Ken is ... 18, he can't inherit his uncle's money until he is ... age.

34. Let me remind the witness that a man's life may depend ... his evidence.

35. The burglars had broken ... the house ... the window.

36. Help yourself ... some more tea.

37. I prefer tea ... coffee.

38. She stayed ... us ... a week ... the holidays.

39. Do you know the reason ... this delay?

40. He is going away ... six months, so that we shan't see him again ... next year.

B Traduire *(aussi, comme)* :

1. Il joue du piano, et son frère aussi. Il joue du piano, et aussi de l'orgue.

2. Il a plu toute la journée, comme nous nous y attendions, aussi sommes-nous restés à la maison.

3. Nous avons séjourné à Glasgow, et aussi à Aberdeen.

4. Il est aussi voleur que son père.

5. Elle joue très bien au tennis. Lui aussi.

6. A l'âge de six ans il nageait comme un poisson.

7. Pourquoi n'êtes-vous pas venu hier, comme je vous l'ai demandé ?

8. Comme vous avez l'air triste !

9. Comme il avait l'air triste, je lui ai demandé ce qui n'allait pas.

10. Comme acteur, il est moins bon que Laurence Olivier.

11. Venez par le métro, comme nous.

12. Les grandes villes industrielles, comme Birmingham et Glasgow, possèdent de très bons musées.

13. Il a passé trois ans en Angleterre comme précepteur.

14. Il portait une petite moustache, comme Charlie Chaplin.

15. Il donnait des poignées de main à tout le monde, comme font les Français.

C Traduire *(chez, jusqu'à, pour)* :

1. Nous ne serons pas chez nous dimanche, nous serons chez mon beau-frère.

2. Je dois rentrer chez moi pour finir mon travail, je passerai chez vous vers 6 heures.

3. Chez les Thomson la salle de séjour est plus petite que chez nous.

4. Il y a de moins en moins d'alcoolisme chez les jeunes.

5. Le correspondant anglais de notre fils est chez nous en ce moment.

6. Vous ne pouvez aller en voiture que jusqu'au vieux moulin.

7. Les « pubs » ne sont ouverts que jusqu'à 22 heures 30.

8. Il y avait jusqu'à cinq cents personnes qui venaient l'écouter parler.

9. De nombreuses femmes travaillaient dans les usines pendant la guerre, jusqu'à la fille aînée du roi, la future reine Elizabeth.

10. Pour qui est ce disque ? – Il est pour toi.

11. J'ai dû payer une amende d'une livre pour avoir laissé stationner ma voiture devant le cinéma.

12. Il part toujours très tôt pour ne pas manquer son train.

13. Téléphonons-leur pour qu'ils sachent que nous sommes bien arrivés.

14. Téléphonons-leur pour qu'ils ne s'inquiètent pas.

15. Je n'ai rien dit pour ne pas la blesser.

D Traduire *(encore, même, si)* :

1. A une heure du matin, il n'était pas encore couché, il travaillait encore.

2. Il est encore plus grand que son père.

3. Nous resterons ici encore trois semaines.

4. J'ai perdu mon parapluie. – Encore ? Tu en as perdu un la semaine dernière, n'est-ce pas ?

5. Veux-tu encore du pudding ? Il en reste un peu.

6. Nous lisons les mêmes livres.

7. C'est ici-même, dans cette pièce, que le traité fut signé.

8. Il sortit sans même dire au revoir.

9. Même lui l'a compris.

10. Nous sommes nés dans le même village.

11. Il n'est pas si riche qu'on le dit. – Oh, mais si !

12. C'est un homme si riche qu'il ne sait pas quoi faire de son argent.

13. Si fort qu'ils soient, nous nous défendrions s'ils nous attaquaient.

14. Nous nous demandons si elle pourra venir.

15. Vous n'avez pas répondu à leur lettre ? – Bien sûr que si !

E Traduire (en) :

1. Il lit toujours le journal du soir en prenant le thé.

2. En s'apercevant que j'étais ici, il vint me serrer la main.

3. En faisant cela vous allez certainement le vexer.

4. Ne traverse jamais la rue en courant.

5. Nous n'aimons pas le poisson, nous n'en mangeons jamais.

6. Prête-moi ton dictionnaire si tu n'en as pas besoin.

7. Nous irons en Irlande en avion.

8. Il m'a dit que c'était vrai, mais j'en doute.

9. Il connaît bien les Malais, il en parle dans plusieurs de ses nouvelles.

10. Je voudrais deux places au premier rang. – Il n'en reste qu'une.

11. J'ai une nouvelle voiture, j'en suis satisfait.

12. Il ne réussira qu'en travaillant beaucoup ; il n'est pas très doué.

13. En cherchant leur lettre j'ai trouvé cette carte que tu m'as envoyée il y a dix ans.

14. Ils s'éloignèrent en gesticulant et en vociférant.

15. En entrant dans la pièce ils furent frappés par une forte odeur de gaz.

NB. Voir aussi les exercices sur **by** (▶ leçon 43, exercice A), **for** (▶ § 43, B et D), **unless** (▶ § 44, A), **in spite of** (▶ § 44, C), **about** (▶ § 46, F), **foret since** (▶ § 49, A, C, D, E et G), **until** (▶ § 50, A), **as soon as** (▶ § 50, B), **no sooner** (▶ § 50, C), **as** et **like** (▶ § 51, A), **instead of** (▶ § 51, B), **unlike, whereas** et **instead of** (▶ § 51, C).

Expression de certaines notions

Leçons 42 ▶ 51

▶ 42• Degrés de vraisemblance, risque, hasard

1. Degrés de vraisemblance

§626 Il s'agit de diverses **nuance s de modalité** (▶ § 41), c'est-à-dire du point de vue de la personne qui prononce la phrase. Les tournures que l'on va étudier lui permettent de préciser si l'action dont elle parle lui paraît incertaine, vraisemblable, inévitable, etc. Elles se construisent tantôt avec des **auxiliaires de modalité (may, must…)**, tantôt avec des **périphrases** dont le verbe est **to be (to be likely to, to be sure to…)**. On peut aussi, comme en français, employer des **adverbes (perhaps, certainly…)**, dans une langue moins idiomatique. On distinguera quatre degrés : actions incertaines < vraisemblables < très probables < inévitables.

§627 **A** *Incertitude, éventualité.*

May, qui est alors accentué, exprime une action incertaine présente ou future.
You may be right and you may be wrong. ▷▷ *Il se peut que tu aies raison et il se peut que tu aies tort.*
She may come tomorrow. ▷▷ *Il se peut qu'elle vienne demain.*

Ces phrases signifient : **Perhaps you are right…, Perhaps she will come…**
Remarquer qu'après **perhaps** (ou son synonyme **maybe**) on ne fait pas d'inversion (▶ § 97).

Quand l'incertitude s'applique à un fait passé : « **may have + participe passé** ».
They may have come while we were out. ▷▷ *Peut-être sont-ils venus pendant que nous étions sortis.*
He may not have received my letter (remarquer la place de **not**). ▷▷ *Il se peut qu'il n'ait pas reçu ma lettre.*

Might s'emploie dans le même sens que **may**, en particulier pour des faits encore plus incertains.
It might rain this afternoon. ▷▷ *Il se pourrait qu'il pleuve cet après-midi.*

§628 **B** *Vraisemblance, probabilité.*

To be likely to exprime une action vraisemblable présente ou future.
They are likely to be at home. ▷▷ *Ils sont vraisemblablement chez eux.*
She is likely to be waiting for us. ▷▷ *Elle nous attend probablement.*
There's likely to be a gale tonight. ▷▷ *Il y aura sans doute une tempête ce soir* (expression **there is** construite avec **to be likely to**).

Should et **ought to** peuvent exprimer la probabilité, le pronostic.
He ought to enjoy the film. ▷▷ *Le film devrait (normalement) lui plaire.*
They should win. ▷▷ *Ils devraient gagner* (on peut s'y attendre).

I daresay et **I expect** peuvent aussi exprimer la vraisemblance (opinion du sujet à la 1re personne).
I daresay (ou : **I expect**) **they'll come by train.** ▷▷ *Ils viendront sans doute par le train.*

§629 **C** *Quasi-certitude, forte probabilité.*

Must ne peut s'appliquer qu'à des faits présents (comparer avec **may**, ▶ § 627).
That must be true. ▷▷ *Cela doit être vrai* (le contraire est : **That can't be true**).
He must be very old. ▷▷ *Il doit être très vieux.*
They must be having tea. ▷▷ *Ils doivent être en train de prendre le thé.*

Quand je dis **"he may be ill"** *(il se peut qu'il soit malade)*, j'envisage cette maladie comme une simple éventualité (avec 50 % de risque d'erreur) ; alors que quand je dis **"he must be ill"** *(il doit être* *malade),* je pense que le risque d'erreur est très faible : d'après ce que je sais, je **conclus** qu'il est certainement malade.

Quand la quasi-certitude s'applique à un fait passé « *must have + participe passé* ».
You must have been afraid. ▶▷ *Vous avez dû avoir peur.*

To be sure to insiste un peu plus sur la certitude, pour des faits présents ou futurs (alors que *must* ne peut pas s'appliquer à des faits futurs).
He is sure to fail. ▶▷ *Il va sûrement échouer* (c'est moi qui le pense, et non lui, sinon la phrase serait : **He is sure that he will fail,** ou **He expects to fail).**
It's sure to be cold tomorrow. ▶▷ *Il fera certainement froid demain.*

Will peut exprimer une action qui paraît probable parce qu'on l'attend.
Somebody's knocking at the door, that will be the postman. ▶▷ *On frappe, cela doit être le facteur.*

Would peut exprimer une action peu surprenante parce que typique (style ironique).
He said he couldn't afford it. – He would! ▶▷ *Il a dit que c'était trop cher pour lui. – C'est bien de lui !* (c'était à prévoir !)

To be going to (▶ § 158) exprime souvent une conviction concernant l'avenir.
It's going to rain. ▶▷ *Il va pleuvoir* (cela paraît certain).

§630) **D** *Actions inévitables.*

To be bound to s'emploie pour des actions présentes ou futures.
You are bound to admit that I was right, it's so obvious. ▶▷ *Vous ne pouvez pas ne pas reconnaître que j'avais raison, c'est tellement évident.*
It's bound to be a failure. ▶▷ *Ce sera inévitablement un échec.*
That was bound to happen! ▶▷ *Cela devait arriver !*

La notion de fatalité, de décision du destin, envisagée rétrospectivement, peut s'exprimer avec *was to, were to.*
He was to die at the age of 30. ▶▷ *Il devait mourir à l'âge de 30 ans.*

Cannot help peut exprimer le caractère inévitable d'un fait (▶ § 281).
It's one of those things that we can't help. ▶▷ *C'est une de ces choses qu'on ne peut empêcher* (ton de la résignation).
It can't be helped. ▶▷ *On n'y peut rien.*

2. Risque, hasard

§631) **A** *Might* exprime souvent un risque présent ou futur. « *Might have + participe passé* » *peut exprimer un danger auquel on a échappé* par chance.
Be careful, you might skid. ▶▷ *Faites attention, vous pourriez déraper.*
He might have been killed, it was a narrow escape. ▶▷ *Il aurait pu se tuer, il l'a échappé belle.*

§632) **B** *To be liable to* exprime un *risque (généralement permanent)* auquel est exposé le sujet.
We are all liable to make mistakes. ▶▷ *Nous sommes tous exposés à faire des erreurs.*

§633) **C** *Nearly (= almost)* s'emploie pour exprimer une action qui a *failli* se produire.
I nearly (= almost) missed my train. ▶▷ *J'ai failli manquer mon train.*

§634) **D** *To happen* (+ infinitif complet) exprime le *hasard.*
We happened to be the only French people in the town. ▶▷ *Il s'est trouvé que nous étions les seuls Français dans la ville. (= By chance we were…).*

I happen to know him. ▶▷ *Il se trouve que je le connais.*

§635 **E** Dans une subordonnée construite avec *if, should* exprime une notion de hasard, d'**hypothèse peu vraisemblable** (▶ § 200).

If there should be (= if there happens to be) any difficulty, just let us know at once. ▶▷ *Si par hasard il y a la moindre difficulté, vous n'avez qu'à nous prévenir immédiatement.* (Dans une langue très soignée, on peut commencer la phrase par une inversion : **Should there be an difficulty**, ▶ §§ 100, 650).

EXERCICES

A Donner des phrases synonymes construites avec :

may (perhaps)
must (I'm sure)

1. I'm sure they were hungry.
2. Perhaps they are at the pictures.
3. Perhaps she is having a rest.
4. I'm sure he feels proud.
5. Perhaps he did not understand what you said.
6. Perhaps we will go to Spain next summer.
7. I'm sure she is wondering why we haven't written to her.
8. I'm sure there has been an accident.
9. Perhaps the policeman saw you.
10. Perhaps Jennie will not come tonight.
11. I'm sure it was very funny.
12. I'm sure they are waiting for us.
13. Perhaps there will be a strike tomorrow.
14. Perhaps she is not at home.
15. I'm sure you thought I was mad.
(▶ leçon 3, exercices A et B).

B Donner des phrases synonymes construites avec :

to be likely to (probably)
to be sure to (certainly)
to be bound to (inevitably)

NB. Ces périphrases se construisent au présent pour exprimer un présent ou un futur.

1. They are probably watching TV.
2. She will certainly enjoy the film.
3. They will inevitably disagree.
4. He is certainly angry with us.
5. It will probably be very cold tonight.
6. There will inevitably be a war.
7. She probably thinks we have lied to her.
8. He will certainly win the competition.
9. The doctor will inevitably tell you to give up smoking.
10. I shall probably be a little late for dinner.

C Traduire :

1. Ils ont dû être très heureux de vous voir.
2. Ils ne sont pas dans la maison. Peut-être prennent-ils le thé dans le jardin.
3. Il se pourrait que nous achetions un magnétophone.
4. Elle va certainement nous téléphoner ce soir.
5. Prenez vos parapluies, il pourrait pleuvoir.
6. Ils sont probablement au cinéma.
7. Il a failli tomber dans la rivière. Il aurait pu se noyer.
8. Je la connais bien, il se trouve que je suis son cousin germain.
9. Il se peut qu'elle ne le connaisse pas, il se peut qu'elle n'ait pas fait sa connaissance.
10. Ils vont certainement bien s'entendre.

11. Ils ont sûrement le téléphone.

12. J'ai failli me tromper d'autobus.

13. Il se peut qu'il ait laissé un message pour nous.

14. Il y a probablement une piscine dans la ville.

15. Il s'est trouvé que je regardais par la fenêtre quand l'accident s'est produit.

16. Il est probable qu'ils seront fatigués quand ils arriveront.

17. Elle ne peut pas ne pas avoir remarqué qu'il est amoureux d'elle.

18. Il va sûrement se plaindre si le dîner n'est pas prêt.

19. Il se peut qu'il n'ait pas lu ce livre.

20. Ils vont probablement passer le week-end chez leurs enfants.

▶ 43 • Moyen et but, cause et conséquence

1. Moyen

§636 **Ⓐ** Le moyen peut s'exprimer avec **by + gérondif.** Comparer les phrases :

How did he earn his living? – He gave piano lessons. ▶▷ *Comment gagnait-il sa vie ? – Il donnait des leçons de piano.*

He earned his living by giving piano lessons. ▶▷ *Il gagnait sa vie en donnant des leçons de piano* (▶ §§ 718 à 722, autres traductions de « *en + participe présent* »)

He committed suicide by jumping from the top of the Eiffel Tower. ▶▷ *Il s'est suicidé en sautant du haut de la Tour Eiffel.*

By s'emploie aussi pour le moyen de transport (**by bus, by plane**, etc.) et dans les expressions **by means of et by dint of** (langue soignée).

They climbed on the roof by means of a ladder. ▶▷ *Ils grimpèrent sur le toit au moyen d'une échelle.*
By dint of hard work, he finally succeeded. ▶▷ *A force de travail, il finit par réussir.*

§637 **Ⓑ** *Une structure résultative* (▶ leçon 26) permet d'exprimer le rapport entre un moyen et un résultat. C'est le verbe qui indique le moyen.

He flew round the world. ▶▷ *Il fit le tour du monde en avion.*
I groped my way towards the door. ▶▷ *J'avançai vers la porte à tâtons.*
You'll drink yourself sick. ▶▷ *Tu vas te rendre malade à force de boire.*
They kicked the dog out. ▶▷ *Ils chassèrent le chien à coups de pieds.*
We talked her out of selling her house. ▶▷ *Nous l'avons dissuadée de vendre sa maison (à force de discussions).*

2. But

§638 **Ⓐ** *Un infinitif complet* peut exprimer le but.
She went to Cambridge to learn English. ▶▷ *Elle est allée à Cambridge pour apprendre l'anglais.*

Une question qui appelle une réponse à l'infinitif exprimant le but peut être construite avec *"What... for?"* (▶ § 641, question construite avec **why**).
What did she go to Cambridge for? ▶▷ *Pourquoi est-elle allée à Cambridge ?*

Pour insister plus nettement sur l'idée de but, on peut employer les expressions **in order to** *(afin de)*, **so as to** *(de façon à)*, **on purpose to** *(exprès pour)*.
We shall start early so as to (= in order to) get there before it's too hot. ▶▷ *Nous partirons de bonne heure afin d'arriver avant qu'il ne fasse trop chaud.*
He said it on purpose to annoy me. ▶▷ *Il l'a dit exprès pour m'agacer.*

Pour exprimer un but négatif : **so as not to, in order not to** (remarquer la place de la négation), **to avoid + gérondif** *(pour éviter de).*
I tiptoed to my room so as not to wake them up (ou : **to avoid waking them up**). ▶▷ *J'allai dans ma chambre sur la pointe des pieds pour ne pas (pour éviter de) les réveiller.*

§639 **Ⓑ** *Les propositions infinitives introduites par for* expriment le but *(pour que).*
The policeman blew his whistle for the cars to stop. ▶▷ *L'agent donna un coup de sifflet pour que les voitures s'arrêtent.*

I've brought this book for you to read (ou : **to read it,** ▶ § 208). ▶▷ *J'ai apporté ce livre pour que vous le lisiez.*

§ 640   **C** *So that* et *in order that* (*pour que, afin que*) sont suivis de *may/might* (remplacés couramment par *can/could*) exprimant la possibilité, ou de *should* exprimant la contrainte, l'empêchement (▶ §§ 197, 198).

I've brought this book so that you may (ou : **can**) **read it.** ▶▷ *J'ai apporté ce livre pour que vous le lisiez.*

We locked him in so that he shouldn't escape. ▶▷ *Nous l'avons enfermé à clef pour qu'il ne s'échappe pas.*

That + verbe construit avec *may/might* ne s'emploie que dans la langue littéraire.

He died that his son might live in a free country. ▶▷ *Il mourut pour que son fils vécût dans un pays libre.*

3. Cause, motif

§ 641   **A** Les subordonnées exprimant la cause peuvent être introduites par *because* (*parce que*), *since* (*puisque, vu que*), *as* (*comme*).

I didn't write to them because I had lost their address. ▶▷ *Je ne leur ai pas écrit parce que j'avais perdu leur adresse* (C'est la façon normale de répondre à une question commençant par *why* : **Why didn't you write to them?**).

Since he hasn't come, we can assume that he isn't interested. ▶▷ *Puisqu'il n'est pas venu, nous pouvons supposer que cela ne l'intéresse pas.*

As we were late, we decided not to wait for them. ▶▷ *Comme nous étions en retard, nous avons décidé de ne pas les attendre.*

Dans un style soigné (rarement dans la langue parlée) un *participe présent* peut remplacer une proposition commençant pas *as :* **Being late, we decided not to wait for them.**

Dans la langue familière *because* est parfois sous-entendu.

Why did you stop? – I was tired (= **Because I was tired**). ▶▷ *Pourquoi t'es-tu arrêté ? – J'étais fatigué.*

§ 642   **B** *For* (*car*) s'emploie surtout dans la langue écrite, après une virgule.

They went to the refreshment-room to have tea, for they had twenty minutes to wait. ▶▷ *Ils allèrent au buffet prendre le thé, car ils avaient vingt minutes d'attente.*

§ 643   **C** Si la cause est exprimée sous forme d'un nom (ou d'un gérondif), il est introduit par *because of, on account of, owing to.*

Because of the fog (= **Owing to the fog**) **the planes could not take off.** ▶▷ *A cause du brouillard les avions n'ont pas pu décoller.*

On account of his being an Irishman they won't give him a visa. ▶▷ *A cause de sa nationalité irlandaise on ne veut pas lui donner de visa* (le gérondif *being* est précédé du possessif *his*, ▶ § 223 ; cette construction appartient à la langue soignée).

Quand la cause est *un sentiment*, on l'exprime souvent à l'aise d'une expression utilisant une préposition qu'il faut apprendre par cœur : **to shudder with fear** (*frémir de peur*), **to weep for** (ou : *with*) **joy** (*pleurer de joie*), **to make an unpleasant remark out of sheer malice** (*faire une remarque déplaisante par pure méchanceté*).

§644 **D** Après certains verbes et expressions, « *for + gérondif ou nom* » exprime un *motif,* par exemple :
to thank somebody for *(remercier quelqu'un de),* **to blame somebody for** *(reprocher à quelqu'un de),* **to punish somebody for** *(punir quelqu'un pour avoir…),* **to forgive somebody for** *(pardonner à quelqu'un de),* **to apologize for** *(s'excuser de),* **I am sorry for** *(excusez-moi de),* **to feel guilty for** *(avoir mauvaise conscience de),* etc.
He was sentenced to twenty years' imprisonment for poisoning his wife. ▶▷ *Il fut condamné à vingt ans d'emprisonnement pour avoir empoisonné sa femme.* (Ne pas confondre cette construction avec l'expression du but, dans : **He bought some arsenic to** *poison* **his wife.** *Il acheta de l'arsenic pour empoisonner sa femme.* Comparer les temps dans les deux langues).
Thank you for your advice. ▶▷ *Merci de vos conseils.*
Thank you for helping me. ▶▷ *Merci de m'avoir aidé.*
I'm sorry for being so late (for this delay). ▶▷ *Excusez-moi d'arriver si tard (de ce retard).*
I felt guilty for not helping them. ▶▷ *J'avais mauvaise conscience de ne pas les aider.*

Noter les verbes construits avec une autre préposition que *for* pour exprimer un motif : **to accuse somebody of** *(accuser quelqu'un de),* **to charge somebody with** *(inculper quelqu'un de),* **to reproach somebody with** *(ou : for) (reprocher à quelqu'un de),* **to congratulate somebody on** *(féliciter quelqu'un de).*
We congratulated him on his success. ▶▷ *Nous l'avons félicité de son succès.*
I have nothing to reproach myself with (ou : **for**). ▶▷ *Je n'ai rien à me reprocher.*
She reproaches me for (ou : **with**) **being extravagant.** ▶▷ *Elle me reproche d'être dépensier.*

§645 **E** On peut demander la cause d'un événement avec le verbe *to bring about (= to cause).* Le nom *reason* se construit avec « *for + nom* » ou « *why + proposition* ».
What brought about (= what caused) his resignation? ▶▷ *Quelle a été la cause de sa démission ?*
Do you know the reason for their divorce? (= **the reason why they got divorced?**) ▶▷ *Savez-vous la raison de leur divorce ? (la raison pour laquelle ils ont divorcé ?)*

4. Conséquence

§646 **A** *So that* (ou simplement *so*) employé sans auxiliaire *may/might* ou *should* (▶ § 640) exprime une conséquence *(si bien que).*
It poured with rain the whole afternoon, so that the procession had to be cancelled. ▶▷ *Il a plu à verse tout l'après-midi si bien qu'il a fallu supprimer le défilé.*

> Comparer :
> **He failed to wake me up** *so that* **I should be late** *(intention de nuire),*
> et : **He failed to wake me up,** *so (that)* **I was late** *(oubli accidentel).*

§647 **B** Si la cause est exprimée à l'aide d'un *adjectif* ou d'un *adverbe,* on peut introduire la conséquence en employant les constructions suivantes :
It was so expensive that hardly anybody could afford to buy it. ▶▷ *C'était si cher que presque personne n'avait les moyens de l'acheter.*
He was so stupid *as to* (= **He was stupid** *enough to*) **inform everybody of what he had found.**
▶▷ *Il a été assez stupide pour faire savoir à tout le monde ce qu'il avait trouvé.*
It's *too* **difficult** *for him to* **understand.** ▶▷ *C'est trop difficile pour qu'il comprenne.*
He speaks slowly *enough for them to* **understand.** ▶▷ *Il parle assez lentement pour qu'ils comprennent.*

§ 648   **C** Si la cause est exprimée à l'aide d'un *nom,* on le fait précéder de *such* (pour l'emploi de l'article indéfini, ▶ § 409).

He was in such a hurry that he left without saying goodbye. ▶▷ *Il était si pressé qu'il partit sans dire au revoir.*

It was such an expensive car (plus courant que : **It was so expensive a car) that hardly anybody could afford to buy it**. ▶▷ *C'était une voiture si chère que presque personne n'avait les moyens de l'acheter.*

 EXERCICES

A Transformer les phrases suivant le modèle :

How did he commit suicide? – He jumped from the top of the Eiffel Tower ▶▶ **He committed suicide by jumping from the top of the Eiffel Tower.**

1. How did she improve her pronunciation? – She listened to the BBC

2. How did he make them work harder? – He encouraged them.

3. How did they win the election? – They cheated.

4. How did she make the dressing taste better? – She added a little garlic.

5. How did he become such a good pianist? – He practised every day.

6. How did they survive? – They ate grass and roots.

7. How did he manage to buy the house? – He saved a little money every month for ten years.

8. How did she win their confidence? – She told them the truth.

9. How did he save his life? – He promised to keep his mouth shut.

10. How did she lose weight? – She followed a strict diet.

B Poser les questions relatives au but des actions, suivant le modèle :

She went to Cambridge to learn English ▶▶ **What did she go to Cambridge for?**

1. He bought this album to put his stamps in it.

2. I got up at 5 to see the sunrise.

3. She brought her camera to take pictures of the children.

4. They went to town to do some shopping.

5. I rang them up to invite them.

6. They stopped in the village to have lunch.

7. I made that remark to see his reaction.

8. He shouts to show that he is the boss.

9. They emigrated to America to live in a free country.

10. He climbed on the chair to reach the top shelf.

C Transformer les phrases suivant le modèle :

He tiptoed to his bedroom to avoid waking up his parents ▶▶ **He tiptoed to his bedroom so as not to (= in order not to) wake up his parents** (transformation en sens inverse pour les phrases 7 à 10).

1. They wore gloves to avoid leaving finger prints.

2. She took a taxi to the station to avoid being late.

3. The boys denied having broken the window to avoid being punished.

4. He did not speak to people to avoid showing that he was a foreigner.

5. I refrained from making a remark to avoid hurting their feelings.

6. She did not go to the party to avoid meeting him.

7. I preferred to say nothing so as not to tell her a lie

8. We should turn down the radio so as not to disturb the neighbours.

9. I'll have to drive very slowly so as not to skid on the ice.

10. We never talk politics so as not to quarrel.

D Transformer les phrases suivant le modèle :

He was punished because he had lied to his father ▶▶ **He was punished for lying** (ou : **for having lied**) **to his father.**

1. She thanked the doctor because he had come so quickly.

2. He felt guilty because he had not told us the truth.

3. He apologized because he had not answered my letter.

4. I will never forgive myself because I forgot her birthday.

5. They blamed him because he was so selfish.

6. The boy was caned because he had bullied a child.

7. They arrested him because he had spoken against the government.

8. They praised him because he had behaved so bravely.

9. I thanked them because they did not ask me any questions.

10. We apologized because we were late.

E Traduire :

1. Nous l'avons félicité d'avoir épousé la plus jolie fille du village.

2. Tu ne réussiras qu'en écoutant ses conseils.

3. Nous déjeunerons dans le train pour ne pas perdre de temps.

4. Etant étranger, je ne pouvais pas exprimer mes opinions.

5. A cause de la grève des autobus, plusieurs employés sont arrivés en retard au bureau.

6. Quelle a été la cause de leur querelle ? Savez-vous la raison de leur querelle ?

7. J'ai laissé des gâteaux dans le réfrigérateur pour que vous les mangiez quand vous rentrerez.

8. Je me reprochai d'avoir été idiot.

9. Ils sont entrés dans mon jardin pour voler des pommes.

10. Ils ont été punis pour avoir volé des pommes.

11. Tu devrais l'aider, pour qu'il ne fasse pas trop de fautes.

12. Ils s'excusèrent de ne pas nous avoir reconnus immédiatement.

13. Il était si bon pianiste que tout le monde croyait qu'il était professionnel.

14. Ils chuchotaient pour que personne n'entendit ce qu'ils se disaient.

15. Ce film est trop violent pour qu'elle l'apprécie.

▶ 44 • Supposition, condition, concession

1. Supposition, condition

§649 **Ⓐ** *If (si), **suppose**, **supposing** (à supposer que), **provided that** (pourvu que), **on condition that** (à condition que)* introduisent des subordonnées exprimant une supposition ou une condition.
If he worked harder, he would get better results. ▶▷ *S'il travaillait plus, il obtiendrait de meilleurs résultats* (▶ § 192, les trois niveaux : irréel du présent, irréel du passé, potentiel).
We will go for a walk, provided (that) the weather is fine. ▶▷ *Nous irons nous promener, pourvu qu'il fasse beau.*

§650 **Ⓑ** *Une inversion* peut exprimer une supposition, dans un style soigné (▶ § 100).
Had I been there (= If I had been, there), I would have helped you. ▶▷ *Si j'avais été là, je vous aurais aidé.*
Should you meet him (= If you should meet him), you had better not speak to him. ▶▷ *Si par hasard vous le rencontrez, vous feriez mieux de ne pas lui parler* (Pour l'emploi de **should**, ▶ §§ 200, 635).

§651 **Ⓒ** *Unless* introduit une condition négative (souvent synonyme de *"if… not"*).
He will do nothing unless you ask him. ▶▷ *Il ne fera rien à moins que vous ne le lui demandiez.*
Unless I am mistaken… ▶▷ *Si je ne me trompe pas…*

§652 **Ⓓ** *"Whether… or…"* sert à introduire deux suppositions contrastées faites parallèlement.
You must do it, whether you like it or not (= even if you don't like it). ▶▷ *Il faut que tu le fasses, que cela te plaise ou non.*

2. Concession, restriction, opposition

Il s'agit d'exprimer un contraste entre une action et une circonstance qui devrait normalement l'empêcher.

§653 **Ⓐ** *Though* (souvent remplacé par *although* en tête de proposition) introduit généralement une subordonnée (mais on le place parfois en fin de phrase ; ▶ § 196).
Though he is (= Although he is) only fourteen, he is as tall as his father. ▶▷ *Bien qu'il n'ait que quatorze ans, il est aussi grand que son père.*
Although my dog cannot speak, we understand each other very well. ▶▷ *Bien que mon chien ne sache pas parler, nous nous comprenons très bien.*
I don't feel like working today; I must, though (= and yet I must). ▶▷ *Je n'ai pas envie de travailler aujourd'hui ; pourtant il le faut.*
Even though = even if (même si, quand bien même).
Even though I knew it I wouldn't tell you. ▶▷ *Même si je le savais je ne vous le dirais pas.*

§654 **Ⓑ** *However, still, yet* (cependant, pourtant), *all the same* (quand même) ; dans une langue soignée : *nevertheless, none the less* (néanmoins).
It was pouring with rain. However they decided to go. ▶▷ *Il pleuvait à verse. Cependant ils décidèrent de partir.*
I am very happy here, still (= and yet) I can't help feeling a little homesick at times. ▶▷ *Je suis très heureux ici, toutefois je ne puis m'empêcher d'éprouver un peu de nostalgie par moments.*
It is strange, yet true (= but it is true). ▶▷ *C'est étrange, mais vrai.*

§655 **C** *In spite of* (*malgré*, plus courant que *despite)* est suivi d'un nom ou d'un gérondif.

They walked on in spite of the rain. ▶▷ *Ils continuèrent leur marche malgré la pluie.*

They elected him in spite of his being (= although he was) a foreigner (langue soignée). ▶▷ *Ils l'élurent bien qu'il fût étranger.*

NB. Ne pas confondre *in spite of* et *instead of* (▶ § 735).

§656 **D** *Les composés de -ever* (*whatever, however, whoever, wherever...*) peuvent se construire avec *may* pour insister sur l'éventualité (▶ § 196), mais aussi sans auxiliaire dans une langue plus simple.

No matter (*+ what, how, who, where...*) a le même sens.

Whatever you may do (ou : **whatever you do, no matter what you do**), **he will always complain.** ▶▷ *Quoi que vous fassiez, il se plaindra toujours.*

No man, however ignorant he may be (ou : **however ignorant he is**, ou simplement : **however ignorant**), **can say "I don't know that".** ▶▷ *Aucun homme, si ignorant soit-il, ne peut dire : « Je ne sais pas cela ».*

However strong he is (= no matter how strong he is), we aren't afraid of him. ▶▷ *Si fort qu'il soit, nous n'avons pas peur de lui.*

§657 **E** *La tournure* « *adjectif + as* (= *though*) + *sujet + verbe* » est synonyme de la construction ci-dessus avec *however + adjectif.*

Strange as it may seem, he did not know he had a son. ▶▷ *Si bizarre que cela puisse paraître, il ignorait qu'il avait un fils.*

Patient as she was, she could no longer put up with him. ▶▷ *Si patiente qu'elle fût, elle ne pouvait plus le supporter.*

F Noter les deux tournures de style très soigné :

Try as I would, I could not understand what he meant. ▶▷ *J'avais beau essayer, je n'arrivais pas à comprendre ce qu'il voulait dire.*

Do what I might, I failed to convince him. ▶▷ *J'eus beau faire, je n'arrivai pas à le convaincre.*

EXERCICES

A Transformer les phrases suivant le modèle :

We'll catch our train only if we hurry ▶▶ **We shan't catch our train *unless* we hurry.**

1. A Scotsman spends his money only if he has to.

2. They will go only if the weather is fine.

3. I can wake up only if I have an alarm-clock.

4. You will pass your exam only if you work harder.

5. Speak only if they ask you questions.

6. They come and see me only if they want to borrow money.

7. We will stop for a rest only if you are tired.

8. Grandfather will hear you only if you shout.

9. I will speak to him again only if he apologizes.

10. You can learn to play the piano only if you practise every day.

N.B. Les phrases, telles qu'elles sont données ci-dessus, appartiennent à une langue soignée. Familièrement, on place *only* avant le verbe même si ce n'est pas logique *We'll only catch* our train if we hurry. A Scotsman *only spends* his money if he has to, etc. (▶ § 112).

B Transformer les phrases suivant le modèle :

Though he is very strong, we aren't afraid of him ▶▶

(a) **However strong he is,** we aren't afraid of him.

(b) **No matter how strong he is,** we aren't afraid of him.

(c) **Strong as he is,** we aren't afraid of him.

(Dans ces trois phrases l'emploi de l'auxiliaire *may* permet, dans une langue soignée, d'ajouter une nuance d'éventualité : however strong he may be, … ; no matter how strong he may be,… ; strong as he may be, …).

1. Though he is very foolish, she can't help loving him.

2. Though it is very late, I must write a few letters before I go to bed.

3. Though they are very rich, they can't afford to buy such a large house.

4. Though he is very absent-minded, he never forgets her birthday.

5. Though it is very cold, they go for a walk every day.

6. Though he plays very well, I'm going to beat him.

7. Though he is very learned, I'm not sure that he knows this.

8. Though their house is very small, I find it more comfortable than ours.

9. Though she is very strict, her pupils like her very much.

10. Though you are very impatient, you will have to wait.

C Transformer les phrases suivant le modèle :

They walked on although it was raining ▶▶ **They walked on in spite of the rain**
(transformation dans un sens ou dans l'autre).

1. We worked the whole afternoon although it was very hot.

2. He still played golf in spite of his age.

3. They are very generous although they are poor.

4. Although she was shy, she told them what she thought of them.

5. In spite of the bad weather, they managed to get there in good time.

6. Although he is so clever, he is apt to make mistakes.

7. He was wise although he was so young.

8. She liked the food although she was very fussy.

9. She solved the problem quickly in spite of its difficulty.

10. He likes his job although he has to get up very early every morning.

D Traduire :

1. Vous devez lui obéir, que vous soyez d'accord ou non.

2. Qu'il soit ou non votre ami, je ne peux pas le supporter.

3. Je ne leur pardonnerai que s'ils me présentent des excuses (employer unless).

4. Elle ne vient nous voir que si nous l'invitons (employer unless).

5. Ses résultats sont meilleurs que les tiens bien qu'elle soit plus jeune que toi (construire avec though, puis avec in spite of).

6. Je l'aurais fait même si tu ne me l'avais pas demandé.

7. Tu ne me crois pas, et pourtant je dis la vérité.

8. Si fatigués que nous soyons, il nous faut travailler encore deux heures.

9. Si intelligent qu'il soit, il ne nous sera pas difficile de le tromper.

10. Il ne fait pas de progrès bien qu'il travaille beaucoup (construire avec though, puis avec in spite of).

▶ 45 • Souhaits, préférences, regrets

1. Souhaits et espoirs

§ 658 **A** *To wish* s'emploie dans diverses constructions.

I wish you a merry Christmas. ▷▷ *Je vous souhaite un joyeux Noël.*

He has everything a child can wish for. ▷▷ *Il a tout ce qu'un enfant peut désirer.*

Do you wish (moins courant que : **Do you want**) **to be woken up tomorrow morning?** ▷ *Désirez-vous être réveillé demain matin ?*

I wish it would stop raining. ▷▷ *Je voudrais bien que la pluie s'arrête.*

Dans cette dernière construction (le *potentiel*, ▶ § 193), quand le sujet est une personne, on emploie *would* si la réalisation du souhait dépend de la volonté de cette personne (**I wish he would come tomorrow**), sinon on emploie *could* (**I wish he could come tomorrow**. Je ne suis pas sûr qu'il en ait la possibilité).

§ 659 **B** *To like*, au conditionnel.

What would you like? ▷▷ *Que désirez-vous ?*

I should (ou : **would**) **like to have a car.** ▷▷ *J'aimerais avoir une voiture.*

I'd like him to lend me his car (= **I wish he would lend me his car**, ▶ § 658). ▷▷ *Je voudrais bien qu'il me prête sa voiture* (▶ § 301, proposition infinitive).

§ 660 **C** *Le subjonctif* sans auxiliaire *(optatif)*, ou une construction avec *may* (▶ § 48).

God save the Queen! ▷▷ *Que Dieu protège la Reine !*

May you be happy! ▷▷ *Puissiez-vous être heureux !*

Il s'agit surtout d'expressions figées et de tournures littéraires. Dans une langue plus simple on emploie généralement un *impératif*.

Enjoy yourselves! (= **Have a nice time!**). ▷▷ *Amusez-vous bien !*

§ 661 **D** *To hope* s'emploie dans diverses constructions.

I hope to see you soon. ▷▷ *J'espère vous voir bientôt.*

Let's hope for the best. ▷▷ *Espérons que tout ira bien.*

I hope it doesn't rain (= **I hope it won't rain.** Le présent simple après *to hope* peut exprimer un futur). ▷▷ *J'espère qu'il ne pleuvra pas.*

(▶ §§ 325, 326 (*I hope so, I hope not*))

2. Préférences

§ 662 *To prefer* s'emploie dans une langue soignée, *I would rather* dans la conversation.

A *To prefer* est suivi d'un nom, d'un gérondif ou d'un infinitif.

I prefer tea to coffee (*to* et non *than*). ▷▷ *Je préfère le thé au café.*

I prefer waiting for people to being waited for. ▷▷ *Je préfère attendre les gens plutôt que de les faire attendre* (préférence permanente : *gérondif*).

Would you prefer to stay here (rather than come with us)? ▷▷ *Préféreriez-vous rester ici (plutôt que de venir avec nous) ?* (préférence s'appliquant à un cas précis : *infinitif*).

We should (ou : **would**) **prefer him not to stay with us.** ▷▷ *Nous préférerions qu'il ne reste pas avec nous* (▶ § 301, proposition infinitive).

Synonyme courant du premier exemple : **I** *like* **tea** *better than* **coffee.**

§663 **B** *I would rather* (plus courant aujourd'hui que "I had rather") est suivi d'un infinitif sans *to* quand il n'y a qu'un sujet (▶ § 172), d'un subjonctif preterite quand il y a deux sujets (▶ § 194).

I'd rather do it by myself. ▶▷ *Je préfère* (ou : *je préférerais*) *le faire tout seul* (s'il y a un complément, il est introduit par *than*, par exemple : **than ask for his help**).

Which one would you rather have? ▶▷ *Lequel préférez-vous ?* (Cette expression étant conjuguée comme un auxiliaire de modalité, elle doit toujours être suivie d'un verbe).

I'd rather he didn't interfere with my private life. ▶▷ *Je préférerais qu'il ne se mêle pas de ma vie privée.*

We'd rather you came next week. ▶▷ *Nous préférerions que vous veniez la semaine prochaine* (dans les deux derniers exemples le subjonctif preterite n'a pas la valeur d'un passé).

3. Regrets

§664 On les exprime avec *I'm sorry* (construit avec une subordonnée ou avec *for*), *I regret* (suivi d'une subordonnée ou d'un gérondif), *I wish* (construit avec un subjonctif preterite ou plus-que-parfait, ▶ § 193), *I'd like* (suivi d'un infinitif ou d'une proposition infinitive). Les deux dernières expressions ne sont équivalentes des premières que si l'on ajoute (ou supprime) une négation. *To regret* s'emploie surtout dans une langue soignée.

A *Regrets concernant le présent,* qui n'est pas ce que l'on souhaiterait.
I'm sorry (= I regret) that he isn't here (= I wish he were here = I'd like him to be here). ▶▷ *Je regrette qu'il ne soit pas ici.*

She is sorry (= She regrets) that she is so shy (= She wishes she weren't so shy). ▶▷ *Elle regrette d'être si timide.*

I'm sorry I'm so late (= I'm sorry for being so late. On dit aussi : **I'm sorry to be so late).** ▶▷ *Excusez-moi d'arriver si tard.*

B *Regrets concernant le passé,* qui n'a pas été ce qu'on aurait souhaité.
I'm sorry (= I regret) that you didn't warn me (= I wish you had warned me = I'd like you to have warned me). ▶▷ *Je regrette que vous ne m'ayez pas prévenu.*

We are sorry that we sold it (= We wish we hadn't sold it = we regret selling it). ▶▷ *Nous regrettons de l'avoir vendu.*

I'm sorry for (= I regret) what I did. ▶▷ *Je regrette ce que j'ai fait.*

C *Regrets exprimés dans le passé.*
She was sorry she hadn't told the police (= She wished she had told… = She regretted not having told…). ▶▷ *Elle regrettait de ne pas avoir informé la police.*

§665 **D** Une phrase exclamative commençant par *"If only…!"* peut exprimer un regret.
If only I had a car! (= I wish I had a car). ▶▷ *Si seulement j'avais une voiture !*
If only you had warned us! (= I wish you had warned us). ▶▷ *Si seulement tu nous avais prévenus !*

EXERCICES

A Transformer les phrases suivant le modèle :

I'd like him to lend me his car ▶▶ **I wish he would lend me his car.**

1. I'd like her to play tennis with me.
2. She would like you to write to her.
3. He would like her to marry him.
4. I'd like you to tell me the truth.
5. You'd like them to invite you, wouldn't you?

6. I'd like him to stop grumbling.
7. We'd like you to try and persuade him.
8. She would like her husband to give up smoking.
9. I'd like him to behave sensibly.
10. We'd like them to follow our advice.

B Transformer les phrases suivant les modèles :

I'm sorry that he isn't here ▶▶ **I wish he were** (fam. : **was**) **here.**
I'm sorry that you didn't tell me ▶▶ **I wish you had told me.**

1. I'm sorry that I don't know them.
2. She's sorry that she can't speak Spanish.
3. I'm sorry that I have to work this afternoon.
4. I'm sorry that I lost their address.
5. I'm sorry that we waited so long.

6. I'm sorry that I've come.
7. She is sorry that she forgot to invite you.
8. They are sorry that they haven't a son.
9. I'm sorry that they are not happy.
10. We are sorry that we didn't buy the house.

C Transformer les phrases suivant les modèles :

I prefer (ou : I'd prefer) to stay here ▶▶ **I would rather stay here.**
I'd prefer them not to come with us ▶▶ **I would rather they didn't come with us** (les phrases ainsi obtenues sont plus courantes dans la langue parlée).

1. She would prefer to learn Spanish.
2. I'd prefer not to wait for him.
3. She would prefer him to buy her a fur coat.
4. I'd prefer you not to tell them who I am.
5. We prefer them to come next week.
6. She would prefer him not to be so selfish.

7. I prefer not to go to the theatre tonight.
8. I would prefer them not to be so noisy.
9. He would prefer not to work on Saturdays.
10. They would prefer us to visit them on Wednesday.

D Traduire :

1. I wish I didn't have to get up so early.
2. I wish I weren't so clumsy.
3. We wish they would stop shouting.
4. I wish it weren't so late.
5. She wishes she hadn't bought that dictionary.
6. We wish they'd told us the truth.
7. I wish they would make up their minds quickly.

8. He wishes he were good at maths.
9. She wishes she had come with us.
10. She wishes he weren't so shy.
11. They'd rather you didn't disturb them.
12. I'd rather you didn't spend the whole afternoon watching television.
13. I'd rather you went to London at Easter.
14. We'd rather he didn't lie to us.
15. We'd rather not wait in the rain.

E Traduire en employant *to wish* ou *would rather* :

1. Elle regrette de l'avoir épousé.

2. Je regrette d'avoir à le punir.

3. Je préférerais ne pas lui parler.

4. Elle regrette de ne pas savoir jouer du piano.

5. Je regrette d'avoir brûlé leur lettre.

6. Je préférerais qu'ils me donnent un magnétophone.

7. Nous regrettons d'avoir vendu notre voiture.

8. Nous préférerions passer nos vacances en Grèce.

9. J'aimerais savoir pourquoi elle ne veut pas me parler.

10. Nous préférerions que vous nous donniez la réponse avant la fin de la semaine.

11. La pluie ne me gêne pas, mais j'aimerais qu'il fasse moins froid.

12. « Je voudrais toujours rester un enfant », pensait Peter Pan.

13. Il regrette de ne pas savoir jouer aux échecs.

14. Je préférerais mendier dans les rues plutôt que d'accepter son aide.

15. Nous regrettons de ne pas avoir assisté à votre conférence.

16. Nous préférerions qu'il ne vienne pas.

17. Elle aimerait pouvoir rester un peu plus longtemps.

18. Je préférerais qu'il ne me téléphone pas si souvent.

19. Je regrette d'avoir fait cette gaffe.

20. Elle aimerait qu'il conduise plus prudemment.

Voir aussi ▶ leçon 13, exercices A, B et C.

▶ 46•Nécessité, ordres et conseils

to require

1. Nécessité, obligation

§666 « **To have + infinitif complet** » exprime la nécessité, dans un style impersonnel (on donne, ou on demande, des faits, et non une opinion).
He has to get up at 6. ▶▷ *Il doit se lever à 6 heures.*
How long did you have to wait? ▶▷ *Combien de temps avez-vous dû attendre ?*

B **Must**, auxiliaire de modalité, permet de donner l'opinion de la personne qui parle sur des actions, qui lui paraissent nécessaires, ou du moins très souhaitables (▶ § 49).
You must see this film. ▶▷ *Il faut que tu voies ce film* (je t'y engage).

> Comparer :
> **You have to be back by ten.** ▶▷ *Il faut que vous soyez de retour pour dix heures* (je vous rappelle quel est le règlement),
> et : **You must be back by ten** (c'est moi qui vous le demande).

Dans un style emphatique familier, on peut dire :
You've (simply) got to come tomorrow. ▶▷ *Il faut absolument que tu viennes demain.*

§667 **C** **A la forme négative,** distinguer **must not** (interdiction) de **need not** et **don't have to** (absence de nécessité).
You mustn't tell him. ▶▷ *Tu ne dois pas lui en parler* (contraire de : **You may tell him if you like.** *Tu peux lui en parler si tu veux*).
You needn't wait. ▶▷ *Il n'est pas nécessaire que tu attendes* (contraire de : **You must wait.** *Il faut que tu attendes*).
He doesn't have to get up at 6 every morning. ▶▷ *Il n'est pas obligé de se lever à 6 heures tous les matins.*

§668 **D** **To be obliged to** et **to be compelled to** (moins employés que **to have to**) insistent plus nettement sur une idée de contrainte.
He was compelled to sell his house in order to pay his debts. ▶▷ *Il fut contraint de vendre sa maison pour payer ses dettes.*

§669 **E** « **To be + infinitif complet** » peut exprimer une nécessité, en particulier quand on consulte un interlocuteur.
What am I to do (= What shall I do) if I fail? ▶▷ *Que dois-je faire si j'échoue ?*
What's to be done if he can't pay? ▶▷ *Que faut-il faire s'il ne peut pas payer ?*

§670 **F** **To be necessary, to be imperative** se construisent avec une **proposition infinitive** ou avec **should** (ou avec un subjonctif sans auxiliaire, surtout en américain).
It's imperative for him to attend the meeting = It's imperative that he should attend (américain : **that he attend) the meeting** (style écrit officiel). ▶▷ *Il est indispensable qu'il assiste à la réunion.*

2. Ordres et interdictions, demandes

§671 **A** Verbes construits avec une **proposition infinitive : to order, to request, to command, to ask, to expect, to invite, to want, to forbid.**
They requested us to be silent. ▶▷ *Ils nous ont priés de ne pas faire de bruit.*

I ordered him to leave the house. ▶▷ *Je lui ai ordonné de quitter la maison.*

I forbid you to say that. ▶▷ *Je vous interdis de dire cela.*

§672) **B** Verbes suivis d'une *subordonnée avec should* (ou avec un subjonctif sans auxiliaire, surtout en américain) : *to order, to request, to command* (ces trois verbes se construisent plus couramment avec une proposition infinitive dans la langue parlée), *to insist* (qui se construit aussi avec « *on + gérondif* »).

They ordered that the man should be hanged (amér. : **that the man be hanged**) = **they ordered the man to be hanged.** ▶▷ *Ils ordonnèrent que l'homme fût pendu.*

They insisted that he should write (amér. : **that he write**) **every week** = **they insisted on his writing** (plus familier, moins littéraire : **on him writing,** ▶ § 223) **every week.** ▶▷ *Ils insistèrent pour qu'il écrivît chaque semaine.*

§673) **C** *Un ordre sévère* peut s'exprimer avec « *to be + infinitif complet* » (ton sec).

You are to obey at once. ▶▷ *Tu dois obéir immédiatement.*

You're not to tell anybody. ▶▷ *Et n'en parlez à personne* (je vous l'interdis).

On peut aussi (style familier) employer un *impératif emphatique,* avec *you* (sans virgule).

You stay where you are! ▶▷ *Vous, ne bougez pas de là !*

Les *interdictions légales* sont souvent exprimées avec « *no + gérondif* ».

No smoking (= **Smoking prohibited**). ▶▷ *Défense de fumer.*

No bill-sticking (= **Stick no bills**). ▶▷ *Défense d'afficher.*

Shall/shall not s'emploie dans un style solennel pour les commandements divins, les règlements officiels, les ordres pompeux.

Thou shalt love thy neighbour as thyself. ▶▷ *Tu aimeras ton prochain comme toi-même* (remarquer la 2ᵉ personne du singulier dans ce texte religieux, ▶ § 8).

Thou shalt not kill. ▶▷ *Tu ne tueras point.*

The fine shall not exceed £ 50. ▶▷ *L'amende n'excédera pas 50 livres.*

You shall leave the room at once. ▶▷ *Je vous ordonne de sortir immédiatement.*

§674) **D** *Prières, demandes polies.*

Would you mind switching off the light? ▶▷ *Voudriez-vous* (= *Cela vous dérangerait-il d'éteindre la lumière ?*

Will you be so kind as to (ou plus simplement : **Will you lend**) **me your glasses?** ▶▷ *Auriez-vous l'amabilité de* (*Voudriez-vous*) *me prêter vos jumelles ?*

"I wish you would" s'emploie tantôt pour un ordre (quand il y a de la mauvaise volonté de la part de l'interlocuteur), tantôt pour une demande polie (le ton et le contexte renseignent sur le sens de l'expression).

I wish you would stop making all that noise. ▶▷ *Je voudrais bien que tu cesses de faire tout ce bruit* (ton de l'exaspération).

I wish you would speak to him about it. ▶▷ *Voudriez-vous lui en parler ?* (ton poli, plus insistant que : **"Please speak to him about it"**).

3. Conseils, suggestions

§675) **A** *Should, ought to* (ce dernier auxiliaire insiste parfois un peu plus sur une obligation morale).

You should see this film. ▶▷ *Tu devrais voir ce film.*

You shouldn't smoke so much. ▶▷ *Tu ne devrais pas tant fumer.*

We ought to apologize to them. ▶▷ *Nous devrions nous excuser auprès d'eux.*

On emploie parfois **should,** inaccentué (auxiliaire du conditionnel) à la première personne du singulier, en sous-entendant *"if I were you"*.

I shouldn't worry. ▶▷ *A votre place je ne m'inquiéterais pas.*

On peut aussi, pour insister, employer **must** ou **have got to** (▶ § 666).

§676) **B** *Had better + infinitif sans to.*
We'd better wait until it stops raining. ▶▷ *Nous ferions mieux d'attendre que la pluie s'arrête.*
You'd better not answer his letter. ▶▷ *Tu ferais mieux de ne pas répondre à sa lettre.*

§677) **C** *To* **advise** se construit avec une *proposition infinitive.*
I advise you to start early. ▶▷ *Je vous conseille de partir tôt.*
He advised us not to buy that house. ▶▷ *Il nous déconseilla d'acheter cette maison* (pour les conseils négatifs on peut aussi construire avec *against* : **He advised us against buying that house).**

§678) **D** *To suggest* se construit avec **should** (ou avec un subjonctif sans auxiliaire, surtout en américain).
I suggest you (should) try once more. ▶▷ *Je vous conseille d'essayer encore une fois.*

Quand il n'y a pas de second sujet, *to suggest* est suivi d'un *gérondif.*
I suggest taking a taxi. ▶▷ *Je propose qu'on prenne un taxi.*

§679) **E** Une suggestion peut s'exprimer avec **"Shall we…?", "What about?"**

(= **How about…?**) ou *"Why not… ?"* (on consulte l'interlocuteur sur ce qu'on propose de faire).
Shall we go to the theatre? (= What about going to the theatre?). ▶▷ *Si nous allions au théâtre ?* (qu'en dites-vous ?).
Why not take a taxi? ▶▷ *Pourquoi ne pas prendre un taxi ?* (remarquer l'*infinitif sans to* après *"why not"*).

EXERCICES

A Transformer les phrases pour exprimer des idées contraires (▶ § § 667) :

1. You may use a dictionary.
2. He must see a doctor.
3. You mustn't read this book.
4. We needn't lock the door.
5. You mustn't play in the garden.

6. We must buy a platform ticket.
7. You may smoke.
8. She needn't apologize to him.
9. We must give her a present.
10. We needn't attend the lecture.

B Transformer les phrases suivant le modèle :

I forbid you to open that door ▶▶ **You are not to open that door** (ton très sec).

1. I forbid you to touch my camera.
2. I forbid her to go out with that boy.
3. I forbid him to come here again.
4. I forbid them to borrow my car today.
5. I forbid you to see those people again.
6. I forbid him to smoke in the office.

7. I forbid her to read this letter.
8. I forbid you to tell them what you have seen.
9. I forbid you to use my dictionary.
10. I forbid them to play with the neighbours' children.

C Transformer les phrases suivant le modèle :

Will you help me (please)? ▶▶ **Would you mind helping me?** (plus poli) ▶▶ **Will you be so kind as to help me?** (un peu cérémonieux).

1. Will you lend me your pen?
2. Will you translate this letter for me?
3. Will you post this letter for me?
4. Will you pour out the tea?
5. Will you give me a lift to the nearest garage?
6. Will you look after my luggage while I am in the restaurant car?

7. Will you tell Mrs Morgan that I may be late tomorrow?
8. Will you show me how to use this gadget?
9. Will you call a taxi for me?
10. Will you do the washing up?

D Transformer les phrases suivant le modèle :

They insisted that she (should) go with them ▶▶ **They insisted on her going with them.**

1. We insist that you (should) tell us the whole truth.
2. His father insisted that he (should) go to Cambridge.
3. We insist that they (should) pay their debt.
4. She insisted that we (should) have tea with her.
5. We insisted that he (should) take the exam.

6. They will insist that she (should) play an encore.
7. They insisted that I (should) be their guest.
8. They insisted that we (should) stay another week.
9. They insisted that he (should) apologize.
10. He insisted that I (should) join the party.

E Transformer les phrases suivant le modèle :

I advise you to sell your car ▶▶ **You should sell your car** ▶▶ **You had better sell your car.**

1. I advise you to see a doctor.
2. I advise you not to follow their advice.
3. I advise you to give up smoking.
4. I advise you to mind your own business.
5. I advise him to work harder.
6. I advise them to ignore his remark.
7. I advise her not to flatter him too much.
8. I advise you to learn to drive.
9. I advise her not to believe what he says.
10. I advise you not to waste your time reading that book.

F Donner un équivalent construit avec *"What about...?"*.

1. Do you think we should invite Michael?
2. Shall we camp?
3. Why not spend our holidays in Malta?
4. Do you think we should fly to Dublin?
5. Shall we have dinner at the Café Royal?
6. Do you think we should ask the neighbours to join us?
7. Why not rent a car?
8. I suggest going to the cinema tonight.
9. Do you think we should write to the Editor of the Times?
10. Shall we stop here for a few minutes?

G Traduire :

1. Pourquoi ne pas inviter la petite amie de John ?
2. Je n'ai pas envie de rester à la maison ce soir. Si nous allions au restaurant ?
3. Ils nous déconseillèrent de camper dans ce pays-là.
4. Si vous voulez être interprète vous devez parler couramment deux langues étrangères.
5. Il est tard, il faut que tu ailles te coucher.
6. Mon bureau est très loin de chez moi, il faut que je déjeune à la cantine.
7. Que devons-nous faire s'il ne nous reste pas d'argent ?
8. Il n'est pas nécessaire que vous me conduisiez à la gare en voiture, je prendrai le métro.
9. Cela vous ennuierait-il de nous prendre en stop ?
10. Tu ferais mieux de ne pas répondre à sa lettre.
11. Si nous prenions une tasse de thé en les attendant ?
12. J'insiste pour que vous veniez avec nous demain.
13. Il fait très beau. Pourquoi ne pas aller faire un pique-nique ?
14. J'aimerais que tu cesses de te vanter.
15. Il ferait mieux de ne pas tant boire. Le docteur lui a conseillé de ne pas tant boire.

▶ 47 • Intention, volonté et refus

§680 Ces notions peuvent s'exprimer (a) à l'aide de verbes comme ***to intend, to want, to refuse…***, (b) à l'aide d'auxiliaires de modalité *(will, shall)* ou de périphrases avec ***to be (to be going to, to be + participe présent)***. Dans l'ensemble le ton est plus personnel, plus familier avec les auxiliaires et les périphrases (**"I'm going to do it", "I won't do it"**) qu'avec les verbes ordinaires (**"I intend to do it", "I refuse to do it"**).

1. Intention, volonté, refus exprimés à la première personne

§681 **Ⓐ** ***I want to, I'd like to*** expriment un besoin, une volonté.
I want to rest a few minutes. ▷▷ *Je veux (j'ai besoin de) me reposer quelques minutes.*
I'd like (jamais "I'd want") **to see this film.** ▷▷ *Je voudrais voir ce film.*

§682 **Ⓑ** ***I will/I won't*** s'emploie pour exprimer une volonté bien affirmée, pour faire acte d'autorité.
I will do as I like. ▷▷ *Je ferai ce qui me plaît.*
I won't obey such stupid orders. ▷▷ *Je refuse d'obéir à des ordres aussi stupides.*

§683 **Ⓒ** Une intention s'exprime avec ***to intend, to think of, to consider*** (= ***to contemplate***) ou la périphrase ***be going to.***
I intend to spend (= **spending**) **a year in Canada.** ▷▷ *J'ai l'intention de passer un an au Canada.*
We are considering staying (plus familier : **We are thinking of staying**) **here another week.**
▷▷ *Nous envisageons de rester ici encore une semaine.*
We are going to buy a tape-recorder. ▷▷ *Nous allons (nous avons l'intention) d'acheter un magnétophone.*

§684 **Ⓓ** Un projet s'exprime avec « ***be + participe présent*** », « ***be + infinitif complet*** », ou le verbe ***to plan.***
We are leaving tomorrow. ▷▷ *Nous partons demain.*
We are (= **we have planned**) **to spend our holidays in Rome.** ▷▷ *Nous devons passer nos vacances à Rome.*

2. Consultation de l'interlocuteur sur ses intentions, ses désirs

§685 **Ⓐ** Distinguer entre **"are you going to…?"** *(quelles sont vos intentions ?)*, **"do you want to…?"** *(que désirez-vous faire ?)* et **"will you…?"** (qui s'emploie surtout pour exprimer une ***invitation***).
Are you going to answer his letter? (= **Do you intend to answer…?**). ▷▷ *Allez-vous (avez-vous l'intention de) répondre à sa lettre ?*
Do you want to read my paper? ▷▷ *Voulez-vous lire mon journal ?*
Will you have a drink? (= **Please have a drink**). ▷▷ *Voulez-vous boire quelque chose ?* (ou : *Vous boirez bien quelque chose*).
Pour la différence entre **"will you come?"** et **"will you be coming?",** ▶ § 147.

§686 **Ⓑ** Pour ***consulter l'interlocuteur*** sur ce qu'il veut que je fasse, on peut dire :
Do you want me (ou : **Would you like me**) **to bring a few records?** ▷▷ *Voulez-vous (voudriez-vous) que j'apporte quelques disques ?*
Shall I make the tea? ▷▷ *Voulez-vous que je fasse le thé ?* (offre de service).

3. Intentions et désirs d'une tierce personne

§ 687 C'est dans ce cas que la différence est la plus nette entre une *information impersonnelle* (avec *to intend, to want, to refuse…*) et une *citation implicite* des paroles prononcées par la personne qui exprime ses intentions et désirs (avec *going to, will, won't…*).

> Comparer :
> **He wants to do it by himself** *(Il veut le faire seul)*
> et : **He will do it by himself** (= He says: "I will do it by myself").
> Dans la 2ᵉ phrase, où *will* est fortement accentué, on se représente la personne affirmant sa volonté avec obstination.
>
> Comparer de même :
> **They refuse to listen to her** *(Ils refusent de l'écouter)*
> et : **They won't listen to her** (= They say : "We won't listen to her").

4. Volonté du sujet concernant les actes d'un autre sujet

§ 688 **Ⓐ** *To want* (au conditionnel de politesse : *would like*), *to expect, to forbid… + proposition infinitive.*
Her parents want her to marry an engineer. ▷ *Ses parents veulent qu'elle épouse un ingénieur.*
We would like you to spend the week-end with us. ▷ *Nous aimerions que vous passiez le week-end avec nous.*
I forbid him to speak to them. ▷ *Je lui interdis de leur parler.*
I expect you to work harder. ▷ *Je m'attends à ce que (ou : J'attends de toi que) tu travailles plus.*

Ⓑ ▶ §§ 673, 674 (*ordres, commandements*).
You shall do as you are told (style très emphatique). ▷ *Tu feras ce qu'on te dit.*
I wish you would stop smoking. ▷ *J'aimerais que vous cessiez de fumer* (▶ § 193).

EXERCICES

A Transformer les phrases suivant le modèle :

We intend to buy (ou : buying) a caravan (intention) ▶▶ **We are considering buying a caravan** (action envisagée, style soigné) ▶▶ **We are thinking of buying a caravan** (même sens, plus familier).

1. He intended to join the Navy.
2. They intend to camp in Corsica.
3. We intend to adopt a child.
4. She intends to sell her house.
5. I intend to write a detective story.
6. When does he intend to retire?
7. Don't they intend to emigrate to New Zealand?
8. He didn't intend to divorce his wife.
9. We intend to rent a car at Kennedy Airport.
10. We intend to invite them for Christmas.

B Transformer les phrases suivant le modèle :

Shall I help you? ▶▶ **Do you want me to help you?**

1. Shall I make the tea?
2. Shall I call a doctor?
3. What time shall we come?
4. When shall we ring you?
5. Shall we play another game?
6. Where shall we have dinner?
7. Shall I translate his letter for you?
8. Shall I tell you what I think of her?
9. Where shall I park the car?
10. What song shall we sing?

C Transformer les phrases suivant le modèle :

She refuses to come with us ▶▶ **She won't come with us** (*won't* est accentué).

1. They refuse to tell us what they know.
2. We refuse to play with them again.
3. He refused to lend me his car.
4. I refuse to let them tell those lies.
5. She refuses to marry him.
6. Peter refuses to follow my advice.
7. We refuse to waste our time listening to him.
8. She refused to help me.
9. They refused to go any further.
10. We refused to show him the documents.

D Traduire :

1. Nous envisageons de camper en Ecosse l'été prochain.
2. Je n'ai pas l'intention de lui présenter des excuses.
3. Voulez-vous que je les prévienne que vous serez en retard ?
4. Combien d'argent veux-tu que je te prête ?
5. Ils ne veulent pas que leur fille épouse un Protestant.
6. Je ne veux pas que tu dises ces mensonges.
7. J'aimerais que tu cesses de crier.
8. Il refusa de dire à la police où était son ami.
9. Ils veulent que je me présente à l'examen, mais je n'en ai pas l'intention.
10. Nous aimerions qu'ils nous traitent comme des êtres humains.

▶ 48 • Opinion, doute, déclaration, accord

1. Opinion, conviction , doute ,

§689 **A** Les verbes exprimant *une opinion* ne s'emploient pas à la forme progressive.
I think (that) he is right. ▶▷ *Je pense qu'il a raison* (▶ § 127).
They believed (that) the earth was flat. ▶▷ *Ils croyaient que la terre était plate.*

Pour la construction de ces deux verbes avec une **proposition infinitive**, (▶ §§ 306, 307). A l'actif, ils ne sont jamais suivis directement d'un infinitif (▶ § 321).
The earth was believed to be flat. ▶▷ *On croyait que la terre était plate.*

To believe se construit aussi avec *in* (+ nom ou gérondif).
Do you believe in God? (in democracy?) ▶▷ *Croyez-vous on Dieu ? (à la démocratie ?).*
The Headmaster believed in using the cane. ▶▷ *Le proviseur pensait (= était d'avis) qu'il fallait utiliser les châtiments corporels.*

§690 **B** *To be sure* peut se construire avec une subordonnée.
He is sure that he will fail (= he is sure of failing = he expects to fail). ▶▷ *Il est sûr d'échouer.*

Mais suivi d'un infinitif *to be sure* exprime l'opinion de celui qui prononce la phrase (▶ § 629).
He is sure to fail (= I'm sure that he will fail). ▶▷ *Il va sûrement échouer* (en disant cela, c'est mon opinion que j'exprime, et non la sienne).

To be convinced se construit avec une subordonnée.
I am convinced that it is a mistake. ▶▷ *Je suis persuadé que c'est une erreur.*

§691 **C** *To consider* se construit avec une *proposition infinitive* ou avec *as* (▶ § 280).
I consider him to be (= In my opinion he is) the greatest poet of this century. ▶▷ *Je le considère comme le plus grand poète de ce siècle* (Au passif : **He is considered to be…** *On le considère…*).
We consider it a mistake to lay the blame on her (▶ § 470). ▶▷ *Nous considérons que c'est une erreur de rejeter la responsabilité sur elle.*
We consider him as (= we regard him as = we look upon him as) a member of the family. ▶▷ *Nous le considérons comme un membre de la famille* (ne jamais employer *like* au lieu de *as*).

§692 **D** *To doubt* se construit avec *whether* (à la forme négative avec *that*).
I doubt whether he can understand. ▶▷ *Je doute qu'il puisse comprendre.*
I don't doubt (= I feel certain) that he will agree. ▶▷ *Je ne doute pas qu'il ne soit (= je suis sûr qu'il sera) d'accord.*

Quand il y a doute on peut aussi se servir des expressions :
I wonder whether (familièrement : **I wonder if**) **they acted sensibly.** ▶▷ *Je me demande s'ils ont agi raisonnablement.*
I wish I knew who this man is (remarquer l'ordre des mots). ▶▷ *J'aimerais savoir qui est cet homme* (▶ § 193).

§693 **E** *Une absence de doute* raisonnable peut s'exprimer avec : *I suppose, I expect* (▶ § 303), *I presume* (familièrement : *I guess, I reckon*) ; *I take it that…, I don't doubt* (▶ § 692) ; ou les expressions *"we can assume that…". "we can take it for granted that…".*
I presume he is a Conservative. ▶▷ *Je suppose* (ou : *je crois pouvoir supposer) qu'il est conservateur.*
I take it that you agree. ▶▷ *Je suppose que vous êtes d'accord.*

We can assume that he hasn't received our letter. ▶▷ *Nous pouvons tenir pour certain qu'il n'a pas reçu notre lettre.*

He took it for granted that his father would lend him the money. ▶▷ *Il pensait que son père allait certainement lui prêter l'argent (cela allait de soi).*

2. Déclaration, information

§694 **A** *To say, to declare, to state, to proclaim* peuvent être suivis d'une subordonnée ; au passif, *to say* peut être suivi d'un infinitif (▶ § 345).
They said he was a miser (passif : **He was said to be a miser**). ▶▷ *On le disait avare.*

§695 **B** Pour déclarer avec insistance (par exemple dans une discussion) on peut employer les verbes : *to maintain, to assert* (affirmer, soutenir), *to argue, to contend* (prétendre), suivis d'une subordonnée ; ou *to claim* (prétendre) suivi d'une subordonnée ou d'un infinitif.
He maintained that he was right. ▶▷ *Il affirmait qu'il avait raison.*
He contended that it was too difficult for him. ▶▷ *Il prétendait que c'était trop difficile pour lui.*
She claims to have seen you. ▶▷ *Elle prétend vous avoir vu.*

§696 **C** *L'information* s'exprime avec les verbes *to tell somebody about (= of), to inform somebody about (= of), to report something.* Ces verbes peuvent se construire au passif.
They told us of (plus familier : **about**) **their plans.** ▶▷ *Ils nous ont parlé de leurs projets.*
She informed me of (= about) what had happened. ▶▷ *Elle m'informa de ce qui s'était passé.*
He reported seeing (= he reported he had seen) a flying saucer. ▶▷ *Il signala avoir vu une soucoupe volante.*
I've been told (I've been informed) that there will be a taxi strike tomorrow. ▶▷ *On m'a dit (informé) qu'il y aura une grève des taxis demain.*

§697 **D** *Une information non confirmée, une rumeur,* peut s'exprimer à l'aide des expressions : *"I understand that…"* (Il paraît que…), *"I hear that…"* (= I've heard that… Je crois savoir que).
I understand they are leaving tomorrow. ▶▷ *Il paraît qu'ils partent demain.*
I hear that you are getting married. ▶▷ *On m'a dit que vous allez vous marier.*

Dans la presse, le passif *to be reported (= to be alleged)* et l'adverbe *reportedly (= allegedly)* s'emploient pour des nouvelles non confirmées.
The prisoner is reported to have escaped. ▶▷ *Le prisonnier se serait évadé* (remarquer l'emploi du conditionnel en français).

3. Accord, désaccord

§698 *To agree* et *to disagree* s'emploie soit seuls soit construits avec *with, about,* ou une subordonnée.
I agree (up to a point). ▶▷ *Je suis d'accord (jusqu'à un certain point).*
Do you agree with me? ▶▷ *Etes-vous d'accord avec moi ?*
I disagree with him about what ought to be done. ▶▷ *Je ne suis pas d'accord avec lui sur ce qu'il convient de faire.*
I disagree with this suggestion. ▶▷ *Je désapprouve cette suggestion.*
They agreed that it was a mistake. ▶▷ *Ils ont été d'accord pour trouver que c'était une erreur.*
I agree that I was wrong. ▶▷ *Je reconnais m'être trompé.*

N.B. Suivi d'un infinitif, *to agree* est souvent synonyme de *to consent* (▶ § 279).
He agreed to lend me his car. ▶▷ *Il accepta de me prêter sa voiture.*

A Traduire :

1. On croit qu'il a fait le tour du monde (He is…).

2. On dit qu'il a fait le tour du monde (He is…).

3. On les avait toujours considérés comme des ennemis.

4. Je doute qu'il sache résoudre le problème.

5. Nous pouvons tenir pour certain qu'ils accepteront notre proposition.

6. Ne discutons pas de politique, nous ne serons jamais d'accord.

7. De nombreux Ecossais croient aux fantômes.

8. Il est sûr de réussir à son examen ; il ne doute pas de son succès.

9. « Il paraît que votre voisin est à l'hôpital » – « Qui vous en a parlé ? ».

10. Elle prétendait que personne n'avait essayé de l'aider.

11. Ils signalèrent avoir entendu un coup de feu.

12. Il y a eu une tempête dans la mer d'Irlande cette nuit. Deux pêcheurs se seraient noyés.

13. Ils prétendent avoir fait leur devoir.

14. Je doute que l'on creuse un jour un tunnel sous la Manche.

15. Ils étaient d'avis qu'il fallait laisser leurs enfants faire ce qu'ils voulaient.

16. Je le considère comme un génie.

17. On lui avait dit que l'examen serait facile (He…).

18. On dit qu'Homère était aveugle (Homer…).

19. Je suis d'accord avec vous, je doute qu'ils puissent être heureux ensemble.

20. On croyait qu'elle avait été mariée trois fois (She…).

▶ 49 • Comment situer une action dans le temps

DATE • FRÉQUENCE • DURÉE

On situe une action dans le temps en précisant sa date, sa fréquence, sa durée. Les questions relatives à ces trois notions commencent respectivement par *when* (quand), *how often* (tous les combien), *how long* (pendant combien de temps, depuis combien de temps). On peut aussi situer une action par rapport à une autre action ; les deux actions peuvent être *simultanées* ou *successives* (▶ leçon 50).

1. When…? (comment dater une action)

§699 **A** On peut indiquer *la date ou l'heure de l'action.* Remarquer les prépositions employées.
I get up *at* 6 *in* the morning. ▶▷ *Je me lève à 6 heures du matin.*
We are leaving for London *on* July 12th (lire : the twelfth, ou : twelfth). ▶▷ *Nous partons pour Londres le 12 juillet* (*on* est souvent omis en Amérique).
The war ended *in* 1945. ▶▷ *La guerre s'est terminée en 1945.*
She came home *about* 12. ▶▷ *Elle rentra chez elle vers midi.*

§700 **B** On peut préciser *combien de temps s'est écoulé depuis que l'action a été faite* (avec *ago* et verbe au preterite) ou bien *combien de temps s'écoulera jusqu'à ce qu'elle soit faite* (avec *in* et verbe au futur).
I bought my car two years ago. ▶▷ *J'ai acheté ma voiture il y a deux ans.* (La question correspondante peut être : **When did you buy your car?** ou : **How long ago did you buy your car?**).
She arrived three weeks ago and will leave in a fortnight. ▶▷ *Elle est arrivée il y a trois semaines et repartira dans quinze jours.*
« *Dans dix ans* » peut se dire : **in ten years** ou : **in ten years' time** (▶ § 513).

§701 **C** La préposition *by* s'emploie devant une *date limite* (l'action étant située avant cette date, *au plus tard* à cette date). ▶ § 726 *(By the time…).*
Could you do it by Tuesday? ▶▷ *Pourriez-vous le faire d'ici mardi ?*
By 6 o'clock he had washed and dressed and was ready to start. ▶▷ *Dès 6 heures il était lavé, habillé et prêt à partir.*

§702 **D** *Not until* exprime au contraire que l'action ne se situe pas avant la date indiquée (▶ § 725).
They won't know the results of their exams until (plus couramment que : *till*) **July 10th.** ▶▷ *Ils ne connaîtront pas les résultats de leurs examens avant le 10 juillet.*

2. How often…? (notion de fréquence)

§703 **A** **How often do you go to the pictures? – I go to the pictures once or twice a month.** ▶▷ *Tous les combien vas-tu au cinéma ? – Je vais au cinéma une ou deux fois par mois.* (Remarquer l'article indéfini : *a* month).
They come to see us two or three times a year. ▶▷ *Ils viennent nous voir deux ou trois fois par an.*
How many times…? Once, twice, three times… ▶▷ *Combien de fois ? Une fois, deux fois, trois fois…*

§704 **B** **He wrote to us every month.** ▶▷ *Il nous écrivait tous les mois* (on peut insister sur la répétition habituelle en disant : **He would write to us every month.** Voir forme fréquentative, ▶ leçon 12).

Le complément de fréquence peut comporter un nombre ; c'est *le seul cas où l'on trouve un pluriel après every*.

I go to the dentist's every six months. ▶▷ *Je vais chez le dentiste tous les six mois* (comparer avec l'exemple précédent : **every month**, *tous les mois*).

Noter l'expression : **every other day** = *tous les deux jours, un jour sur deux*.

§705 **C** **They work in their garden on Saturdays** (parfois au singulier : **on Saturday**). ▶▷ *Ils travaillent dans leur jardin le samedi* (= tous les samedis). *On* est souvent omis en Amérique.

3. How long…? (notion de durée)

§706 **A** Aux questions commençant par *"how long"* correspondent des réponses comportant l'expression d'une durée introduite par *for*, cela à tous les temps. *For* est parfois sous-entendu. *During* ne s'emploie pas dans ce sens (▶ § 597).

How long did you stay in Cambridge last year? – I stayed there for a week. ▶▷ *Combien de temps êtes-vous resté à Cambridge l'année dernière ? – J'y suis resté une semaine.*
How long have you been learning English? – I've been learning English for six years. ▶▷ *Depuis combien de temps apprenez-vous l'anglais ? – J'apprends l'anglais depuis six ans.* (▶ § 709 à 717).
How long is he going to speak? – He's going to speak for an hour. ▶▷ *Pendant combien de temps va-t-il parler ? – Il va parler pendant une heure.*

§707 **B** On peut aussi répondre indirectement, si l'action se fait en ce moment, en disant *quand elle a commencé* (avec *since*, le verbe étant au present perfect) ou *quand elle se terminera* (avec *until*, le verbe étant au futur).

They have been living in Bath since 1980. ▶▷ *Ils habitent Bath depuis 1980.*
I'm going to wait for them until 4. ▶▷ *Je vais les attendre jusqu'à 4 heures.*

§708 **C** On peut aussi indiquer la durée d'une action en se servant de l'expression *it takes me (him, us,* etc.), à tous les temps.

It takes me ten minutes to drive to my office. ▶▷ *Je mets* (ou : *il me faut*) *dix minutes pour me rendre en voiture à mon bureau.*
How long did it take you to build this garage? ▶▷ *Combien de temps avez-vous mis pour construire ce garage ?*

D Voir aussi « *to spend + durée + participe présent* » (▶ § 218, et l'exercice B de la leçon 15).

4. Traductions de « depuis » et « il y a » introduisant un complément de temps

§709 Il faut avant tout choisir correctement *le temps du verbe* (▶ leçon 9) ; éviter de traduire mot à mot (par exemple : « **since** = *depuis* »), et bien se rendre compte que le français exprime parfois une idée de durée de différentes façons (*nous habitons ici **depuis** trois ans = **il y a** trois ans que…, = **cela fait** trois ans que…*). Inversement une même préposition peut avoir plusieurs sens (*depuis un mois : **durée** de l'action ; depuis Noël : **date** du début de l'action*). Il convient donc, jusqu'à ce que cette question délicate soit maîtrisée, d'analyser pour chaque phrase *ce qu'exprime le temps du verbe* (l'action est-elle terminée ?) *et le complément de temps* (date ? durée ? temps écoulé depuis que l'action a été faite ?).

Il y a lieu aussi de distinguer entre les verbes exprimant des *événements* de ceux qui expriment des *états*. Par exemple **to die** exprime un événement, **to be dead** un état (▶ § 716).

Certaines actions sont situées par rapport au présent (« *il y a 10 minutes que je l'attends* »), d'autres par rapport à un moment donné du passé (« *il y avait 10 minutes que je l'attendais quand le téléphone a sonné* »).

§710 **A** *Actions situées par rapport au présent.* On distinguera quatre cas.

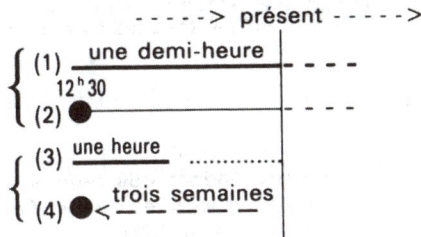

1 • *Ils jouent au tennis **depuis** une demi-heure.*

2 • *Ils jouent au tennis **depuis** midi et demie.*

3 • *Hier ils ont joué au tennis **pendant** une heure.*

4 • *Ils ont joué au tennis ensemble **il y a** trois semaines.*

Dans les deux premiers cas, *l'action n'est pas terminée* (verbe français au présent) : on emploiera le *present perfect progressif* (▶ § 139). *For* en exprimera la durée (une demi-heure, cas n° 1), et *since* le moment ou elle a commencé (midi et demie, cas n° 2).

▶ §§ 126 à 128 (verbes qui n'ont pas de forme progressive) et le 1er exemple du §711.

Dans les deux derniers cas, *l'action est terminée* (verbe français au passé composé) : on emploiera le *preterite* (▶ § 131). On en exprimera la durée avec *for* (pendant une heure, cas n° 3). Si l'on considère le temps écoulé depuis que l'action a été faite, on se sert de *ago* (graphiquement, la flèche tournée vers la gauche représente un retour en arrière par la pensée pour retrouver le moment du passé où l'action a été faite, cas n° 4).

Nous pouvons maintenant traduire :

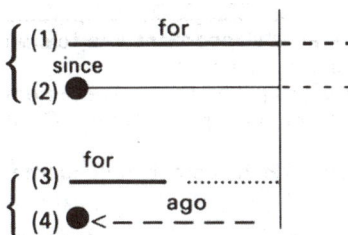

1 • **They have been playing tennis** *for* **half an hour.**

2 • **They have been playing tennis** *since* **half past twelve.**

3 • **Yesterday they played tennis** *for* **an hour.**

4 • **They played tennis together three weeks** *ago*.

Comparer les phrases (traduites l'une et l'autre par un présent en français) :

They are playing tennis. ▶▷ *Ils jouent au tennis* (cette phrase ne concerne que le présent).

They have been playing tennis for half an hour. ▶▷ *Ils jouent au tennis depuis une demi-heure* (cette phrase concerne à la fois le passé et le présent)

§711 *Interrogations* correspondant aux quatre cas étudiés ci-dessus :

How long have you known him? – I've known him for ten years. ▶▷ *Depuis combien de temps le connaissez-vous ? – Je le connais depuis dix ans* (**to know** n'a pas de forme progressive, ▶ § 127) (cas n° 1).

Since when (moins courant que **"How long"**) **have you been living here?** ▶▷ *Depuis quand habitez-vous ici ?* (cas n° 2).

How long did you study German at school? ▶▷ *Pendant combien de temps avez-vous étudié l'alle-mand au collège ?* (cas n° 3).

How long ago did you leave school? – Five years ago. ▶▷ *Combien de temps cela fait-il que tu as quitté l'école ? – Cela fait cinq ans* (cas n° 4).

§712 ☺ REMARQUES ET VARIANTES

1 • Les *phrases négatives* suivent les mêmes règles.

Il n'a pas plu depuis trois semaines (l'action de « ne pas pleuvoir » dure encore, c'est donc une phrase de type n° 1). **It hasn't been raining** (ou : **It hasn't rained**) **for three weeks.** L'emploi de la forme progressive est moins fréquent avec une négation.

§713 **2 •** Dans les phrases de type n° 1, *for* est parfois sous-entendu ou remplacé par *for the past, for the last* (plus rarement par *these past, these last*).

I've been watching you for the past (= last) ten minutes. ▶▷ *Voilà dix minutes que je vous observe.*

§714 **3 •** Les phrases de type n° 4 peuvent se rendre par la tournure *"it is… since…"* pour mettre en relief en tête de phrase le temps écoulé.

It is four years since he left his country (= He left his country four years ago). ▶▷ *Cela fait quatre ans qu'il a quitté son pays.*

Accompagnée de *last,* cette tournure s'emploie dans le même sens que les phrases de type n° 1 négatives.

It's ten years since we last met (= We haven't met for ten years). ▶▷ *Cela fait dix ans que nous ne nous sommes pas rencontrés.*

§715 **4 •** « Depuis que » (conjonction) = *since*. Le temps du verbe qui suit *since* indique si l'action est terminée ou non. Comparer les deux phrases :

I haven't seen him since I arrived (*to arrive* est terminé, d'où le preterite). ▶▷ *Je ne l'ai pas vu depuis que je suis arrivé.*

I haven't seen him since I've been here (*to be here* n'est pas terminé, je suis encore ici, d'où le present perfect). ▶▷ *Je ne l'ai pas vu depuis que je suis ici.*

§716 **5 •** « Il y a dix ans que le roi est mort » peut se traduire :

The king has been dead for ten years (*dead* est un adjectif, comparable à *ill* ; le verbe *to be dead* exprime ici un état qui appartient à la fois au passé et au présent. C'est donc une phrase de type n° 1).

The king died ten years ago (le verbe *to die* exprime ici un événement situé dans le passé, il s'est écoulé dix ans depuis cet événement. C'est une phrase de type n° 4).

It is ten years since the king died (variante de la phrase précédente, ▶ § 714).

§717 **B** *Actions situées par rapport à un moment donné du passé.* On retrouve les mêmes cas fonda-mentaux.

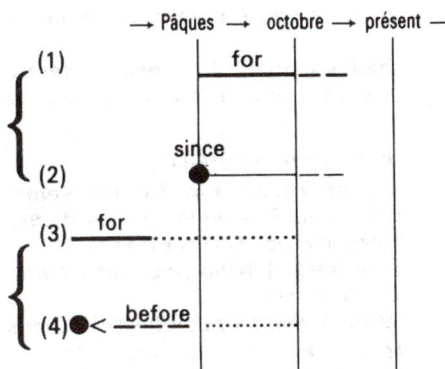

1 • When we arrived in London last October, they had been living there *for* six months *(il y habitaient depuis six mois).*

2 • They had been living there *since* Easter *(ils y habitaient depuis Pâques).*

3 • They had already stayed in London *for* a month *(ils avaient déjà séjourné à Londres pendant un mois).*

4 • They had stayed in London a few years *before* *(ils avaient séjourné à Londres quelques années auparavant).*

Dans les deux premières phrases l'action durait encore en octobre dernier : le verbe est au *past perfect progressif* (le français emploie l'imparfait, ▶ § 142).

Dans les cas n° 3 et n° 4 il s'agit d'une action antérieure à octobre dernier et terminée avant cette date : le verbe est au *past perfect non progressif* (le français emploie le plus-que-parfait). Le cas n° 4 se construit avec *before* (mais on trouve parfois *ago*).

How long had they been living in London? ▶▷ *Depuis combien de temps habitaient-ils Londres ?* (question correspondant à la phrase du cas n° 1).

It was two years since he had married her (= He had married her two years before). ▶▷ *Il y avait deux* ans *qu'il l'avait épousée* (cas n° 4, comparer avec les constructions du § 714).

pendant

dénombrable = during
indénombrable = for

EXERCICES

A Compléter les phrases avec *for* ou *since* :

1. They have been living in Canada… 1980.
2. Mrs Brown has been in hospital… three weeks.
3. We have known the Robinsons… a long time.
4. We have had this car last… April.
5. It has been raining… tea-time.
6. She has been working in the garden… two hours.
7. She has been working in the garden… 2 o'clock.
8. I haven't seen her… ages.
9. She's been waiting for you… a quarter of an hour.
10. They have been playing chess… four hours.

B Poser des questions commençant par *"how long"*, dont les réponses sont les phrases suivantes. Traduire les questions et les réponses :

He has been ill for a month ▶▶ **How long has he been ill?** *(Depuis combien de temps est-il malade ? Il est malade depuis un mois).*

1. It rained for a few minutes.
2. I have been waiting for them for twenty minutes.
3. She will be away for a week.
4. I've been learning English for six years.
5. We are going to stay in Ireland for a month.
6. He's known her for years.
7. They had been walking for five hours.
8. It took him two hours to solve the problem.
9. I had to stay in bed for a fortnight.
10. The film lasts two hours.
11. He had been dead for over two hours.
12. She's been a teacher for fifteen years.
13. They have been working for two hours.
14. It will take us a long time to get there.
15. They had been sleeping for an hour when the telephone rang.

C Transformer les phrases suivant les modèles (on supposera que les actions ne sont pas achevées) :

It started raining an hour ago ▶▶ **It has been raining for an hour.**
It started raining at twelve ▶▶ **It has been raining since twelve.**

1. He started collecting stamps ten years ago.
2. We started learning Latin last September.
3. I started playing the piano when I was 7.
4. They started building this house two years ago.
5. They started quarrelling an hour ago.
6. She started feeling unwell a few months ago.
7. He started writing his new book in January.
8. She started cooking our lunch at 9.
9. I started working in this bank twenty years ago.
10. She started wearing spectacles when she was 50.

D Transformer les phrases suivant les modèles (et les traduire) :

He went to America ten years ago ▶▶ **It is ten years since he went to America.**
They had bought their house three years before ▶▶ **It was three years since they had bought their house.**

1. The train left ten minutes ago.

2. She had given up smoking six months before.

3. He learnt to drive only a year ago.

4. She bought her washing machine two years ago.

5. He wrote his first novel thirty years ago.

6. They had lived in Newport ten years before.

7. They got married four years ago.

8. They had quarrelled six months before.

9. She had made that promise many years before.

10. We sent you the letter five days ago.

E Transformer les phrases suivant le modèle :

It's three years since I last smoked a cigarette ▶▶ **I haven't smoked a cigarette for three years** (▶ § 714).

1. It's two months since I last saw her.

2. It's five years since I last drove a car.

3. It's three months since he last went to the hairdresser's.

4. It's years since I last played chess.

5. It's nine centuries since England was last invaded.

6. It's six months since they last wrote to us.

7. It's five weeks since it last rained.

8. It's nearly a year since we last went to a concert.

9. It's years since you last gave me a present.

10. It's years since I last had an English breakfast.

F Construire des phrases suivant le modèle :

I learnt my lesson (twenty minutes) ▶▶ **It took me twenty minutes to learn my lesson.**

1. She walks to the supermarket (five minutes).

2. He washed the car (half an hour).

3. You will make the tea (a few minutes).

4. He wrote his autobiography (five years).

5. She does the housework every morning (three hours).

6. We have lunch at the canteen (twenty minutes).

7. He read "War and Peace" (How long…?).

8. They will drive from Exeter to Aberdeen (two days).

9. They learnt Chinese (How long…?).

10. He repaired the engine of my car (an hour).

G Traduire :

Les emplois de *for, since, ago* et *how long* obéissent à une logique rigoureuse. Pour maîtriser cette question délicate, qui sert de critère dans de nombreux examens, on fera bien d'analyser avec soin le sens des phrases françaises à traduire et de toujours les ramener aux cas étudiés aux §§ 710 et 717. On commencera par bien choisir le temps du verbe en se demandant si l'action est, ou était, terminée ; ensuite seulement on traduira les compléments de temps. Après avoir fait l'exercice on classera les phrases en quatre catégories, comme aux §§ 710 et 717.

1 • Actions situées par rapport au présent :

1. Mes amis sont en Italie depuis Pâques.

2. Cela fait une heure que nous les attendons.

3. Ils travaillent depuis 2 heures de l'après-midi.

4. Ils travaillent depuis plus de deux heures.

5. Ils ont travaillé pendant trois heures hier soir.

6. Il a été malade il y a deux mois.

7. Cela fait deux mois qu'il est malade.

8. Je n'ai pas lu un journal depuis quinze jours.

9. Il y a quatre ans que ses parents sont morts (donner 3 traductions).

10. Le dîner est prêt. Le dîner est prêt depuis longtemps.

11. Elle lit depuis l'heure du thé.

12. J'ai lu pendant une heure avant de m'endormir.

13. Nous avons notre poste de télévision depuis Noël.

14. Le train est parti il y a deux minutes.

15. Elle sait nager depuis l'âge de sept ans.

16. Combien de temps êtes-vous resté à l'hôpital ?

17. Depuis combien de temps attendez-vous l'autobus ?

18. Depuis combien de temps connaissez-vous les Morgan ? – Je les connais depuis 30 ans.

19. Depuis combien de temps jouez-vous au tennis ensemble ? – Depuis 1980, depuis que nous nous connaissons.

20. Nous n'avons rien mangé depuis 48 heures.

2 • Actions situées par rapport à un moment donné du passé :

1. Ils habitaient cette maison depuis la fin de la guerre.

2. Il neigeait depuis 7 heures du matin.

3. Depuis combien de temps se connaissaient-ils quand ils se sont mariés ?

4. Cela faisait trois heures qu'ils regardaient la télévision, il était l'heure d'aller se coucher.

5. Cela faisait dix ans qu'elle était veuve.

6. Edouard VIII n'était roi que depuis quelques mois quand il a abdiqué.

7. Depuis combien de temps étiez-vous couchés quand le téléphone a sonné ?

8. Il avait déjà eu une voiture pendant plusieurs années, puis il l'avait revendue.

9. On nous avait présentés l'un à l'autre quelques années auparavant.

10. Depuis combien de temps étaient-ils mariés quand leur enfant est né ?

3 • Phrases appartenant aux deux catégories ci-dessus :

1. Cela fait trois ans que je ne suis pas allé à Londres.

2. Je ne la connaissais que depuis une semaine.

3. Il est malade depuis qu'il est rentré de son voyage en Inde.

4. Il nous observe depuis que nous sommes ici.

5. Elle nous attendait depuis l'heure du thé.

6. Depuis quand l'Irlande est-elle une république ? – Depuis 1922.

7. Nous t'avons attendu plus d'une heure hier après-midi.

8. Depuis combien de temps avez-vous votre permis de conduire ? – Depuis trois ans.

9. Cela faisait six mois que nous n'avions pas de ses nouvelles.

10. Je ne suis pas allé au cirque depuis l'âge de dix ans.

H Traduire :

1. Nous ne travaillons pas le samedi.

2. Le Président Kennedy a été assassiné le 22 novembre 1963, à midi trente.

3. Tous les combien allez-vous voir votre belle-mère ? – Deux fois par mois. Mais elle nous téléphone tous les deux ou trois jours.

4. Ce ne fut qu'à 2 heures du matin qu'il consentit à aller se coucher.

5. Combien de temps mettez-vous pour aller à la gare à pied ?

6. Pourriez-vous me donner une réponse d'ici la fin de la semaine ?

7. Nous ne nous verrons pas avant la fin de l'année.

8. Quand votre père est-il né ?
– Il est né le 23 mars 1947.

9. Il y a une élection présidentielle aux Etats-Unis tous les quatre ans.

10. Ils se couchèrent à 9 heures, et dès la demie toutes les lumières étaient éteintes.

11. Ils débarquèrent en Normandie le 6 juin 1944.

12. Tous les combien vos enfants vont-ils à la piscine ? – Ils y vont deux ou trois fois par mois.

13. Il vient m'emprunter mon dictionnaire tous les deux jours.

14. John a réparé le réveil très rapidement, il n'a mis que dix minutes.

15. Combien de temps mettrons-nous pour découvrir la vérité ?

▶ 50• Comment situer une action dans le temps

ACTIONS SIMULTANÉES • ACTIONS SUCCESSIVES

1. Actions simultanées

§718 **A** Quand les actions sont rapides (ou qu'on n'insiste pas sur leur durée) celle qui accompagne l'action principale peut être exprimée à l'aide **d'un simple participe présent**.

She rushed out, shouting "help!". ▶▷ *Elle sortit précipitamment, en criant « au secours ».*

"Serves you right", she said, laughing. ▶▷ *« C'est bien fait pour toi », dit-elle en riant* (dans cette phrase, **laughing** est un complément de manière).

On peut aussi employer une proposition introduite pas **as**.

"So long", he said as he got on the bus. ▶▷ *« A bientôt », dit-il en montant dans l'autobus.*

§719 **B** Quand l'action de référence a **une durée**, le verbe qui l'exprime, généralement à la forme progressive, est précédé de while (▶ § 734).

While you were playing tennis, I wrote two long letters. ▶▷ *Pendant que vous jouiez au tennis, j'ai écrit deux longues lettres.*

S'il n'y a qu'un sujet, la forme progressive après **while** peut être **elliptique**.

He would often read his evening paper while having (= **while he was having**) **tea.** ▶▷ *Il lisait souvent son journal du soir en (= tout en) prenant le thé.*

Ne pas confondre la conjonction **while** (*pendant que*), l'adverbe **meanwhile** (*pendant ce temps*) et la préposition **during** (*pendant* : **during the holidays,** ▶ § 597).

They were having a good time. Meanwhile I was trying to repair the engine of my car. ▶▷ *Ils s'amusaient bien. Pendant ce temps-là j'essayais de réparer le moteur de ma voiture.*

On peut aussi construire avec **when** (+ forme progressive elliptique) ou **as** (+ proposition complète).

When going to school (= As he was going to school), he was knocked down by a motor-cycle. ▶▷ *En allant à l'école, il a été renversé par une moto.*

§720 **C** *As long as* (*tant que*) suit la même règle que **when** (▶ § 154) dans une phrase au futur.

I will work as long as I live. ▶▷ *Je travaillerai tant que je vivrai.*

2. Actions successives

§721 **A** *After* est soit une **préposition** (suivie d'un nom ou d'un gérondif), soit une conjonction (suivie d'une proposition complète).

After reading his paper, he went for a walk. ▶▷ *Après avoir lu son journal, il alla se promener* (remarquer *"after reading"*, beaucoup plus courant que *"after having read"*).

After her husband died, she went to live with her daughter. ▶▷ *Après la mort de son mari elle alla vivre avec sa fille.*

After ne s'emploie comme **adverbe** qu'en fin de phrase, après l'expression d'un laps de temps.

He was taken ill on Christmas Day and died a week after (plus couramment : **a week later**). ▶▷ *Il tomba malade le jour de Noël et mourut une semaine plus tard.*

Dans un récit, ne jamais dire *"and after, ..."* (*et après, et ensuite*). Dire : *"and then"*, ou : *after that*, *afterwards*.

§722) **B** *On + gérondif* s'emploie quand les deux actions sont presque simultanées (l'une suit immédiatement l'autre).

On hearing the sad news, she fainted. ▶▷ *En apprenant la triste nouvelle, elle s'évanouit.*

§723) **C** *As soon as (dès que)* suit la même règle que *when* dans une phrase au futur.

We shall leave as soon as you are ready. ▶▷ *Nous partirons dès que vous serez prêt.*

Attention à la concordance des temps dans des phrases comme :

He said he would join the Navy as soon as he was 18. ▶▷ *Il disait qu'il s'engagerait dans la Marine dès qu'il aurait 18 ans (preterite et non conditionnel après **as soon as** ;* ▶ § 156).

§724) **D** On peut aussi insister sur le fait que deux actions se suivent de très près en utilisant les expressions *"no sooner... than"* et *"hardly... when"*. On peut les construire avec une inversion emphatique de style soigné (▶ § 101).

He had no sooner opened the door than the dog rushed out. ▶▷ *A peine eut-il ouvert la porte que le chien sortit en courant.*

No sooner had they sat down on the lawn to have tea than it started raining (= Hardly had they sat... when it started raining). ▶▷ *Ils ne furent pas plus tôt assis sur la pelouse pour prendre le thé qu'il se mit à pleuvoir.*

§725) **E** *Not... until (= not.., till)* s'emploie lorsqu'une action ne se produit pas avant une autre, qu'il faut attendre l'accomplissement de cette autre action (▶ § 702).

I won't take a holiday until (plus couramment que : **till**) **I have finished this work.** ▶▷ *Je ne prendrai pas de congé avant d'avoir fini ce travail.*

We won't let you go until you've told us the truth. ▶▷ *Nous ne vous laisserons pas partir avant que vous ne nous ayez dit la vérité.*

§726) **F** *By the time* s'emploie quand une action se situe avant une autre, *au plus tard* au moment où cette autre action se produit (▶ § 701).

By the time you arrive we'll have finished our dinner. ▶▷ *Quand vous arriverez nous aurons fini de dîner (présent après **by the time**, comme après **when**).*

By the time he was 14 he was taller than his father. ▶▷ *Dès l'âge de 14 ans il était plus grand que son père.*

G Pour situer une action dans le temps par rapport à une autre, voir aussi *when, once* (▶ § 154), *since* traduisant « *depuis que* » (▶ § 715).

A Transformer les phrases suivant le modèle :

He will go and play only when he has finished his homework ▶▶ **He won't go and play until he has finished his homework.**

1. It stopped raining only when we got to London.

2. He can inherit his father's money only when he is eighteen.

3. She will forgive you only when you have apologized to her.

4. He will be happy only when she has promised to marry him.

5. You will feel better only when your bad tooth has been pulled out.

6. He learnt to drive only when he was forty.

7. She married again only when her son was eighteen.

8. You'll have some pudding only when you've eaten all your vegetables.

9. We'll go to bed only when you've returned.

10. You can read this book only when you're old enough to understand it.

B Transformer les phrases suivant le modèle :

They will arrive, and then we shall play tennis ▶▶ **We shall play tennis as soon as they arrive.**

1. It will stop raining, and then we can walk to the station.

2. He will pass his exam, and then he will find a good job.

3. Your father will come home, and then we can have dinner.

4. She will be eighteen, and then she will take her driving test.

5. He saw us, and then he left the room.

6. The tyrant died, and then they all felt relieved.

7. She will retire, and then her colleagues will miss her.

8. He had finished his work, then he went to bed.

9. The traitor came back to England, then the police arrested him.

10. You will receive his letter, then you must show it to me.

C Transformer les phrases suivant le modèle :

He had just come back from Sweden, when he left for Morocco ▶▶ **He had no sooner come back from Sweden than he left for Morocco** (style plus soigné : **No sooner had he come back from Sweden than he left for Morocco**).

1. I had just made the remark, when I realized it was a blunder.

2. He had just passed his driving test, when he had an accident.

3. We had just mentioned his name, when he appeared.

4. They had just got married, when they started quarrelling.

5. He had just emptied a bottle, when he opened another.

6. I had just posted a letter to him, when he rang me up.

7. He had just finished smoking his cigar, when he lit his pipe.

8. She had just passed her exam, when she was offered a good job.

9. They had just started a new game, when their mother said, "Dinner is ready".

10. I had just entered the room, when I heard my name called.

D Traduire :

1. En rentrant chez lui, il s'aperçut que sa maison avait été cambriolée.

2. John a téléphoné pendant que vous étiez dans le jardin.

3. Nous avons déjeuné au restaurant, et après nous sommes allés au cinéma.

4. A peine eut-elle ouvert la porte qu'elle remarqua une odeur de gaz.

5. En revenant de mon bureau, j'ai rencontré Betty qui faisait des achats dans Commerce Street.

6. Tu ne pourras pas voter avant d'avoir 18 ans.

7. Ils prirent une tasse de thé en regardant la télévision.

8. Quand vous arriverez la cérémonie sera terminée.

9. A peine le train eut-il démarré qu'il s'aperçut qu'il s'était trompé de train.

10. Il paya les 10 dollars, en se disant que c'était une bonne affaire.

11. En entendant ces mots il se leva et sortit en claquant la porte.

12. Il n'eut pas plus tôt acheté le dictionnaire qu'il commença à le regretter.

13. Nous avions à peine fini de boire notre café quand nos amis sont arrivés.

14. Je n'irai pas me coucher avant d'avoir fini de lire ce livre.

15. Nous avons écouté un nouveau disque en vous attendant.

► 51 • Similarité et contraste

1. Similarité

§727 **Ⓐ** *Like*, préposition, introduit un nom (ou un pronom).

Like his brother, he is very fond of music (cf. **They are both fond of music**, ► § 571). ▶▷ *Comme son frère, il aime beaucoup la musique.*
He speaks English like an Englishman. ▶▷ *Il parle l'anglais comme un Anglais.*
Why don't you come by bus, like me? ▶▷ *Pourquoi ne venez-vous pas par l'autobus, comme moi ?*

Like s'emploie aussi :

1 • pour une *ressemblance* : **He looks like his father.** ▶▷ *Il ressemble à son père* (► § 358) ;

2 • pour une *description* : **What is the weather like?** ▶▷ *Quel temps fait-il ?*

3 • dans l'expression *to feel like + gérondif* : **I don't feel like going out tonight.** ▶▷ *Je n'ai pas envie de sortir ce soir* (► § 360) ;

4 • pour introduire des *exemples* : **Birds of prey, like (= such as) eagles and vultures...** ▶▷ *Les oiseaux de proie, comme les aigles et les vautours...*

§728 **Ⓑ** *As*, conjonction, introduit une proposition (sujet + verbe).
As you say, it's a matter of opinion. ▶▷ *Comme vous dites, c'est une question d'opinion.*
Why don't you come by bus, as I do? ▶▷ *Pourquoi ne venez-vous pas par l'autobus, comme moi ?* (comparer avec le 3ᵉ exemple du § 727).

Dans ces deux phrases, l'emploi de *like* au lieu de *as* ("like you say", "like I do") est une incorrection que commettent fréquemment les personnes peu instruites, qu'il faut se garder d'imiter.

As s'emploie aussi devant un titre, une qualité, une fonction.
I protest as a free citizen. ▶▷ *Je proteste en tant que citoyen libre.*
He is greater as a poet than as a philosopher. ▶▷ *Il est plus grand comme poète que comme philosophe* (remarquer l'emploi des articles indéfinis).

> Comparer :
> **He acted as a judge** (c'était sa fonction)
> et : **He acted like a judge** (avec autant de sagesse que s'il l'avait été).

Pour les autres sens de *as*, ► §§ 584, 719 (simultanéité), § 641 (cause).

Bien construire avec *as* (et non *like*) les verbes *to regard* et *to consider*.
We regard (= consider) her as a friend. ▶▷ *Nous la considérons comme une amie.*

To treat peut se construire avec *as* ou avec *like*.
She treated them as (ou : like) children. ▶▷ *Elles les traitait comme des enfants.*

§729 **Ⓒ** *Similar* s'emploie comme épithète ou comme attribut. Son complément est introduit par *to* (c'est le contraire de *different from*). Voir aussi ► § 463 (*same as*).
We have similar opinions. ▶▷ *Nous avons des opinions semblables.*
My opinions are similar to yours. ▶▷ *Mes opinions sont semblables aux vôtres.*

§730 **Ⓓ** Pour les traductions de « *moi aussi* », « *moi non plus* », ► § 62.
She likes classical music, so do I. ▶▷ *Elle aime la musique classique, moi aussi.*
She doesn't like classical music, neither do I (= I don't either). ▶▷ *Elle n'aime pas la musique classique, moi non plus.*

§731 **E** *Too* se place après le terme auquel il s'applique.

I, too, like classical music. ▷ *Moi aussi j'aime la musique classique.*

I like classical music, too. ▷ *J'aime aussi la musique classique* (pas seulement la musique de variété).

▶ § 591 (*too* et *also*).

2. Contraste, différence

§732 **A** *Unlike* est le contraire de *like*.

Unlike his brother, he is very patient. ▷ *Contrairement à son frère, il est très patient.*

§733 **B** *Contrary to* peut être suivi d'un nom abstrait ou du pronom *what*.

Contrary to accepted opinions... ▷ *Contrairement aux idées reçues...*

Contrary to what I had thought... ▷ *Contrairement à ce que j'avais pensé...*

§734 **C** *Whereas*, conjonction, introduit une proposition (sujet + verbe) exprimant un contraste. *While* (▶ § 719) s'emploie parfois dans le même sens.

She works very hard, whereas her brother is very lazy. ▷ *Elle travaille beaucoup, alors que son frère est très paresseux.*

§735 **D** *Instead of* introduit un nom ou un gérondif (qui peut être précédé de son sujet ou d'un adjectif possessif dans une langue soignée).

I would like fish instead of meat. ▷ *Je voudrais du poisson à la place de la viande.*

I watched a film on television instead of doing my work. ▷ *J'ai regardé un film à la télévision au lieu de faire mon travail.*

We'll take a taxi instead of John coming (instead of your coming) to fetch us. ▷ *Nous prendrons un taxi au lieu que John vienne (au lieu que vous veniez) nous chercher.*

L'adverbe *instead* (sans *of*) s'emploie surtout en fin de phrase.

As the theatre was full up, we went to the cinema instead. ▷ *Comme le théâtre était complet, à la place nous sommes allés au cinéma.*

§736 **E** Le contraste, la différence peuvent aussi s'exprimer avec l'expression *on the contrary* ; l'adjectif *different* (**They want to be different from other people**) ; l'adjectif *opposite* (**the opposite direction, the opposite sex ; his political position is opposite to ours**) ; un comparatif de supériorité ou d'infériorité (▶ leçon 32) ; et le « tag » étudié au § 63.

She likes classical music, I don't. ▷ *Elle aime la musique classique, moi pas.*

She doesn't like classical music, I do. ▷ *Elle n'aime pas la musique classique, moi si.*

EXERCICES

A Compléter les phrases avec *as* ou *like* :

1. Leave it... it is.

2. He talks ... if he knew all about it.

3. Northern countries, ... Finland and Sweden, have a high standard of living.

4. He shook hands with me, ... Frenchmen will.

5. We have a little dog ... yours.

6. The English don't spend a lot of money on food, ... we do.

7. ... a foreigner, I can judge the situation without prejudice.

8. I don't like being treated ... a foreigner.

9. Do ... you are told.

10. Don't be too hard on a poor henpecked husband ... me.

11. The Australians, ... the Canadians, are fond of outdoor life.

12. He has a job in America ... an interpreter.

13. Those people live ... they did in the Middle Ages.

14. She is only an amateur but she plays the piano ... a professional.

15. She has been giving concerts for ten years; ... a professional, she can give you good advice.

B Transformer les phrases suivant le modèle :

We didn't take the bus, we walked ▶▶ **We walked instead of taking the bus.**

1. They didn't go to a hotel, they camped.

2. I won't write to him, I'll phone him.

3. I don't keep my money in a bank, I spend it.

4. You shouldn't blame your friends, you should blame yourself.

5. He didn't tell his wife, he kept it a secret.

6. They didn't go to a restaurant, they had a picnic.

7. He shouldn't criticize us, he should help us.

8. He didn't wait for us, he left early.

9. They didn't rent a flat, they bought a house.

10. She didn't go to bed, she waited up for her children.

C Compléter les phrases avec *unlike, whereas, instead of* ou *contrary to* :

1. She likes tennis, ... her husband prefers swimming.

2. ... the Scots, the Welsh prefer day-dreaming to business.

3. ... what he had feared, his son was pleased with his new job.

4. He is playing the guitar ... preparing for his exam.

5. ... common prejudices, a great many Americans are highly cultured.

6. ... her parents, she is not very good at languages.

7. She is not very good at languages, ... her mother can speak four languages fluently.

8. Could we have tea ... coffee ?

9. ... what they had told us, the food was delicious.

10. I thought it was a very bad film, ... my wife enjoyed it very much.

D Traduire :

1. Ils déjeunent à la cantine, comme nous.

2. Cela s'est passé comme je l'avais prévu.

3. Il n'a que douze ans mais il parle comme un adulte.

4. Ce n'est pas un très bon metteur en scène, il serait mieux comme acteur.

5. Elle adore la poésie, alors que son mari ne s'intéresse pas à la littérature.

6. Comme son mari, elle déteste les films policiers.

7. Contrairement à nos voisins, nous nous couchons très tard.

8. Contrairement à ce que j'avais lu, il n'y aura pas de feu d'artifice ce soir.

9. Pourquoi ne lis-tu pas un bon livre au lieu de regarder cette émission stupide ?

10. Nous sommes allés à Malte, où nous avons loué une voiture, comme nous avions fait il y a trois ans.

11. Je n'aime pas le chou. A la place pourrais-je avoir des pommes de terre ?

12. A la différence des Robinson, les Morgan sont très accueillants.

13. Les Robinson sont assez mesquins, alors que les Morgan sont très généreux.

14. Nous passons tous nos week-ends à la campagne, comme eux.

15. Il passa trois ans en Angleterre comme précepteur.

► Addenda ◄

1. Phonétique et grammaire

En anglais, phonétique et grammaire sont étroitement liées : le sens d'une phrase dépend souvent de son accentuation, de son intonation, de la prononciation de certains mots grammaticaux (auxiliaires, pronoms personnels, etc.) autant que de sa syntaxe (ordre des mots, construction du verbe, etc.).

On se limitera ici à quelques principes importants. La liste des sons (voyelles et consonnes) de l'anglais (tel qu'il est parlé par une personne instruite du sud de l'Angleterre) figure sur le marque-page inséré dans cet ouvrage. On fera bien de s'y reporter en étudiant cette leçon.

1 ● La plupart des mots grammaticaux (auxiliaires, pronoms personnels, adjectifs possessifs, articles, to, for, at, that, etc.) ont *deux prononciations : une forme pleine* (ex. : for [fɔː]) *et une forme faible* (ex. : for [fə]). C'est cette dernière qui s'emploie normalement dans le cours d'une phrase, sauf si l'on a une raison spéciale d'accentuer le mot grammatical.

	FORMES FAIBLES	FORMES PLEINES	
To be	I'm ready [aim] We're ready [wiə] She's ready [ʃiːz]	Yes, I am [æm] Yes, we are [ɑː] Yes, she is [ɪz]	
To have	I've seen the film [aiv] She's seen it [ʃiːz]	Yes, I have [hæv] Yes, she has [hæz]	en fin de phrase
Can/must	I can see [aikn'siː] it We must go [wiməs'gou]	Yes, I can [kæn] Yes, we must [mʌst]	
Futur	I'll do it [ail]	I will do it (promesse)	
Négations	He isn't our friend [iznt] They weren't pleased [wəːnt]	He is not our friend They were not pleased	emphatique
Pronoms personnels	Give him the money ['givim] Listen to them [ðəm]	Give it to him [him], not to her [haː] Listen to them [ðem], not to him	
Possessifs	He came on his [ɔniz] bicycle She's in her [inəː] room	It's his [hiz] bicycle, not mine I like her [həː] room better than mine	
Prépositions	I'm waiting for [fə] the bus I'm writing to [tə] Barbara I'm looking at [ət] a bird	What are you waiting for? Who are you writing to? What are you looking at?	en fin de phrase
That	I know that [ðət] you are right (conjonction) The book that [ðət] I'm reading (pronom relatif)	Look at that [ðæt] bird (démonstratif)	
Some	Give me some [səm] milk (du lait)	Some [sʌm] people don't like milk (certaines personnes)	

On remarque que les formes pleines s'emploient *en fin de phrase* (une phrase ne peut pas se terminer par 'm, 've, 'll, etc.) ou pour donner à la phrase un sens *emphatique* (par exemple pour insister sur un contraste). Pour *that* et *some*, les deux prononciations correspondent à des mots de nature différente.

Les contractions en **-n't** (formes faibles des négations) sont les seules formes faibles que l'on trouve en fin de phrase **(he isn't your friend, is he? – No, he isn't).**

Voir ▶ § 73 et 76.

2 • La forme faible **'s** (prononcée [z] ou [s]) signifie tantôt **is**, tantôt **has**.
– **'s = is :** **She's in bed. He's working in the garden. It's raining. He's tired. He's punished.**
– **'s = has :** **He's got a new car. She's bought a record. He's seen the film twice. It's been raining. He's been punished.**

De même la forme faible **'d** signifie tantôt **had**, tantôt **would**.
– **'d = had :** **He said he'd seen the film twice.** ▶▷ *Il a dit qu'il avait vu le film deux fois.*
– **'d = would :** **They'd buy the house if they had enough money.** ▶▷ *Ils achèteraient la maison s'ils avaient assez d'argent.*

3 • L'un des défauts majeurs des Français consiste à **prononcer trop distinctement** (comme si on voulait les accentuer) les mots qui doivent passer inaperçus dans une phrase, en particulier les **pronoms compléments** (voir ci-dessus, paragraphe 1 : formes faibles).
Where's the key? – I'm looking for it.
They're very nice, I like them.

Dans ces deux phrases il faut prononcer le moins possible **it** et **them** [ðəm].

4 • **L'intonation** est particulièrement importante dans les **phrases interrogatives**. ▶ leçon 18 (Phrases interrogatives) et comparer :
Who are you waiting for? ↘ (intonation **descendante**).
Are you waiting for John? ↗ (intonation **ascendante**, la dernière syllabe étant prononcée sur une note plus élevée que les précédentes).

A la première question on ne peut pas répondre par **yes** ou **no** (elle commence par un terme interrogatif comme **who**, **what**, **where**, **how**, **why**, etc.). A la deuxième question on peut répondre par **yes** ou **no** (elle commence par l'auxiliaire).

Le **« question tag »** (« *n'est-ce pas ?* », ▶ leçon 4, § 65) a normalement une **intonation descendante** quand il est ajouté à la phrase machinalement (ce n'est pas une question qui appelle une réponse).
It is cold today, isn't it? ↘
The English drink a lot of tea, don't they? ↘

L'intonation peut être **ascendante**, exceptionnellement, quand on veut montrer qu'on attend une réponse, une confirmation (on n'est pas très sûr de ce qu'on affirme).
You're not going to drink all that whisky, are you? ↗
You posted the letter last night, didn't you? ↗

L'intonation d'une phrase affirmative est généralement descendante. Elle peut être ascendante quand on veut marquer une nuance de familiarité, de politesse, de timidité, etc., pour éviter le ton d'une déclaration catégorique, d'un ordre brutal. Comparer :
Stop shouting, will you. ↘ (ordre brutal).
Come and help me, will you (?) ↗ (demande sur un ton familier).

2. Dérivation

La **dérivation** consiste à former des mots nouveaux à partir de mots que l'on fait précéder de **préfixes** ou suivre de **suffixes**.

Ⓐ PRÉFIXES

• *Un-*, *In-* (ou : *im-*). Aucune règle absolue ne permet de dire comment choisir entre ces deux préfixes. En général *un-* s'emploie devant des radicaux germaniques, *in-* devant des radicaux latins (*Inevitable*, mais **unavoidable**, *inévitable* ; **intolerable**, mais : **unbearable**, *insupportable*).

Ainsi : **unhappy, unknown, unselfish, unwell**, etc. ;
inadequate, impossible, inexperienced, etc.

Mais on trouve *un-* devant un certain nombre de radicaux latins : **unreal, uncertain, unconscious, undoubtedly, unemployment, unpleasant, uncomfortable,** etc.

Aux noms **injustice** et **inability** correspondent les adjectifs **unjust** et **unable**.

• *Dis-* et *mis-* se prononcent avec un [s] et non un [z] même quand le radical commence par une voyelle.
To disappear, to disagree, disobedient, dishonest.
a misunderstanding *(un malentendu)* ; **to misbehave** *(se conduire mal).*

• *A-* sert à former des adjectifs qui ne s'emploient que comme **attributs**.
He is **still** *alive* (Cf. **not a** *living soul*) ; *He is* *asleep* (Cf. **a** *sleeping* **child**) ; *He is* *alone* (Cf. **a** *lonely* **traveller**).

Ⓑ SUFFIXES

• *Noms.*

-er. Ne pas confondre les noms qui désignent des personnes (**a wood-cutter**, *un bûcheron*), et ceux qui désignent des objets (**a tin-opener**, *un ouvre-boîte*).

-ful. Idée de contenance (**a mouthful**, *une bouchée* ; **a spoonful**, *une cuillerée* ; **a plateful**, *une assiettée*).

Suffixes servant à former des *noms abstraits ou collectifs* :
-dom (**freedom**, *la liberté* ; **boredom**, *l'ennui* ; **wisdom**, *la sagesse* ; **a kingdom**, *un royaume* ; **Christendom**, *la chrétienté*).
-hood (**childhood, boyhood, girlhood,** *l'enfance* ; **widowhood**, *le veuvage* ; **neighbourhood,** *le voisinage* ; **falsehood**, *le mensonge*).
-ship (**friendship**, *l'amitié* ; **apprenticeship**, *l'apprentissage* ; **a scholarship**, *une bourse*).
-ness (**kindness**, *la bonté* ; **madness**, *la folie* ; **gratefulness**, *la gratitude* ; **drunkenness**, *l'ivrognerie* ; **carelessness**, *la négligence*).
-th (**youth**, *la jeunesse* ; **strength**, *la force* ; **length**, *la longueur* ; **width**, *la largeur* ; **depth**, *la profondeur* ; mais : **height**, *la hauteur*).

• *Adjectifs.*
-y (**rainy**, *pluvieux* ; **noisy**, *bruyant* ; **muddy**, *boueux*).
-ish (couleurs vagues : *bluish, yellowish, reddish*… ; sens péjoratif : **bookish**, *livresque* ; *selfish*, *égoïste* ; *childish*, *puéril* ; adjectifs de nationalités : **Turkish, British, Irish…**, ▶ § 437).
-ful (*careful*, *prudent* ; **painful**, *douloureux* ; **useful**, *utile* ; **dreadful**, **awful**, *effrayant*).
-less (*penniless*, *sans le sou* ; **motionless**, *immobile* ; **countless**, *innombrable*). Sert à former le contraire de certains adjectifs en *-ful* (**careless**, *négligent* ; **painless**, *indolore* ; **useless**, *inutile*…).
Ne pas confondre : **thankless**, *ingrat (tâche)* et : **ungrateful** (≠ **grateful**), *ingrat (personne).*
-like (= ressemblant à : **childlike**, *enfantin* ; **gentlemanlike, ladylike**, *distingué* ; **a catlike grace**, *une grâce féline*).
-ly (= ressemblant à : **gentlemanly** = **gentlemanlike** ; **soldierly**, *martial* ; s'ajoute aussi aux divisions du temps : **weekly**, *hebdomadaire* ; **daily**, *quotidien*).

-en (**woollen**, *en laine*; **wooden**, *en bois*; **golden** s'emploie au sens figuré : **the Golden Age**, *l'Age d'Or*; mais : **a gold watch**, *une montre en or*).

-ic, -ical. Aucune règle absolue ne permet de dire comment choisir entre ces deux suffixes. Les deux formes sont parfois synonymes (**ironic = ironical**).

Mais ne pas confondre : **the economic situation** et : **she is economical** *(économe)*; **an historic occasion** et : **an historical novel**; **a tragic actor** *et* : **a tragical event**.

Quand il existe un nom en *-ic*, la forme en *ical* est préférable comme adjectif (**He is a cynic**; **his cynical remarks**).

- *Adverbes en -ly* (**happy** → **happily**). ▶ § 616.

Quand l'adjectif est lui-même terminé par *-ly*, l'adverbe n'existe pas toujours (**kindly** et **cowardly** sont à la fois adjectifs et adverbes, alors qu'il faut traduire *amicalement* par : **in a friendly way**). Cf. *Difficilement* : **with difficulty** (pas d'adverbe en *-ly*).

- *Verbes.*

-en, à partir d'ajectifs (**to widen**, élargir ; **to redden**, *rougir* ; **to strengthen**, *renforcer*, avec la même modification du radical que pour le nom *strength*).

-ate. (Ne pas accentuer ce suffixe, à la française : **to contemplate**, *envisager* ; **to congratulate**, *féliciter*).

-ize (ou *ise*) (**to realize** ; **to civilize** ; **to apologize**, *s'excuser*).

Ces verbes s'écrivent généralement avec un *z*. (Dans *surprise*, la 2ᵉ syllabe n'est pas un suffixe).

3. Conversion

La conversion est un changement de catégorie (un verbe employé comme nom, une onomatopée employée comme verbe, etc.).

Ce procédé de formation de mots nouveaux existe aussi en français (exemples de noms qui sont à l'origine des verbes : *le coucher, le manger* ; des adjectifs : *le vrai le beau* ; des prépositions : *le pour et le contre*). Mais il est beaucoup plus courant en anglais, où le petit nombre de terminaisons grammaticales (*-s, -ed, -ing, -er, -est*) permet une plus grande liberté dans les changements de catégories. On n'en examinera ici que quelques exemples.

Ⓐ Des *verbes* de sens précis sont souvent *remplacés par des noms de même forme* précédés de verbes de sens vague (nuance de familiarité ou action plus rapide).

She had a good cry. ▶▷ *Elle pleura un bon coup.*

Let me have a look. ▶▷ *Laissez-moi jeter un coup d'œil.*

Let's have a go. ▶▷ *Essayons un peu.*

To go for a swim. ▶▷ *Aller se baigner.*

He gave his shoulders an angry shrug. ▶▷ *Il haussa les épaules d'un air furieux.*

Ⓑ *Les onomatopées* s'emploient avec des fonctions diverses.

It went "bang". *Cela a fait « pan » (ou : « vlan »).*

He banged the door = he shut the door with a bang. ▶▷ *Il claqua la porte.*

The door banged = the door banged shut. ▶▷ *La porte claqua.*

He stood bang in the middle of the road. ▶▷ *Il se tenait au beau milieu de la chaussée.*

Ⓒ Mots employés comme *adjectifs*. Voir adjectifs composés (▶ §§ 427 à 431) et noms composés (▶ §§ 384 à 386). Le premier élément d'un nom composé, considéré comme un adjectif, peut être d'origine très variée : adverbe (**a yes-man**, *un béni-oui-oui*), postposition (**an up-train**, *un train de banlieue allant vers Londres*), pronom personnel (**a he-goat**, *un bouc*), lettre de l'alphabet (**a U-turn**, *un demi-tour sur place*), mots étrangers (**a de-luxe car, an au pair girl**).

Very et *then* sont adjectifs dans : **at the very end of the play,** *tout à la fin de la pièce,* et : **the then Prime Minister**, *le Premier Ministre d'alors.*

D Mots employés comme **noms.** Voir adjectifs substantivés (▶ §§ 432 à 435).

This book is a must. ▶▷ *Il faut absolument lire ce livre.*

Is it a he or a she? ▶▷ *Est-ce un mâle ou une femelle ?*

The ups and downs of life. ▶▷ *Les hauts et les bas de la vie.*

To go on all fours. ▶▷ *Aller à quatre pattes.*

To go in twos. ▶▷ *Aller par deux.*

E Mots employés comme **verbes.**

They had to rough it. ▶▷ *Ils mangèrent de la vache enragée.*

He backed the car out of the garage. ▶▷ *Il sortit la voiture du garage en marche arrière.*

To out-Herod Herod. ▶▷ *Etre plus royaliste que le roi.*

To be X-rayed. ▶▷ *Etre radiographié.*

They encored the pianist. ▶▷ *Il bissèrent le pianiste.*

F Mots employés comme **adverbes.**

Certains adjectifs s'emploient comme adverbes : **fast** (to drive fast), **early** (to get up early), *late*, **long** (How long did it take you? *Combien de temps avez-vous mis ?*), **hard, straight** (**Go straight on.** *Continuez tout droit*).

Ne pas confondre **late** *(tard)* et **lately** *(récemment)* ; **hard** *(avec acharnement)* et **hardly** *(à peine, ne… guère)*.

Les germanistes se garderont d'employer **good** comme adverbe (**He plays** *well*). **Home** est parfois un adverbe (▶ § 600).

G Quand le nom et le verbe d'origine française ont la même forme, ils sont parfois accentués différemment : le nom sur la 1ʳᵉ syllabe, le verbe sur la dernière.

A présent ▶▶ **to presént.**

A récord ▶▶ **to recórd** *(enregistrer).*

A prótest ▶▶ **to protést.**

Mais **to cómment** et **a cómment** *(un commentaire)* sont accentués l'un et l'autre sur la 1ʳᵉ syllabe. Distinguer :

advice [s] de **to advise** [z] ;

practice [s] de **to practise** [s].

Distinguer phonétiquement : **to use** [z] du nom **use** [s].

---

4. Grammaire du dialecte américain

On examinera ici les principales différences grammaticales avec le dialecte britannique. Elles portent sur des points de détail. Les deux variétés principales de la langue anglaise (**British English** et **American English**) n'ont jamais été aussi différentes qu'on l'a parfois imaginé. Les films américains sont projetés en Angleterre sans sous-titres, et inversement. On ne peut pas vraiment parler de « langue américaine ».

1 • **To have** exprimant la possession et les liens de parenté se conjugue plus souvent **avec do** qu'en Angleterre (▶ § 35).

Do you have a sister? = British English : Have you a sister?

2 • **Will** s'emploie plus généralement qu'en Angleterre comme auxiliaire du futur **à la 1ʳᵉ personne.** **Shall** s'emploie donc rarement comme simple auxiliaire du « plain future » (▶ § 146)

We will have to wait. How long will we wait? (dans ces deux phrases, en British English soigné, on emploierait **shall** et non **will**).

3 • *Le subjonctif « présent »* s'emploie plus fréquemment qu'en Angleterre après des verbes comme *to order, to insist, to suggest*, et des expressions comme *it is necessary that, it is important that* (▶ § 190).

They insisted that she go (= that she should go) **with them.**

4 • Plusieurs *verbes irréguliers* se conjuguent différemment

To get, I got, gotten, comme synonyme de *to obtain* ou de *to become* (**He isn't a scoundrel because he's gotten money** = Br. E. : because he's made money) et dans diverses expressions (**We've gotten used to it** = Br. E. : We've got used to it), mais : **they've got** (= they have) **money**, dans les deux dialectes.

To quit, quit, quit (**He quit smoking** = Br. E.: He stopped smoking).

To burn, to learn, to lean, to smell, to spoil, to spill sont presque toujours réguliers en Amérique (en British English : burnt, learnt, etc. ; parfois : burned, learned, etc.).

5 • *Le preterite* est souvent employé avec *just* au lieu du present perfect (« *venir de…* », ▶ § 140).

I just saw him at the drugstore (Br. E.: I've just seen him).

6 • *And* est souvent omis après *to go*.

Go (and) help them. We had to go (and) call the sheriff.

7 • *To help* est construit avec un *infinitif sans to* plus souvent qu'en British English (▶ § 214).

I helped her carry her baggage.

8 • *Cannot* s'écrit aussi *can not*.

9 • *To have* s'emploie beaucoup avec un sens *causatif* (▶ § 329).

They had (Br. E.: made) **him do it.**

10 • Le génitif est parfois remplacé par un *nom composé*.

The barbershop (Br. E.: the hairdresser's shop).

The Kennedy foreign policy (Br. E.: Kennedy's foreign policy).

11 • *L'article indéfini* se place *avant half*.

A half hour (Br. E.: half an hour).

12 • *Les adverbes de fréquence* (often, sometimes) *et de temps imprécis* (still, already) peuvent se placer *avant l'auxiliaire* (▶ § 105).

He already has been warned (Br. E.: He has already been warned).

13 • *Like* s'emploie couramment dans le sens de *as if* (▶ § 359).

He looked like (Br. E.: he looked as if) **he had drunk too much.**

14 • *And* est généralement omis après *hundred* (▶ § 568).

275 se lit généralement en Amérique : **two hundred seventy-five.**

15 • *So* introduit une proposition exprimant *le but* (Br. E.: so that, ▶ § 640).

I lent him the book so he could read it (*pour qu'il le lise*).

16 • Diverses *prépositions* ont des emplois différents ou sont omises.

It's a quarter of 12 (Br. E. : a quarter to 12).

It's 20 after 6 (Br. E.: 20 past 6).

On the street (Br. E.: in the street), **on Fifth Avenue, on Broadway.**

Monday through (ou : « thru ») **Friday** (Br. E. : from Monday till Friday).

We play baseball Saturdays (Br. E : on Saturdays).

He came Sunday (Br. E.: on Sunday).

Tell him I'm not home (Br. E.: I'm not at home, ▶ § 600).

5. Langue relâchée

Principales tournures et formes incorrectes, voire vulgaires, que l'on remarque fréquemment dans la langue des personnes peu instruites, dans les bandes dessinées... (*et qu'il n'est pas conseillé d'employer*, surtout à un examen !) :

1 • We *was*, you *was*, they *was* (= were).

2 • Look at *them* (= those) planes.

3 • I *haven't* got no money (= I haven't got any money).

4 • John and *me* went to the pictures last night (= John and I went...).

5 • Go by bus, *like I do* (= as I do).

6 • *An horrible* scream, *an horse* race... (= a horrible scream, a horse race, surtout dans la langue des Cockneys ; faubouriens de l'East End de Londres).

7 • *I seen* him somewhere. *I done* nothing (= I've seen, I've done). *You done what?* (= What have you done?).

8 • She *ain't* here (= she isn't here). I *ain't* got a car (= I haven't got a car).

9 • *I got* a new car (= I've got). *You got* to wait (= you've got).

10 • Orthographes notant des prononciations relâchées :
I *wanna* ['wɔnə] do it (= I want to do it).
I *gonna* ['gɔnə] do it (= I'm going to do it).
I *gotta* ['gɔtə] do it (= I've got to do it).
I *dunno* ['dʌnou] (= I don't know).
I *betcha* ['betʃə] (= I bet you).
kinda ['kaɪndə] (= kind of).

6. Exercices de récapitulation

► Le corrigé est donné p. 364.

A Exprimer la même idée en employant le terme donné entre parenthèses :

1. They didn't take the bus, they walked (instead of).

2. We will stop for a rest only if you are tired (unless).

3. He learnt to drive only when he was 40 (until).

4. I prefer not to go to the theatre tonight (would rather).

5. They walked on in spite of the rain (though).

6. She was certainly disappointed (must).

7. Your father will come home, and then we can have dinner (as soon as).

8. He had just come back from Brazil, when he left for Japan (no sooner).

9. They wore gloves so as not to leave finger prints (to avoid).

10. Please don't shout (to mind).

11. She wanted to come with us (to insist).

12. They managed to open the safe (to succeed).

13. We were glad to be in England again (to enjoy).

14. We shall be glad to see her (to look forward to).

15. I'm sure she's waiting for us (must).

B Exprimer la même idée en commençant la phrase par les mots donnés entre parenthèses :

1. Perhaps he did not understand what you said (He may…).

2. Where's the library (Show me…).

3. I'd like them to help me (I wish…).

4. They bought their house ten years ago (It is…).

5. They are repairing my watch (My watch…).

6. They don't play cricket in the USA (Cricket…).

7. You shouldn't waste your time (You'd better…).

8. They haven't told her the truth (She…).

9. His suit should be cleaned (He should…).

10. We don't want you here (You…).

11. Nylon shirts don't have to be ironed (Nylon shirts need…).

12. Do you think we should invite the Ashleys? (What about…).

13. I don't feel like going out tonight (I'd rather…).

14. You should buy a new umbrella (It's about time…).

15. He died ten years ago (He has…).

C Mettre le verbe au temps et à la forme qui conviennent (ajouter une négation s'il le faut) :

1. He was very funny, he made us all… (to laugh).

2. I'll never use this dictionary, I wish I … (to buy) it.

3. Listen, Betty… (to play) the piano, she… (to practise) every evening.

4. We enjoyed… (to see) our friends again.

5. I don't think he'll come, we'd better … (to wait) for him.

6. Your raincoat is dirty, it's about time you (to have) it… (to clean).

7. What a pity you… (to come) yesterday! If you… (to come), we… (to play) tennis.

8. I'm not used… (to get) up so early.

9. She said she would come as soon as she… (to be) ready.

10. When we… (to go) to bed last night it… (to rain).

D Compléter les phrases avec des prépositions ou postpositions :

1. She has been ill … last Tuesday.

2. The doctor advised him to give … smoking.

3. He is good …languages, he is interested … history, he is keen … poetry.

4. She tried several hats but couldn't make … her mind which one to buy.

5. Tell me the truth, don't hide anything … me.

6. He didn't want to join the club but we talked him … joining it.

7. It was very kind … your father to lend us his car.

8. Are you pleased … your new job?

9. Do we have to put … … all this noise?

10. Help yourself … some more tea.

11. They all congratulated her … her success.

12. … the time he was 14 he could already speak four languages.

13. He committed suicide … jumping … the top of the Eiffel Tower.

14. We shan't see her again … next year.

15. The war broke … September 1st 1939.

E Traduire :

1. Tu aurais dû venir hier soir, tu nous as beaucoup manqué.

2. J'ai une nouvelle voiture, je l'ai depuis une semaine.

3. Où avez-vous acheté ce dictionnaire ? Combien l'avez-vous payé ?

4. Elle devait avoir plus de 80 ans quand elle est morte.

5. Où tes parents sont-ils nés ? Ils sont nés tous les deux à New York.

6. Il y avait autrefois un théâtre dans notre ville, maintenant il y a deux cinémas.

7. Il ne viendra pas, il est de service ce soir.

8. Avez-vous pu traduire la lettre de Helmut ? Pourquoi ne nous écrit-il pas en anglais ?

9. A qui Barbara écrit-elle ? - Elle écrit à un de ses amis américains.

10. J'espère que cela ne vous ennuiera pas que nous partions juste après le déjeuner.

11. Je me demande quel âge a son mari. Il doit être plus jeune que nous.

12. Vous faites de moins en moins de fautes. – J'aimerais que ce soit vrai.

13. Qui attends-tu ? – J'attends Peter, je l'attends depuis vingt minutes.

14. Les nouvelles sont-elles bonnes ? - Voici une nouvelle qui vous surprendra.

15. Vous ne mettrez pas plus de dix minutes à apprendre à vous servir de cette machine.

16. Je voudrais bien savoir qui sont ces nouveaux voisins.

17. Il croit pouvoir apprendre le russe tout seul.

18. Notre appartement est deux fois plus grand que le leur. Comment peuvent-ils vivre dans un appartement aussi petit ?

19. Ils ne nous entendent pas, ils doivent prendre le thé dans le jardin.

20. Nous regrettons de ne pas savoir où est John (We wish...).

21. On doit aimer et aider ses semblables.

22. Nous ne partirons pas avant que la pluie s'arrête.

23. Quand on l'a emmené à Paris à l'âge de cinq ans, il a vu construire la Tour Eiffel.

24. Tous les combien vas-tu chez le dentiste ? – Tous les deux ou trois ans. – Tu devrais y aller deux fois par an.

25. Il ne va pas y avoir de guerre, n'est-ce pas ? – J'espère que non.

26. J'ai trop travaillé, il faudra que je me repose quelques jours.

27. Plus ils vieillissent, plus ils deviennent bêtes. Comme c'est triste

28. J'espère qu'il ne s'attend pas à ce que nous soyons d'accord avec lui.

29. Il se peut qu'elle n'ait pas lu ce livre. Offrons-le lui.

30. Je n'ai pas envie de rester à la maison ce soir. Si nous allions au cinéma ?

31. Autrefois nous buvions du thé, maintenant nous buvons du café.

32. As-tu pu finir ton travail hier ? – Non, pourrais-tu m'aider ?

33. Prenons nos parapluies. Il se pourrait qu'il pleuve cet après-midi.

34. J'habite Londres depuis la fin de la guerre. Je connais les Webb depuis plus de vingt ans.

35. Cela fait six mois que je ne suis pas allé au cinéma.

36. Ne restons pas ici, il va y avoir un orage. Nous ferions mieux de rentrer avant qu'il ne se mette à pleuvoir.

37. Nous nous écrivons toutes les semaines, mais nous ne nous voyons pas aussi souvent que nous le voudrions.

38. Il faudra que tu fasses tes devoirs seul, je ne pourrai pas t'aider.

39. Elle avait emporté trop de bagages, ils étaient très lourds.

40. Elle est interprète, elle parle couramment le russe et le polonais.

41. Combien d'argent te reste-t-il ?
– Il ne me reste presque pas d'argent.

42. S'il y avait eu un agent au carrefour, il n'y aurait pas eu d'accident.

43. On est en train de bâtir un nouvel hôpital. On aurait dû le bâtir il y a des années.

44. Quel mari égoïste Il ne pense qu'à lui, il ne pense presque jamais à sa femme.

45. Le mauvais temps leur avait fait changer leurs projets. Il pleuvait depuis quinze jours.

46. As-tu acheté le Times ? – Oui, je l'ai acheté à la gare. Je te le prêterai quand je l'aurai lu.

47. Regarde, les voisins ont acheté une nouvelle voiture. Il serait temps que nous vendions la nôtre.

48. Il faut que j'aille faire laver ma voiture.

49. Il pensait que le latin ne valait pas la peine d'être appris. Comme il avait tort !

50. N'oubliez pas d'aller à la Tate Gallery quand vous serez à Londres.

51. Depuis combien de temps les enfants regardent-ils la télévision ? – Depuis plus de deux heures. Il serait temps qu'ils aillent se coucher.

52. Il ne devrait pas boire tant de whisky. J'aimerais (I wish...) qu'il cesse de boire.

53. Elle regrette de n'être pas venue avec nous hier (She wishes...).

54. Quand Shakespeare est-il né ? Il est né en 1564. – Quand est-il mort ? – Il est mort en 1616.

55. Combien de temps avez-vous dû les attendre ? Depuis combien de temps les attendiez-vous quand ils sont arrivés ?

56. Voulez-vous que je mette votre valise dans le coffre ?

57. On leur avait conseillé de louer une voiture, mais ils n'étaient pas habitués à rouler à gauche. Ils préférèrent voyager par le train.

58. Si elle avait su combien il était paresseux, elle ne l'aurait jamais épousé. Elle regrette de l'avoir épousé (She wishes...).

59. Que font tes parents le samedi ? – Ils vont au cinéma, à moins qu'il n'y ait un bon film à la télévision, ce qui n'arrive pas très souvent.

60. Vous auriez dû faire plus attention, vous auriez pu casser le vase.

F Questions à choix multiples (Q.C.M.) :

Il y a une seule solution correcte pour chaque question. Corrigé page 367.

● **Niveau 1**

Q1. Do you want ... with you?
R1. us going, **R**2. us to go,
R3. that we go, **R**4. that we should go.

Q2. Where and when ... born?
R1. did she, **R**2. is she,
R3. has she been, **R**4. was she.

Q3. They've been playing tennis ... an hour.
R1. during, **R**2. since, **R**3. for, **R**4. while.

Q4. She doesn't like jazz ...
R1. so do I, **R**2. neither do I,
R3. so I do, **R**4. neither I do.

Q5. Be careful, you ... slip on the ice.
R1. might, **R**2. should,
R3. must, **R**4. ought to.

Q6. She's never been to Ireland, ...?
R1. is she, **R**2. isn't she,
R3. has she, **R**4. hasn't she.

Q7. The clowns made the children…
R1. laughing, **R**2. to laugh,
R3. laugh, **R**4. laughed.

Q8. They've been working ... tea-time.
R1. for, **R**2. from, **R**3. ago, **R**4. since.

Q9. There ... people waiting for us.
R1. were a few, **R**2. was a few,
R3. were a little, **R**4. was a little.

Q10. They love ..., they want to get married.
R1. themselves, **R**2. each another,
R3. one other, **R**4. each other.

Q11. When he got the first prize he was very ...
R1. pleasing, **R**2. pleased,
R3. enjoying, **R**4. enjoyed.

Q12. Do you prefer the English or ...?
R1. the American, **R**2. American,
R3. the Americans, **R**4. Americans.

Q13. He won't let me ... his camera.
R1. to use, **R**2. using, **R**3. used, **R**4. use.

Q14. What ... to you last night?
R1. happened, **R**2. was happening,
R3. has happened, **R**4. was happened.

Q15. Is he ... BA. or... M.A.?
R1. a - an, **R**2. an - a, **R**3. a - a, **R**4. an - an.

Q16. Sorry I'm late. How long ... for me?
R1. are you waiting, **R**2. have you been waiting, **R**3. do you wait. **R**4. were you waiting.

Q17. Do you know when she ...? Tonight or tomorrow?
R1. shall ring, **R**2. will ring,
R3. rings, **R**4. rang.

Q18. We will visit you when we ... in England.
R1. will be, **R**2. shall be,
R3. are, **R**4. are going to be.

Q19. ... of the two sisters did he marry?
R1. Who, **R**2. Whom,
R3. With whom, **R**4. Which.

Q20. When I got up this morning it ...
R1. was raining, **R**2. rained,
R3. has rained, **R**4. has been raining.

Q21. He's been working for six hours, he ... be tired.
R1. may, **R**2. can, **R**3. need, **R**4. must.

Q23. We'll leave as soon as it ...
R1. stops raining, **R**2. stops to rain,
R3. will stop raining, **R**4. will stop to rain.

Q24. She ... for ten years.
R1. was dead, **R**2. has been dying,
R3. has been dead, **R**4. is dead.

Q25. I have ... luggage, ... very heavy.
R1. too many – it's, **R**2. too many –
they're, **R**3. too much – it's, **R**4. too much
– they're.

Q26. I would ... stay at home tonight.
R1. better, **R**2. rather, **R**3. prefer, **R**4. like.

Q27. We're late, we ... have started earlier.
R1. should, **R**2. must, **R**3. may, **R**4. need.

Q28. Would you mind ... on the light?
R1. to switch, **R**2. to be switching,
R3. switch, **R**4. switching.

Q29. My car is the ..., it's behind ...
R1. blue one – John's one, **R**2. blue one
– John's, **R**3. blue – John's. **R**4. blue
– John's one.

Q30. Too ... people have too ... money.
R1. many – little, **R**2. many – few,
R3. much – little, **R**4. much – few.

Q31. There's been an accident, ...?
R1. isn't there, **R**2. isn't it,
R3. hasn't there. **R**4. hasn't it.

Q32. My hair ... darker than ...
R1. are – your, **R**2. are – yours,
R3. is – your, **R**4. is – yours.

Q33. She'd been there before, ...?
R1. wouldn't she, **R**2. shouldn't she,
R3. hadn't she, **R**4. didn't she.

Q34. ... have you been to England?
R1. How long, **R**2. How many times,
R3. How much time, **R**4. For how long.

Q35. We ... this car for three years.
R1. have been having, **R**2. have had,
R3. have got, **R**4. are having.

Q36. The ... good.
R1. news is, **R**2. news are,
R3. new is, **R**4. new are.

Q37. She was ... to wait outside.
R1. said, **R**2. saying, **R**3. telling, **R**4. told.

Q38. He ... since he was twenty-five.
R1. hasn't smoked, **R**2. didn't smoke,
R3. isn't smoking, **R**4. wasn't smoking.

Q39. I must ... my car ...
R1. make – wash, **R**2. make – washed,
R3. have – wash, **R**4. have – washed.

Q40. Thank you ... my friend.
R1. to have invited. **R**2. that you invited.
R3. that you have invited, **R**4. for inviting.

● Niveau 2a

Q1. The film ... our holidays in Spain.
R1. remembered us, **R**2. remembered us
of, **R**3. reminded us of, **R**4. reminded us.

Q2. I'm waiting ... me.
R1. for him phoning. **R**2. for him to
phone. **R**3. that he phones, **R**4. that he
will phone.

Q3. He is ... friend of ...
R1. no – ours, **R**2. no – us,
R3. not – ours, **R**4. not – us.

Q4. He is ... to be a good dentist.
R1. telling, **R**2. saying, **R**3. told, **R**4. said.

Q5. He was lucky, he ... have been killed.
R1. shouldn't, **R**2. mustn't, **R**3. may,
R4. might.

Q6. We ... go to the cinema.
R1. hardly ever, **R**2. hardly never,
R3. nearly ever, **R**4. nearly never.

Q7. I wish I ... this expensive car.
R1. didn't buy, **R**2. shouldn't buy,
R3. hadn't bought, **R**4. wouldn't buy.

Q8. It's difficult for some people to make up
R1. one's mind, **R**2. their minds,
R3. his mind, **R**4. its mind.

Q9. I wish she ... give me an answer.
R1. should, **R**2. would, **R**3. will, **R**4. shall.

Q10. He borrowed ...
R1. me $50, **R**2. $50 to me,
R3. $50 from me, **R**4. $50 out of me.

Q11. Stop eating! You'll eat ... sick.
R1. yourself into being, **R**2. into being,
R3. yourself, **R**4. yourself until.

Q12. He ... have come yesterday. I wonder why he didn't.
R1. should, **R**2. had to,
R3. must, **R**4. shouldn't.

Q13. She is the prettiest girl ... I know.
R1. as. **R**2. than, **R**3. whom, **R**4. that.

Q14. It's about time we ... to bed.
R1. go, **R**2. went,
R3. should go, **R**4. would go.

Q15. I wish I ... yesterday.
R1. came, **R**2. have come,
R3. could come, **R**4. had come.

Q16. He isn't so rich as he ...
R1. used to be, **R**2. was used to being,
R3. was used to be, **R**4. used to being.

Q17. They succeeded ... the problem.
R1. to solve, **R**2. on solving,
R3. in solving, **R**4. with solving.

Q18. I'd rather you ... tomorrow.
R1. came, **R**2. will come,
R3. come, **R**4. would come.

Q19. He drove ... carefully ... it was very foggy.
R1. all the most – that, **R**2. all the more – as. **R**3. all the more – that, **R**4. so – that.

Q20. Those naughty boys want ...
R1. not being caned, **R**2. being caned,
R3. not caning, **R**4. caning.

Q21. If you are not hungry ...
R1. so I am, **R**2. so am I,
R3. neither I am, **R**4. I am.

Q22. He hasn't come, he ... his train.
R1. should have missed, **R**2. must have missed, **R**3. mustn't have missed,
R4. may not have missed.

Q23. He earned his living ... giving piano lessons.
R1. by, **R**2. with, **R**3. in, **R**4. for.

Q24. I wish I ... have to get up at 6.
R1. didn't, **R**2. don't,
R3. needn't, **R**4. shouldn't.

Q25. Can you ... me where ... ?
R1. say – the library is, **R**2. say – is the library, **R**3. tell – the library is,
R4. tell – is the library.

Q26. They haven't answered my letter
R1. still, **R**2. already, **R**3. yet,
R4. yesterday.

Q27. He said that when he ... sixteen he would join the Navy.
R1. would be, **R**2. will be, **R**3. was, **R**4. is.

Q28. I ... for an hour when they arrived.
R1. was waiting, **R**2. had been waiting,
R3. waited, **R**4. have been waiting.

Q29. Obey immediately. Do as you are ...
R1. told, **R**2. said, **R**3. telling, **R**4. saying.

Q30. Everybody was tired, ...?
R1. wasn't everyone, **R**2. wasn't one,
R3. wasn't he, **R**4. weren't they.

Q31. She had been ... her money.
R1. stolen of, **R**2. stolen,
R3. robbed of, **R**4. robbed.

Q32. He ... to his office by bus.
R1. doesn't use to go, **R**2. isn't used to go, **R**3. doesn't use to going,
R4. isn't used to going.

Q33. They insisted ... with us.
R1. in coming, **R**2. on coming,
R3. for coming, **R**4. to come.

Q34. I am looking forward ... her.
R1. to meeting, **R**2. to meet,
R3. for meeting, **R**4. meeting.

Q35. ... happened to be an interpreter in the audience.
R1. It, **R**2. There, **R**3. Here, **R**4. He.

Q36. ... M.P. is visiting ... university.
R1. a – a, **R**2. an – an,
R3. a – an, **R**4. an – a.

Q37. Your promise will be ...
R1. reminded, **R**2. reminded of,
R3. remembered, **R**4. remembered of.

Q38. ... 3 miles from our house to the seaside.
R1. It is, **R**2. There is,
R3. They are, **R**4. There are.

Q39. He shot his ...
R1. died wife, **R**2. dead wife,
R3. wife died, **R**4. wife dead.

Q40. That brother of ... is a fool.
R1. him, **R**2. his, **R**3. himself, **R**4. he.

Q1. ... he tried, ... he understood.
R1. more – less, **R**2. the more – the less,
R3. most – least, **R**4. the most – the least.

Q2. The children were throwing snowballs ...
R1. at one other, **R**2. one at other,
R3. at one another, **R**4. one at another.

Q3. You ... have bought this book; I could have lent it to you.
R1. mustn't, **R**2. wouldn't,
R3. couldn't, **R**4. needn't.

Q4. ... two years since I ... the Times.
R1. It is – last read, **R**2. It is – have last read, **R**3. It was – last read, **R**4. It was – have last read.

Q5. Mind ... your fingers
R1. you don't burn, **R**2. not burning,
R3. not to burn, **R**4. no burning.

Q6. It was nice ... her to invite them.
R1. of, **R**2. in, **R**3. for, **R**4. about.

Q7. I find ... unpleasant to queue at the canteen.
R1. very, **R**2. very much, **R**3. it, **R**4. that.

Q8. How ... have you been ... ?
R1. much time – waiting, **R**2. long – waiting, **R**3. much time – waiting for,
R4. long - waiting for.

Q9. He is ... fool.
R1. not, **R**2. no,
R3. not at all, **R**4. no at all.

Q10. They have two sons, I don't know ... of them.
R1. none, **R**2. any, **R**3. neither, **R**4. either.

Q11. ... are often selfish.
R1. Rich, **R**2. Riches,
R3. The rich, **R**4. The riches.

Q12. It looks ... it's going to rain.
R1. that, **R**2. as, **R**3. as if, **R**4. like if.

Q13. How long ... the 2nd World War ...?
R1. did – last, **R**2. has – lasted,
R3. lasted – ..., **R**4. has – been lasting.

Q14. I don't like your long hair. You should ...
R1. make them cut, **R**2. make it cut,
R3. have them cut, **R**4. have it cut.

Q15. We watched TV ... an hour last night.
R1. during, **R**2. for,
R3. while, **R**4. meanwhile.

Q16. ... opening the door, he noticed a smell of gas.
R1. In, **R**2. On, **R**3. By, **R**4. As.

Q17. You hardly ... smoke, ... you?
R1. never – don't, **R**2. never – do,
R3. ever – don't, **R**4. ever – do.

Q18. If I'd seen him, I ... him.
R1. 've called, **R**2. 'd called,
R3. 'd have called, **R**4. 'd call.

Q19. They found a body ... on the floor.
R1. lying, **R**2. lain, **R**3. laying, **R**4. laid.

Q20. ... he worked, ... he felt.
R1. The harder – the happier,
R2. The hardest – the happiest,
R3. Harder – happier,
R4. Hardest – happiest.

Q21. That was nobody's business, ... ?
R1. wasn't that, **R**2. was that,
R3. wasn't it, **R**4. was it.

Q22. Your coat is dirty, it wants ...
R1. being cleaned, **R**2. cleaned,
R3. to clean, **R**4. cleaning.

Q23. As it was very cold there were ... people at the open-air meeting.
R1. little, **R**2. a little, **R**3. few, **R**4. a few.

Q24. There's nothing left for us ...?
R1. isn't there, **R**2. is there,
R3. isn't it, **R**4. is it.

Q25. It's too difficult, he ...
R1. shan't understand, **R**2. won't understand, **R**3. won't be understanding,
R4. isn't going to understand.

Q26. He was hanged ... his wife.
R1. to have poisoned, **R**2. to poison,
R3. for poisoning, **R**4. for poison.

Q27. You'll have to walk, ... you like it or not.
R1. whether, **R**2. either,
R3. neither, **R**4. even if.

Q28. How many times ... to England so far?
R1. have you been, **R**2. have you gone,
R3. were you, **R**4. did you go.

Q29. He said that as long as he ... with them they would be perfectly safe.
R1. would be, **R**2. should be,
R3. was, **R**4. is.

Q30. He gave you bad advice. You ... not have followed ...
R1. must – it, R2. should – it,
R3. must – them, R4. should – them.

Q31. They have two daughters, ... play the piano.
R1. Both they, R2. Both of they,
R3. Both them, R4. Both of them.

Q32. She had never been heard ...
R1. complain, R2. to complain,
R3. complained, R4. by complaining.

Q33. If you ... hear from him, let me know immediately.
R1. may. R2. might,
R3. should, R4. would.

Q34. You ... be right and you ... be wrong, I'm not sure.
R1. must – must. R2. may – may,
R3. must – may, R4. may – must.

Q35. ... had he put down the receiver when the telephone rang again.
R1. Hardly, R2. No sooner,
R3. Just as, R4. Immediately.

Q36. He was ill ... a week last summer.
R1. during, R2. while, R3. since, R4. for.

Q37. Would you mind ...?
R1. not smoke, R2. not to smoke,
R3. not smoking, R4. no smoking.

Q38. I prefer swimming ... tennis.
R1. to playing, R2. to play,
R3. than playing, R4. than play.

Q39. It's stopped ...?
R1. to rain, isn't it, R2. to rain, hasn't it,
R3. raining, isn't it, R4. raining, hasn't it.

Q40. She hasn't been ... about the accident.
R1. told, R2. telling. R3. said, R4. saying.

7. Corrigé des exercices de récapitulation

A

1. Instead of taking the bus, they walked.
2. We won't stop for a rest unless you are tired.
3. He didn't learn to drive until he was 40.
4. I would rather not go to the theatre tonight.
5. They walked on though it was raining.
6. She must have been disappointed.
7. We can have dinner as soon as your father comes home.
8. He had no sooner come back (ou No sooner had he come back) from Brazil than he left for Japan.

9. They wore gloves to avoid leaving finger prints.
10. Would you mind not shouting?
11. She insisted on coming with us.
12. They succeeded in opening the safe.
13. We enjoyed being in England again.
14. We look forward (ou, plus fam. : We are looking forward) to seeing her.
15. She must be waiting for us.

B

1. He may not have understood what you said.
2. Show me where the library is.
3. I wish they would help me.
4. It is ten years since they bought their house.
5. My watch is being repaired.
6. Cricket is not played in the USA.
7. You'd better not waste your time.

8. She hasn't been told the truth.
9. He should have his suit cleaned.
10. You are not wanted here.
11. Nylon shirts need no ironing.
12. What about inviting the Ashleys?
13. I'd rather not go out tonight.
14. It's about time you bought a new umbrella.
15. He has been dead for ten years.

C

1. laugh.
2. hadn't bought.
3. is playing – practises.
4. seeing.
5. not wait.
6. had it cleaned.
7. didn't come – had come – would (ou should, could, might) have played.
8. to getting.
9. was.
10. went – was raining.

D

1. since.
2. up.
3. at - in - on.
4. on - up.
5. from.
6. into.
7. of.
8. with.
9. up with.
10. to.
11. on.
12. by.
13. by - from (= off).
14. until (= till).
15. out on.

E (Les numéros, entre parenthèses, renvoient aux paragraphes de la grammaire).

1. You should have come last night, we missed you very much (▶ §§ 55, 309).

2. I have (= I've got) a new car, I've had it for a week (▶ § 139).

3. Where did you buy this dictionary? How much did you pay for it ? (▶ §§ 132, 310).

4. She must have been over 80 when she died (▶ §§ 629, 607, 131).

5. Where were your parents born? – They were both born in New York (▶ §§ 241, 562).

6. There used to be a theatre in our town, now there are two cinemas (▶ §§ 29, 178).

7. He won't be coming, he is on duty tonight (▶ § 147).

8. Were you able to (ou : Did you manage to) translate Helmut's letter? Why doesn't he write to us in English? (▶ § 42).

9. Who is Barbara writing to? – She's writing to an American friend of hers (ou to one of her American friends) (▶ §§ 255, n°6, 527).

10. I hope you won't mind us leaving (if we leave) just after lunch (▶ §§ 285, 223).

11. I wonder how old her husband is. He must be younger than we are (▶ §§ 275, 50, 446).

12. You are making fewer and fewer mistakes. – I wish it were (ou, fam. was) true (▶ §§ 459, 552, 191, 193).

13. Who are you waiting for? – I am waiting for Peter, I've been waiting for him for twenty minutes (▶ §§ 255, n° 6, 710).

14. Is the news good? – Here's a piece (ou an item) of news that will surprise you (▶ § 370).

15. It won't take you more than ten minutes to learn how to use this machine (▶ §§ 708, 293).

16. I'd like to know (ou : I wish I knew) who those new neighbours are (▶ §§ 175, 193, 275).

17. He thinks he can learn Russian by himself (ou : he can teach himself Russian) (▶ §§ 321, 490, 493).

18. Our flat is twice as large as theirs: How can they live in such a small flat? (▶ §§ 453, 409, 410).

19. They can't hear us, they must be having tea in the garden (▶ §§ 353, 38, 50).

20. We wish we knew where John is (▶ §§ 193, 275).

21. One ought to (ou one should) love and help one's fellow-men (langue plus familière we should ..., our fellow-men, ou you should..., your fellow-men) (▶ §§ 498, 499, 51).

22. We shan't (ou : won't) leave until it stops (ou : has stopped) raining (▶ §§ 725, 291).

23. When he was taken to Paris at the age of five (ou : as a child of five), he saw the Eiffel Tower being built (▶ §§ 240, 584, n° 3, 356, 249).

24. How often do you go to the dentist's?
– Every two or three years. – You should
(ou : ought to) go twice a year (▶ §§ 703,
704, 618).

25. There isn't going to be a war, is there?
(= There won't be a war, will there?)
– I hope not (▶ §§ 29, 66, 326).

26. I've worked too hard (= too much), I'll
have to rest (for) a few days (▶ §§ 136, 109,
49).

27. The older they are (ou : they get), the
more foolish they become. How sad it is
(ou : How sad I) (▶ §§ 460, 259).

28. I hope he doesn't expect us to agree
with him (▶ §§ 303, 698).

29. She may not have read this book. Let's
give it to her (▶ §§ 55, 232).

30. I don't feel like staying at home tonight.
What about (ou : How about) going to the
pictures (= the cinema)? (▶ §§ 360, 679).

31. We used to drink tea, now we drink
coffee (▶ §§ 178, 185).

32. Were you able to (ou Did you manage
to) finish your work yesterday? – No, could
you help me? (▶ § 42).

33. Let's take our umbrellas. It might rain
this afternoon (▶ §§ 232, 46).

34. I've been living in London since the end
of the war. I've known the Webbs for more
than twenty years (▶ §§ 710, 127, 366).

35. I haven't been to the cinema for six
months (ou : It's six months since I last went
to the cinema) (▶ §§ 712, 714).

36. Let's not stay here (ou : Don't let's stay
here), there's going to be a thunderstorm.
We'd better go home before it starts raining
(ou : it starts to rain) (▶ §§ 234, 29, 158, 34,
292).

37. We write to each other (ou : to one
another) every week, but we don't see
each other (ou one another) as often as we
would (ou should) like (▶ §§ 495, 496, 173,
175).

38. You will have to do your homework by
yourself, I shan't (ou : won't) be able to help
you (▶ §§ 49, 42, 146, 493).

39. She had taken too much luggage (Am. :
baggage), it was very heavy (▶ § 377).

40. She is an interpreter, she speaks
Russian and Polish fluently (▶ §§ 407,
102, 441).

41. How much money have you got left?
– I have hardly any money left (▶ §§ 241,
12).

42. If there had been a policeman at the
crossroads, there would not have been
an accident (▶ §§ 192, 29).

43. A new hospital is being built. It should
have been built years ago (ou : They are
building a new hospital. They should have
built it years ago) (▶ §§ 249, 55).

44. What a selfish husband! He only thinks
of himself, he hardly ever thinks of his wife
(▶ §§ 263, 490, 12, 112).

45. The bad weather had made them
change their plans. It had been raining for
two weeks (ou, en Angleterre seulement :
for a fortnight) (▶ §§ 328, 717).

46. Have you bought the Times? – Yes
(I have). I bought it at the station. I'll lend
it to you when I've read it (▶ §§ 137, 165).

47. Look, the neighbours have bought
a new car. It's about time we sold ours
(▶ §§ 136, 195).

48. I must go and have my car washed
(▶ §§ 49, 349, 330).

49. He thought that Latin was not worth
learning. How wrong he was (▶ §§ 475,
25, 259).

50. Don't forget (ou Don't fail) to go to
the Tate Gallery when you are in London
(▶ §§ 284, 233, 154).

51. How long have the children been
watching (the) television? – (For) more
than two hours. It's about time they went
to bed (▶ §§ 706, 195).

52. He should not (ou : He ought not to)
drink so much whisky. I wish he would
stop drinking (▶ §§ 51, 554, 193, 291).

53. She wishes she had come (= She is
sorry she didn't come) with us yesterday
(▶ §§ 193, 664).

54. When was Shakespeare born?
– He was born in 1564. – When did he die?
– He died in 1616 (▶ §§ 241, 131, 132).

55. How long did you have to wait for them? How long had you been waiting for them when they arrived? (▶ §§ 711, 717).

56. Do you want me to (ou : Shall I) put your suit-case in the boot? (▶ §§ 301, 151).

57. They had been advised to (ou : People had advised them to) rent a car, but they were not used to driving on the left. They preferred to travel by train (▶ §§ 299, 180, 662).

58. If she had known (style soigné : Had she known) how lazy he was, she would never have married him. She wishes she had not married him (▶ §§ 269, 100, 266, 193).

59. What do your parents do on Saturdays? – They go to the cinema (= the pictures), unless there is a good film on TV, which does not happen very often (▶ §§ 123, 651, 542).

60. You should have been more careful, you might (ou : could) have broken the vase (▶ § 55).

F Q.C.M. Exemple : « **Q**19 **R**3 ▶ § 541 » signifie : pour la question n° 19, la solution 3 est correcte (et les trois autres sont impossibles), et le § 541 de la grammaire traite de cette question.

● **Niveau 1**

Q1 **R**2 ▶ § 301	**Q**12 **R**3 ▶ § 437	**Q**23 **R**1 ▶ § 154, 291	**Q**33 **R**3
Q2 **R**4 ▶ § 241	**Q**13 **R**4 ▶ § 212, 232	**Q**24 **R**3 ▶ § 716	**Q**34 **R**2 ▶ § 351*
Q3 **R**3 ▶ § 706, 710	**Q**14 **R**1 ▶ § 132, 136	**Q**25 **R**3 ▶ § 377, 555	**Q**35 **R**2 ▶ § 139**
Q4 **R**2 ▶ § 62	**Q**15 **R**1 ▶ § 402	**Q**26 **R**2 ▶ § 172, 662, 663	**Q**36 **R**1 ▶ § 370
Q5 **R**1 ▶ § 46	**Q**16 **R**2 ▶ § 139, 706		**Q**37 **R**4 ▶ § 345
Q6 **R**3 ▶ § 65, 66	**Q**17 **R**2 ▶ § 155	**Q**27 **R**1 ▶ § 167	**Q**38 **R**1 ▶ § 712, 715
Q7 **R**3 ▶ § 328	**Q**18 **R**3 ▶ § 154	**Q**28 **R**4 ▶ § 285	**Q**39 **R**4 ▶ § 330
Q8 **R**4 ▶ § 707, 710	**Q**19 **R**4 ▶ § 255, n° 5	**Q**29 **R**2 ▶ § 436, 510	**Q**40 **R**4 ▶ § 644
Q9 **R**1 ▶ § 373, 548	**Q**20 **R**1 ▶ § 134	**Q**30 **R**1 ▶ § 555	
Q10 **R**4 ▶ § 495	**Q**21 **R**4 ▶ § 50	**Q**31 **R**3 ▶ § 66, 136	
Q11 **R**2	**Q**22 **R**2 ▶ § 644	**Q**32 **R**4 ▶ § 379, 516	

* la solution n° 1 serait correcte si c'était "in England"
** to have, exprimant la possession, n'a pas de forme progressive

● **Niveau 2a**

Q1 **R**3 ▶ § 347	**Q**11 **R**3 ▶ § 341	**Q**21 **R**4 ▶ § 63	**Q**31 **R**3 ▶ § 318, 319
Q2 **R**2 ▶ § 304	**Q**12 **R**1 ▶ § 167	**Q**22 **R**2 ▶ § 50, 55	**Q**32 **R**4 ▶ § 180
Q3 **R**1 ▶ § 403, 527	**Q**13 **R**4 ▶ § 535*	**Q**23 **R**1 ▶ § 229	**Q**33 **R**2 ▶ § 228
Q4 **R**4 ▶ § 345	**Q**14 **R**2 ▶ § 195	**Q**24 **R**1 ▶ § 36, 193	**Q**34 **R**1 ▶ § 230
Q5 **R**4 ▶ § 46, 55	**Q**15 **R**4 ▶ § 193	**Q**25 **R**3 ▶ § 344, 275	**Q**35 **R**2 ▶ § 29, 634
Q6 **R**1 ▶ § 12	**Q**16 **R**1 ▶ § 178	**Q**26 **R**3 ▶ § 592	**Q**36 **R**4 ▶ § 402
Q7 **R**3 ▶ § 193	**Q**17 **R**3 ▶ § 283	**Q**27 **R**3 ▶ § 156	**Q**37 **R**3 ▶ § 346
Q8 **R**2 ▶ § 374	**Q**18 **R**1 ▶ § 194	**Q**28 **R**2 ▶ § 717	**Q**38 **R**1 ▶ § 32
Q9 **R**2 ▶ § 193	**Q**19 **R**2 ▶ § 461	**Q**29 **R**1 ▶ § 345	**Q**39 **R**4 ▶ § 338
Q10 **R**3 ▶ § 317	**Q**20 **R**4 ▶ § 295	**Q**30 **R**4 ▶ § 66	**Q**40 **R**2 ▶ § 527**

*le relatif "that" peut être omis.
** his est ici un pronom possessif.

● Niveau 2b

Q1 R2 ▶ § 460	**Q11 R3** ▶ § 432	**Q21 R4** ▶ § 66	**Q31 R4** ▶ § 571
Q2 R3 ▶ § 496	**Q12 R3** ▶ § 359	**Q22 R4** ▶ § 295	**Q32 R2** ▶ § 355
Q3 R4 ▶ § 52, 55	**Q13 R1** ▶ § 132	**Q23 R3** ▶ § 547, 548	**Q33 R3** ▶ § 200
Q4 R1 ▶ § 714	**Q14 R4** ▶ § 330	**Q24 R2** ▶ § 66	**Q34 R2** ▶ § 46
Q5 R1 ▶ § 323	**Q15 R2** ▶ § 706	**Q25 R2** ▶ § 157*	**Q35 R1** ▶ § 724**
Q6 R1 ▶ § 469	**Q16 R2** ▶ § 722	**Q26 R3** ▶ § 229	**Q36 R4** ▶ § 706
Q7 R3 ▶ § 470	**Q17 R4** ▶ § 12, 66	**Q27 R1** ▶ § 652	**Q37 R3** ▶ § 285
Q8 R2 ▶ § 706, 310	**Q18 R3** ▶ § 269	**Q28 R1** ▶ § 138, 351	**Q38 R1** ▶ § 662
Q9 R2 ▶ § 403	**Q19 R1** ▶ § 219	**Q29 R3** ▶ § 156	**Q39 R4** ▶ § 291, 136
Q10 R4 ▶ § 562, 12	**Q20 R1** ▶ § 460	**Q30 R2** ▶ § 167, 377	**Q40 R1** ▶ § 345

* dans ce contexte, "won't" ne peut exprimer le refus ; on n'emploie donc pas la forme progressive.
** "no sooner" serait construit avec "than"

INFINITIF	PRETERITE	PARTICIPE PASSÉ	

LISTE 1 (80 verbes très employés)

INFINITIF	PRETERITE	PARTICIPE PASSÉ	
to be	I was [wɔz] we were [wə:]	been	*être*
to have	I had	had	*avoir*
to beat [i:]	I beat [I:]	beaten	*battre*
to begin	I began [æ]	begun [ʌ]	*commencer*
to bend	I bent	bent	*courber, se pencher*
to blow [ou]	I blew [blu:]	blown	*souffler*
to break [ei]	I broke [ou]	broken	*briser*
to bring	I brought [ɔ:t]	brought	*apporter*
to build [bild]	I built	built	*bâtir*
to burn	I burnt	burnt	*brûler*
to burst	I burst	burst	*éclater*
to buy [ai]	I bought [ɔ:t]	bought	*acheter*
to catch	I caught [ɔ:t]	caught	*attraper*
to choose [u:]	I chose [ou]	chosen [ou]	*choisir*
to come [ʌ]	I came [ei]	come [ʌ]	*venir (1)*
to cut	I cut	cut	*couper*
to do	I did	done [ʌ]	*faire*
to draw [ɔ:]	I drew [dru:]	drawn	*tirer, dessiner*
to drink	I drank [æ]	drunk [ʌ]	*boire*
to drive [ai]	I drove [ou]	driven [i]	*conduire, aller en voiture*
to eat	I ate [et]	eaten	*manger*
to fall [ɔ:]	I fell	fallen	*tomber*
to feel	I felt	felt	*(se) sentir, éprouver*
to fight	I fought [ɔ:t]	fought	*combattre*
to find [ai]	I found [au]	found	*trouver*
to fly	I flew [flu:]	flown [ou]	*voler, aller en avion*
to forget	I forgot	forgotten	*oublier*
to get	I got	got (Amer, **gotten**)	*obtenir, devenir*
to give	I gave	given	*donner (2)*
to go [ou]	I went	gone [ɔ]	*aller*
to grow [ou]	I grew [gru:]	grown	*grandir, (faire) pousser*
to hang [æ]	I hung [ʌ]	hung	*pendre, accrocher (3)*
to hear [iə]	I heard [ə:]	heard	*entendre*
to hide [ai]	I hid [i]	hidden [i]	*(se) cacher*
to hold [ou]	I held	held	*tenir*
to keep	I kept	kept	*garder*
to know [nou]	I knew [nju:]	known [noun]	*savoir, connaître*
to lead [i:]	I led	led	*mener*

(1) de même : **to become**, devenir.

(2) de même : **to forgive**, pardonner.

(3) Régulier dans le sens de « exécuter (un condamné) par pendaison »,

	to learn [ə:]	I learnt (ou reg.)	learnt (ou reg.)	*apprendre*
	to leave	I left	left	*laisser, quitter, partir*
	to let	I let	let	*laisser, permettre*
40	to lie [ai]	I lay [ei]	lain [ei]	*être étendu (ou couché)*
	to light	I lit (ou reg.)	lit (ou reg.)	*allumer, éclairer*
	to lose [u:z]	I lost [ɔ]	lost	*perdre*
	to make	I made	made	*faire, fabriquer*
	to meet	I met	met	*(se) rencontrer*
	to pay [ei]	I paid [ei]	paid	*payer*
	to put	I put	put	*mettre*
	to read [i:]	I read [e]	read [e]	*lire*
	to ride [ai]	I rode [ou]	ridden [i]	*aller à cheval (ou à bicyclette)*
50	to ring	I rang [æ]	rung [ʌ]	*sonner*
	to run [ʌ]	I ran [æ]	run [ʌ]	*courir*
	to say [ei]	I said [e] (4)	said [e]	*dire, réciter*
	to see	I saw [ɔ:]	seen	*voir*
	to sell	I sold [ou]	sold	*vendre*
	to send	I sent	sent	*envoyer*
	to shake	I shook	shaken	*secouer*
	to shine [ai]	I shone [ɔ]	shone [ɔ] (5)	*briller*
	to shoot	I shot	shot	*tirer (arme à feu), fusiller*
	to show [ou]	I showed	shown [ou] (5)	*montrer*
	to shut	I shut	shut	*fermer*
60	to sing	I sang [æ]	sung [ʌ]	*chanter*
	to sit	I sat	sat	*être assis*
	to sleep	I slept	slept	*dormir*
	to speak	I spoke	spoken	*parler*
	to spend	I spent	spent	*dépenser, passer (temps)*
	to spread [e]	I spread [e]	spread [e]	*étendre, répandre*
	to stand	I stood	stood	*être debout (6)*
	to steal	I stole [ou]	stolen	*voler, dérober*
	to stick	I stuck [ʌ]	stuck	*coller*
	to strike [ai]	I struck [ʌ]	struck	*frapper*
70	to swim	I swam [æ]	swum [ʌ]	*nager*
	to take	I took	taken	*prendre*
	to teach	I taught [ɔ:t]	taught	*enseigner*
	to tear [ɛə]	I tore [ɔ:]	torn	*déchirer*
	to tell	I told [ou]	told	*dire, raconter*
	to think	I thought [ɔ:t]	thought	*penser*
	to throw [ou]	I threw [u:]	thrown	*jeter, lancer*
	to wake (up)	I woke (up)	woken (up) (ou rég.)	*(se) réveiller*
	to wear [ɛə]	I wore [ɔ:]	worn	*porter (vêtements)*
	to win	I won [ʌ]	won [ʌ]	*gagner*
80	to write [ai]	I wrote [ou]	written [i]	*écrire*

(4) La 3ᵉ personne du singulier du présent (says) se prononce également avec une voyelle courte [sez]. Comparer **said** [e] avec **laid** [ei] et **paid** [ei], qui sont réguliers pour l'oreille.

(5) Ne pas confondre les prononciations de **shone** [ɔ] et de **shown** [ou].

(6) De même : **to understand**, comprendre.

LISTE 2 (60 verbes d'emploi assez courant)

INFINITIF	PRETERITE	PARTICIPE PASSÉ	
to awake	I awoke	awoke (ou reg.)	*(se) réveiller (1)*
to bear [ɛə]	I bore [ɔ:]	borne (2)	*supporter*
to bet	I bet	bet	*parier*
to bind [ai]	I bound [au]	bound	*lier, relier*
to bite [ai]	I bit [i]	bitten [i]	*mordre*
to bleed	I bled	bled	*saigner*
to breed	I bred	bred	*élever (enfants, bétail) (3)*
to cast	I cast	cast	*jeter (surtout sens fig.)*
to cling	I clung [ʌ]	clung	*s'accrocher*
to cost	I cost	cost	*coûter*
to creep	I crept	crept	*ramper*
to deal [i:]	I dealt [e]	dealt [e]	*distribuer*
to dig	I dug	dug	*creuser*
to dream [i:]	I dreamt [e] (ou rég.)	dreamt [e] (ou reg.)	*rêver*
to feed	I fed	fed	*nourrir*
to flee	I fled	fled	*s'enfuir*
to fling	I flung [ʌ]	flung	*jeter (violemment)*
to forbid	I forbade [ei] ou [æ]	forbidden	*interdire*
to freeze	I froze	frozen	*geler*
to grind [ai]	I ground	ground	*moudre*
to hit	I hit	hit	*frapper, atteindre*
to hurt	I hurt	hurt	*blesser, faire mal*
to kneel	I knelt	knelt	*s'agenouiller*
to knit	I knit (ou rég.)	knit (ou rég.)	*tricoter*
to lay	I laid [ei]	laid	*poser à plat*
to lean [i:]	I leant [e] (ou rég.)	leant [e] (ou rég.)	*s'appuyer*
to leap [i:]	I leapt [e]	leapt [e]	*sauter (4)*
to lend	I lent	lent	*prêter*
to mean [i:]	I meant [e]	meant [e]	*signifier, vouloir dire*
to mow	I mowed	mown (ou rég.)	*faucher*
to rise [ai]	I rose [ou]	risen [i]	*s'élever, se lever (5)*
to saw [ɔ:]	I sawed	sawn	*scier*
to seek	I sought [ɔ:t]	sought	*chercher (sens abstraits) (6)*
to set	I set	set	*fixer*
to sew [ou]	I sewed	sewn	*coudre*
to shed	I shed	shed	*verser (larmes, sang)*
to shrink	I shrank [æ]	shrunk [ʌ]	*rétrécir*
to sink	I sank [æ]	sunk [ʌ]	*sombrer, couler*
to slide [ai]	I slid [i]	slid	*glisser*

(1) Dans la langue courante on se sert surtout du verbe **to wake up** (liste 1).

(2) **To be born** (sans e) : naître (verbe passif).

(3) Plus couramment **to bring up** quand il s'agit d'enfants.

(4) Moins courant que **to jump** au sens propre.

(5) Se lever du lit : **to get up**. Se lever de sa chaise : **to stand up**.

(6) Chercher ce qu'on a égaré : **to look for**.

40	to smell	I smelt	smelt	*sentir (odorat)*
	to sow [ou]	I sowed	sown (ou reg.)	*semer*
	to spell	I spelt (ou reg.)	spelt (ou reg.)	*épeler*
	to spill	I spilt (ou reg.)	spilt (ou reg.)	*renverser (un liquide)*
	to spin	I spun [ʌ] (ou span)	spun	*filer*
	to spit	I spat	spat	*cracher*
	to split	I split	split	*fendre*
	to spoil	I spoilt (ou reg.)	spoilt (ou reg.)	*gâter, gâcher*
	to spring	I sprang [æ]	sprung [ʌ]	*bondir, jaillir*
	to sting	I stung [ʌ]	stung	*piquer (insectes)*
50	to stink	I stank [æ] (ou stunk)	stunk [ʌ]	*puer*
	to strive [ai]	I strove [ou]	striven [i]	*s'efforcer*
	to swear [ɛə]	I swore [ɔ:]	sworn	*jurer*
	to sweep	I swept	swept	*balayer*
	to swell	I swelled	swollen [ou]	*enfler*
	to swing	I swung [ʌ]	swung	*(se) balancer*
	to thrust	I thrust	thrust	*fourrer, enfoncer*
	to tread [e]	I trod	trodden	*fouler aux pieds*
	to weave	I wove	woven	*tisser*
	to weep	I wept	wept	*pleurer*
60	to wring	I wrung [ʌ]	wrung	*tordre*

Verbes à ne pas confondre :

- **to lie** (être étendu) et **to lay (poser** à plat) ;
- **to feel** (ressentir), **to fall** (tomber) et **to fell** (reg. : *to fell a tree, abattre un arbre*) ;
- **to fly** (voler), **to flee** (fuir, qui se dit aussi : **to fly away**) et **to flow** (reg. couler, s'écouler) ;
- **to find** (trouver) et **to found** (rég., fonder) ;
- **to forget** (oublier), **to forgive** (pardonner) et **to forbid** (interdire, qui se dit aussi : **to prohibit,** reg.) ;
- **to sew** (coudre), **to sow** (semer) et **to saw** (scier), qui se conjuguent de même ; les deux premiers se prononcent de même.

LISTE 3 (31 verbes plus rares)

La plupart sont archaïques ou ont des synonymes plus courants dans la langue parlée.
Ne les employer qu'avec précautions.

INFINITIF	PRETERITE	PARTICIPE PASSÉ	
to abide [ai] (by)	I abode	abode	rester fidèle (à)
to beget	I begot (Bibl. begat)	begotten	engendrer
to beseech	I besought [ɔ:t]	besought	supplier
to bid	I bade [æ] ou [ei]	bidden (ou : bid)	ordonner
to bid	I bid	bid	offrir (prix, enchère)
to blend	I blent (ou reg.)	blent (ou reg.)	mélanger
to chide [ai]	I chid	chidden (ou : chid)	réprimander
to cleave	I cleft (ou : clove)	cleft (ou : cloven)	fendre
to crow	I crew (ou reg.)	crowed	chanter (coq)
to dare	I durst (ou reg.)	dared	oser (▶ § 53)
to dwell	I dwelt	dwelt	habiter
to forsake	I forsook	forsaken	abandonner
to gild [g]	I gilded	gilt (ou reg.)	dorer
to gird [g]	I girt (ou reg.)	girt (ou reg.)	ceindre
to hew	I hewed	hewn (ou reg.)	tailler à coups de hache
to quit [kwit] (1)	I quit	quit	cesser (de...)
to rend	I rent	rent	déchirer
to rid	I rid (ou reg.)	rid	débarrasser (2)
to shear [iə]	I sheared	shorn (ou rég.)	tondre (les moutons)
to shoe	I shod [ɔ]	shod	ferrer, chausser
to slay	I slew [slu:]	slain	massacrer
to sling	I slung [ʌ]	slung	lancer avec une fronde
to slink	I slunk [ʌ]	slunk	aller furtivement
to slit	I slit	slit	fendre, déchirer
to smite [ai]	I smote [ou]	smitten [i]	frapper
to speed	I sped	sped	se hâter
to strew [stru:]	I strewed	strewn	joncher
to stride [ai]	I strode [ou]	stridden [i]	marcher à grandes enjambées
to string	I strung [ʌ]	strung	enfiler
to thrive [ai]	I throve [ou]	thriven [i]	prospérer
to wind [ai]	I wound [au]	wound [au]	enrouler, remonter (horloge)

Ligne gauche : 10, 20, 30

(1) Rare en Angleterre, courant en Amérique.

(1) S'emploie surtout au participe passé, dans les expressions : **to be rid of** (être débarrassé de) et : **to get rid of** (se débarrasser de).

- Les verbes à préfixe se conjuguent comme les verbes qui leur servent de radical (ex. to become, to forgive, to understand ; voir liste 1).

De même : **to arise** (s'élever, survenir) ; **to befall** (survenir) ; **to behold** (contempler) ; **to foresee** (prévoir) ; **to foretell** (prédire) ; **to overcome** (surmonter, vaincre) ; **to overtake** (rattraper, doubler) ; **to withdraw** (retirer, se retirer).

Exceptions (formes différentes au participe passé) : **to get, to forget** (liste 1) et **to beget** (liste 3) ; **to bid** (liste 3) et **to forbid** (liste 2).

To broadcast (radiodiffuser) est régulier au preterite. Le participe passé est **broadcast** ou **broadcasted.**

To behave (se comporter) et **to welcome** (accueillir) sont réguliers. (Dans « **to be welcome** », *être le bienvenu,* **welcome** est un adjectif).

- Participes passés irréguliers à valeur d'adjectifs :
Wrought iron (de : to work), *le fer forgé.*
A clean-**shaven** face (de : to shave), *un visage rasé de frais.*
Poorly **clad** (de : to clothe = to dress), *pauvrement vêtu.*
Laden with (de : to lade, synonyme rare de **to load**), *chargé de, accablé de.*
Molten lead (de : to melt), *du plomb fondu.*

Mais les participes passés à valeur verbale sont réguliers (**You haven't shaved. The gun was not loaded. The snow has melted away).**

- Quelques verbes dont les temps irréguliers se terminent par un *t* (**to burn, to smell...**) sont réguliers en Amérique (**burned, smelled).** Ces formes s'emploient aussi en Angleterre.

Sauf indication différente, les numéros sont ceux des paragraphes.
R.F. = Règles fondamentales (pages 5 à 21).

Sommaire